VOL. 61

Dados Internacionais de Catalogação na Publicação (CIP)
(Câmara Brasileira do Livro, SP, Brasil)

Pinho, J. B.
Publicidade e vendas na internet: técnicas e estratégias / J. B. Pinho. São Paulo: Summus, 2000. (Novas buscas em comunicação, v. 61)

Bibliografia.
ISBN 978-85-323-0746-0

1. Comércio eletrônico 2. Internet (Rede de computadores) 3. Marketing na internet 4. Publicidade na internet 5. Vendas I. Título.

00-0729   CDD-384.33

Índices para catálogo sistemático:

1. Publicidade na Internet: Comércio eletrônico:
Comunicação por computadores 384.33
2. Vendas na Internet: Comércio eletrônico:
Comunicação por computadores 384.33

Compre em lugar de fotocopiar.
Cada real que você dá por um livro recompensa seus autores
e os convida a produzir mais sobre o tema;
incentiva seus editores a encomendar, traduzir e publicar
outras obras sobre o assunto;
e paga aos livreiros por estocar e levar até você livros
para a sua informação e o seu entretenimento.
Cada real que você dá pela fotocópia não autorizada de um livro
financia o crime
e ajuda a matar a produção intelectual em todo o mundo.

Publicidade e vendas na Internet

Técnicas e estratégias

J. B. Pinho

summus
editorial

PUBLICIDADE E VENDAS NA INTERNET
técnicas e estratégias
Copyright © 2000 by José Benedito Pinho
Direitos desta edição reservados para Summus Editorial Ltda.

Capa: **Luciano Pessoa**
Editoração eletrônica e fotolito: **JOIN Bureau de Editoração**

Summus Editorial

Departamento editorial:
Rua Itapicuru, 613 – 7º andar
05006-000 – São Paulo – SP
Fone: (11) 3872-3322
Fax: (11) 3872-7476
http://www.summus.com.br
e-mail: summus@summus.com.br

Atendimento ao consumidor:
Summus Editorial
Fone: (11) 3865-9890

Vendas por atacado:
Fone: (11) 3873-8638
Fax: (11) 3873-7085
e-mail: vendas@summus.com.br

Impresso no Brasil

Sumário

Apresentação 11

1 Origens e evolução da Internet 15

Primórdios das redes de comunicação 15
    Redes sem fio 17
Satélites de comunicações 19
As redes de computadores................................ 21
    Comunicação não-hierárquica e comutação de pacotes 22
    ARPAnet — a origem da Internet 23
    Crescimento da ARPAnet.............................. 25
    Mais facilidades na ARPAnet 27
Internet, a rede mundial................................. 29
    Web — a teia de alcance mundial 30
    Ameaças à segurança nacional......................... 32
    Gestão da Internet brasileira.......................... 33
    O futuro da Internet 34

2 Natureza e serviços da Internet 37

Natureza da Internet..................................... 37
    Conceitos da Internet 38
    Níveis das redes da Internet.......................... 40
    Protocolos da Internet............................... 40
Serviços da Internet..................................... 41
    File Transfer Protocol (FTP) 41
        Ferramentas para FTP 42
    Telnet... 43
    Usenet (Newsgroup)................................. 44
    Hierarquia na Usenet 45
        Conteúdo dos grupos de notícias................... 47

Regras de comportamento 48
Internet Relay Chat. 48
Batendo papo na Internet. 50
Correio eletrônico. 52
Escrevendo mensagens de correio eletrônico 54
Regras de etiqueta 56
Confidencialidade da mensagem. 56
Guerra contra o spam. 57
Listas de discussão (mailing lists) 58
Como subscrever uma lista 58
I Seek You (ICQ). 60
ICQ invade as empresas. 61
World Wide Web 61
Localizando a informação 63
Segurança na Web 65
Revolução nos navegadores 66

3 Contornos e dimensões da Internet no mundo e no Brasil. 67
A Internet no mundo 67
Número de hosts na Internet. 68
A Internet na Europa 70
A Internet nos Estados Unidos 71
O mundo virtual na Bolsa de Valores 72
A Internet no Brasil. 74
Hosts e domínios brasileiros. 75
Infra-estrutura brasileira 77
Perfil do internauta brasileiro. 77
Uma nova Internet e uma nova economia 82
Cooperação com o Brasil 83
A evolução da Nova Economia 85
Conhecendo o potencial da empresa para a Internet 87

4 A Internet como veículo de comunicação publicitária. . . 92
A comunicação no sistema de marketing 92
O composto de comunicação 93
Pequena história da publicidade. 94
Natureza e funções da publicidade moderna 96
Natureza da publicidade on-line 101
O surgimento da publicidade on-line. 101
A Web e as mídias tradicionais. 103
Televisão 103

Rádio 104
Cinema 105
Revista.. 105
Jornal... 106
World Wide Web 107
Indústria da propaganda na Internet 108
Os vendedores: sites da Web 108
Os compradores: anunciantes........................... 110
Presença das empresas brasileiras na Web 111
Participação na Internet é maior entre os anunciantes......... 112
Infra-estrutura 113
Marcando presença na Web 114
Formatos da presença da empresa na Web 114
Características dos principais formatos da publicidade on-line . 116
Vantagens de publicidade on-line para os anunciantes........ 119
Benefícios da publicidade on-line para o consumidor 120
Código de ética da publicidade on-line 120

5   Desenvolvendo um site de sucesso na Web 126
Requisitos para a presença da empresa na Web................ 126
Profissionalismo e tecnologia........................... 131
O processo de desenvolvimento do site 134
Etapas no desenvolvimento do site 137
Interatividade e relevância do conteúdo fazem a diferença 138
Escolha do nome..................................... 145
Pirataria cibernética 146
Recomendação do site é muito importante 156
Divulgação do site deve utilizar todos os meios 157

6   Princípios de design na Web 159
O processo de design.................................... 159
Fases do design criativo 160
Elementos de design 162
Tipos de composição 167
Categorias dos tipos 168
Novas demandas para a tipografia....................... 170
Design nos sites de última geração 177

7   Banner como formato da publicidade on-line.......... 179
Banner: outdoor da superestrada da informação 179
Tamanhos dos banners 180

Botões: pequenos, mas eficientes........................ 181
Comercialização de banners............................ 181
Regras para a criação de banners que funcionam........... 183
Unidades de medida da publicidade on-line................ 186
Comprovando a eficácia do banner...................... 187
Pesquisa de audiência e auditoria na Web................ 189
Institutos de pesquisa independentes.................... 191

8 Planejando a campanha de publicidade on-line........ 195
Etapas do desenvolvimento de campanhas na Web............ 195
Seleção dos sites...................................... 198
Mecanismos de busca.................................. 198
Inspiração veio de fora................................ 199
Serviços de troca de banners........................... 206
Negociação de compra de mídia........................ 207

9 O comércio eletrônico na rede mundial.............. 210
Comércio eletrônico no ambiente empresarial................ 210
Comércio eletrônico no mundo........................... 211
Estimativas mundiais de vendas on-line.................. 212
A voz e a vez da América Latina....................... 216
Focando o comércio eletrônico no Brasil.................... 218
Tecnologia para as transações comerciais................ 222
Comércio eletrônico nas empresas brasileiras.............. 224
Indústria *versus* empresas varejistas...................... 225
Surge o intermediário virtual........................... 227
Como iniciar o negócio de comércio virtual................ 227
Formas de presença comercial na Web.................. 228
Custos e oportunidades do comércio eletrônico............ 228
Decidindo o modelo do site de varejo eletrônico............ 230
A chegada dos leilões virtuais......................... 234

10 Implantado uma loja virtual de sucesso.............. 237
Planejando o site de vendas na Web....................... 237
Mulher, um consumidor muito especial................... 240
Integração e relacionamento agregam valor para a loja virtual. 247
Garimpagem de dados vale ouro........................ 249
Criptografia protege o consumidor...................... 252
Certificação atesta autenticidade da mensagem.............. 254
Padrões de segurança................................. 254

11 Marketing direto: dos Correios à Internet 257

Evolução e natureza do marketing direto 257

    Conceito de marketing direto 258

    Aplicações do marketing direto 261

Marketing direto no Brasil 262

    Canais de marketing direto............................ 264

Marketing direto na Internet 269

Indicadores da presença do marketing direto
na rede mundial....................................... 270

Natureza do marketing direto on-line 271

A Internet e a construção de relacionamentos.............. 274

Níveis de vínculos das empresas com seus clientes 275

Privacidade do consumidor no marketing digital............. 277

    Marketing da permissão 279

**12 Correio eletrônico como ferramenta do
marketing direto** 281

Natureza e funções do e-mail no marketing digital 281

    Regras para o uso eficiente do e-mail 284

Normas para a redação de mensagens de e-mail 285

Considerações finais 291

Bibliografia 295

Glossário de termos técnicos 306

Apresentação

A Internet é uma fascinante tecnologia e ferramenta de comunicação inventada e operada originalmente por acadêmicos, pesquisadores e estudantes. No seu princípio, a rede mundial era tida como um veículo de baixo custo para envio, recebimento e armazenamento de uma quantidade maciça de informação, interligando organismos governamentais, centros de pesquisa e universidades.

Depois de suspensa a proibição do seu uso comercial, a evolução e a expansão da Internet mundial a transformaram em um fenômeno de dimensão global. As taxas de crescimento verdadeiramente vertiginosas foram estimuladas, entre outras razões, pela difusão do acesso à rede entre os usuários comuns e pelo contínuo e maciço ingresso no ciberespaço de organizações, instituições e, principalmente, empresas comerciais, industriais e de serviços.

Hoje, tanto as grandes corporações como os pequenos negócios utilizam os dois principais serviços da Internet — a World Wide Web e o correio eletrônico (e-mail) — para que seus negócios estejam disponíveis ao consumidor e aos prospects 24 horas por dia, todos os dias. Numerosas funções de marketing e atividades comerciais são desenvolvidas com sucesso na Web, como a comunicação interna e externa, os serviços ao consumidor, a assistência técnica e, naturalmente, a publicidade e as vendas.

Neste livro, o propósito é ajudar os leitores a descobrir como usar a Web e o correio eletrônico para explorar as suas amplas e ricas possibilidades como instrumentos de comunicação e de promoção de produtos, serviços e marcas. Não se trata, em absoluto, de um manual técnico ou de um compêndio de procedimentos de programação (o Glossário foi incluído apenas para familiarizar o leitor menos iniciado em informática com os seus termos técnicos básicos).

O texto, insistimos mais uma vez, foi escrito para as pessoas que desejam compreender a natureza, o papel e as funções da promoção e das vendas on-line, bem como para aqueles empreendedores que demandam resultados nos seus esforços on-line. Para isso, a obra descreve e discute, de maneira prática, os procedimentos, as técnicas e as estratégias para promover a presença (em suas diversas formas) e as vendas das pequenas, médias e grandes empresas na rede mundial.

Com estes objetivos, *Publicidade e Vendas na Internet: técnicas e estratégias* está estruturado em doze capítulos. O primeiro conta as origens da Internet, a partir dos primórdios das redes de comunicação, e a sua evolução, até se constituir numa rede mundial. O segundo explica a natureza da Internet e descreve as principais características dos seus serviços: File Transfer Protocol (FTP), Telnet, Usenet, Internet Relay Chat, Correio Eletrônico, I Seek You (ICQ) e World Wide Web.

O Capítulo 3 apresenta alguns indicadores gerais da presença da Internet no mundo e no Brasil discutindo ainda o projeto da Internet 2, uma segunda rede mundial de alta velocidade desenvolvida para aplicações avançadas que começa a se tornar realidade com a implantação da sua primeira fase nos Estados Unidos, sem esquecer de examinar o preconizado nascimento de uma verdadeira economia da Internet, impregnada por novos valores, novas empresas, novos empreendedores, novos hábitos e novas formas de realizar negócios.

O surgimento da publicidade na rede mundial, a sua natureza em relação às demais mídias e os elementos que compõem a chamada indústria da propaganda na Internet são abordados no Capítulo 4. O capítulo seguinte descreve as etapas do desenvolvimento de um site da empresa na Web, comentando os procedimentos técnicos e as decisões gerenciais necessárias para a adequada presença da companhia no ciberespaço. O sexto trata dos princípios básicos do *design* gráfico e de como eles se aplicam à Web, para a criação de sites diferenciados, funcionais e de sucesso.

O Capítulo 7 examina os banners, principal formato da publicidade on-line, para permitir o entendimento de sua natureza, tamanhos, formas de comercialização, regras para criação e principais métodos de medição de audiência. Um guia de orientação dos procedimentos e das etapas existentes no desenvolvimento estratégico de campanhas de publicidade on-line é oferecido no oitavo capítulo.

O nono discorre sobre o potencial atual e futuro do comércio eletrônico em todo o mundo e as formas da presença comercial de uma empresa na Web, uma nova e atraente alternativa de negócios para as companhias brasileiras. O Capítulo 10 aborda as questões mais típicas do planejamento de implantação dos sites transacionais, com o propósito de assegurar ao projeto de comércio eletrônico as condições efetivas para o ingresso bem-sucedido da empresa no mercado de vendas virtuais.

O penúltimo capítulo descreve o surgimento e a evolução do marketing direto tradicional, bem como se detém no exame das novas oportunidades ensejadas ao sistema pelas facilidades da Internet para ações interativas, personalizadas, mensuráveis e segmentadas. O Capítulo 12 explica a natureza e as vantagens do e-mail como revolucionário canal do marketing digital, além de expor as regras para seu uso adequado e enumerar os cuidados na elaboração de mensagens eletrônicas eficientes.

Capítulo **1**

Origens e evolução da Internet

Muitas tecnologias de comunicação dependem fundamentalmente do estabelecimento de redes de conexão por meios físicos ou não-físicos. Os primeiros aparatos eletrônicos — como o telégrafo, o telefone, o rádio e, mais recentemente, a televisão — tiveram como base para sua difusão e seu sucesso o conceito de redes de telecomunicações. Eram sistemas tradicionais constituídos em redes hierárquicas, com a presença de um elemento central, que é o chefe do comando e possui o controle de todas as ações empreendidas.

A compreensão mais completa da evolução da Internet exige um retorno ao princípio da história das telecomunicações, para mostrar como a construção dessas redes foi fundamental para o seu êxito. Em seguida serão descritos o surgimento e a evolução da Internet, para evidenciar como a atual rede mundial de computadores configura-se a esses padrões históricos, e a verdadeira revolução representada pelo novo conceito de comunicação não-hierárquica e por comutação de pacotes, que, na verdade, caracterizam a Internet como rede mundial de comunicação aberta e interativa.

Primórdios das redes de comunicação

No dia 10 de março de 1876, Alexander Graham Bell muniu-se de um aparato composto de um diafragma ligado a um fio, cuja extremidade final estava mergulhada em uma vasilha contendo uma solução ácida e um contato elétrico fixado no mesmo recipiente. O primeiro telefonema teve como interlocutor seu assistente técnico, Thomas Watson, que ouviu pelo rudimentar aparelho as palavras do inventor do telefone: "Senhor Watson, venha cá! Preciso do senhor!".

Depois de melhorar sua invenção com o uso de eletromagnetos e de um diafragma desenvolvido após muitos meses de trabalho —, de início, aliás, o telefone foi registrado nos Estados Unidos e na Inglaterra como um aperfeiçoamento do telégrafo —, Bell inspirou-se nos sistemas de distribuição de gás e de água para prever o potencial das redes de cabos para ligação física entre os aparelhos de telefonia.

Por ocasião de sua lua-de-mel na Europa, o próprio inventor esboçou essa idéia no texto para um prospecto dirigido aos investidores da companhia que estava sendo fundada. Bell escreveu acreditar que cabos telefônicos pudessem futuramente ser colocados embaixo das ruas ou mesmo estendidos acima do solo, partindo de um escritório central e estabelecendo ligações em toda a cidade, para permitir a comunicação direta e de mão dupla entre as pessoas (cf. Winston, 1998).

Por sua vez, o telégrafo já existia na ocasião, mas adotou outro padrão ao ser desenvolvido como um sistema de serviço ponto-a-ponto, com a mensagem final sendo entregue por um mensageiro. A partir de 1845, Morse e seus sócios iniciaram a construção de redes de linhas e de estações de telégrafos, com unidades próprias ou licenciando outros empreendedores. A posterior rivalidade comercial com os seus parceiros convenceu Morse de que o telégrafo devia seguir o mesmo modelo de monopólio dos serviços postais.

Capaz de levar mensagens por continentes e mares a 25 mil quilômetros por segundo, o telégrafo mereceu uma expressão bíblica do seu próprio inventor, ao inaugurar a primeira linha telegráfica entre Washington e Baltimore: "O que Deus tem feito". Prático e simples, bastava pressionar uma tecla na linguagem de pontos e traços para estes serem automaticamente marcados no outro lado da linha. Assim, o aparelho e o código Morse tornaram-se padrões internacionais.

A primeira experiência de uma rede de telegrafia internacional ocorreu em 1858 com o propósito de estabelecer comunicação instantânea por meio de um cabo lançado no mar. A ligação transatlântica foi um grande acontecimento para a sociedade, mas, por problemas técnicos, o cabo permaneceu em serviço alguns poucos dias. Somente em 1866 os cabos tiveram sucesso e o evento foi saudado com o mesmo entusiasmo que pôde ser observado com a descida do homem na Lua, um século mais tarde.

No final de 1920 existiam 21 cabos transatlânticos e cerca de 3.500 outras ligações pelos mares do mundo. Neles, as comunicações telegráficas serviram inicialmente para a transmissão de notícias e para os negócios, sendo o uso pessoal muito restrito em razão de seu custo. Em 1879, cada mensagem entre os Estados Unidos e a Inglaterra custava US$ 100,00, valor que caiu para no máximo de 0,25 centavos de dólar por palavra em 1970.

Redes sem fio

O rádio foi o primeiro aparato eletrônico de comunicação de massa a prescindir de ligação física, já que sua transmissão se dá por ondas eletromagnéticas. A KDKA de Pittsburgh — emissora pioneira de rádio comercial norte-americana, de propriedade da Westinghouse, fabricante de aparelhos eletrônicos — iniciou suas transmissões no dia 2 de novembro de 1920. A Westinghouse esperava lucrar com a venda de aparelhos de rádio, necessários para ouvir essa estação.

O primeiro sistema norte-americano de redes de rádio sustentadas pelo patrocínio de anunciantes foi desenvolvido a partir da rede experimental de estações da American Telephone and Telegraph Company (AT&T), desfeita em 1926 por pressão antitruste da Federal Radio Comission (FRC), agência governamental de regulamentação das telecomunicações. Também decidida a estimular a venda de aparelhos de rádio e equipamentos de estúdio, a Radio Corporation of America (RCA) criou na época a National Broadcasting Company (NBC) especialmente para a produção de programação radiofônica e sua distribuição por uma rede de emissoras afiliadas. A NBC era mostrada como uma companhia de serviço público, embora, de forma ainda incipiente, tivesse na veiculação de publicidade uma das fontes de recursos para subsidiar uma programação de alta qualidade.

Logo em 1927 surgiu a rival, a Columbia Broadcasting System (CBS), fundada por William Paley, originalmente um anunciante, que percebeu claramente uma nova lógica na criação de redes de emissoras de rádio: atingindo com elas públicos cada vez maiores, era possível, assim, reduzir os custos de publicidade para as empresas anunciantes.

Veículo de grande alcance popular e extremamente disseminado em todo o mundo, o rádio transformou-se, depois do surgimento da televisão, em uma mídia para um público por demais fragmentado segundo os vários gostos e interesses dos seus ouvintes. No Brasil, a primeira estação de radiodifusão teve seu marco com a fundação, no dia 20 de abril de 1923, da Rádio Sociedade do Rio de Janeiro, que teve, para o seu funcionamento, a cessão, pelo governo brasileiro, de uma emissora Western Electric importada para serviços telegráficos.

No seu início, a radiodifusão brasileira estava voltada para uma elite intelectual e social, transmitindo música erudita, literatura e ciência. Em seguida, paulatinamente, o rádio foi encontrando novos rumos até chegar ao grande fenômeno de comunicação de massa que foi a Rádio Nacional do Rio de Janeiro, nas décadas de 1940 e 50. Hoje, a grande quantidade de emissoras de rádio em operação — 2.986 estações comerciais operando em

AM e em FM, segundo dados de 1998 — também contribuiu para a considerável segmentação dos seus ouvintes.

Tabela 1 Redes de emissoras de rádio

Redes de rádio	Número de cidades cobertas
Líder	828
Bandeirantes AM	55
Bandeirantes FM	37
Transamérica	26
Antena 1	25
Jovem Pan FM	16
CBN	5

Fonte: McCann-Erickson Brasil, 1997: 42.

Ainda estimuladas pelo exemplo da televisão, algumas redes de emissoras radiofônicas surgiram para propiciar a redução de custos e o conseqüente aumento da lucratividade. Entretanto, o rádio não está configurado no país como uma mídia nacional, destacando-se mais por sua vocação local ou regional. Apesar de sua boa cobertura e penetração em todos os setores da população, um alcance nacional somente pode ser obtido com a programação de um grande número de emissoras em diferentes pontos do território nacional.

Como sabemos, o advento da televisão modificou profundamente a natureza do rádio. Mas, por outro lado, foi a indústria do rádio que criou as condições básicas para a implantação e o posterior desenvolvimento da televisão. No período da Segunda Guerra Mundial, a indústria de rádio norte-americana recebeu consideráveis recursos para o esforço de guerra, os quais expandiram o setor entre 1.200 e 1.500%, empregando em suas atividades mais de 300 mil trabalhadores. O superdimensionamento da indústria eletroeletrônica apontava um único caminho: aproveitar a planta industrial instalada para a produção de aparelhos de um novo meio de comunicação de massa, a televisão, que antes do conflito mundial havia entrado em funcionamento experimental.

Beneficiada ainda pelo desenvolvimento econômico pós-guerra, a televisão iniciou em 1948 sua caminhada para disseminar-se pelos Estados Unidos, pela Inglaterra, pela Itália, pela França, pelo Canadá e pelos demais países do mundo. Em 1952, o número de aparelhos de TV nos lares norte-americanos alcançou um total de 15 milhões, atingindo mais de um terço da população. No mesmo ano, a Inglaterra completava sua rede de emissoras de TV, a qual permitia atingir cerca de 78% da população. No Brasil, a TV chegou no dia 18 de setembro de 1950, data em que foi ao ar o programa inaugural da primeira emissora: a PRF3 — TV Tupi, do pioneiro Assis Chateaubriand. Depois de vencer as dificuldades iniciais, a televisão conseguiu rapidamente ultrapassar o rádio, graças ao desenvolvimento de uma linguagem televisiva própria e, mais tarde, à sua estruturação em grandes redes nacionais, transformando-se no meio de comunicação mais concentrador e poderoso do país.

Tabela 2 Número de emissoras de TV por rede

Redes de televisão	Número de emissoras
Rede Globo de Televisão	86
Sistema Brasileiro de Televisão	72
Rede Bandeirantes de Televisão	37
Rede TV!	36
Central Nacional de Televisão	18
Rede Record de Televisão	15
TV Educativa	17
Total	281

Fonte: McCann-Erickson Brasil, 1997: 20.

Nos dias atuais, a televisão é o meio de maior impacto e o mais consumido entre todas as mídias, oferecendo principalmente entretenimento, informação e prestação de serviços. A TV aberta está estruturada em seis redes nacionais comerciais — Bandeirantes, Globo, SBT, CNT, TV! e Record — e uma rede educativa, o que perfaz 16 emissoras em todo o Brasil. Fundamentalmente, a televisão é um veículo de massa, de grandes audiências, apesar da recente concorrência das redes fechadas para assinantes com programação especializada.

Satélites de comunicações

Os satélites artificiais são colocados em órbita e usados para propósitos científicos, militares e de comunicação. O primeiro satélite artificial, Sputnik 1, foi lançado pela antiga União das Repúblicas Socialistas Soviéticas (URSS), no dia 4 de outubro de 1957. Os Estados Unidos colocaram seu primeiro satélite artificial em órbita no dia 31 de janeiro de 1958, descobrindo os cinturões de radiação em torno da Terra.

Nos anos que se seguiram, muitos milhares de satélites foram lançados pela URSS e pelos EUA, até que em 1983 a Agência Espacial Européia iniciou suas atividades em uma base de lançamentos localizada na Guiana Francesa. Em 27 de agosto de 1989, pela primeira vez na história aeroespacial, uma empresa privada norte-americana construiu e lançou um foguete para colocar em órbita um satélite de comunicação para a televisão britânica. Estima-se que em 1995 haviam sido lançados 4.500 satélites desde o Sputnik, dos quais 2.200 estavam ainda em órbita e muitos funcionando ativamente.

Os satélites artificiais são colocados em órbita por foguetes de múltiplo estágios. Para reduzir os custos de lançamento, a NASA, agência espacial norte-americana, passou a empregar ônibus espaciais, que carregam o satélite e o colocam em órbita, sendo o veículo novamente utilizado. Eles ainda recuperam satélites de suas órbitas para reparos (no espaço ou em terra) e posterior relançamento.

Os satélites de comunicação são usados especialmente para a transmissão de conversação telefônica de longa distância e móvel, de imagens de televisão e de dados digitais, refletindo ou retransmitindo ondas de radiofreqüência. Movendo-se a uma altura de 35.800 quilômetros na mesma direção da rotação da Terra, portanto em uma órbita geoestacionária, eles recebem sinal de uma estação terrestre, amplificam-no e o retransmitem em uma freqüência diferente para outra estação.

A operação em bases comerciais dos satélites de comunicação começou em 1963, com a fundação da Communications Satellite Corporation (Comsat). No ano seguinte foi constituída a International Telecommunications Satellite Organization (Intelsat), de propriedade de mais de 120 nações. Já no início na década de 1990, a Intelsat tinha 15 satélites em órbita, o mais extensivo sistema de telecomunicações do mundo, que em 1997 passou a conviver com sistemas nacionais e regionais.

Os satélites comerciais oferecem uma ampla variedade de serviços de comunicação. Programas de televisão retransmitidos internacionalmente deram lugar ao chamado fenômeno da "aldeia global". Os satélites também retransmitem programas para os sistemas de TV a cabo bem como para as casas equipadas com antenas parabólicas. Com o crescente uso da transmissão digital, os satélites de comunicação propiciam links para o envio de dados e serviços de telefonia internacional mais eficientes e de menor custo.

Sem dúvida, os satélites de comunicação propiciaram o desenvolvimento tecnológico das telecomunicações com uma infra-estrutura que ampliou de maneira considerável as possibilidades de implantação de redes de comunicações de alcance regional, nacional e mundial, permitindo a difusão de dados em tempo real.

As redes de computadores

O princípio da conectividade entre os computadores teve seu princípio na Guerra Fria com um fato aparentemente sem ligação com a questão. Em 1957, a antiga URSS colocou em órbita o seu primeiro satélite espacial artificial, o Sputnik, e, quatro meses depois, o presidente norte-americano Dwight Eisenhower anunciava a criação da Advanced Research Projects Agency (ARPA), ligada ao Departamento de Defesa, cuja missão era pesquisar e desenvolver alta tecnologia para aplicações militares.

A ARPA reuniu alguns dos mais brilhantes cientistas norte-americanos, responsáveis pelo desenvolvimento e lançamento com sucesso, em 18 meses, do primeiro satélite artificial dos Estados Unidos. Enquanto isso, a Guerra Fria desencorajava a comunicação e colocava barreiras entre os países capitalistas e comunistas, criando uma política de profundo antagonismo. O Departamento de Defesa norte-americano trabalhava arduamente preparando-se para um eventual conflito entre as duas potências, sistematizando planos complexos de comando e controle para que as altas patentes militares e os políticos pudessem se comunicar e sobreviver no meio de uma guerra nuclear.

Em 1962, Joseph Carl Robnett Licklider foi designado para liderar as pesquisas desenvolvidas na ARPA com o objetivo de aperfeiçoar o uso militar da tecnologia de computadores. No estado atual, uma única bomba nuclear do inimigo poderia eliminar completamente qualquer forma de comando ou controle entre o Pentágono e as instalações militares norte-americanas espalhadas pelo mundo. Considerado um visionário, Licklider previu as reais possibilidades de uma simbiose entre o homem e a máquina, na qual o computador funcionaria como um parceiro para a solução de problemas. Sem esta parceria, acreditava ele, o homem não poderia, durante uma eventual guerra, estimar rapidamente as alternativas de ação em resposta a um ataque inimigo. Da mesma maneira, o computador sozinho não estaria apto a tomar decisões importantes e verdadeiramente cruciais (cf. Hafner e Lyon, 1998: 31).

A Rand Corporation, grande empresa de consultoria para o governo e a indústria, foi contratada em 1964 para auxiliar na solução do problema. Como resultado de um estudo profundo dos sistemas de comando e controle do Departamento de Defesa, a Rand publicou, em agosto do mesmo ano, uma série de estudos chamados "Sistemas Distribuídos".

Entre outras recomendações, a consultoria sugeria a criação de um sistema de comunicação não-hierárquico, em substituição ao sistema tradicional, e a implementação de redes de comutação de pacotes, os quais garantiriam que o comando e o controle dos Estados Unidos pudessem sobreviver no caso de um ataque nuclear maciço destruindo o Pentágono.

Comunicação não-hierárquica e comutação de pacotes

O sistema tradicional de comunicação hierárquica é constituído de um elemento central — no caso, o Pentágono —, que é o chefe do comando e do controle de todas as ações empreendidas. O círculo central está ligado a todos os demais elementos, assemelhando-se aos raios de uma roda. Se o centro for destruído, nenhuma comunicação será possível com qualquer um dos demais nós. Por exemplo: uma mensagem do nó "A" destinada ao nó "R" nunca poderá chegar ao seu destino se o Pentágono for destruído.

Figura 1   Sistema de comunicação hierárquica

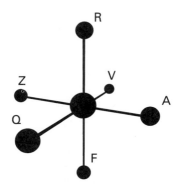

Fonte: Shiva, 1997: 4.

A Rand Corporation propôs, então, um sistema de comunicação não-hierárquica, em que não existe um elemento central de chefia. O novo sistema é composto de interconexões com todos os pontos e dos pontos entre si. É como uma esfera, na qual cada nódulo está conectado com todos os outros e ainda com o central por múltiplos links.

Nesse modelo, o sistema de comunicação não pode ser destruído caso seja eliminado o elemento central. Assim, mesmo que o Pentágono seja bombardeado, a mensagem do nó "A" pode ser enviada ao nó "R" por diversas rotas alternativas, em numerosas combinações que tornam virtualmente impossível que a mensagem não alcance o seu destino.

Figura 2 Sistema de comunicação não-hierárquica

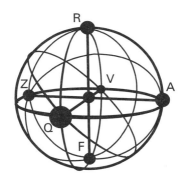

Fonte: Shiva, 1997: 5.

O modelo de comunicação não-hierárquica ainda tem a vantagem de possibilitar um protocolo ou um conjunto de regras para dividir a mensagem em pacotes menores, os quais seriam endereçados separadamente e remetidos de uma máquina para a outra, com evidentes vantagens na velocidade de transmissão e no tráfego por rotas menos congestionadas.

Nas chamadas redes de comutação de pacotes, o itinerário específico de cada pacote é irrelevante. O importante é que o modelo garante que todos os pacotes cheguem a seu destino final e sejam reagrupados, reconstituindo a mensagem original.

ARPAnet — a origem da Internet

O estudo da Rand Corporation subsidiou a ARPA na apresentação, em 1967, do primeiro plano real de uma rede de comutação de pacotes. Com o propósito de expandir rapidamente a tecnologia, o órgão decidiu arregimentar universidades e institutos de pesquisa para começar a implantação da rede de pacotes, totalmente desenvolvida sob contrato pela empresa Bolt, Beranek e Newman (BBN), a mesma que inventou o modem em 1963. Recebendo o nome de ARPAnet, iniciou em 1969 o seu funcionamento experimental. A rede antecessora da Internet foi formada inicialmente pela conexão dos computadores de quatro hosts, da Universidade da Califórnia em Los Angeles (UCLA), do Stanford Research Institute (SRI), da Universidade da Califórnia em Santa Bárbara (UCSB) e da Universidade de Utah. O computador da rede de interfaces, chamada Interface Message Processor (IMP), foi um micro Honeywell 516, com 12 K de memória, considerado muito poderoso naquela época, por meio do protocolo Newtwork Control Protocol (NCP).

Na Universidade da Califórnia em Los Angeles, o IMP foi ligado ao computador SDS Sigma 7, com o sistema operacional SEX. No Stanford Research Institute, o IMP foi conectado a um computador SDS-940, usando o sistema operacional Genie. Na Universidade da Califórnia, o computador era um IBM 360/75, com o sistema OS/MVT. Na Universidade de Utah, o quarto site, o IMP foi ligado a um DEC PDP-10, empregando o sistema operacional Tenex (cf. Hauben e Hauben, 1997: 119-20).

Nesses primeiros tempos, as dificuldades eram grandes. Muitas vezes a tentativa de estabelecer conexão entre os computadores das hosts resultavam infrutíferas. Um pioneiro professor de computação da DEC PDP descreveu os problemas ao ligar-se por telefone ao computador do Stanford Research Institute para o posterior envio de dados:

Nós digitamos o "L" e perguntamos pelo telefone:
— Você está vendo o "L"?
— Sim, respondeu o responsável do SRI.
Depois digitamos o "O" e perguntamos novamente:
— Você está vendo o "O"?
— Sim, conseguimos ver a letra "O", respondeu ele.

Então digitamos o "G" e, antes de qualquer confirmação, o sistema caiu..." (cit. em Gromov, 1998).

Os pesquisadores e cientistas envolvidos no projeto puderam começar a tarefa de identificar os principais problemas a serem resolvidos para que os computadores da rede pudessem se comunicar entre si. Em primeiro lugar, era prioritário estabelecer conjuntos de sinais previamente determinados que abrissem os canais de comunicação, permitissem a passagem dos dados e, em seguida, fechassem os mesmos canais, padrões que foram chamados de protocolos.

O grupo, que se denominou Network Working Group (NWG), principiou a divulgar uma série de documentos para a consideração e discussão dos seus integrantes, os chamados Request For Comment (RFC). O primeiro, RFC 1, circulou em abril de 1969.

Em 1972, ano em que a ARPA recebia novo nome — The Defense Advanced Research Projects Agency (Darpa) –, a ARPAnet ampliava a rede para 23 hosts, conectando universidades e centros de pesquisa do governo. Manter um site na rede da ARPA custava na época US$ 250 mil por ano.

A primeira demonstração pública da ARPAnet é realizada na cidade de Washington, durante a I Conferência sobre Comunicações Computacionais, conectando 40 máquinas e o Terminal Interface Processor (TIP). Classificada como um grande esforço de relações públicas, a apresentação foi organizada por Robert Kahn e envolveu uma série variada de demonstrações de uso da rede, de grande sucesso entre o público.

Na BBN, Ray Tomlinson criava, em março de 1972, o primeiro programa para o envio de mensagens por correio eletrônico, enquanto em julho Larry Roberts escrevia o primeiro utilitário de correio eletrônico para listar, ler e responder e-mails. As especificações da Telnet são descritas na Request For Comments 318, documento especialmente editado para descrever o padrão para emulação remota de terminais. Outra iniciativa isolada consistiu em utilizar links de rádio para colocar em rede os computadores da Universidade do Havaí, distribuída em quatro diferentes ilhas, formando a ALOHAnet, que se conectou à ARPAnet nesse mesmo ano.

Em 1973, a Inglaterra e a Noruega foram os dois primeiros países a estabelecer conexão internacional com a ARPAnet, por meio do University College de Londres e da Royal Radar Establishment. Na Universidade de Harvard, Bob Metalcafe delineia em sua tese de doutoramento a idéia para a Ethernet, padrão depois muito usado para a conexão física de redes locais em alta velocidade. A transferência de arquivos entre computadores tem suas especificações fixadas no Request for Comments 454. O File Transfer Protocol (FTP), uma aplicação fundamental para a Internet, permitia a quem estivesse ligado à ARPAnet copiar arquivos de texto existentes em computadores remotos.

Crescimento da ARPAnet

Prevista inicialmente para funcionar com um total de 19 servidores, a ARPAnet chegou ao final de 1974 com 62 servidores e a necessidade de aperfeiçoar o protocolo de comunicação, o NCP, para ampliar o restrito número de 256 máquinas conectadas. Bob Kahn e Vinton Cerf[1] desenvolveram e propuseram um novo conjunto de protocolos que permitia a comunicação entre diferentes sistemas. O Transmission Control Protocol (TCP) e o Internet Protocol (IP) oferecem 4 bilhões de endereços diferentes e utilizam uma arquitetura de comunicação em camadas, com protocolos distintos cuidando de tarefas distintas.

Ao TCP cabia dividir mensagens em pacotes de um lado e recompô-los do outro. Ao IP cabia descobrir o caminho adequado entre o remetente e o destinatário e enviar os pacotes. A ARPAnet adotou progressivamente o TCP/IP, que funcionou em paralelo com o UUCP, até o dia 1º de janeiro de 1983, quando cada máquina conectada com TCP/IP a ARPAnet teve que passar a usar o novo conjunto de protocolos.

Ainda em 1976, a AT&T Bell Laboratories desenvolveu o Unix-to-Unix CoPy (UUCP), uma coleção de programas para intercomunicação de sistemas Unix, que possibilita transferência de arquivos, execução de comandos e correio eletrônico. Baseados no UUCP, o estudante Steve Bellovin e os programadores Tom Truscott e Jim Ellis tiveram a idéia de criar o Unix User Network, ou simplesmente Usenet, formando grupos de discussão em que os leitores podiam compartilhar informações, idéias, dicas e opiniões.

Os grupos de discussão multiplicaram-se rapidamente e a Usenet passou a utilizar cada vez mais a ARPAnet como principal canal de distribuição, o que obrigou à criação de mais um protocolo de transmissão próprio, o Net News Transfer Protocol (NNTP). Outra inovação ocorreu em 1980, com a formação da Bitnet — Because It´s Time Network —, uma rede acadêmica da City University de Nova York, com conexão à Universidade de Yale, que utiliza sistemas de correio eletrônico e um mecanismo conhecido como "listserv", que permitia aos usuários publicar artigos e subscrever mailing lists especializadas em determinados assuntos enviando mensagens para um servidor de listas.

Hoje, a Bitnet é uma rede educacional internacional, que liga computadores em aproximadamente 2.500 universidades e institutos de pesquisa nos EUA, na Europa e no Japão. A Bitnet não usa protocolo da família TCP/IP, mas pode trocar mensagens eletrônicas com a Internet. O protocolo empregado é o Remote Spooling Communication System (RSCS).

Outro precursor dos sistemas de troca de mensagens é o Bulletin Board System (BBS), criado em 1978 por Ward Christianson, autor do Xmodem, um protocolo para transferência de arquivos para microcomputadores. O BBS permite que qualquer pessoa com um micro e um modem possa instalar seu próprio servidor, disponibilizando aos seus usuários arquivos de todo o tipo (programas, dados ou imagens), softwares de domínio público e conversas on-line (chat). Muitos BBS oferecem acesso ao correio eletrônico da Internet. Os assinantes têm acesso aos serviços por linhas telefônicas (isto é, de voz), utilizadas via computador pessoal e modem.

Mais facilidades na ARPAnet

Libertando-se de suas origens militares, a ARPAnet se dividiu, em 1983, na Milnet, para fins militares, e na nova ARPAnet, uma rede com propósitos de pesquisa, que começa progressivamente a ser chamada de Internet.

Até 1983, a conexão com qualquer máquina na ARPAnet exigia o prévio conhecimento do seu endereço de rede, algo bastante incômodo mas possível no protocolo NCP, que oferecia apenas 256 combinações. A tarefa tornou-se impossível com o NCP/IP, que permitia 4 bilhões de combinações de endereços de 4 bytes.

O problema veio a ser resolvido pela Universidade de Wisconsin, que criou, em 1983, os primeiros servidores de nomes, máquinas capazes de traduzir nomes para endereços IP, evitando que o usuário decorasse endereços. O servidor de nomes mantinha um arquivo texto contendo os nomes e os respectivos endereços de todos os computadores da rede, que era atualizado de forma centralizada pelo Network Information Center da DARPA e distribuído às subredes regularmente.

O crescimento desordenado da ARPAnet, que contava com 562 hosts, tornou a solução obsoleta em pouco tempo. Em 1984 foi criada nova solução para o problema com a introdução do Domain Name System (DNS), um serviço e protocolo que cuida da conversão de nomes Internet em seus números correspondentes, de forma automatizada e padronizada.

Ainda em 1984, a National Science Foundation (NSF), um órgão independente do governo norte-americano, passou a ser responsável pela manutenção da ARPAnet. Como uma das primeiras medidas, a NSF criou, em 1986, cinco centros de supercomputação para aumentar a largura de banda disponível, todos eles conectados entre si a 56 Kbps, formando a NFSNET, a espinha dorsal da ARPAnet.

A NFSNET constituiu um estímulo para a adesão de outras redes, tendo o número de hosts saltado para 5 mil em novembro de 1984. No ano seguinte, com a primeira conexão T1, de 1,5444 Mpbs, fornecida pela IBM e MCI, o número de hosts foi quadruplicado, alcançando a marca de 20 mil máquinas, principalmente de universidades. Novo e considerável incremento foi verificado em 1988 com a criação do Internet Relay Chat (IRC), desenvolvido por Jarkko Oikarinen.

O IRC é um novo modelo cliente-servidor que permite a diversos usuários "conversarem" on-line, compartilhando um mesmo canal virtual de comunicação. O total de máquinas on-line chegou a 100 mil, e todo o backbone da NFSNET foi atualizado para canais T1. Outros países conectam-se com a rede: Canadá, Dinamarca, Finlândia, França, Islândia, Noruega e Suécia.

Outro acontecimento significativo, no dia 2 de novembro de 1988, foi a constatação da existência, em vários computadores da rede, de um programa capaz de replicar e travar as máquinas por onde ele passava. Criado por Robert Morris Jr., um estudante da Universidade de Cornell, o verme da Internet, como é chamado o programa, tinha o objetivo de demonstrar a vulnerabilidade dos computadores da rede, sem provocar qualquer dano. Mas, fugindo ao controle de seu autor, o verme afetou cerca de 6 mil servidores dos 60 mil existentes e provocou a criação pela DARPA do Computer Emergency Response Team (CERT), com a finalidade de pesquisar e aprimorar a segurança na rede.

No Brasil, foram formados, em 1988, alguns embriões independentes de redes, interligando grandes universidades e centros de pesquisa do Rio de Janeiro, de São Paulo e de Porto Alegre aos Estados Unidos.

A marca de 100 mil hosts foi ultrapassada em 1989, ano em que aderem à rede mundial mais 10 países: Austrália, Alemanha, Israel, Itália, Japão, México, Holanda, Nova Zelândia, Porto Rico e Reino Unido.

No mês de setembro do mesmo ano, surge oficialmente o projeto de uma rede brasileira de pesquisa, a Rede Nacional de Pesquisa (RNP), desenvolvida por um grupo formado pelo Ministério da Ciência e Tecnologia — com representantes do Conselho Nacional de Desenvolvimento Científico e Tecnológico (CNPq), Financiadora de Estudos e Projetos (Finep), Fundação de Amparo à Pesquisa do Estado de São Paulo (Fapesp), Fundação de Amparo à Pesquisa do Estado do Rio de Janeiro (Faperj) e Fundação de Amparo à Pesquisa do Estado do Rio Grande do Sul (Fapergs) — para integrar os esforços isolados e coordenar uma iniciativa nacional em redes de âmbito acadêmico.

Em 1990, mesmo ano em que o Brasil passou a conectar-se com a rede mundial de computadores, ao lado de Argentina, Áustria, Bélgica, Chile, Grécia, Índia, Irlanda, Coréia, Espanha e Suíça, a ARPAnet foi formalmente encerrada. Nascia então a Internet, compreendendo 1.500 sub-redes e 250 mil hosts, pronta para entrar e fazer parte da vida das pessoas comuns.

Internet, a rede mundial

A Internet passou a contar, ainda em 1990, com o World (http://www.world.std.com), primeiro provedor de acesso comercial do mundo, permitindo que usuários comuns alcancem a grande rede via telefone. Outras empresas norte-americanas que passaram a oferecer acesso à rede mundial foram a Software Tool and Die, Digital Express e NetCom. As taxas de crescimento experimentadas pela Internet tornam-se então verdadeiramente vertiginosas.

O grande volume de dados disponíveis nos 617 mil computadores ligados na Internet torna muito difícil para o usuário encontrar e recuperar as informações desejadas. Peter Deutsch, Alan Emtage e Bill Heelan, da Universidade McGill, lançam o Archie, ferramenta cliente-servidor que permite a procura de arquivos e informações em redes de acesso público. Indica-se ao Archie o nome do arquivo (ou parte dele) que se deseja encontrar e ele dá o nome (endereço) dos servidores onde pode ser encontrado e copiado por meio de FTP.

Em 1991, Brewster Kahle, da Thinking Machines Corporation, inventou o Wide Area Information Server (WAIS), um serviço que permite a procura de informações em bases de dados distribuídas, cliente/servidor, por uma interface bastante simples. Sua principal peculiaridade é a conversão automática de formatos para visualização remota de documentos e dados.

Por sua vez, a Universidade de Minnesota disponibiliza o Gopher, um sistema distribuído para busca e recuperação de documentos, que combina recursos de navegação mediante coleções de documentos e bases de dados indexadas, por meio de menus hierárquicos. O protocolo de comunicação e o software seguem o modelo cliente-servidor, permitindo que usuários em sistemas heterogêneos naveguem, pesquisem e recuperem documentos armazenados em diferentes sistemas, de maneira simples e intuitiva. O sistema foi aperfeiçoado em 1992 pela Universidade de Nevada, que lança a ferramenta chamada Veronica (Very Easy Rodent-Oriented Net-wide Index to Computerized Archives), para busca simultânea em vários servidores Gopher.

A questão da privacidade na rede era uma preocupação geral já em 1991, quando Philip Zimmerman torna público o Pretty Good Privacy (PGP), programa utilitário para a codificação de mensagens de texto, que continua sendo o meio mais simples e seguro de se obter privacidade na rede. Uma mensagem assim enviada é inquebrável e só o seu destinatário pode descodificá-la, dando para isso uma chave que só ele conhece.

No Brasil, a Rede Nacional de Pesquisa inicia a montagem da Fase 1 da chamada espinha dorsal (*backbone*) da RNP, com conexões dedicadas a velocidades de 9,6 a 64 Kbps, ao mesmo tempo que divulga os serviços Internet para a comunidade acadêmica, por meio de seminários, montagem de repositórios acadêmicos e treinamentos. Enquanto o backbone da MSFNET é atualizado com links T3 (44,736 Mbps) para suportar um tráfego de 1 trilhão de bytes/mês e 10 bilhões de pacotes/mês, conectam-se à Internet Croácia, República Tcheca, Hong Kong, Hungria, Polônia, Portugal, Singapura, África do Sul, Taiwan e Tunísia.

Web — a teia de alcance mundial

Ainda em 1991, a grande novidade da Internet foi a invenção da World Wide Web, gestada pelo engenheiro Tim Berners-Lee no Laboratório Europeu de Física de Partículas (CERN). Um dos mais importantes centros para pesquisas avançadas em física nuclear e de partículas, localizado em Genebra, Suíça, a sigla CERN relaciona-se ao seu nome anterior, Conseil Européene pour la Recherche Nucléaire.

A Web é provavelmente a parte mais importante da Internet e, para muitas pessoas, a única parte que elas usam, um sinônimo mesmo de Internet. Mas a World Wide Web é fundamentalmente um modo de organização da informação e dos arquivos na rede. O método extremamente simples e eficiente do sistema de hipertexto distribuído, baseado no modelo cliente/servidor, tem como principais padrões o protocolo de comunicação HTTP, a linguagem de descrição de páginas HTML e o método de identificação de recursos URL.

O Hypertext Markup Language (HTML) é a linguagem padrão para escrever páginas de documentos Web que contenham informação nos mais variados formatos: texto, som, imagens e animação. É fácil de aprender e usar, possibilitando preparar documentos com gráficos e links para outros documentos para visualização em sistemas que utilizam Web.

O Hypertext Transport Protocol (HTTP) é o protocolo que define como dois programas/servidores devem interagir, de maneira a transferirem entre eles comandos ou informação relativos ao WWW. O protocolo WWW possibilita que os autores de hipertextos incluam comandos que permitem saltos para recursos e outros documentos disponíveis em sistemas remotos, de forma transparente para o usuário. Por sua vez, o Uniform Resource Locator (URL) é o localizador que permite identificar e acessar um serviço na Web.

Outro fato importante em 1991 foi a suspensão, pela NSF, da proibição ao uso comercial da Internet, abrindo caminho para a era do comércio eletrônico. As companhias relacionadas à Internet tornam-se as favoritas dos investidores em alta tecnologia.

Em 1992, a Internet ultrapassou o número de 1 milhão de hosts e mais 12 países ligavam-se a ela: Camarões, Chipre, Equador, Estônia, Kuwait, Letônia, Luxemburgo, Malásia, Eslováquia, Eslovênia, Tailândia e Venezuela, além do continente antártico. A Internet Society é constituída como organização internacional para coordenar a Internet, suas tecnologias e seus aplicativos, tendo como um dos seus órgãos o Internet Arquiteture Board (IAB), um grupo voltado à supervisão e manutenção dos protocolos TCP/IP.

Em 1993, os meios de comunicação e o mundo dos negócios descobrem a Internet, enquanto a ONU inaugura sua página na rede, no endereço `http://www.un.org`. A Casa Branca monta o seu site (`http://www.whitehouse.gov`) e divulga o endereço eletrônico do presidente dos EUA (`president@whitehouse.gov`). Os indicadores são espantosos: o tráfego na WWW cresce a uma taxa anual de 341,64%. O número de hosts da Internet dobra em um ano, atingindo 2 milhões em 1993, ano em que se conectam à rede: Bulgária, Costa Rica, Egito, Fiji, Gana, Indonésia, Casaquistão, Quênia, Liechenstein, Peru, Romênia, Rússia, Turquia, Ucrânia e Ilhas Virgens.

Outro sucesso estrondoso na Internet é o programa Mosaic, um cliente para a Web que funciona em modo gráfico e é capaz de mostrar imagens. Desenvolvido por Marc Andreessen, estudante do Centro Nacional para Aplicações de Supercomputação da Universidade de Illinois, em Urbana-Champaign, o Mosaic possibilita o acesso aos recursos de multimídia da Internet por simples cliques de mouse. Em um ano, mais de um milhão de cópias do Mosaic estavam em uso.

A NSF cria o Internet Network Information Center (InterNIC), que atribui números IP únicos a quem pedir e é também o gestor da raiz (topo da hierarquia) do Domain Name System (DNS) mundial. A InterNIC ainda armazena informações sobre a rede mundial e mantém um banco de dados com informações sobre toda a comunidade da Internet.

Completando 25 anos de existência em 1994, contados a partir da data de início do funcionamento experimental da ARPAnet, a Internet aloja as páginas de emissoras de rádio, shoppings centers, pizzarias e bancos. A Web supera a Telnet para se tornar o segundo serviço mais popular da rede, com base na quantidade de pacotes e no volume de tráfego de bytes. Os sites comerciais e pessoais da World Wide Web multiplicam-se e começam a surgir os mecanismos de busca que auxiliam o usuário a procurar informação por toda a Web.

No Brasil, a partir de 1994, o grande aumento de instituições conectadas à rede mundial amplia a demanda sobre o backbone da RNP e, paralelamente, percebe-se que as aplicações interativas não eram viáveis a velocidades inferiores a 64 Kbps. Assim, no período que vai até 1996, o projeto volta-se para a montagem da Fase II do backbone da RNP, com uma infra-estrutura bem mais veloz do que a anterior.

A Internet mundial contabilizava 4 milhões de servidores e sua taxa de crescimento atinge 10% ao mês. Ligam-se à rede: Algéria, Armênia, Bermudas, Burquina, China, Colômbia, Filipinas, Jamaica, Líbano, Lituânia, Macau, Marrocos, Nova Caledônia, Nicarágua, Nigéria, Panamá, Senegal, Sri Lanka, Suazilândia, Uruguai e Usbequistão.

Ameaças à segurança nacional

Bill Gates ingressou tardiamente na indústria da Internet, com o lançamento, em 1995, do Microsoft Internet Explorer, um novo browser para o sistema operacional Windows 95. Os hackers passam a representar uma séria ameaça na rede: em Hong Kong, a polícia desconecta muitos dos provedores de acesso à Internet do território, na caça a um hacker, deixando cerca de 10 mil pessoas sem acesso à rede mundial.

Nos EUA, os sites da CIA, do Departamento de Defesa e da Força Aérea, entre outros órgãos do governo, são atacados por hackers em 1996. Mas a Internet não pára: aproximadamente 80 milhões de usuários em cerca de 150 países ao redor do mundo surfam na rede. O número de servidores conectados chega perto dos 10 milhões e o número de sites duplica a cada dois meses.

No mesmo ano, a Microsoft e a TV NBC inauguram a MSNBC, primeira organização noticiosa a fundir TV aberta, TV a cabo e Internet. A polêmica Lei da Decência nas Comunicações proíbe, nos EUA, a distribuição de material indecente via Internet, mas vai ser declarada inconstitucional, em sua maior parte, pela Suprema Corte, em 1997.

Alguns governos fixaram restrições ao acesso à Internet e ao conteúdo da rede mundial, que variam de medidas contra pornografia, prostituição, racismo, tráfico de drogas, terrorismo à repressão da livre expressão e da oposição política. Na União Européia e Comunidade Britânica, os países membros estão adotando medidas judiciais específicas contra a oferta de material racista, xenófobo e pornográfico. Na Ásia, muitos governos controlam o conteúdo da Internet e os provedores de acesso intervêm para impedir listas de discussão e mensagens eletrônicas indesejáveis. O controle da discussão política e religiosa e de material relacionado a sexo é bastante comum em nações do Oriente Médio.

Gestão da Internet brasileira

Em maio de 1995 teve início a abertura da Internet comercial no Brasil. A RNP passou então por uma redefinição de seu papel, deixando de ser um backbone restrito ao meio acadêmico para estender seus serviços de acesso a todos os setores da sociedade. Com a criação do seu Centro de Informações Internet/BR, a RNP ofereceu um importante apoio à consolidação da Internet comercial no país.

No dia 31 de maio de 1995, o Ministério das Comunicações e o Ministério da Ciência e Tecnologia promulgaram a Portaria Interministerial 147, constituindo o Comitê Gestor Internet do Brasil, com os objetivos de assegurar a qualidade e a eficiência dos serviços ofertados, a justa e livre competição entre provedores e a manutenção de padrões de conduta de usuários e provedores.

Com mandato de dois anos, os membros do Comitê Gestor são indicados conjuntamente pelo Ministério das Comunicações e pelo Ministério da Ciência e Tecnologia, sendo formado por um representante de cada Ministério, um do Sistema Telebras, um do Conselho Nacional de Desenvolvimento Científico e Tecnológico (CNPq), um da Rede Nacional de Pesquisa, um da comunidade acadêmica, um de provedores de serviços, um da comunidade empresarial e um da comunidade de usuários.

O Comitê Gestor recebeu como principais atribuições fomentar o desenvolvimento dos serviços Internet no Brasil; recomendar padrões e procedimentos técnicos e operacionais para a Internet no país; coordenar a atribuição de endereços Internet, o registro de nomes de domínios e a interconexão de espinhas dorsais; e coletar, organizar e disseminar informações sobre os serviços Internet.

Pela Resolução nº 002, de 15 de abril de 1998, o Comitê Gestor Internet do Brasil transferiu a sua atribuição institucional de coordenar a atribuição de endereços Internet Protocol (IP), bem como a manutenção de suas respectivas bases de dados na rede eletrônica, para a Fundação de Amparo à Pesquisa do Estado de São Paulo (Fapesp), em todo o território nacional.

Para a realização dessas atividades, a Fapesp foi autorizada, a partir de 1997, a cobrar taxas de registro e manutenção de domínios, em valores compatíveis com os vigentes internacionalmente, devendo o produto da arrecadação ser utilizado pela entidade para se ressarcir dos custos incorridos com aquelas e para promover atividades ligadas ao desenvolvimento da Internet no Brasil.

A Internet deixa absolutamente de ser novidade e tem, em 1997, o ano da sua explosão como rede mundial amplamente disseminada e aceita. Com a marca de mais de 80 milhões de usuários e 19 milhões de servidores no mundo, ela não tem descanso. No final do ano 2000, as previsões apontam que haverá mais de 700 milhões de usuários ligados à Web.

O futuro da Internet

Nos últimos anos, a Internet tem crescido continuamente e experimentado mudanças que a transformaram em um negócio altamente profissional e rendoso. Novas e promissoras tecnologias são constantemente incorporadas, como o áudio e vídeo em tempo real, telefonia, linguagens voltadas para a construção de ambientes virtuais (Virtual Reality Modeling Language — VRML) e para a criação de páginas animadas e interativas (Java).

Tabela 3 Intervalo entre a descoberta de um novo meio de comunicação e sua difusão

Meio de comunicação	Tempo de aceitação (em anos)	Datas
Imprensa	400	De 1454 ao século XIX
Telefone	70	De 1876 até o período posterior à Segunda Guerra Mundial
Rádio	40	1895 até o período entre as duas guerras mundiais
Televisão	25	1925 até 1950
Internet	7	1990 até 1997

A velocidade de crescimento e a diversificação da rede mundial dificultam qualquer previsão dos rumos que ela deverá tomar, embora seja possível identificar algumas tendências e mesmo obstáculos para seu efetivo alcance.

A primeira é a de transformar-se efetivamente na decantada superestrada da informação,[2] caso sejam melhoradas as taxas de transmissão com a renovação tecnológica da rede, pela utilização da fibra óptica, das redes de TV a cabo e mesmo dos satélites de baixa órbita.

Tabela 4 Velocidade *versus* performance dos principais meios de acesso à Internet

Meios de acesso	Taxa de transferência	Tempo para baixar um arquivo de 2 Mb	Tempo para baixar um arquivo de 9 Mb
Modem 28,8 kbps	28,8 Kbps	10 min	40 min
ISDN	128 Kbps	2,4 min	10 min
Direc PC*	400 Kbps	35 seg	3 min
T1	1,5 Mbps	11 seg	48 seg
Cabo	30 Mbps	4 seg	18 seg

(*) O Direc PC emprega uma miniparabólica e um modem especial para o usuário receber os dados de um satélite geoestacionário exclusivo do serviço.

Apesar das novas e promissoras tecnologias de acesso à Internet em desenvolvimento ou experimentação oferecerem velocidades de maior magnitude, na prática a velocidade de conexão depende de variáveis como qualidade do equipamento do usuário, número de pessoas conectadas com o provedor, tamanho do link do provedor com a Internet, distância entre a casa do usuário e o primeiro ponto de contato com a rede de telefonia, atividade desenvolvida pelos internautas naquele momento (cf. Sanches, 1999: 1). A transmissão de programas de TV via Internet, por exemplo, exige muito mais recursos do que simplesmente ler ou enviar uma mensagem de correio eletrônico.

A segunda tendência é a Internet constituir-se no principal meio para transações comerciais, como pode ser observado pelo crescente aumento do volume de vendas on-line de produtos e serviços no mercado norte-americano e, em menor grau, no Brasil. Mas o comércio eletrônico requer ainda o aperfeiçoamento do desenvolvimento de métodos de criptografia e de certificação confiáveis.

Ainda ao considerar a Internet um novo e revolucionário meio de comunicação, a terceira tendência está nas suas amplas e ainda pouco estudadas possibilidades como instrumento de marketing e de promoção. É nela que está o propósito deste livro: identificar e descrever os usos atuais e potenciais da Internet como veículo de publicidade, de promoção e de vendas para marcas, produtos e serviços.

Notas

1. Conta-se que Vinton Cerf desenhou a arquitetura da futura Internet em uma noite, rabiscando no verso de um envelope, no hall de um hotel na Califórnia. Apesar de ser conhecido como o pai da Internet, todas as suas invenções são de domínio público. Vint, como prefere ser chamado, ocupa hoje o cargo de vice-presidente sênior para engenharia e arquitetura de Internet na MCI WorldCom, a segunda maior operadora telefônica de longa distância dos Estados Unidos, que, no Brasil, é a nova proprietária da Embratel.

2. A expressão "superestrada da informação" é atribuída ao futuro vice-presidente dos Estados Unidos, Albert Gore, que a lançou em 1978.

Capítulo **2**

Natureza e serviços da Internet

As novas tecnologias periodicamente resultam em significativas transformações na sociedade e causam grandes mudanças de hábitos e de comportamento. Cada um no seu tempo, o telégrafo, o telefone e o aparelho de fax deixaram suas marcas no comércio, na vida profissional e no nosso cotidiano. Agora chegou a vez da Internet, a mais recente tecnologia, com manejo relativamente simples e extremamente excitante pelas inumeráveis oportunidades de uso.

Verdadeiro fenômeno pelo curto espaço de tempo desde seu surgimento e pela grande velocidade de sua disseminação em quase todo o mundo, a Internet é um novo meio de comunicação de massa que rivaliza com a televisão, o rádio e outros veículos de troca e difusão da informação. Oferecendo ainda entretenimento, negócios e serviços, sendo global e ao mesmo tempo descentralizada, a rede permite o recebimento maciço de informação por seus milhares de sites, ao mesmo tempo que propicia a comunicação entre as pessoas, de maneira individual, por meio do correio eletrônico.

Uma visão mais geral dessa nova tecnologia emergente ou meio de comunicação e de informação requer o entendimento de como a Internet funciona, as suas principais características e os serviços mais populares que presta atualmente aos seus usuários. Principalmente os serviços da Internet serão retomados nos capítulos posteriores para o exame mais aprofundado das suas possibilidades como veículos para a publicidade de produtos, serviços e marcas.

Natureza da Internet

O termo Internet foi cunhado a partir da expressão inglesa "INTERaction or INTERconnection between computer NETworks". Assim, a Internet é formada pelas centenas de redes de computadores conectadas em diversos

37

países dos seis continentes para compartilhar à informação e, em situações especiais, também recursos computacionais.

A Internet trouxe de volta para a sociedade o velho e confortável sentimento de comunidade. Uma comunidade criada pelo acesso à informação que transcende as antes intransponíveis barreiras políticas, econômicas e espaço-temporais. Ao conectar-se a ela, o nosso computador torna-se uma extensão semelhante a um computador gigantesco com ramificações pelo mundo todo.

As conexões usam diversas tecnologias, como linhas telefônicas comuns, linhas de transmissão de dados dedicadas, satélites, linhas de microondas e cabos de fibra óptica. Mais de 57 milhões de pessoas, em cerca de 150 países, usam a Internet, e, se persistirem as taxas de crescimento atuais, as projeções apontam que, em 10 anos, todos terão acesso à rede mundial.

Conceitos da Internet

A natureza e as condições do novo mundo virtual trazido pela Internet são mais bem compreendidas pelos sete conceitos fundamentais identificados por Shiva (1997: 7-10). O primeiro está no fato de que a Internet é um meio e não um fim em si mesmo. Fisicamente, ela é uma estrada de informação, um mecanismo de transporte que a conduz por um caminho de milhões de computadores interligados, no qual se pode viajar para receber e enviar informação de um site para outro.

O segundo é que a Internet cria a unicidade de cada site ou localização no tempo e espaço. Cada nó ou site da rede é igual em razão do sistema de comunicação não-hierárquica, composto de interconexões com todos os pontos e dos pontos entre si. É como uma esfera, na qual cada nódulo está conectado com todos os outros e ainda com o central por múltiplos links. O espaço e o tempo estão equalizados, pois, de um determinado local, é possível, em uma sucessão de segundos, acessar outros pontos geograficamente muito distantes e diferentes.

O terceiro conceito da Internet está no fato de a rede não estar sob o controle de ninguém. Nenhuma organização ou governo possui ou controla a Internet. Na verdade, cada governo, empresa ou instituição é responsável por manter a sua própria rede. Essas organizações pagam para instalar e manter suas partes na rede mundial e permitem que a informação enviada pela Internet transite pelas suas rotas isentas de qualquer custo.

Os pacotes de informação viajam então por redes que compõem a Internet, seguindo um caminho que passa por muitos níveis diferentes de redes em vários tipos de linhas de comunicação. Uma grande variedade de dispositivos processa esses pacotes para direcioná-los em seu caminho. Repetidores, *hubs*, pontes e portas de comunicação são empregados para transmitir dados entre as redes. Os repetidores apenas amplificam ou restauram o fluxo de dados aumentando a distância que eles podem percorrer. Os hubs unem grupos de computadores e permitem tomar atalhos para conversarem entre si. As pontes (*bridges*) conectam as redes locais (LANs) e permitem que os dados endereçados a outra rede passem, enquanto bloqueiam os dados locais. As portas de comunicação (*gateways*) funcionam de maneira similar à das pontes, mas também traduzem os dados entre um tipo de rede e outro.

O quarto é que a Internet tem padrões e normas que são organicamente estabelecidos pela comunidade, sem a intervenção de uma autoridade central. Essa característica pode ajudar a resolver as eventuais pendências e questões ainda obscuras em termos de direitos autorais, censura e segurança da rede, mais do que se as regras fossem determinadas ou impostas por regulações governamentais. Embora não estejam escritas, as regras exigem obediência, sob pena de seu infrator ser alvo de *flames* ou ser criticado via correio eletrônico e em fóruns públicos de discussão.

O quinto conceito é que a Internet é centrada nas pessoas e não em governos. Os grupos de notícias, por exemplo, foram criados a partir da idéia e inspiração de algum usuário da troca de mensagens, em torno de um determinado assunto a partir de um sistema no qual todas as mensagens são salvas uma a uma para serem vistas por quem desejar. Portanto, não são o resultado de um comitê ou grupo de trabalho governamental que tenha sentado e discutido a sua criação.

O sexto é que a Internet não pratica discriminação de raça, cor, classe social ou de qualquer outra natureza. Na rede é pouco relevante o nome, a idade ou a nacionalidade de um usuário, porque é mais importante o que ele diz. Uma charge do *New Yorker* coletada por Shiva (1997: 9) ilustra esse conceito de maneira bem-humorada. Ela mostra um cachorro sentado em frente a uma tela de computador, com as patas sobre o teclado, dizendo para outro cão ao seu lado: "Na Internet, ninguém sabe que você é um cachorro".

O sétimo é que a Internet possui uma cultura própria. Da mesma maneira que em visita a outros países respeitamos os seus costumes, na rede temos de acatar e seguir as regras específicas ditadas pela cultura do ciberespaço.

Níveis das redes da Internet

Uma rede local (Local Area Network — LAN) é formada por dois ou por algumas dezenas de computadores e não se estende além dos limites físicos de um edifício ou de um conjunto de prédios de uma mesma instituição, estando limitada a distâncias de até 10 km. A LAN é normalmente utilizada nas empresas para interligação local dos seus computadores.

Caso o computador central dos dados que estão sendo enviados não esteja próximo, roteadores guiam os pacotes em sua jornada por redes de nível médio. Os roteadores são pontes inteligentes que lêem o endereço contido nas primeiras linhas de cada pacote e, em seguida, encontram a melhor maneira de enviar os dados ao seu destino, levando em conta a ocupação das redes de nível médio, também chamadas de Metropolitan Area Network (MAN). Ou seja, uma rede metropolitana ou regional de computadores com abrangência até poucas dezenas de quilômetros, interligando normalmente algumas centenas de computadores numa dada região.

Se o destino de um pacote for outro computador localizado em um país ou região distante, o roteador envia o pacote primeiro para um ponto de acesso à rede, o chamado Network Access Point (NAP), onde é rapidamente transportado pelo país, ou pelo mundo, empregando redes de longo alcance, denominadas Wide Area Network (WAN), que interligam computadores distribuídos em áreas geograficamente separadas.

A espinha dorsal dessa rede, conhecida como backbone, é uma estrutura composta de linhas de conexão de alta velocidade, empregando linhas telefônicas especiais ou outras ligações de alta velocidade e de ampla banda passante. Mais uma vez, os roteadores guiam os pacotes em seu caminho até o destino final, onde são passados para uma rede de nível médio e, finalmente, para o computador central.

Protocolos da Internet

Os pacotes de informações enviados pelos computadores da Internet contêm porções de dados e informações especiais de controle e endereçamento necessários para levar os pacotes a seus destinos e remontá-los na sua forma original. Essa tarefa é realizada por um protocolo especial — Transmission Control Protocol (TCP) —, que define as regras para os procedimentos de comunicação em uma rede. Por sua vez, o Internet Protocol (IP) cumpre a função de descobrir o caminho adequado entre o remetente e o destinatário e enviar os pacotes.

Esses dois protocolos mais comuns combinam-se para formar o TCP/IP, a linguagem universal da Internet, que pode ser implementada em qualquer tipo de computador, pois é independente do hardware.

Serviços da Internet

A Internet foi aos poucos se configurando para oferecer aos seus usuários os mais variados serviços. Embora se modifiquem sem parar, os principais serviços — pelo menos os mais populares — são o File Transfer Protocol (FTP), Telnet, Usenet, Internet Relay Chat, correio eletrônico, listas de discussão (ou de distribuição), I Seek You (ICQ) e a World Wide Web.

File Transfer Protocol (FTP)

O FTP permite a busca de arquivos armazenados em computadores de todo o mundo e a cópia daqueles que forem de interesse. Ele é o principal protocolo padrão de transferência de arquivos usado na Internet, ou, então, um programa que usa esse protocolo.

Figura 3 Acesso ao Diretório de FTP do Centro de Computação da Universidade do Texas, em Austin (ftp://ftp.cc.utexas.edu)

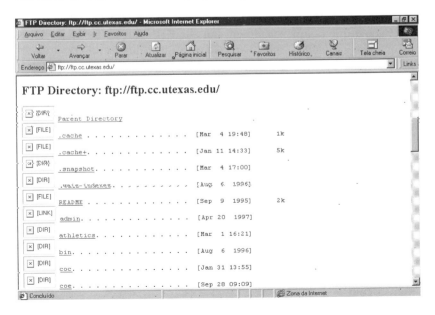

41

O site FTP é o computador que armazena os arquivos, geralmente mantidos por universidades, agências governamentais, centros de pesquisa, empresas e mesmo pessoas. Alguns sites são privados e requerem o uso de uma senha antes de algum arquivo ser acessado. Outros, denominados FTP anônimos, permitem o livre acesso aos arquivos, que podem ser copiados sem o pagamento de nenhuma taxa.

Os softwares mais antigos de transferência de arquivos exigiam conhecimento e domínio de uns poucos comandos para estabelecer e conduzir uma sessão de FTP. Hoje estão disponíveis muitos programas compatíveis com a plataforma Windows e para os computadores Macintosh, que tornam o FTP tão fácil quanto usar um telefone. Basta apenas usar o mouse para apontar e clicar nos menus para estabelecer sessões de FTP.

Ferramentas para FTP

O Archie, uma das ferramentas para FTP, permite acessar centenas de base de dados em todo o mundo para buscar arquivos que contenham a informação procurada. Na verdade, é preciso apenas informar um determinado nome do arquivo ou arquivos que contenham uma determinada cadeia de caracteres em seus nomes. O Archie pesquisa uma lista de arquivos que atendem à descrição e, em seguida, envia a relação para o usuário, podendo os de interesse ser recuperados com o FTP.

Cada arquivo armazenado em um site FTP tem um nome para descrever o seu conteúdo e uma extensão para identificar o tipo do arquivo. Os principais tipos de arquivos disponíveis são os de texto, imagens, sons, vídeo e softwares, sendo estes fornecidos no regime de domínio público, freeware e shareware.

Os programas de domínio público são totalmente gratuitos e não têm qualquer restrição para ser modificados e distribuídos. Os freewares também são gratuitos, mas seus autores impõem algumas regras para a sua mudança ou distribuição. Os programas em shareware são fornecidos sem custo para uso por um determinado período de tempo, geralmente para serem experimentados e avaliados. Caso se pretenda continuar usando o shareware, é necessário pagar ao seu autor.

Em razão da quantidade de dados ou de um determinado programa ser formado por um grande número de arquivos, eles podem estar armazenados nos sites FTP em arquivos compactados para ocupar menor espaço e ser transmitidos mais rapidamente pela Internet. As extensões mais comuns de arquivos compactados são `.arc`, `.arj` e `.zip`.

Quadro 1 Extensões de arquivos mais comuns

Tipos de arquivos	Extensões
Arquivo de texto	.asc, .doc, .htm, .html, .msg, .txt, .wpd
Arquivo de imagens	.bmp, .eps, .gif, .jpg, .tif, .tiff
Arquivo de sons	.au, .ra, .snd, .wav, .aiff
Arquivo de vídeo	.avi, .mov, .mpg, .mpeg
Arquivo de hipertexto	.htm, .html
Softwares	.bat, .com, .exe
Compactados	.arc, .arj, .zip, .gz

Podem ainda existir arquivos que forneçam um índice ou catálogo do material existente em um site FTP, designado pela extensão "read-me" ou "index". Para uma melhor organização, os arquivos estão dispostos em diferentes diretórios e subdiretórios.

Os sites FTP atendem a um número limitado de pessoas ao mesmo tempo, o que causa problemas de tráfego, geralmente acusados pela mensagens de erro ao se tentar a conexão. O mais recomendado é se conectar fora do horário comercial e nos finais de semana. Alguns sites populares utilizam o recurso do site espelho (*mirror*), o qual armazena a mesma informação do original e tem a vantagem de ser menos ocupado.

Os sites FTP são uma das fontes de arquivos com vírus, programas que, quando executados no computador, causam danos muitas vezes irrecuperáveis. Seus usuários devem tomar precauções como fazer cópias de segurança dos arquivos do seu computador e sempre verificar a existência de vírus nos arquivos copiados de um site FTP.

Telnet

O Telnet é um protocolo de emulação de terminal que faz parte do conjunto TCP/IP destinado a login remoto pela Internet. Ou, em outras palavras, o Telnet é um programa que oferece um método de tornar o computador do usuário um terminal, possibilitando interagir com qualquer computador compatível à Internet.

O programa permite usar o outro computador, geralmente em lugar muito distante, para tarefas e atividades como executar programas, participar de sessões de chat, jogar, enviar e receber arquivos, e assim por diante. Embora disponibilize o acesso remoto a centenas de serviços na Internet, o Telnet é bastante utilizado (e indicado) para consultas a grandes bases de dados e bibliotecas, que são repositórios de informação sobre quase todos os assuntos.

Figura 4 Sessão de Telnet para consulta ao Sistema de Informação da Biblioteca do Congresso dos EUA

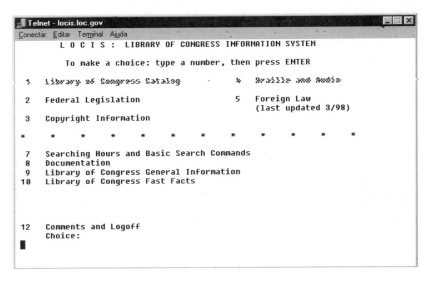

Na maioria dos casos, o sistema Telnet pede o nome de usuário (*userID*) e uma senha (*password*). Foi convencionado digitar a palavra "anonymous", como o nome de usuário, e o endereço de correio eletrônico, como senha.

Usenet (Newsgroup)

Palavra formada do inglês "User Network", ou seja, "rede de usuários", a Usenet é o conjunto de todos os computadores e de todas as redes que estão conectados para distribuir informação de grupos de notícias. Existem aproximadamente 10 mil grupos de discussão ativos no sistema, criado em 1979, aplicando um protocolo chamado Unix to Unix Copy (UUCP).

Servidores de notícias são os computadores que armazenam os documentos de newsgroup, mantidos por provedores de serviços da

Internet. A quantidade de grupos de notícias disponíveis depende do provedor, que pode limitar o número de grupos para economizar espaço de armazenamento. Algumas estimativas apontam que a quantidade de informação enviada a cada dia para grupos de notícias é equivalente a diversas enciclopédias reunidas.

Um dos três mais populares serviços existentes na Internet (os outros dois são o correio eletrônico e a World Wide Web), cada grupo de notícia é formado por pessoas com interesses comuns que se comunicam umas com as outras, realizando muitas vezes uma verdadeira conferência on-line. Os mais conhecidos grupos de notícias chegam a possuir 300 mil subscritores, mas a média varia em torno de 5 a 10 mil assinantes.

Hierarquia na Usenet

Os grupos de notícias estão divididos em categorias separadas. A hierarquia tradicional de grupos de notícias compreende sete categorias: `comp`, `misc`, `news`, `rec`, `sci`, `soc` e `talk`. Os grupos em qualquer uma das categorias tradicionais só podem ser criados após um processo formal, que demanda requisição de discussão e chamada para votação. Qualquer outra categoria irá constituir a hierarquia alternativa de grupos de notícias, burlando as regras mais rígidas da Usenet, como o grupo `alt`, voltado para assuntos alternativos.

Quadro 2 Categorias dos grupos de notícias para artigos na Usenet

Hierarquia	Descrição
alt	Alternativo. Discussão de interesse geral que pode incluir assuntos bizarros, pouco usuais e até mesmo ofensivo às pessoas
alt.fan	Discussão de assuntos relativos a celebridades ou vilões do mundo real e da rede
alt.config	Discussão sobre a formação de novos grupos na hierarquia alternativa da Usenet
biz	Business (negócios). As discussões de negócios são de natureza mais comercial do que em outros grupos de notícias e a publicidade é permitida em muitos deles
comp	Computers (computadores). Discussões sobre hardware, software e informática. Os grupos de notícias comp são uma boa fonte de apoio técnico para a solução de problemas relativos ao computador

Quadro 2 Categorias dos grupos de notícias para artigos na Usenet (*cont.*)

Hierarquia	Descrição
misc	Miscellaneous (miscelânea). Discussão de vários tópicos que podem se sobrepor aos de outros grupos de discussão
news	Notícias. Discussão de assuntos relacionados às políticas, diretrizes e questões administrativas da Usenet
rec	Recreation (recreação). Discussão de atividades recreativas, de lazer e hobbies
sci	Science (ciência). Discussão de assuntos relacionados à ciência
soc	Social. Discussão de questões sociais, culturais e políticas
talk	(Conversa). Discussão, argumentação e debate dos mais variados assuntos

Figura 5 Página do site de grupos de notícias do Fórum Access na Web, especializado em artigos sobre os softwares Visual Basic, Access e Office.

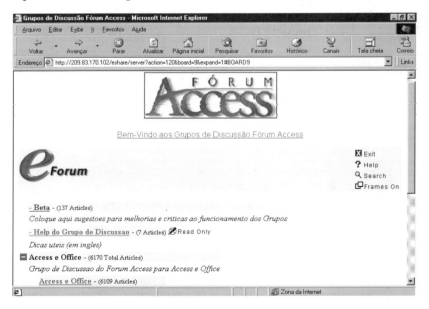

Cada uma das sete hierarquias tradicionais têm centenas de subgrupos. Logo que um grupo de notícias torna-se muito popular e disseminado, ele é freqüentemente retirado e dividido em grupos menores e mais específicos. Os grupos de discussão `comp`, p. ex., apresentam subgrupos para software e hardware, IBM e Macintosh, entre muitas outras opções.

O nome do grupo de notícia descreve o tipo de informação nele discutido, começando com a distinção do primeiro grupo hierárquico, seguido por um ponto e de um ou mais nomes qualificativos. Estes não podem ultrapassar o cumprimento de 15 caracteres e cada um deles é separado do outro também por um ponto. Grupos moderados têm a terminação "moderated" no seu nome. Um voluntário lê cada artigo e decide se ele é apropriado àquele grupo de notícias, enquanto nos demais grupos todos os artigos são automaticamente postados para todos lerem.

Conteúdo dos grupos de notícias

Um grupo de notícias pode conter centenas ou milhares de artigos, como são chamados os textos enviados para o grupo. Cada artigo pode ter a extensão de algumas poucas linhas ou a espessura de um livro. As respostas a um artigo original são chamadas de follow-up, respondendo a uma questão, expressando uma opinião ou acrescentando informações adicionais a um determinado assunto. Se a resposta não for de interesse dos membros do grupo de notícias ou seu respondente quiser enviar a mensagem de maneira privada, ela deve ser postada diretamente ao endereço eletrônico do autor da mensagem original.

Uma série de mensagens relacionadas ao mesmo assunto formam um encadeamento (ou *thread*), que deve ser lido inteiro antes de se fazer contribuições a ele, para evitar possíveis repetições ou superposições. O encadeamento também pode ser feito a partir de uma pergunta inicial e das respostas de outros leitores.

Para ter acesso às informações distribuídas é necessário conhecer os nomes dos grupos de notícia de interesse e solicitar sua subscrição. O assinante pode então ler os artigos postados por outros usuários e deixar suas mensagens com perguntas e comentários para serem lidas. Mas antes é conveniente consultar o Frequently Asked Questions (FAQ), um documento contendo uma lista das perguntas e respostas mais freqüentes no grupo de notícias, e com isso evitar levantar questões que já tenham sido respondidas.

Ler e postar mensagens em um grupo de notícias exige um leitor de newsgroup. Muitos browsers têm um leitor embutido, com a vantagem do seu visual ser muito parecido com o da Web, sendo fáceis de entender e usar. Outra opção é o TIN, software leitor geralmente fornecido pelos provedores de acesso.

Regras de comportamento

Os membros de grupos de notícia devem observar regras especiais de comportamento no envio de mensagens. As regras de estilo são claras: o artigo deve ser claro, conciso e não ter erros de gramática ou ortografia. Centenas e mesmo milhares de pessoas em todo o mundo poderão ler a mensagem, que, antes de postada, deve ser lida e relida cuidadosamente. É preciso evitar que o artigo contenha frases em contexto ou forma na qual possam ser interpretadas como ironia ou sarcasmo pelos leitores.

O assunto de um artigo é a primeira coisa que as pessoas lêem e por isso deve identificar corretamente o seu conteúdo, evitando generalidades do tipo "Para sua informação" ou "Leia já". Por sua vez, a adequação do artigo ao tópico em discussão no grupo é importante para que ele desperte interesse e atenção. A certeza de que o artigo será lido, comentado e respondido tem como pressuposto inicial a sua conformidade ao assunto do grupo de notícias.

É importante não postar o artigo para diversos grupos de discussão inapropriados, o que é chamado de *spamming* e resulta em desperdício de espaço em disco e largura de banda nos meios de transmissão. O spamming é considerado particularmente irritante quando a mensagem tem propósitos comerciais, como divulgar ou vender um produto ou serviço.

Internet Relay Chat

O chat ou conversa via teclado começou com os serviços de BBS e chegou ao seu atual formato com a Internet, em 1988, quando o finlandês Jarkko Oikarinen desenvolveu o Internet Relay Chat (IRC).

O IRC é uma rede que permite que pessoas de diferentes partes do mundo estabeleçam uma comunicação instantânea na Internet, também designa o protocolo para programas que permite entrar em um bate-papo pelos canais dedicados a diferentes assuntos. Algumas sessões de chat podem abrigar 5 mil pessoas conversando ao mesmo tempo em um mesmo canal, chegando a ser uma verdadeira conferência on-line.

Os programas mais comuns para acessar um servidor de chat são o Ircle, mIRC, Wsirc e Pirch. Geralmente de fácil manejo, muitos softwares ainda possibilitam recursos como mudar a cor e a fonte do texto que aparece na tela para tornar a mensagem mais fácil de ser lida. Há também espaço para o humor com o Comic Chat, produzido pela Microsoft, que acrescenta ao IRC recursos visuais das histórias em quadrinhos. O usuário escolhe o personagem que quer ser entre os disponíveis e manipula suas expressões.

Outros sistemas de chat para a Internet oferecem uma interface gráfica, permitindo que o usuário se transforme em um ator virtual ao escolher um determinado disfarce. Como personagem ele navega então por um cenário tridimensional onde pode conversar com outros participantes também transformados.

Figura 6 Abertura de uma sessão de IRC utilizando o software mIRC.

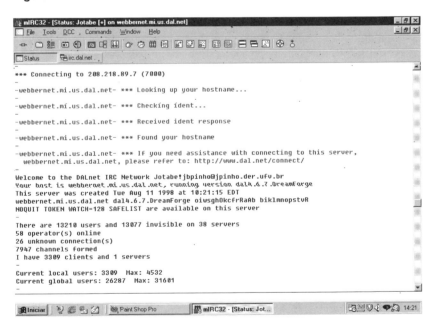

O mais antigo e popular tipo de chat é feito por meio de mensagens digitadas, que são transmitidas rapidamente pela Internet e aparecem na tela de cada pessoa que está participando da conversação. O tipo mais moderno de chat é o multimídia, cuja comunicação se faz por imagem

49

e som, exigindo, portanto, equipamento específico, como placas de som e de vídeo, alto-falantes, microfone e câmara de vídeo.

A conversação no IRC tem motivos práticos. Estar em contato com amigos e parentes que estejam distantes, a um custo significativamente menor do que as tarifas telefônicas interurbanas e internacionais, ou mesmo fazer novas amizades em todo o mundo. No aspecto educativo, os chats facilitam o contato entre colegas de escola para conversar sobre trabalhos e pesquisas escolares, como também adquirir novos conhecimentos e atualizar-se em assuntos abordados nos canais de discussão.

Batendo papo na Internet

Antes de conectar-se a um chat, o usuário precisa escolher um pseudônimo ou apelido, conhecido como *nickname*, e informar o seu nome e endereço eletrônico. A maioria dos servidores de IRC não permite a conexão se não for fornecido um endereço de correio eletrônico válido.

Todos os comandos do IRC começam com o caracter /. Qualquer coisa que seja digitada é imediatamente enviada para as outras pessoas assim que se pressione a tecla Enter. Existem diversos outros comandos no IRC, destacando-se entre os mais comuns:

/help	menu de ajuda para os comandos do IRC
/list -publi	lista todos os canais públicos disponíveis
/join #channel	entra na conversação de um dado canal
/join 0	sai do canal de discussão
/nick new nickname	muda o seu pseudônimo
/msg nickname txt	manda uma mensagem para um usuário do seu canal.
/who # channel	lista todos os participantes de um determinado canal
/whois nickname	mostra a verdadeira identidade (nome) de um usuário

Os usuários devem comportar-se de maneira apropriada quando estão conversando com outras pessoas, sob o risco de serem desconectados ou até mesmo permanentemente banidos do servidor de IRC. Algumas regras básicas: ser conciso; não utilizar acentos ou "ç" (as palavras podem chegar truncadas); não escrever em letras maiúsculas, que dão a impressão de estar gritando; tomar cuidado com a interpretação das mensagens, que podem ser vistas como ironia pelos outros participantes. Os *emoticons*, verdadeiros ícones das emoções, permitem a expressão de sentimentos e emoções nas conversas, sem maiores problemas.

Quadro 3 Emoticons ou *smileys* para mostrar emoções na Internet

Emoticons	Significado	Emoticons	Significado
:-	Sou homem	:^)	Nariz arrebitado
-	Sou mulher	:C ou :-C	Muita tristeza
:) ou :-)	Felicidade, sorriso	:') ou :'-)	Chorando de felicidade
:(ou :-(	Raiva ou tristeza	:P ou :-P	Mostrando a língua
:'(ou :'-(	Chorando	;) ou ;-)	Piscando o olho
:$ ou :-$	Incerteza	:-X	Boca fechada (para guardar segredo)
:e ou :-e	Desapontamento	:* ou :-*	Mandando um beijo
:O ou :-O	Espanto, assombro	:9 ou :-9	Lambendo os beiços
8 ou 8-	Apreensão	%-	Trabalhei a noite toda
$) ou $-)	Yuppie	:*)	Bebi um pouco
!(ou !-(	Caolho	%*)	Bebi mais ainda
O-)	Faço pesca submarina	#-)	Bebi todas
:-6	Comida horrível	:@	Seu porco!
:I	Hum, sem graça	3:O	Sua vaca!
:)	Narigudo	:! Ou :-!	Fumando um cigarro
=:-	Sou punk	:7 ou :-7	Fumando um cachimbo
:D ou :-D	Gargalhando	8-)	Uso óculos

Fonte: Guia da Internet (1998: 17).

É necessário evitar o envio de grande quantidade de texto para um canal (alguns programas de chat possuem controles internos para restringir a quantidade de informação que pode ser transmitida). Como pessoas de diferentes países usam o IRC, alguns canais podem estar em língua diferente da do usuário. Caso queira discutir o mesmo tópico na sua própria língua, o usuário deve criar um novo canal para as pessoas que usam a mesma língua.

O IRC oferece muitos canais e cada um deles enfoca um tópico específico, que às vezes pode estar indicado no seu próprio nome. Caso o usuário tente acesso a um canal não existente, o IRC pode criar um novo canal e torná-lo o seu operador enquanto estiver conectado. O operador cumpre a função de controlar quem pode apreciar o canal, aparecendo no seu pseudônimo o símbolo @. Alguns canais são permanentemente operados por programas específicos, sem a presença humana.

O nome do chat também fornece indicações sobre restrições de acesso. O símbolo # na frente do nome significa que o canal está disponível para pessoas em todo o mundo. Já o símbolo & no nome informa que o canal só está disponível para as pessoas usando servidor de IRC ao qual se está conectado.

A World Wide Web possui também canais de chat, que podem ser acessados pelo browser Web. A maioria desses serviços é gratuita, enquanto alguns cobram taxas depois de ultrapassado um certo tempo de conversação.

Correio eletrônico

Serviço mais antigo e mais popular da Internet, o correio eletrônico permite a troca de mensagens com pessoas em todo o mundo, de maneira rápida e sem qualquer despesa, desde que os usuários estejam ligados a um provedor de serviço para conexão com a Internet.

Nas empresas, o correio eletrônico deixou de ser uma ferramenta opcional de aumento de produtividade para ser simplesmente obrigatório. O Quadro 4 sugere alguns servidores de correio SMTP, pequenos e simples, desenvolvidos para a Internet e as intranets.

Quadro 4 Principais servidores de correio eletrônico de baixo custo para sites Internet e intranets

Ferramentas	Plataformas suportadas	Fabricante
NTMail 3.03C	Windows NTe Windows 95/98	http://www.ntmail.com.uk
SLMail 2.6	Windows NT e Windows 95/98	http://www.seattlelab.com
Netscape Messaging Server 3.0	Windows NT e Unix	http://www.netscape.com
SendMail 2.6	Windows NT	http://www.metainfo.com
Post.Office 3	Windows NT e Unix	http://www.software.com
Eudora WorldMail Server 2.0	Windows NT	http://www.eudora.com

Fonte: Adaptado de Deivisson (ed.) 1998b: 72-7.

O provedor de serviço ainda armazena as mensagens recebidas em uma caixa de correio, nela ficando disponíveis até que o usuário verifique o recebimento de correio eletrônico. A maioria dos softwares de correio eletrônico pode ser programada para verificar automaticamente a existência de mensagens na caixa de correio existente no provedor de serviço.

Figura 7   E-mail recebido pelo Eudora Light, um dos mais conhecidos programas de correio eletrônico

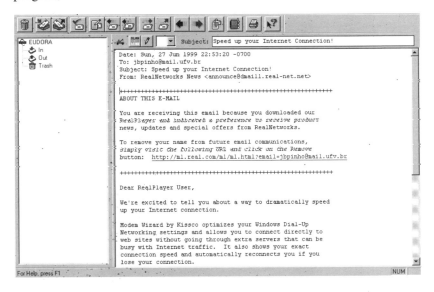

Conhecendo o endereço eletrônico da outra pessoa, que define a localização da caixa de correio do destinatário, é possível mandar mensagens e evitar o custo das tarifas telefônicas de longa distância. Um endereço de e-mail consiste de duas partes separadas pelo símbolo @ (arroba), como no exemplo: sampaio@abc.com.br.

A primeira parte corresponde ao nome do usuário de uma conta de correio em uma rede, nome que pode ou não ser o verdadeiro. A segunda parte é o nome de domínio, que dá a localização da conta pessoal na Internet, com os pontos servindo para separar os seus elementos. O nome de domínio contém o nome de uma organização e, freqüentemente, os sufixos que designam o tipo de organização e o país do domínio. No caso do usuário Sampaio, abc é o nome empregado pela organização

53

ABC Indústrias S/A; com é a abreviação de comercial, indicando, portanto, uma organização comercial; br é o sufixo para os domínios localizados no Brasil.

Para saber o endereço eletrônico de uma pessoa com a qual se deseja corresponder, a primeira maneira é a mais óbvia: telefonar para ela perguntando. Mas também existem na Web sites que ajudam na busca de endereços eletrônicos, devendo estes ser previamente registrados. Outro recurso útil nos programas de correio eletrônico é o livro de endereços, onde são armazenados os endereços de pessoas para as quais se envia mensagens com maior freqüência.

Escrevendo mensagens de correio eletrônico

As mensagens de correio eletrônico devem ser claras, concisas e não ter erros de ortografia ou concordância. É possível utilizar caracteres especiais, os chamados smileys ou emoticons, para expressar emoções ou sentimentos na mensagem. Uma "carinha" construída com caracteres ASCII pode ajudar a contextualizar uma mensagem eletrônica. Por exemplo, a mais comum é :-), que significa humor e ironia. Para entendê-la deve-se girar o smiley 90 graus para a direita.

As abreviações também são muito comuns nas mensagens de correio eletrônico (ver Quadro 5). Entre as mais usadas estão MSG (mensagem), BTW (*by the way*, por falar nisso), WRT (*with respect to*, com relação a) e IMO (*in my opinion*, na minha opinião). Outro cuidado é escrever as mensagens com letras maiúsculas e minúsculas, pois o correio eletrônico escrito com letras maiúsculas é mais difícil de ler e indica também que a pessoa está gritando ou muito provavelmente é um novato na rede.

Para finalizar a mensagem, é importante acrescentar uma assinatura, evitando que o usuário digite os seus dados numerosas vezes. A assinatura não deve ultrapassar quatro linhas e, geralmente, inclui o nome, o endereço eletrônico e a profissão.

As partes básicas de uma mensagem de correio eletrônico são o remetente, o destinatário, o assunto e eventuais cópias que serão enviadas a outras pessoas:

From: o endereço eletrônico de quem está enviando a mensagem.
To: o endereço eletrônico da pessoa a quem está destinada a mensagem.

`Subject`: identifica o conteúdo da mensagem, devendo ser informativo ("Mapas de vendas") e nunca genéricos ("Para sua informação").

`Cc`: uma cópia de carbono, que indica que uma cópia exata da mensagem será enviada a outra pessoa que não está diretamente envolvida, mas pode ter interesse na mensagem.

`Bcc`: do inglês *blind carbon copy*, permitindo o envio da mesma mensagem para diversas pessoas sem que elas saibam que outros também a receberam.

Quadro 5 Expressões abreviadas utilizadas na Internet

Expressão	Significado	Expressão	Significado
AKA	*Also known* as (Também conhecido como)	MSG	Mensagem
BRB	*Be right back* (Volto logo)	MOTD	*Message of the day* (Mensagem do dia)
BTW	By the way (Por falar nisso)	NRN	*No response necessary* (Não precisa responder)
CO	Conferência on-line	OTOH	*On the other hand* (Por outro lado)
D/I	Download	POV	*Point of view* (Ponto de vista)
FYI	*For your information* (Para sua informação)	RSN	*Real soon now* (Logo, logo)
GMTA	*Great minds thinks alike* (Grandes mentes pensam da mesma forma)	RTFM	*Read the fuck manual* (Leia o maldito manual)
ILY	*I love you* (Eu te amo)	RTM	*Read the Manual* (Leia o manual)
IMHO	*In my humble opinion* (Na minha humilde opinião)	TTYL	*Talk to you later* (Falo com você depois)
IMO	*In my opinion* (Na minha opinião)	WTH	*What the hell!* (Que diabos!)
IOW	*In other words* (Em outras palavras)	WB	*Welcome back* (Seu retorno é bem-vindo)

O correio eletrônico permite que sejam anexados arquivos de documentos, imagens, sons, vídeos ou programas na mensagem que está sendo enviada. Para isso o software precisa dispor do Multipurpose Internet Mail Extensions (MIME), da mesma forma que o computador que recebe a mensagem e os arquivos precisa entender o MIME. Também para os arquivos anexados serem transferidos com maior rapidez pode ser usado o recurso da compactação.

Regras de etiqueta

As mensagens de correio eletrônico obedecem a algumas regras de conduta e procedimento específicas. Nenhumas delas foi definida por nenhuma autoridade no assunto, mas criadas pelos usuários ao longo do tempo.

Não usar acentuação é a primeira regra a ser observada, pois nem todos os usuários da Internet estão preparados para receber mensagens de correios eletrônicos com palavras acentuadas. Mensagens acentuadas somente devem ser enviadas caso se tenha certeza de que o programa do destinatário entende os acentos.

Uma palavra que se quer destacar pode ser escrita em caixa alta, mas é possível enfatizá-las com asteriscos (*), que correspondem ao nosso conhecido negrito (ou bold).

Para evitar problemas de quebra de linha na tela de quem receber a mensagem, é recomendável escrever linhas curtas, com no máximo 65 caracteres. Também para facilitar o destinatário, na resposta a uma mensagem recebida é conveniente mencionar uma parte do texto recebido para ele saber do que se está falando. Mais prático é utilizar a opção Reply do programa de correio eletrônico, que automaticamente coloca o sinal > (maior do que) na mensagem original e permite que a resposta à mensagem recebida seja digitada em seguida.

Uma das convenções de caráter prático é a que estabelece prazo máximo de 24 horas para o envio de resposta a uma mensagem recebida. Caso a resposta não chegue nesse prazo, o recomendado é não insistir. Principalmente aqueles que ficam ansiosos quando a resposta a uma mensagem não vem e acabam repetindo-a meia dúzia de vezes.

Confidencialidade da mensagem

O correio eletrônico é uma forma muito pessoal de comunicação e requer privacidade. Para se assegurar de que as mensagens enviadas e recebidas não sejam interceptadas e lidas por pessoas estranhas que possam estar espreitando na rede, o software Pretty Good Privacy (PGP) pode ser uma boa opção.

O PGP é um utilitário de criptografia baseado em duas chaves, uma pública e outra privada, para a codificação da mensagem de correio eletrônico no envio e a posterior decodificação na sua recepção. A chave pública é distribuída livremente e com ela a mensagem é criptografada. Toda vez que receber uma mensagem criptografada com o PGP, o destinatário utiliza sua chave privada para cifrar a mensagem. O sistema é interessante porque qualquer pessoa pode cifrar uma mensagem com a chave pública, mas somente aquela que tiver a chave privada pode decifrá-la.

Mais seguro programa de privacidade disponível na Internet, o código do PGP é tão difícil de ser quebrado que foi classificado pelo governo norte-americano como uma arma (isso mesmo, uma arma de guerra). A versão original só está disponível nos EUA e no Canadá, mas uma segunda versão do software é utilizada nos demais países e pode ser obtida na Universidade de Milão, via FTP anônimo, em `ftp.dsi.unimi.it`, no diretório `/pub/security/crypt/pgp`.

Guerra contra o spam

A cena de um dos filmes do grupo inglês de comédia Monty Pyton é antológica. Em um bar, vikings barulhentos sentam em torno de uma mesa e começam a gritar "Spam!, Spam!, Spam!" para pedir presunto enlatado da marca "Spam", até que ninguém mais suporta aquilo (cf. Lindenberg, 1998: 8). A situação inspirou a criação do termo *spam*, que dá nome à prática de enviar mensagens, via correio eletrônico, indiscriminadamente e em grande quantidade, distribuindo propaganda, correntes, boatos (principalmente da detecção de novos vírus) e divulgando esquemas para ganhar dinheiro.

O procedimento é insuportável para os usuários de correio eletrônico pela inconveniência de receber verdadeiras montanhas de mensagens não solicitadas. No Brasil, o Grupo de Trabalho de Segurança do Comitê Gestor Internet estuda estratégias de combate ao spam, em conjunto com os provedores. Também existem sites antispam, como o `http://www.antispam.org.br`, que surgiu de provedores de acesso que decidiram fazer algo contra essa prática.

Os usuários que recebem o spam notificam o site, que avisa o provedor utilizado pelo spammer e dá um prazo de 48 horas para que alguma atitude seja tomada. Caso o provedor não responda, são enviadas ainda duas reiterações a cada 48 horas, após o que ele entra em uma relação de domínios banidos, se não houver nenhum retorno. Os provedores associados recebem então essa lista de domínios banidos e se utilizam dela para filtrar os e-mails que podem significar spam. Na prática, os provedores que estiverem na lista têm suas mensagens bloqueadas e muitas delas não chegarão ao seu destinatário.

Mas o assunto tem dividido opiniões. Do outro lado estão as empresas que utilizam o e-mail como uma evolução da tradicional mala-direta. Para elas, a preocupação com o spam deve se limitar a conter os abusos, mantendo a liberdade de expressão. A divulgação de um serviço legal por correio eletrônico é entendida como uma estratégia típica de pequenas empresas que tentam sobreviver na Web, sem dispor dos recursos financeiros das grandes companhias para investir em banners e sites na divulgação dos seus negócios.

Listas de discussão (mailing lists)

Combinação de correio eletrônico com grupos de notícias, a lista de discussão é apenas uma relação de pessoas que deseja receber informações, via correio eletrônico, sobre um determinado assunto, previamente solicitadas ao administrador da lista. Daí também a sua denominação de "lista de distribuição", existente em grande quantidade e cobrindo uma infindável variedade de assuntos.

É importante distinguir entre os dois endereços eletrônicos de uma lista de discussão. O endereço da lista de discussão é o que recebe as mensagens e as distribui para todos os membros da lista. Este é o endereço para o qual se envia as mensagens de correio eletrônico que se deseja que todos recebam. Já o endereço do administrador da lista de discussão recebe mensagens relacionadas com questões administrativas.

Como subscrever uma lista

O pedido de inclusão em uma lista de distribuição é feito ao endereço eletrônico do administrador da lista. O assunto da mensagem deve ser "`subscribe to mailing list`" e o texto da mensagem deve dizer "`subscribe`" seguido do nome e sobrenome do interessado. Pode-se incluir na mensagem algum comentário ou observação para torná-la mais pessoal.

O exemplo a seguir é de subscrição de uma lista de distribuição para discussão sobre veículos com tração 4 x 4 e *offroads*:

```
To:         offroad-request@off-road.com
Subject:    subscribe to mailing list
Message:    subscribe Carlos Moreira
```

Figura 8 Mensagem de correio eletrônico da lista de distribuição sobre questões relativas aos dinossauros, criada em 1993 e administrada pela University of Southern California (USC).

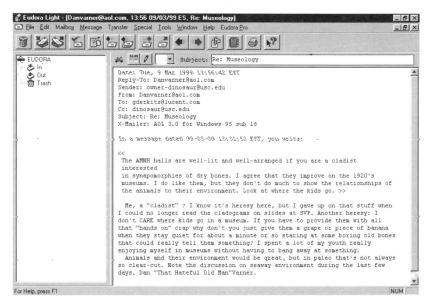

Algumas listas de distribuição são administradas por programas como Majordomo, LISTSERV ou LISTPROC. Após saber as informações corretas sobre o nome do programa, site e domínio, a subscrição é feita enviando uma mensagem de correio eletrônico ao administrador, incluindo na mensagem o comando "subscribe", o nome da lista de distribuição e o nome do interessado.

Para assinar uma lista de distribuição administrada pelo programa LISTPROC, com discussão sobre dinossauros e outros animais pré-históricos, o exemplo é:

```
To:         listproc@usc.edu
Message:    subscribe dinosaur Carlos Moreira
```

59

Um cuidado importante: subscrever mais do que três listas implica o perigo de receber verdadeiras montanhas de mensagens de correio eletrônico. Mesmo assinando uma única lista, o usuário que planeja uma viagem de férias deve antecipadamente pedir sua exclusão temporária do mailing list, para impedir que a sua caixa de correios fique repleta de mensagens.

As listas de distribuição podem estabelecer limitações. Algumas restringem a quantidade de participantes, aceitando novas subscrições apenas no caso de eventuais desistências. Outras exigem que os seus assinantes preencham certos requisitos, como o de ser médico no caso de uma lista de discussão sobre cirurgia. Outras, ainda, possuem um moderador, geralmente um voluntário que lê cada mensagem enviada e a distribui para os membros da lista apenas se for considerada apropriada. Uma lista moderada mantém a discussão nos limites do assunto e remove as mensagens que contenham idéias já debatidas.

As listas de distribuição seguem regras de etiqueta similares ao correio eletrônico e grupos de notícias.

I Seek You (ICQ)

Programa de mensagens e bate-papo, o ICQ (http://www.icq.com) foi criado em 1996 por quatro jovens israelenses — Yair Goldfinger, então com 26 anos; Arik Vardi, 27; Sefi Vigiser, 25; e Amnon Amir, 24 — para interconectar os navegantes que já estavam conectados à rede, mas tinham de se comunicar instantaneamente uns com os outros. Daí o nome ICQ, uma sigla que representa as palavras "I Seek You", literalmente "procurando você".

Totalmente gratuito, pequeno e fácil de instalar, explicam Leiria e Portella (1999, v.2: 52-3)), ele permite enviar aos amigos que estejam online, instantaneamente, URLs de páginas interessantes, arquivos que passam diretamente de um micro para o outro, abrir um chat sem ter de entrar primeiro num servidor, e ainda avisa ao usuário a chegada de mensagens.

A idéia era simples, e a notícia da existência do programa rapidamente se espalhou, sem que a Mirabilis, firma fundada pelos inventores, gastasse nenhum centavo para a divulgação do programa. Em apenas dois anos, o ICQ acumula 25 milhões de usuários registrados, dos quais 11 milhões ativos diariamente, enquanto o número de usuários que utilizam o serviço ao mesmo tempo, a qualquer momento, ultrapassa hoje os 800 mil. Outra estatística impressionante é que a média diária de uso do ICQ por usuário é de 2h45, contra a média de sete minutos que um internauta fica em um site.

Figura 9 Tela do software ICQ, distribuído pela Mirabilis, na versão 99

Em 8 de junho de 1998, a American OnLine anunciou a compra da Mirabilis, mantendo a empresa independente, dirigida pelos seus fundadores e com a sede original em Telaviv, Israel.

ICQ invade as empresas

A Mirabilis também ingressou no terreno corporativo com o lançamento da versão beta de seu ICQ Corporate Intranet Server, desenvolvido para uso nas grandes empresas. O sistema é composto de um servidor de ICQ, um banco de dados opcional e clientes para instalação nos computadores pessoais da empresa.

Entre os seus diversos recursos, Pedrosa (1998: 33) destaca que o ICQ Corporativo permite que o funcionário veja, de seu computador, quem está conectado à intranet da empresa, possibilita o envio de mensagens, textos e arquivos on-line, promove conversas em tempo real e até permite a transferência de arquivos com mecanismo de recuperação em caso de queda de conexão.

World Wide Web

Também conhecida como Web, WWW ou W3, a World Wide Web é um conjunto de documentos multimídia armazenados em computadores de todo o mundo. Os documentos da Web utilizam a Hypertext Markup Language (HTML), linguagem padrão para escrever páginas de documentos Web, que contenham informação nos mais variados formatos: texto, som, imagens e animação. Fácil de aprender e usar, a HTML possibilita preparar documentos em hipertexto, com links para se deslocar para outros documentos.

Como os outros serviços da Internet, a Web consiste de um grupo de servidores na rede que estão programados para oferecer a informação procurada por meio de browsers. Tipicamente, um browser é o programa em um computador pessoal que acessa, por linha telefônica, um servidor (isto é, um programa que atende a demanda de clientes remotos) contendo informações de interesse amplo, nele permitindo visualizar e procurar texto, imagens, gráficos e sons, de maneira aleatória ou sistemática. Netscape, Microsoft Explorer e Mosaic são os browsers[1] Web mais populares e fáceis de ser usados.

Figura 10 Home page da Universidade Federal de Viçosa, na Web, visualizada com o programa Microsoft Internet Explorer

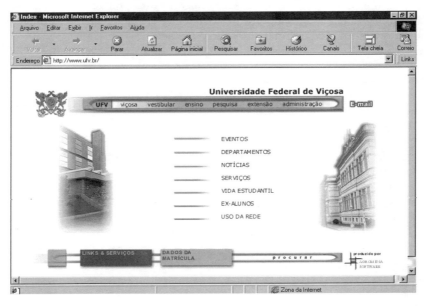

Os browsers possuem extensões denominadas *plug-ins*, que são programas especiais para mostrar certos tipos de arquivos da Web e oferecem recursos adicionais de multimídia. Muitos plug-ins podem ser copiados gratuitamente e passam a funcionar integrados com o browser, permitindo ouvir música de fundo, assistir a vídeos e animações, escutar efeitos de som.

Mais recentemente, novos programas — também disponíveis gratuitamente — possibilitam ouvir programas de rádio e assistir a vídeos e canais de emissoras de TV de todo o mundo. Ambientes em três dimensões são modelados e mesmo objetos tridimensionais podem ser visualizados de qualquer ângulo com a Virtual Reality Modelling Language (VRML).

A VRML pode ser aplicada no entretenimento, criando cidades virtuais e jogos tridimensionais para competir com outras pessoas na Web. Na demonstração de produtos, a riqueza de detalhes é maior com o recurso de poder andar em torno do produto. No treinamento, a VRML permite fornecer aos técnicos de manutenção as mais detalhadas instruções de como montar ou desmontar um determinado componente eletrônico.

Outro recurso é a linguagem de programação Java, cujos programas são chamados de *applets*, permitindo criar páginas Web interativas e com animação. Os applets são armazenados em um servidor da Web e transferidos para o computador do usuário assim que ele acesse uma página contendo o programa. Os applets rodam então para mostrar textos com movimentos, pequenas animações e até mesmo permitir conversa e jogos entre as pessoas.

Localizando a informação

Na sua maioria, os sites da Web são mantidos por centros de pesquisa, universidades, empresas comerciais, governos e mesmo particulares. O servidor Web é o computador conectado com a Internet que torna disponíveis ao usuário as páginas Web. Uma página corresponde a uma estrutura individual de conteúdo na World Wide Web, definida por um único arquivo HTML e referenciada por um endereço único.

O endereço único de cada página Web é chamado Uniform Resource Locator (URL), localizador que permite achar qualquer informação ou acessar um serviço na Web. Por sua vez, a home page é a página principal de um site, o ponto de partida para a procura de informação na Web.

A URL pretende uniformizar a maneira de designar a localização de um determinado tipo de informação na Internet, seja ele obtido por HTTP, FTP, Gopher etc.

```
http://www.uol.com.br/internet/fvm/url.htm
```

Quadro 6 Tipos de nomes de domínio

Tipo	Usado por
.com	Empresas ou companhias comerciais
.edu	Instituições educacionais
.gov	Governo federal, estadual e municipal
.mil	Forças Armadas e instituições militares
.net	Redes pertencentes à Internet
.org	Organizações não-lucrativas e as que não estão incluídas nas anteriores

Cada parte do endereço da Universo OnLine tem um significado: `http://` indica o método utilizado para buscar páginas na Web. Outras formas encontradas são `ftp://`, para entrar em servidores de FTP, `mail to:`, para enviar mensagens, e `news:`, para acessar grupos de discussão.

Quadro 7 Códigos identificadores de alguns países

Sigla	Usada por	Sigla	Usada por
aq	Antártida	gr	Grécia
ar	Argentina	id	Indonésia
au	Austrália	il	Israel
aw	Aruba	it	Itália
be	Bélgica	jp	Japão
bo	Bolívia	mx	México
br	Brasil	nl	Holanda
ca	Canadá	pt	Portugal
ch	Suíça	py	Paraguai
cl	Chile	uk	Reino Unido
cn	China	uy	Uruguai
de	Alemanha	va	Vaticano
es	Espanha	ve	Venezuela
fr	França	za	África do Sul

`www.uol.com.br` é o nome do computador em que a informação está armazenada, também chamado de servidor ou site. Pelo nome do computador é possível identificar o tipo de informação que será encontrada (os que começam com a sigla www são servidores da Web e contêm principalmente páginas de hipertexto), o tipo de organização (comercial neste caso) e o país onde está localizada.

O único país que tem a sua sigla de acesso comercializada livremente é a ilha de Tuvalu, a sudoeste do oceano Pacífico, que consiste em nove distantes atóis com pouco mais de 10 mil habitantes e governada por uma monarquia constitucional. Pelo nome da ilha, sua sigla de acesso na Internet é `.tv`, o que pode interessar à grande maioria das redes de televisão ou às empresas com atividades paralelas no mundo inteiro.

Diante dessa possibilidade, a empresa canadense TV Corporation negociou com o rei de Tuvalu para explorar comercial e mundialmente a sigla, pela cessão, em contrapartida, de 80% do lucro em prol do desenvolvimento da ilha (cf. Caseiro, 1999b: 22). Toda e qualquer organização pode agora adquirir a sigla TV para incorporar ao seu endereço na Web, mediante o pagamento de US$ 1.000 no primeiro ano e mais US$ 500 em cada ano subseqüente.

`/internet/fvm/` é o diretório onde está o arquivo, que nos servidores são também guardados em diretórios e subdiretórios.

`url.htm` é o nome do arquivo que será trazido e exibido na tela do computador. A terminação (ou extensão) do nome do arquivo, `htm`, indica um documento em hipertexto.

Segurança na Web

Um computador é um verdadeiro diário com as páginas abertas. A vida de uma pessoa pode ser conhecida verificando-se os e-mails enviados e recebidos, bisbilhotando as fotos e os arquivos de sites que vão sendo armazenados pela memória dos programas de navegação. Quando uma informação é enviada pela Internet, ela passa por vários computadores antes de atingir seu destino e está sujeita a ser vista por outras pessoas.

A segurança na Web é uma questão da maior importância nas transações bancárias, nas compras com cartões de crédito e, no caso de quem trabalha em casa ou está em viagem de negócios, no acesso a informações confidenciais que estão armazenadas nos computadores da empresa.

As páginas seguras da Web trabalham com browsers dotados de sistemas de segurança para que não seja possível ver a informação que está sendo transferida. Um servidor seguro mostra o desenho de um cadeado quando conectado pelo Netscape (no lado inferior esquerdo da tela) ou pelo Explorer (no lado inferior direito da tela). Outra maneira de verificar se o servidor é seguro consiste em observar o endereço: caso apareça `https://` em vez de `http://`, o servidor usa o sistema de segurança Secure Sockets Layer (SSL).

Revolução nos navegadores

Espaço dominado inicialmente por aplicações como correio eletrônico, FTP, newsgroup e Internet Relay Chat, a Internet tem agora na Web o seu principal atrativo. Muitos usuários recentes compram o seu computador para acessar a rede e, na prática, utilizam quase exclusivamente ferramentas de navegação (browsers), como o Netscape e o Explorer.

Hoje, os navegadores são programas completos, raramente menores do que 12 Megabytes e incluem ferramentas de correio eletrônico bem como apresentam recursos para exibir vídeos, rodar aplicações em código Java e ActiveX, passear por mundos virtuais com VRML e tocar música. Mas as mudanças não terminaram: está em andamento a nova revolução dos browsers, que consiste na incorporação das aplicações e programas aos softwares de navegação (cf. Stelling, 1999: 71).

Assim, a nova tendência dos programas e sistemas em criação nas empresas e corporações é terem os browsers como a sua principal forma de acesso. As grandes empresas de software desenvolvem interfaces Web para as suas aplicações com o objetivo de permitir a capacidade de executar toda e qualquer função por meio de navegadores. Com isso, os programas de navegação devem tornar-se cada vez mais complexos e oferecer aos usuários uma ampla variedade de recursos para acesso à quase totalidade das informações e dos serviços proporcionados pela rede mundial.

Notas

1. De acordo com pesquisa da International Data Corporation (`http:// www.idc.com`), a Netscape mantém sua posição de liderança no mercado de browsers. Os números do IDC, relativos a 1997, conferem 50,4% do mercado de 10 milhões de browsers à Netscape e 38,9% à Microsoft. Embora a Netscape lidere em todos os segmentos de mercado — uso doméstico; empresas pequenas, médias e de grande porte; governo e educação —, a Microsoft apresenta as maiores taxas de crescimento em todos esses segmentos.

Capítulo **3**

Contornos e dimensões da Internet no mundo e no Brasil

Em virtude do fato de não existir um ponto único de controle na Internet, ninguém sabe exatamente quantas pessoas estão usando a rede mundial em um dado momento ou a quantidade de usuários que têm condições de acesso em todo o mundo. Além das estimativas do número de usuários serem bastante conflitantes, elas não são definitivas, pois o crescimento da rede é um fenômeno que ocorre em diversos países em taxas constantes e elevadas.

Mesmo assim são apontados alguns indicadores gerais e traçados os contornos da Internet para permitir ao leitor uma avaliação da sua difusão e presença no mundo, dirigindo-se em seguida o foco para o nosso país — onde a rede experimentou, no período de 1995 a 1998, uma verdadeira explosão de crescimento —, evidenciando os principais números de sua presença e traçando o perfil atual do internauta brasileiro.

No final, este capítulo aborda o projeto da Internet 2, uma segunda rede mundial de alta velocidade para aplicações avançadas, que começou a se tornar uma realidade no dia 24 de fevereiro de 1999 com a implantação da sua primeira fase nos Estados Unidos. Ainda discute-se o preconizado nascimento de uma verdadeira economia da Internet, profundamente marcada por novos valores, novas empresas, novos empreendedores, novos hábitos e novas formas de realizar negócios, todos eles sinalizando para uma revolução tecnológica única.

A Internet no mundo

Quantas pessoas acessam a Internet em todo o mundo? A pergunta admite várias respostas, conforme os números oferecidos pelos muitos órgãos que procuram determinar a quantidade de pessoas que estão on-line na rede mundial e suas diversas (e desencontradas) metodologias de aferição. Reconhecendo essa dificuldade, a Nua Limited (1999), empresa estabelecida em Dublin, Irlanda, para atuar como fonte de informação sobre a Internet e seus desafios, desenvolveu o serviço Nua Internet Surveys para consolidar os dados das muitas pesquisas realizadas nos últimos dois anos.

Em janeiro de 1999, o estudo indicou a existência de 153 milhões e 300 mil usuários conectados com a Internet em todo o mundo (ver Tabela 5). Na América do Norte, o Canadá e os Estados Unidos são os países com maior número de pessoas on-line, estimando-se ainda que, do total de 87 milhões de usuários, cerca de 70 milhões sejam norte-americanos. Por outro lado, o Oriente Médio e a África são pouco conectados com a Internet — os usuários on-line somam 800 mil e 1.100 mil pessoas, respectivamente.

Tabela 5 Número de usuários da Internet no mundo

Continente	Número de pessoas on-line
África	1.100.000
Ásia e Pacífico	26.600.000
Europa	33.400.000
EUA e Canadá	87.000.000
América Latina	4.500.000
Oriente Médio	800.000
Total no mundo	153.300.000

Fonte: Nua Limited, 1999.

A relação do número de pessoas conectadas com a população total dos países é bastante diversificada. As mais expressivas ficam com a Irlanda (11,0%), Taiwan (12,9%), Hong Kong (13,4%), Bélgica (13,5%), Noruega (13,6%), Singapura (14,7%), Nova Zelândia (15,8%), Dinamarca (22,0%), Austrália (23,4%), Canadá (26,0%), Suécia (27,0%), Estados Unidos (30,0%), Finlândia (35,0%) e Islândia (45,0%).

Número de hosts na Internet

O inventor britânico da Web e principal responsável pela sua popularização, Tim Berners-Lee, depois de desenvolver a World Wide Web no Laboratório Europeu de Física de Partículas, localizado em Genebra, Suíça, mudou-se para os Estados Unidos e passou a trabalhar, em 1994, para o Massachussets Institute of Technology (MIT).

Embora não acredite que o futuro da Internet esteja nos Estados Unidos, Tim considera o país o centro da Internet, visto que nele a Web decolou muito rápido, enquanto a Europa ainda não dispõe de uma rede transeuropéia. Assim, as diferenças entre o mercado europeu e o norte-americano da Internet são muito claras para o cientista:

O mercado dos Estados Unidos é mais empreendedor. O espírito norte-americano se inclina muito mais à abertura de companhias pequenas e criativas, sem esperar financiamento do governo. Na Europa, é normal planejar a abertura de uma companhia com dez anos de antecedência.
É claro que, se você abre uma companhia para operar na Web nos EUA, tem à sua disposição um mercado homogêneo de pessoas que falam a mesma língua, e isso claramente faz diferença. Na Europa, é preciso lidar com culturas e línguas diferentes, o que é bem mais difícil (cit. em Lucena, 1998: 4).

A posição dos 30 países com maior número de hosts na Internet ilustra a superioridade dos Estados Unidos na rede mundial (ver Tabela 6). Em agosto de 1998, o total de mais de 25 milhões de servidores norte-americanos era quase 20 vezes maior que o do Japão, segundo país do ranking mundial.

O instituto de pesquisa norte-americano Zona Research estimou que a Internet movimentou um total de US$ 49,2 bilhões no ano de 1998, em todo o mundo. As fatias desse mercado ficam para os provedores de acesso e de backbone, com US$ 32,4 bilhões; servidores (hardware e software) e serviços, com US$ 11,6 bilhões; hardware e software para acesso, com US$ 2,1 bilhões; criação de sites (serviço e ferramentas), com US$ 1,3 bilhão; segurança e backup, com US$ 1,1 bilhão; e venda de conteúdo (anúncios ou assinaturas), com US$ 0,7 bilhão.

Tabela 6 Posição dos países por número de hosts na Internet (julho de 1998)

Posição	País	Nº de hosts	Posição	País	Nº de hosts
1º	Estados Unidos	25.739.702	16º	Nova Zelândia	177.753
2º	Japão	1.352.200	17º	Coréia	174.800
3º	Reino Unido	1.190.663	18º	BRASIL	163.890

Tabela 6 Posição dos países por número de hosts na Internet (julho de 1998) (*cont.*)

Posição	País	Nº de hosts	Posição	País	Nº de hosts
4º	Alemanha	1.154.340	19º	Bélgica	153.760
5º	Canadá	1.027.571	20º	África do Sul	140.577
6º	Austrália	750.327	21º	Áustria	132.202
7º	Países Baixos	514.660	22º	Rússia	130.422
8º	Finlândia	513.527	23º	Taiwan	103.661
9º	França	431.045	24º	Polônia	98.798
10º	Suécia	380.634	25º	Israel	87.642
11º	Itália	320.725	26º	México	83.949
12º	Noruega	312.441	27º	Hungria	73.987
13º	Espanha	243.436	28º	Hong Kong	72.232
14º	Suíça	205.593	29º	República Tcheca	65.672
15º	Dinamarca	190.293	30º	Singapura	59.469

Fonte: Comitê Gestor Internet do Brasil.

A Internet na Europa

A Europa, o segundo menor continente do planeta, tem uma população de 746 milhões de habitantes; entre eles, estima-se um número de 42,7 milhões de internautas. A Alemanha possui 40% do mercado da Internet no continente, com faturamento de US$ 948 milhões, seguida pela Inglaterra, com US$ 519 milhões, e pelos Países Baixos, com faturamento de US$ 196 milhões.

Na Europa, as mulheres são maioria, correspondendo a 52% dos internautas, com as principais exceções na Alemanha (48%) e na Inglaterra (40%). A maior parte dos usuários é formada por adolescentes entre 14 e 17 anos.

Outro público expressivo são as crianças européias entre 6 e 16 anos, somando 2,4 milhões de internautas, que têm como suas preferências os sites de esporte, de game (os meninos), de música e de fofocas de televisão (as meninas).

Tabela 7 Número de internautas nos principais países europeus (setembro de 1999)

Países	Usuários da Internet (em milhões)
Reino Unido	11,0
Alemanha	8,4
Suécia	3,6
França	2,9
Espanha	2,8
Holanda	2,3
Dinamarca	1,7
Noruega	1,6
Finlândia	1,6
Suíça	1,2

Fonte: Deivisson, 1999c: 39.

Nos países mais frios do continente europeu, o número *per capita* de pessoas conectadas com a Internet é bastante superior à média — 17,2% na Finlândia, 39,6% na Suécia e 19,6% na Holanda —, uma verdadeira febre que invade empresas, serviços públicos e domicílios. Já o país com o mais baixo índice de uso da rede é a Croácia, onde os internautas correspondem a cerca de 2% da população de 5 milhões de habitantes (cf. Deivisson, 1999c: 43). A empresa de telecomunicações é estatal e em todo o país existe apenas um provedor, situação causada pela falta de investimento para o desenvolvimento da infra-estrutura.

A Internet nos Estados Unidos

Os rápidos avanços nas tecnologias e a subseqüente proliferação da atividade comercial na Internet propiciaram o surgimento de um setor econômico altamente dinâmico e cada vez mais significativo para os países. Nos Estados Unidos, o impacto da Internet na economia nacional foi mensurado por uma pesquisa da Universidade do Texas, financiada pela Cisco, companhia que produz equipamentos e programas para computador.

Entre seus achados, o estudo revelou que, em 1998, a Internet foi responsável por um faturamento de US$ 301,4 bilhões e por 1,2 milhão de empregos. A fatia do comércio eletrônico foi estimada em US$ 102 bilhões, proveniente dos ganhos de empresas de hardware e software, de suporte na Internet ou das intermediárias nas transações on-line, como as agências virtuais de turismo e corretoras de seguro (cf. Lucena, 1999: 3).

Os indicadores econômicos do estudo da Universidade do Texas foram obtidos a partir da análise dos componentes das quatro camadas distintas que conformam e suportam a Internet: infra-estrutura, aplicações, intermediários e comércio (cf. *The Internet Economy Indicators*, 1999). A camada de infra-estrutura da Internet é composta pelas companhias cujos produtos e serviços fornecem apoio estrutural para as atividades na rede, a exemplo dos provedores de serviços; dos fabricantes de microcomputadores, de fibras ópticas e servidores; e das empresas de software e hardware. A camada de aplicações da Internet compreende os produtos e serviços que tornam tecnologicamente possível realizar negócios on-line, como os consultores, os mecanismos de busca, as ferramentas de autoria e as aplicações de multimídia e de desenvolvimento de ferramentas para a Web.

A terceira camada, dos intermediários da Internet, facilita o encontro e a interação de compradores e vendedores na rede, atuando como catalisadores do processo. Entre eles, as agências de viagem virtuais, os portais, os sites de conteúdo e os veiculadores de publicidade on-line. A quarta camada da Internet envolve a venda de produtos e serviços para consumidores finais ou entre empresas, realizada por meio das livrarias virtuais, dos próprios fabricantes de computadores e das companhias aéreas. Vale ressaltar que existem companhias presentes em diversas camadas, como a IBM e a Microsoft, que atuam na infra-estrutura, nas aplicações e no comércio eletrônico.

O mundo virtual na Bolsa de Valores

O mercado financeiro passou a conviver com as companhias ligadas à Internet, cujas ações não param de subir e dominam cada vez mais a Bolsa de Valores de Nova York. Os investidores estão comprando um mundo virtual, de futuro, apostando que as empresas darão lucros. Afinal, construídas na Internet, em um espaço de tempo muito curto, algumas delas devem ser as líderes da economia no próximo milênio.

O melhor exemplo é a Amazon, empresa que vende livros, vídeos e CDs pela rede. Até agora sem apresentar lucros, suas ações tiveram alta de nada menos do que 1.081% em 1998, contra a valorização de cerca de

16% do índice Dow Jones das 30 ações mais negociadas em Nova York. O valor de mercado da Amazon é estimado em cerca de US$ 30 bilhões, mais do que todo o mercado editorial dos Estados Unidos (cf. Lucchesi, 1999: 7).

O investidor que, no dia 17 de dezembro de 1997, tivesse comprado US$ 10 mil em ações das principais companhias norte-americanas ligadas à Internet — Apple, Amazon, America OnLine, Dell, Microsoft, Netscape e Yahoo! –, no curto período de um ano veria multiplicado em muitas vezes o seu investimento. A Figura 11 mostra os valores hipotéticos de resgate das aplicações em ações no dia 17 de dezembro de 1998.

Figura 11 Valores de resgate da aplicação de US$ 10 mil em ações de companhias ligadas à Internet (1997-98)

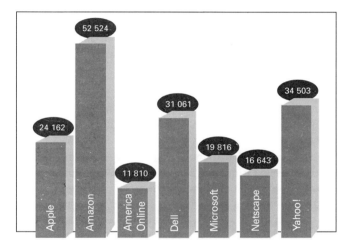

* Base: valores de 17 de dezembro de 1997 e 17 dezembro de 1998

Fonte: Nogueira, 1999: 40.

Uma comparação com o mercado brasileiro diz respeito ao valor de cinco grandes empresas do país com ações negociadas na Bolsa de Valores de São Paulo. A Petrobras tem valor de mercado de US$ 12,46 bilhões, a Eletrobras, de US$ 8,88 bilhões, a Telesp Operadora, de US$ 7,84 bilhões, a Vale do Rio Doce, de US$ 5,1 bilhões, e o Banespa, de US$ 1,6 bilhões. Todas elas, juntas, valem US$ 35,88 milhões, pouco mais do que os US$ 35 bilhões da Yahoo, empresa norte-americana de busca na Internet.

Outra gigante internacional de tecnologia, a Microsoft, tem um valor de mercado estimado, no início de 1999, em US$ 380 bilhões, 19 vezes mais do que o seu valor patrimonial. A empresa vale mais do que toda a soma das riquezas produzidas na Argentina, com um Produto Interno Bruto (PIB) avaliado em US$ 340 bilhões. A grande valorização das ações de empresas ligadas à Internet, como no caso da Dell Computer, com um valor de mercado quase 50 vezes superior ao valor do seu patrimônio, é considerada por alguns analistas como uma "euforia especulativa", típica dos períodos que precedem os grandes colapsos das bolsas de valores. Entretanto, existem fundamentos reais para os investidores apostarem com tanta força nessas empresas. A Bolsa de Valores de São Paulo caiu 33,46% em 1998, enquanto o índice Nasdaq, das empresas de alta tecnologia norte-americanas, subiu 40% (cf. Lucchesi, 1999: 7).

A Internet no Brasil

No período de 1995 a 1998, a Internet tornou-se no país um dos maiores fenômenos mercadológicos de todos os tempos. Em apenas três anos, o número de pessoas que acessam a rede mundial de suas casas e do trabalho cresceu mais de 4.000%, enquanto outra novidade recente, a TV paga, experimentou desde 1995 um aumento de cerca de 100% no número de assinantes.

A Internet consolidou-se no Brasil mais rapidamente do que em muitos outros países. O Instituto Datafolha realizou uma pesquisa nacional, em junho de 1998, na qual foram ouvidas 4.380 pessoas em todos os estados, para identificar a cobertura da Internet na população brasileira. O estudo[1] revelou que o público da Internet correspondia, na época, a cerca de 2% da população do país, com 16 anos ou mais, que têm acesso a microcomputador com conexão à Internet e possuem um endereço eletrônico (cf. Toledo e Ercília, 1998: 1).

O levantamento coloca o ramo brasileiro da rede mundial de computadores em 8º lugar no mundo, superado apenas pelos Estados Unidos, pelo Japão, pelo Canadá, pela Grã-Bretanha, pela Alemanha, pela Austrália e pela Suécia. O Brasil é ainda o primeiro colocado no número de pessoas conectadas entre as nações em desenvolvimento e está à frente de outros países do Primeiro Mundo que têm larga participação na Internet — como Itália, França e Espanha.

Outro critério plausível para a definição do público da Internet no Brasil é considerar o domicílio unidade básica de conexão à Internet, em oposição à identificação das conexões individuais, pois uma pessoa pode ter acesso à rede por mais de uma via. Dessa forma, em pouco tempo o número de conexões individuais estará ultrapassando o número de pessoas.

Baseado então no ponto de vista da unidade familiar, já utilizado nas pesquisas de audiência de televisão, Puterman (1998b: 31) estimou em 1998 a presença da Internet em pelo menos 1 milhão de domicílios no Brasil e ainda prevê que em 2000 serão 3 milhões de lares com cobertura da rede mundial, número que vai representar cerca de 60% da penetração da TV a cabo no país. As projeções para as próximas décadas são:

> Podemos prever para 2010 que a Internet estará atingindo cerca de 40% dos domicílios brasileiros, já em 2020 esse número terá subido para 60%, propiciando uma presença majoritária. Se adicionarmos a isso as possibilidades oferecidas pela Internet na televisão, essa penetração poderá ser sensivelmente ampliada, vindo a atingir os mesmos padrões do rádio, hoje o meio de maior penetração no panorama da mídia brasileira. (Puterman, 1998b: 31).

Hosts e domínios brasileiros

Segundo dados de julho de 1998 do Comitê Gestor Internet do Brasil (1999), o Brasil contava, na época, com 163.890 hosts, superando largamente as nações com maior número de servidores na América do Sul, como Argentina (57.532), Chile (22.889), Uruguai (16.345) e Colômbia (11.864). O aumento do número de sites nacionais é também revelador do crescimento do ramo brasileiro da Internet. O Cadê?, o maior catálogo de páginas brasileiras, passou de 45 mil páginas cadastradas, em 1997, para 110 mil, em 1998.

O número de domínios de primeiro nível registrados na Fundação de Amparo à Pesquisa do Estado de São Paulo (Fapesp) passou de 11.348, em 1996, para 99.167, no dia 26 de junho de 1999, um incremento de 873% em um período de três anos. A Tabela 8 mostra a distribuição dos domínios da rede brasileira segundo os seus tipos, e ainda evidencia a absoluta predominância dos domínios do tipo comercial, que representam 90,70% do total de registros na Fapesp.

O ritmo de crescimento da Internet no Brasil deve se acelerar ainda mais, beneficiado pela maior oferta de telefones por causa da privatização do setor, pelo constante barateamento dos computadores[2] e, se a recessão permitir, pela cobertura de outras camadas sociais, já que a rede ainda está fortemente restrita às classes A e B da população.

Tabela 8 Domínios registrados por DPN

Natureza	DPN	Quantidade	%
Entidades	ART.BR	259	0,26
	BR	666	0,67
	COM.BR	89.946	90,70
	ESP.BR	121	0,12
	ETC.BR	89	0,09
	G12.BR	331	0,33
	GOV.BR	364	0,37
	IND.BR	624	0,63
	INF.BR	360	0,36
	MIL.BR	10	0,01
	NET.BR	47	0,05
	ORG.BR	2.984	3,01
	PSI.BR	175	0,18
	REC.BR	37	0,04
	TMP.BR	20	0,02
	TUR.BR	114	0,11
Profissionais liberais	ADM.BR	69	0,07
	ADV.BR	495	0,50
	ARQ.BR	101	0,10
	BIO.BR	8	0,01
	CNT.BR	33	0,03
	ECN.BR	12	0,01
	ENG.BR	294	0,30
	ETI.BR	540	0,54
	FOT.BR	24	0,02
	FST.BR	11	0,01
	JOR.BR	91	0,09
	LEL.BR	20	0,02
	MED.BR	370	0,37
	ODO.BR	103	0,10
	PPG.BR	69	0,07
	PRO.BR	82	0,08
	PSC.BR	54	0,05
	VET.BR	19	0,02
Pessoas físicas	NOM.BR	624	0,63
Total		99.167	100,00

Fonte: Fundação de Amparo à Pesquisa do Estado de São Paulo (Fapesp), 26/6/1999.

Infra-estrutura brasileira

Apesar das dificuldades causadas pelas deficiências do sistema de telefonia, a infra-estrutura nacional da Internet é formada por oito backbones. O pioneiro, da Rede Nacional de Pesquisa (RNP), está em funcionamento desde 1991. A ele vieram se juntar os backbones do Banco Rural, Global-One, IBM, Unisys, SBT Online, Universo Online e Embratel.

No período de 1995 a 1998 o tráfego de informações entre o Brasil e o restante do mundo pela Internet aumentou 555 vezes, dado estimado a partir do crescimento da capacidade de enlaces internacionais da Embratel com a rede mundial de computadores. Em dezembro de 1994, essas conexões (se comparadas com um cano que leva e traz informações) tinham a espessura de 0,256 Mbytes. Considerando que uma página da Web, com texto, fotos e ilustrações, tem o tamanho aproximado de 50 Kbytes, era possível o envio e recebimento de cerca de cinco documentos da Web por segundo.

Em julho de 1998, a capacidade das conexões foi aumentada para 142 Mbytes, equivalente à transmissão de 2.840 páginas de 50 Kbytes por segundo. No começo de 1999, a velocidade do backbone da Embratel foi redimensionada para 252 Mbps, somados todos os links internacionais. A própria Embratel garante que tem procurado "[...] manter a capacidade de sua conexão com a Internet no exterior cerca de 30% maior do que o volume médio de tráfego" (Universo Online, 1998a: 3).

Perfil do internauta brasileiro

O perfil mais detalhado do internauta brasileiro é levantado regularmente pelo Cadê?, site brasileiro de busca na Internet, em conjunto com o Ibope. A terceira pesquisa Cadê/Ibope teve o seu questionário divulgado durante cinco semanas em sites do país e preenchido por cerca de 50 mil internautas, sendo o estudo concluído em agosto de 1998.

Primeiramente restrita aos aficionados da informática, a Internet atrai agora um público mais amplo no Brasil. Em agosto de 1998 atingiu um total de 3.392 mil usuários, um crescimento de 40 vezes em três anos (ver Figura 12). Três em cada 10 internautas são mulheres, mais próximo, portanto, da realidade brasileira, em que metade da população é feminina. O acesso feminino já representa 29%, superior ao resultado do primeiro estudo, realizado em novembro de 1996, quando detinha 17%.

A idade predominante dos usuários da Internet brasileira varia de 20 a 29 anos (ver Tabela 9), contribuindo para alavancar a idade média do usuário da rede para 27 anos. Apenas 31% dos internautas são casados, daí o grupo dos solteiros (64%), separados ou viúvos (5%) constituírem o maior contingente. O nível de escolaridade é alto, concluíram o ensino médio (42%), grau superior (26%) e mesmo pós-graduação (9%). Os usuários com grau de instrução mais baixo equivalem a 7% dos respondentes com primário completo e 16% com curso ginasial completo.

Figura 12 Número de internautas brasileiros na Internet (em milhares)

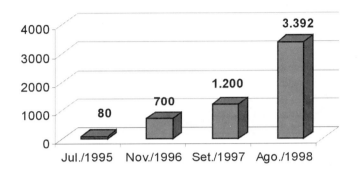

Tabela 9 Grupos de idade dos usuários da Internet

Faixas etárias (em anos)	%
Até 19	26,5
20 a 29	38,0
30 a 39	19,8
40 ou mais	15,7
Total	100,0

Fonte: Cadê/Ibope.

O estudo mostra o perfil ocupacional dos internautas brasileiros: trabalham (35%), trabalham e estudam (35%), ou apenas estudam (26%). Entre os que exercem alguma atividade profissional (70%), as posições são de empresário (6%), executivo (12%), autônomo (13%) e empregado (39%). As principais áreas de atuação são as de informática (15%), administração pública (7%), administração privada, educação e cultura, engenharia e arquitetura, comércio e serviços (5%).

O poder aquisitivo é alto: mais da metade (51%) possui renda familiar superior a 20 salários mínimos (ver Tabela 10). A posse de cartão de crédito é generalizada (86%), seja internacional (54%), seja nacional (32%). As viagens aéreas são utilizadas normalmente por 47% dos respondentes da 3ª Pesquisa Cadê/Ibope.

Tabela 10   Renda familiar do internauta brasileiro

Renda familiar (em salários mínimos)	%
Até 5	5,0
Mais de 5 a 10	13,0
Mais de 10 a 20	31,0
Mais de 20 a 50	38,0
Mais de 50	13,0
Total	100,0

Fonte: Cadê/Ibope.

A pesquisa Cadê/Ibope foi respondida por internautas de todo o país, sendo os estados com maior representatividade — proporcionalmente à população —, os das regiões Sudeste e Sul, além do Distrito Federal. São Paulo (30,5%), Rio de Janeiro (15,3%) e Minas Gerais (11,2%) concentram 57% da população com acesso à Internet.

Os computadores conectados à rede mundial são hoje mais facilmente encontrados nas escolas e no trabalho, locais onde se realizam 19% e 45% dos acessos, respectivamente, embora o principal acesso seja feito de casa (79%). Os dados da Associação Brasileira de Provedores de Internet (Abranet, 1998) indicam que cerca de 1,3 milhão de pessoas paga por uma assinatura a um provedor no Brasil para acessar a rede de suas casas; os demais navegam em universidades, empresas privadas e órgãos do governo.

Pouco menos da metade dos usuários (44,0%) começou a utilizar a rede nos últimos 12 meses, o que demonstra que a taxa de adoção continua muito elevada. O tempo de uso está distribuído entre menos de 6 meses (24%), de 6 a 12 meses (20%), de 1 a 2 anos (28%) e há mais de 2 anos (28%). A atividade mais importante na Internet é a navegação (ver Tabela 11), seguida pela comunicação via correio eletrônico, download de arquivos e chat.

Tabela 11 Atividades na Internet

Atividade mais importante	%
Navegação	40,0
Correio eletrônico	34,0
Download de arquivos	11,0
Chat	8,0
Outros	7,0
Total	100,0

Fonte: Cadê/Ibope

A média de usuários por computador é de cerca de 2,4, sendo que 31% deles fazem uso exclusivo do aparelho ou, com o mesmo percentual, compartilham a máquina com outra pessoa (31%). O computador do internauta brasileiro ainda é utilizado em conjunto com três pessoas (17%), com quatro (8%) e com cinco ou mais (13%).

A freqüência de uso da Internet continua crescendo e os seus usuários comportam-se como verdadeiros *heavy users*. Dos entrevistados, 70% navegam pelo menos uma hora por acesso (ver Tabela 12), sendo a freqüência de acesso à rede de mais de uma vez por dia (44%), uma vez ao dia (20%), várias vezes por semana (31%) e várias vezes por mês (5%).

O elevado tempo médio em que os usuários ficam conectados diariamente representa uma boa oportunidade para o comércio eletrônico. Dos respondentes da pesquisa Cadê/Ibope, 24% já compraram algum produto pela rede e 50% têm interesse em fazer compras virtuais, enquanto 26% nunca comprariam qualquer produto ou serviço.

Tabela 12 Tempo médio de cada acesso

Tempo médio de acesso	%
Mais de 3 horas	14,0
2 horas a 3 horas	20,0
60 minutos	36,0
30 minutos	29,0
10 minutos	1,0
Total	100,0

Fonte: Cadê?/Ibope.

A principal fonte de endereços de novas páginas é a própria Internet (66%), preferida assim por dois terços dos internautas, seguida pela imprensa (17%), amigos (10%) e televisão (1%), ficando diversas outras fontes com 6%. O interesse da grande maioria dos internautas na rede é a procura de notícias (72%) e de sites relacionados à Internet (82%) e à informática (73%), mas menos da metade declarou usar parte do tempo de conexão em busca de páginas de pornografia (ver Tabela 13).

Tabela 13 Interesse por assunto na Internet

Assunto	%
Internet	82
Informática	73
Notícias	72
Ciências	56
Música	43
Sexo	41
Turismo	38
Esportes	37
Artes	37
Compras	27

Fonte: Cadê/Ibope.

Além de acessar a Internet, os entrevistados também buscam informações em outras mídias, como revistas (64%), jornais (45%) e TV paga (48%).

A disponibilidade para aquisição de serviços ou de informações pagas na Internet é alta: 48% dos usuários estão dispostos a pagar por serviços e informações sobre assuntos específicos de seu interesse. O tipo de serviço pelo qual o internauta mostra maior disposição em pagar são as notícias (46%), disposição que cai acentuadamente no caso de jogos (10%) e sexo (9%).

Atualmente, o nível de utilização dos produtos e serviços on-line é muito significativo, bem como a eventual disposição de uso entre aqueles que ainda não usaram a rede para negócios ou prestação de serviços (ver Tabela 14). Os usuários já utilizaram a Internet para obter informações sobre produtos e serviços (58%), enviar pela rede suas declarações de Imposto de Renda (55%), utilizar os serviços de home-banking (51%), comprar livros (17%) ou CDs (14%) e realizar compras virtuais em supermercados (4%).

Tabela 14 Utilização de serviços on-line da Internet

Tipos de serviços	Não utilizaria (%)	Utilizaria (%)	Já utilizou (%)
Informações sobre produtos e serviços	4	38	58
Declaração de Imposto de Renda	5	40	55
Home-banking	9	40	51
Compras de livros	20	63	17
Compras de CDs	21	65	14
Compras em supermercados	36	60	4

Fonte: Cadê/Ibope.

A utilização da Internet não afetou os hábitos de 40% dos internautas, mas os demais estão assistindo menos TV (28%), dormindo menos (12%), ou deixaram outras atividades (7%), saindo menos de casa (6%), lendo menos jornais (4%), menos revistas e livros (3%).

Uma nova Internet e uma nova economia

Novas aplicações avançadas, como tele-imersão, monitoração remota de pacientes, laboratórios virtuais e educação a distância exigem redes eletrônicas de alta velocidade e desempenho. Assim, em outubro de 1996, 34 universidades norte-americanas reuniram-se para formar o Comitê Geral de Trabalho da Internet 2, um projeto para uma nova rede mundial e, ao mesmo tempo, um novo patamar de alta velocidade para testar aplicações que serão repassadas à rede.

Pouco tempo depois, o governo do presidente Bill Clinton anunciou seu apoio à iniciativa e o interesse na criação e administração da Next Generation Internet (NGI). O projeto Internet 2 — também chamado I2 — é o primeiro passo no novo empreendimento norte-americano, que tem entre seus propósitos declarados manter a liderança do país no setor pelo desenvolvimento da próxima geração de tecnologias de comunicação que estarão em funcionamento no próximo milênio.

A I2 tem um backbone de alta velocidade (Very High Perfomance Backbone Network System — vBNS), da National Science Foundation, cuja velocidade máxima de transmissão oferecida atinge até 2,4 Gpbs, cerca de mil vezes maior que a da rede atual. Na nova rede, o conteúdo de uma enciclopédia de 15 volumes pode percorrer dois pontos da rede em apenas um segundo.

Inaugurada oficialmente para testes no dia 14 de abril de 1998 pelo vice-presidente norte-americano Al Gore, o consórcio Internet 2 consumiu mais de 20 mil quilômetros de fibra óptica. A primeira fase de implantação da Internet 2 estreou no dia 24 de fevereiro de 1999, interligando cerca de 100 universidades, centros de pesquisa, agências do governo e multinacionais dedicadas ao desenvolvimento de novas tecnologias para a Internet de alto desempenho.

Além dos Estados Unidos, a I2 tem acordo firmado com o Canadá, por intermédio da Canadian Network for Advanced Research, Industry and Education — Canarie Inc., consórcio canadense para o desenvolvimento da Internet naquele país, que reúne cerca de 120 empresas e instituições públicas e privadas.

Cooperação com o Brasil

O acordo de cooperação em tecnologias para a educação, assinado em outubro de 1997, durante visita do presidente Bill Clinton ao nosso país, prevê a participação formal do Brasil e de suas instituições de ensino superior e centros de pesquisa na Internet 2.[3] No universo de novas possibilidades de ensino e aprendizagem trazidas pela I2, Lima (1999: 4-5) destaca as seguintes aplicações:

- bibliotecas digitais com capacidade de reprodução de imagens, áudio e vídeo, de alta fidelidade, com a oferta de imagens de alta resolução com reprodução quase imediata na tela do computador e novas formas de visualização de imagens digitais;
- ambientes colaborativos que englobam laboratórios virtuais com instrumentação remota;
- desenvolvimento de tecnologias para debates virtuais em tempo real e com utilização de recursos multimídia, em alta velocidade e de aplicação simplificada;
- novas formas de trabalho em grupo, com o desenvolvimento de tecnologias de presença virtual e colaboração;
- telemedicina, incluindo diagnóstico e monitoração remota de pacientes;

- projeção de telas de computadores em três dimensões, pela utilização da UmnersaDesk (espécie de grande tela de TV que projeta as imagens em 3D);
- controle remoto de microscópios eletrônicos para pesquisas médicas.

Diversos programas e projetos nacionais visam à consolidação da sociedade de informação no Brasil, por meio do desenvolvimento de tecnologias no setor, da melhoria da pesquisa e formação de pessoal qualificado em ciência da computação, da criação de centros de excelência na produção e exportação de software. Por sua vez, a Rede Nacional de Pesquisa (RNP) tem planejada uma nova fase de expansões para o backbone da Internet que opera, com a contratação de infra-estrutura de telecomunicações de banda larga e a disponibilidade de serviços que atendam a demanda das aplicações interativas em desenvolvimento.

De imediato, a RNP está estabelecendo uma hierarquia de *caches* para Web ou *proxies* no backbone nacional, implantando conexões assimétricas de alta velocidade via satélite com os Estados Unidos para interconexão à Internet 2 pelo vBNS, e consolidando um Centro de Atendimento a Incidentes de Segurança. Tendo ainda constatado em diversas áreas metropolitanas de vários estados do país a existência de infra-estrutura adequada para a implantação e desenvolvimento das tecnologias de redes eletrônicas de alto desempenho, a RNP iniciou um modelo de participação multi-institucional e de parceria com o setor industrial para operação, gerenciamento e implantação de novos serviços e aplicações.

A primeira fase, com duração prevista de 24 meses, pretende estimular a existência de um número razoável de instituições de ensino e pesquisa operando redes de alto desempenho em nível metropolitano e fazendo uso de vários tipos de aplicações interativas (como videoconferência, diagnóstico médico remoto, acesso a bibliotecas e museus virtuais, ensino a distância) com tecnologias multimídia. Os primeiros consórcios existentes são liderados pela Universidade de São Paulo (USP), Universidade Federal do Rio Grande do Sul (UFRGS) e Universidade Estadual de Campinas (Unicamp).

O consórcio da rede paulista adotou como prioridade a telemedicina, envolvendo no projeto o Instituto do Coração do Hospital das Clínicas da USP e a Escola Paulista de Medicina da Universidade Federal de São Paulo. As aplicações de teleducação serão desenvolvidas pela Pontifícia Universidade Católica de São Paulo (PUC-SP) e a operadora de TV a cabo Net.

O consórcio gaúcho da Rede Metropolitana de Alta Velocidade de Porto Alegre (Metropoa) desenvolve um sistema de videoconferência e acesso à multimídia interativa para uso em telemedicina e educação a distância, em conjunto com a Pontifícia Universidade Católica do Rio Grande do Sul (PUC-RS), Universidade do Vale dos Sinos (Unisinos), Companhia de Processamento de Dados do Município de Porto Alegre (Procempa), Companhia de Processamento de Dados do Estado do Rio Grande do Sul (Procergs) e Companhia Riograndense de Telecomunicações (CRT). Outro propósito da rede metropolitana é monitorar em tempo real o trânsito em pontos estratégicos de Porto Alegre para o acompanhamento e a promoção da educação de trânsito.

No interior paulista, o consórcio da Unicamp tem a saúde e a educação como prioridades, provendo as redes de alta velocidade com experimentos em transmissão de eventos e tecnologias para educação a distância e no ensino dirigido à área médica. Os demais parceiros no projeto são a Embrapa, a Prefeitura Municipal de Campinas e a operadora de TV a cabo Net-Campinas.

A fase seguinte deve promover a integração, em nível nacional, das diversas redes metropolitanas de alto desempenho, formando assim o primeiro estágio do backbone brasileiro de alto desempenho. A capacitação de recursos humanos e o emprego de equipamentos de redes de alta velocidade nos pontos de presença da RNP, em cada uma das áreas metropolitanas, dará origem à implantação de unidades de comutação de tráfego de redes, definidas como GigaPoPs na Internet 2.

Neste mesmo momento serão disponibilizadas conexões de alta velocidade para a Internet 2, nos Estados Unidos, permitindo que as instituições de ensino e pesquisa do Brasil passem a integrar aquela iniciativa, formando parcerias com universidades norte-americanas para o desenvolvimento comum de novas aplicações.

A evolução da Nova Economia

Em qualquer economia de mercado, as regras da concorrência definem quem ganha e quem perde — sejam países, negócios ou pessoas. Assim, nas primeiras sociedades estruturadas em torno de uma economia essencialmente agrícola, a terra e os recursos eram os fatores que determinavam os ganhadores e os perdedores. Depois, na economia industrial, a cadeia de valor — e, na medida do possível, o controle dos seus elementos —, passaram a constituir a base da concorrência.

Hoje, com o surgimento de uma Nova Economia, em que o conhecimento, a informação e o tempo são valores correntes da concorrência, um novo conjunto de regras está emergindo. Essas novas regras refletem a sua natureza básica: baseada em padrões tecnológicos, a Nova Economia promove a ampla e maciça participação de mercado, ao mesmo tempo que encoraja a anarquia do mercado. Essas novas regras ainda estão se convertendo em dogmas para o sucesso na concorrência e em verdadeiros marcos para a prosperidade de empresas e pessoas nas economias de mercado (cf. *The Internet Economy Indicators*, 1999a).

Paul Romer, professor da Universidade Stanford, na Califórnia, explica que a economia que vai gerar a riqueza do século XXI funciona com base no conhecimento. Para ele, além da globalização, o capitalismo experimenta uma mudança radical, com a substituição do átomo pelo bit de computador:

A nova economia é baseada no conhecimento, e não em matérias-primas. Uma economia baseada no conhecimento não tem limite de crescimento. Ela produz riqueza refinando idéias e conceitos preexistentes. A economia clássica é baseada na escassez e no aumento dos custos. A segunda tonelada de cobre ou de prata arrancada de uma mina é obrigatoriamente mais cara que a primeira e mais barata que a terceira exatamente porque os recursos minerais são finitos. Com o conhecimento passa-se o contrário. A primeira cópia de um programa de computador do sistema operacional Windows 95 custou dezenas, talvez milhões de dólares à Microsoft. Quanto custou a Bill Gates fazer a segunda cópia? Quase nada, só o custo físico do CD, de cerca de 50 centavos de dólar. (Alcântara, 1999: 140)

A Nova Economia é a economia das novas tecnologias, mas não fica restrita apenas a empresas como Yahoo! ou Microsoft. A Nova Economia, sustenta Lahóz (1999: 124), leva em conta os efeitos de tecnologias como computadores, telefonia e Internet para todos os agentes econômicos. As alterações profundas no mundo do trabalho e dos negócios podem ser vistas mesmo nos altos ganhos decorrentes do aumento da produtividade de um taxista que começa a usar um telefone celular no seu serviço.

No cenário da Nova Economia, a Internet desempenha um papel central para que o próprio mercado passe a funcionar de uma forma mais perfeita. As empresas de leilões digitais, por exemplo, abrem a possibilidade de que os preços deixem de ser rígidos e sejam fixados pelo equilíbrio entre a oferta e a demanda em um determinado momento. Por aproximar compradores e vendedores em leilões virtuais, em que quase tudo é comercializado, torna-se possível imaginar que boa parte dos intermediários estão com seus dias contados. Com menos intermediários e estruturas mais enxutas, as empresas garantem mais eficiência e maior produtividade.

Já a antiga busca da teoria clássica pela nunca alcançada informação perfeita, na qual todos os agentes econômicos teriam acesso a todas as informações para que a competição entre eles seja mais justa, parece estar mais próximo da realidade graças à rede mundial, onde as informações estão cada vez mais abertas e disponíveis para pessoas em todo o mundo. A interação entre pessoas promovida pela Internet também favorece o surgimento de inovações, pois o sucesso econômico depende cada vez mais de idéias, como defende Lahóz (1999: 29):

> Inovações são o próprio motor do capitalismo. São elas que tornam nossa vida mais fácil e agradável, fazem as empresas encorpar e a economia crescer. Se, de fato, a rede ajudar a colocar cérebros em contato e permitir que novas idéias surjam, temos aí mais um motivo para que a economia dos países cresça mais.

Portanto, a Nova Economia é, acima de tudo, uma oportunidade, mas não está desprovida de riscos e desafios. A presença das empresas na Internet não é garantia de sua perenidade e de lucros infinitos, pois o mundo virtual é tão rápido e instável para as empresas de tecnologia como para as companhias tradicionais. A Netscape, por exemplo, nasceu em 1994 e firmou-se no mercado com o seu browser em pouco tempo, passando a valer uma verdadeira fortuna, até ser tida como morta em 1996. Por sua vez, uma empresa como a megalivraria norte-americana Barnes & Nobles foi durante muitos anos considerada um sólido negócio, até ser ofuscada pela livraria virtual Amazon.com.

Conhecendo o potencial da empresa para a Internet

Na Nova Economia, o Ecossistema da Internet é a denominação dada ao novo modelo de negócios nascido na rede mundial, que apresenta características bastante próprias. O modo de concorrência prevalecente é mais uma teia de inter-relações do que o velho modelo hierárquico, de comando e controle, característico da economia industrial. Diferentemente da cadeia de valor, que emprestava exclusividade às companhias, a Economia da Internet é inclusiva; portanto, oferece poucas barreiras para o ingresso de novos atores, sejam eles países, empresas ou pessoas. Na verdade, existe uma valiosa infra-estrutura tecnológica pronta e disponível para quem quiser usá-la, a qualquer hora e isenta de ônus. Essa condição possibilita, a qualquer momento, que novas idéias e novas maneiras de fazer as coisas possam nascer da inspiração de qualquer pessoa ou empresa.

O Coeficiente de Internet, um teste de mensuração qualitativa criado pela Cisco System, Inc. (`http://www.cisco.com/warp/public/750/indicator/quiz.html`), empresa norte-americana de produtos e sistemas para a Internet, surge, então, com o propósito de determinar o potencial de uma companhia na rede mundial, pela aferição da qualidade do ecossistema da empresa.

Esse coeficiente é obtido pelo resultado das respostas dadas para 20 questões, apresentadas em duas categorias: Ecossistema de Operações e Ecossistema de Mercado. O objetivo do teste é saber a forma como a companhia usa a rede mundial para suas operações internas e de marketing, bem como descobrir suas habilidades para se expandir e criar riquezas em um novo ambiente de trabalho, na nova economia digital criada pela Internet.

As respostas "sim" nas perguntas relativas ao Ecossistema de Operações têm peso 1, enquanto no Ecossistema de Mercado o peso das questões afirmativas é 2. Embora os dois ecossistemas sejam essenciais para a empresa, a categoria de Ecossistema de Mercado tem a pontuação dobrada para refletir sua importância crítica. O resultado final é calculado pela multiplicação do total da categoria Operações com o total da categoria Mercado.

Teste do Coeficiente de Internet

ECOSSISTEMA DE OPERAÇÕES

Visão da Alta Administração
A alta administração da empresa está engajada e comprometida com as oportunidades e os desafios trazidos pela Internet? ( ) Sim ( ) Não

Sintonia entre Negócios/Tecnologia de Informação
As estratégias de gestão de negócios e o padrão de tecnologia adotado na empresa estão alinhados e mutuamente alicerçados? ( ) Sim ( ) Não

Conectividade com o Cliente
A tecnologia da Internet é utilizada na empresa para identificar antecipadamente novos comportamentos dos clientes e reconhecer mudanças no mercado? ( ) Sim ( ) Não

Compreensão Digital
A empresa tem utilizado a Internet, com sucesso, para o desenvolvimento de novas habilidades e a transferência de conhecimento? ( ) Sim ( ) Não

Flexibilidade da Infra-estrutura Tecnológica
A infra-estrutura de tecnologia da empresa é suficientemente flexível para suportar mudanças e a customização sem sacrificar os ganhos de escala e a segurança?
( ) Sim   ( ) Não
Comércio Eletrônico
As vendas na Internet representam um componente importante no faturamento total da empresa? ( ) Sim   ( ) Não
Potencial de Ecossistema
A empresa tem experimentado promover e administrar relações estratégicas múltiplas (tanto interna como externamente, algumas vezes envolvendo concorrentes diretos e indiretos)? ( ) Sim   ( ) Não
Treinamento dos Funcionários
Os funcionários são treinados e qualificados para alavancar a tecnologia da Internet e construir um ecossistema próprio dos empregados? ( ) Sim   ( ) Não
Execução no Tempo da Internet
A empresa tem experiência operacional de levar ao mercado, com antecedência, novas estratégias e maneiras de fazer negócios? ( ) Sim   ( ) Não
Retorno na Internet
Existem formas de medição aceitáveis e devidamente implantadas para mensurar o impacto das ações empreendidas na Internet? ( ) Sim   ( ) Não

ECOSSISTEMA DE MERCADO

Parceria
A empresa é vista, por terceiros, como uma possível parceira? ( ) Sim   ( ) Não
Visão de Mercado
A empresa tem uma visão claramente articulada do seu mercado, bem como da maneira como outras companhias tiram proveito do seu sucesso?
( ) Sim   ( ) Não
Padrões estratégicos
A empresa é uma fornecedora ou está ativamente engajada no desenvolvimento de padrões tecnológicos para a Internet? ( ) Sim   ( ) Não
Efeitos da Rede
A empresa criou maneiras para um cliente interagir com outros clientes, em benefício próprio? ( ) Sim   ( ) Não
Desenvolvimento de comunidade
Existem companhias, no mesmo mercado de atuação, cuja sobrevivência econômica depende do sucesso da sua empresa? ( ) Sim   ( ) Não
Presença Global
A estratégia da empresa na Internet está demarcada por fronteiras geográficas?
( ) Sim   ( ) Não
Inovação no Mercado
Existem outras companhias criando espontaneamente tecnologias e serviços na Internet que ofereçam suporte e apoio para a empresa? ( ) Sim   ( ) Não

Gastos de Marketing
Outras companhias (via branding), a mídia (por meio de publicações) e os demais componentes da indústria do marketing (por exemplo, feiras e exposições comerciais) ajudam na divulgação da presença e das atividades da empresa na Internet?
( ) Sim   ( ) Não
Apoio de Capital de Risco*
Os capitalistas de risco estão financiando empreendedores ou iniciativas que estão desenvolvendo inovações ao redor da empresa? ( ) Sim   ( ) Não
Capital de Risco
A empresa está investindo no seu futuro por meio do financiamento de companhias ou iniciativas que buscam tecnologias de Internet complementares?
( ) Sim   ( ) Não

(*) Nos Estados Unidos, os novos projetos em tecnologia dispõem há algum tempo de uma nova forma de financiamento para fugir dos altos juros cobrados nos empréstimos bancários: o capital de risco (*venture capital*). Os fundos de capital de risco injetam recursos nas companhias de alta tecnologia, ficando com parte do controle acionário — em geral, até 40% — e passam a integrar o conselho de administração. O primeiro fundo brasileiro de capital de risco, a InternetCo Investments (`http://www.ici.com.br`), foi criado no final de maio de 1999, voltado exclusivamente para empresas de Internet.

Por exemplo: 7 "sim" no Ecossistema de Operações e 6 "sim" no Ecossistema de Mercado resultam 84 pontos, colocando a empresa no nível de Líder em Internet.

$$(7 \times 1) \times (6 \times 2) = 84$$

A posição da empresa, em termos do seu potencial na Internet, é dada pela seguinte tabela de pontos:

160-200 = Visionária em Internet
120-160 = Especialista em Internet
80-120 = Líder em Internet
40-80 = Conhecedora da Internet
0-40 = Agnóstica em Internet

Notas

1. A estimativa do número de usuários da Internet é realizada utilizando um método próprio. Primeiro calcula-se o número de computadores que atuam como

hosts na Internet em uma determinada região. Em seguida, este valor é multiplicado por um número estimado de usuários por host, que varia entre 3,5 a 10 usuários, dependendo do país ou região. No Brasil assume-se que para cada host existam 10 usuários, segundo informações do Comitê Gestor da Internet.

2. No mercado norte-americano, os fabricantes procuram microcomputadores cada vez mais baratos. A IBM e a Compaq vendem alguns modelos de computador por 599 dólares, enquanto a coreana Emachines está oferecendo o modelo Etower 300C, com processador Cyrix MMX de 300 MHZ, a partir de US$ 399.

3. Para desenvolver a Internet 2 estão sendo criados em 14 estados do Brasil redes de alta velocidade. O Ministério da Ciência e Tecnologia e o Conselho Nacional de Desenvolvimento Científico e Tecnológico (CNPq) publicaram editais para selecionar consórcios que estariam aptos a montar e gerenciar cada rede metropolitana nas diferentes regiões do país. O objetivo é que a Internet 2 seja fruto da fusão dessas 14 redes.

> Capítulo **4**

A Internet como veículo de comunicação publicitária

A publicidade on-line manifestou-se, em sua primeira forma, nos próprios sites de empresas que marcavam sua presença na rede, com o propósito de oferecer informações úteis a respeito de seus produtos e serviços, a maioria relacionados com Internet e informática. Outros formatos muito comuns são os pequenos anúncios eletrônicos conhecidos como banners e o patrocínio de seções dos provedores de acesso e de conteúdo.

Hoje, a publicidade cobre praticamente todos os serviços da rede, desde a Web até as mensagens de correio eletrônico. Neste capítulo, a publicidade é, primeiramente, abordada como instrumento da moderna comunicação de marketing. Em seguida, o exame do surgimento da propaganda interativa na rede, da sua natureza em relação às mídias tradicionais e dos elementos que compõem a chamada indústria da propaganda na Internet permite ao leitor compreender as novas possibilidades do uso da rede como veículo de comunicação publicitária. No final, reproduzimos o Código de Ética da Associação de Mídia Interativa (AMI), que enumera os princípios éticos a serem obedecidos pelos seus associados na criação de anúncios de publicidade on-line.

A comunicação no sistema de marketing

As muitas definições de marketing existentes apresentam um significado comum: o de que marketing é o sistema pelo qual produtos, serviços e marcas são criados, tornados públicos, movimentados, distribuídos e transmitidos para os segmentos de mercado apropriados. Um sistema de marketing compreende então o conjunto de instituições e fluxos significativos que ligam as empresas a seus mercados. O marketing, como esclarece Kincaid Jr. (1985: 18), não só exerce a ação como também a recebe, pois a própria noção de sistema implica a existência de uma força criativa e de um cenário onde ela atua.

O composto de comunicação

Formados pelos diversos inter-relacionamentos entre os elementos de marketing e o meio ambiente, os 4 Ps são descritos como um dos principais sistemas de marketing. Nele, o *marketing mix* ou *composto de marketing* é apresentado com quatro funções básicas: Produto, Ponto-de-venda, Preço e Promoção. A tarefa básica do marketing é combinar estes 4 Ps em um programa que facilite o processo de troca, o que confirma mais uma vez que existe entre eles uma inter-relação constante, já revelada pela denominação dada de sistema de marketing.

Quadro 8   Os 4 Ps e as variáveis controláveis

4 Ps	Variáveis controláveis
1. Produto	Produto, Marca nominal e Marca registrada, Embalagem, Serviços, Garantia
2. Ponto-de-venda	Canal de distribuição, Distribuição Física
3. Preço	Preço, Descontos
4. Promoção	Propaganda, Publicidade, Venda Pessoal, Promoção de Vendas, Relações Públicas, Merchandising

Fonte: Pinho, 1998: 21.

O marketing, ao coordenar e aglutinar as atividades presentes em cada um dos 4 Ps, desenvolve quatro processos distintos:

1. Desenvolvimento de um produto, serviço ou marca;
2. Estabelecimento de um preço para eles;
3. Coordenação da distribuição e presença dos produtos nos pontos-de-venda para assegurar que eles estejam disponíveis ao consumidor; e
4. Informação aos consumidores e *targets* da sua existência e as características que apresentam pelos meios de comunicação.

O *produto* exige uma atenção constante para estar sempre adaptado às necessidades e aos gostos do consumidor ou para fazer frente à entrada de um concorrente no mercado. Podem ser efetuadas mudanças no produto em si, na embalagem ou no tamanho e nas versões oferecidas. O *preço* é um elemento que requer sua fixação de acordo com os custos e os fatores do mercado, tais como concorrência, prestígio da marca, associação preço/qualidade. O *ponto-de-venda* está relacionado com a estrutura da distribuição e os canais pelos quais o produto é encaminhado aos consumidores, devendo estar presente nos estabelecimentos de varejo que sejam utilizados pelo consumidores para a compra de produtos da mesma natureza.

Por melhor que seja um produto, por mais valioso que seja um serviço, o conhecimento de sua existência não chega espontaneamente ao consumidor. Também as suas características e os benefícios que pode proporcionar ainda devem ser corretamente divulgados. A *promoção* — cujos elementos usados em combinação formam o *composto promocional, composto de comunicação* ou *mix de comunicação* — assume, assim, a importante tarefa de comunicar informações adequadas, de natureza persuasiva, para induzir quem as receber ao tipo de aceitação, reação ou resposta que se tenha em vista obter.

Pequena história da publicidade

A publicidade é a mais popular ferramenta de comunicação de marketing. Embora considerada um fenômeno marcante do século XX e das sociedades mais desenvolvidas, a publicidade existe, na verdade, desde épocas mais remotas. Mesmo nas sociedades mais primitivas, ela exerceu um papel significativo como impulsionadora da economia. Na Roma Antiga, Sampaio (1995: 6) localizou uma primeira forma artesanal de publicidade: as paredes das casas localizadas em ruas movimentadas eram pintadas de branco e tinham escritas sobre elas mensagens comerciais em preto ou vermelho para chamar a atenção dos transeuntes.

Ainda em Roma, centro do poder espiritual do mundo cristão no século XVII, a Igreja Católica instituiu a *Congregatio de Propaganda Fide* — Congregação para a Propagação da Fé —, órgão do Vaticano criado especialmente para organizar as formas de difusão dos princípios católicos e romanos em oposição aos feitos ideológicos e doutrinários da Reforma luterana. O conceito de propaganda manteve um sentido eclesiástico até o século XIX, quando adquiriu também um significado político, continuando a designar o ato de incutir uma idéia ou uma determinada crença.

No Brasil, a publicidade manifestou-se inicialmente como uma atividade predominantemente oral. Sem desprezar os anúncios oficiais, comerciais e religiosos colocados em locais públicos e também as tabuletas que identificavam nas fachadas os estabelecimentos comerciais, foram os pregões dos mascates e dos vendedores ambulantes, cantados ou falados, que constituíram a primeira e a mais significativa manifestação publicitária. O primeiro registro oficial do emprego de pregões data do século XVI. Já em 15 de junho de 1543, o donatário Martin Afonso de Souza, da Capitania de São Vicente, baixou uma postura municipal proibindo aos comerciantes falarem mal dos produtos concorrentes oferecidos no mercado público. E, nas ruas, o vendedor anunciava a sua chegada com o barulho de cornetas, matracas e do côvado (pau de medir tecido), e ainda gritava pregões bastante conhecidos, informando as mercadorias que vendia e apregoando publicamente as suas qualidades.

No século XIX, a vinda da Corte para o Brasil, fugindo da invasão francesa a Portugal, acarretou a elevação do Brasil a Reino Unido e levou à instituição da Impressão Régia, em decreto de 13 de maio de 1808. Das máquinas da Impressão Régia saiu, em 10 de setembro do mesmo ano o número de estréia do primeiro jornal impresso no Brasil, a *Gazeta do Rio de Janeiro*, que estampou em suas páginas aquele que é tido como o primeiro anúncio impresso,[1] oferecendo um artigo raro e muito especial na época: livros.

Estão no prelo as interessantes obras seguintes: *Memória Histórica da Invasão dos Franceses em Portugal no ano de 1807* e *Observações sobre o Comércio Francês no Brasil.*

Nas páginas da *Gazeta* e dos jornais não-oficiais que vão aparecendo alguns anos depois, os anúncios publicados diziam respeito à venda de escravos, aos leilões de tecidos, a escravos foragidos e à solicitação de serviçais para trabalhos nas casas senhoriais. Esses anúncios, que pela sua extrema simplicidade podem ser mais bem chamados de reclames, refletiam a existência, na época, de uma sociedade mercantil. A preocupação estava voltada para informar a disponibilidade e as qualidades dos objetos ou serviços anunciados sem se importar em argumentar e persuadir.

No início do século XX, a grande imprensa concentrava-se no eixo Rio-São Paulo, mas ampliava seu domínio político e econômico. Os grandes jornais da época perceberam a força dos classificados e nele se apoiaram para estabelecer a estratégia de vendas dos veículos. As revistas proliferaram e atraíram novos anunciantes: varejistas, fabricantes e produtos, com destaque para os artigos farmacêuticos, verdadeiras panacéias universais. O mercado publicitário, ainda bastante incipiente em virtude da pequena expressão do consumidor urbano, dá os primeiros sinais para a sua futura profissionalização com a organização das agências, o reconhecimento do corretor de anúncios, o uso de tabelas de preços e a caracterização do anúncio de varejo.

Até aqui, a atividade publicitária acompanhava de perto o desenvolvimento da imprensa escrita e falada. Todavia, na década de 1930, principiou a verdadeira expansão da publicidade brasileira moderna, de uma forma mais autônoma, no momento em que as mudanças políticas, econômicas e sociais experimentadas pelo país configuram as bases de um mercado anunciante e consumidor. No final da década de 1960, com o surgimento de novos bolsões de desenvolvimento agrícola, de centros regionais de grande peso econômico no Sul e no Centro do país e de uma grande classe média urbana disposta ao consumo de bens que antes eram restritos a uma elite, a atividade veio a se configurar como uma verdadeira indústria.

Na década de 1970, finalmente, a indústria brasileira de publicidade é favorecida pelo clima de euforia criado pelo chamado "milagre brasileiro". Os elevados investimentos para a consolidação da estrutura industrial brasileira moderna, provenientes de empréstimos externos, geram os recursos que tornam a atividade publicitária um negócio reconhecido e altamente rendoso, permitindo ainda que ela conquistasse prestígio internacional graças ao significativo número de prêmios conseguidos no exterior.

Natureza e funções da publicidade moderna

A publicidade pode ser entendida como qualquer forma remunerada de apresentar ou promover produtos, serviços e marcas, feita por um patrocinador claramente identificado e veiculada nos meios de comunicação: rádio, televisão, cinema, revista, jornal e outdoor. Embora muitos considerem que o seu objetivo principal é apenas auxiliar as vendas de um produto ou serviço, a publicidade informa, convence, anima, motiva atitudes e comportamentos, modifica imagens, explica e arregimenta aliados, encerrando uma técnica especializada e complexa, com objetivos de curto, médio e longo prazos, cujos métodos estão em constante evolução.

A publicidade tem uma importância fundamental no processo econômico ao estimular a demanda de um produto, permitindo que as empresas conquistem mais consumidores e expandam a sua atividade, como também ao oferecer informações sobre produtos, serviços e marcas, possibilitando assim que o consumidor possa escolher adequadamente o que comprar e consumir.

Quadro 9 Funções da publicidade nos principais setores da economia

Setor econômico	Funções da publicidade
Bens de consumo	Difundir e expor marcas; motivar o consumo; manter imagens adequadas entre os consumidores
Bens industriais e de *business-to-business*	Incrementar as vendas; divulgar preços e condições de venda; informar e comparar as características dos produtos e serviços; criar e manter imagens adequadas para produtos e empresas
Serviços	Formar imagem; informar características dos serviços; expor benefícios; motivar o uso de serviços; divulgar vantagens, preços e condições de uso; despertar desejos; estimular a ação imediata do consumidor
Bens culturais e de informação	Conquistar e manter consumidores; motivar o consumo; informar características; realizar a oferta dos bens em situações especiais
Varejo	Informar condições, preços, vantagens e disponibilidade de produtos; motivar o consumo, promover as vendas
Pequeno comércio, indústria e serviços	Gerar e expandir os negócios; motivar o consumo; aumentar as vendas; informar as características dos produtos e serviços; divulgar preços e condições de venda
Intermediários (revendedores, varejistas e atacadistas)	Informar disponibilidade de estoque, preços e condições; motivar a compra imediata; divulgar novidades; formar a imagem da organização intermediária
Serviços públicos	Informar os usuários sobre a utilização dos serviços; incentivar o consumo; divulgar o uso mais racional dos serviços disponíveis
Governo	Informar as ações e realizações do governo; prestar contas do uso de recursos públicos; realizar campanhas públicas de natureza social, educativa e cívica
Associações (de produtores, de setores industriais, shopping centers e demais tipos)	Explicar posições; informar características; divulgar benefícios, oferecer preços e condições; esclarecer consumidores; construir imagem positiva para áreas e segmentos da economia

Quadro 9 Funções da publicidade nos principais setores da economia (*cont.*)

Setor econômico	Funções da publicidade
Cadeias de consumo	Principalmente para moda e turismo, difundir determinadas atitudes e criar hábitos de consumo, motivar o desejo de compra, promover ofertas, motivar o consumo imediato, informar sobre as alternativas de compra

Fonte: Adaptado de Sampaio, 1995: 91-8.

Conforme os objetivos de comunicação, a publicidade pode ser *pioneira*, quando o propósito é estimular a procura primária, isto é, a busca de um tipo de produto e não de uma marca específica; ou *competitiva*, quando a ênfase está na procura seletiva, uma marca determinada em vez de uma categoria de produto. No primeiro caso constituem exemplos as campanhas do tipo "Beba mais leite" e "Coma chocolate — chocolate é alimento", enquanto as campanhas de publicidade competitiva anunciam o leite Leco e os chocolates Lacta, em detrimento de outras marcas existentes no mercado.

Em relação aos seus objetivos como instrumento de promoção de vendas e negócios, Sampaio (1995: 15-6) assinala que a publicidade desempenha oito tarefas primordiais na divulgação e na promoção da marca ou da empresa, bem como na criação, expansão, correção, educação, consolidação e manutenção de mercado.

1. *Divulgação* da marca (de produto ou serviço) ou empresa para torná-la mais íntima dos consumidores que já a conhecem ou fazê-la conhecida pelos que não a conheçam.
2. *Promoção* da marca ou empresa para seus consumidores, visando aumentar sua presença entre eles e ressaltando seus aspectos mais competitivos em relação ao que existe no mercado e é oferecido pela concorrência.
3. *Criação* do mercado para a marca ou empresa por meio da conquista de mais consumidores.
4. *Expansão* do mercado pela conquista de mais consumidores.
5. *Correção* do mercado, quando a imagem de marca ou empresa não estiver sendo percebida de maneira adequada pelos consumidores ou quando estes não estiverem corretamente informa-

dos das características e vantagens do produto ou serviço do anunciante.

6. *Educação* do mercado, quando o consumo depender da formação de uma atitude ou de um hábito do consumidor.

7. *Consolidação* do mercado, quando o importante for solidificar uma posição conquistada, por meio da reafirmação das qualidades da marca ou empresa.

8. *Manutenção* do mercado, pela constante reafirmação das características e vantagens da marca ou empresa e da ação de resposta aos ataques e esforços da concorrência.

Como vimos, algumas das tarefas da publicidade são criar, desenvolver, expandir, manter e até reciclar marcas, aplicações que têm grande importância no mercado atual, por causa das alterações no comportamento do consumidor, do aumento da concorrência causada pela globalização dos mercados e do crescimento da importância dos canais de distribuição.

Esses três fatores combinados levam a uma crescente valorização da marca como o principal elemento diferenciador entre produtos e serviços. O conceito tradicional de marca — entendida como nome, sinal, símbolo ou desenho, ou uma combinação de todos estes, que pretende identificar os produtos ou serviços de um vendedor ou grupo de vendedores e diferenciá-los daqueles dos concorrentes — embora aparentemente completo, está restrito a um plano estático.

Hoje, a marca não designa apenas um produto ou serviço, mas incorpora um conjunto de valores e atributos tangíveis e intangíveis relevantes para o consumidor e que contribuem para diferenciá-la daquelas que lhe são similares. Assim, ao adquirir um produto, o consumidor não compra apenas um bem, mas todo o conjunto de valores e atributos da marca. Portanto, a marca é a síntese dos elementos físicos, racionais, emocionais e estéticos nela presentes e desenvolvidos ao longo dos tempos.

A marca não existe isoladamente. Entre os seus principais componentes estão o produto em si, a embalagem, o nome de marca, a publicidade e a apresentação como um todo. Mas o começo da construção da marca e a sua manutenção se dá mesmo pela publicidade, que, para Sampaio (1995: 165), ainda é a ferramenta por excelência para cumprir essa tarefa.

A contribuição da publicidade ao gerenciamento da marca (*brand management* ou *branding*) pode ser localizada em torno das quatro categorias básicas de percepções e reações do consumidor à marca: o conhecimento (*awareness*) do nome de marca, a qualidade percebida, as associações e a fidelidade do consumidor. Todas elas contribuem primordialmente para a construção da imagem de marca e podem ser manipuladas pela publicidade, que se destaca entre as demais ferramentas de comunicação pelo elevado grau de controle que permite sobre as mensagem bem como pelo poder de penetração e convencimento junto aos prospects e consumidores em geral.

A publicidade constrói de maneira gradativa o conhecimento da marca em seus três níveis: o reconhecimento, a lembrança espontânea e o *top of mind*, que corresponde ao nível máximo de conhecimento. Para um novo produto ou serviço, o propósito básico da publicidade é tornar a marca familiar porque dificilmente uma decisão de compra ocorre sem o prévio conhecimento da marca pelos seus prospects. No caso de produtos existentes, como a lembrança espontânea da marca decai com o tempo, a publicidade deve garantir uma exposição permanente e controlada da marca na mídia. As marcas construídas com um elevado nível de conhecimento geram uma vantagem competitiva, pois tornam mais difícil para as marcas concorrentes conquistarem uma posição na memória do consumidor, mesmo se dispuserem de um produto superior, e ainda representam uma garantia de longevidade para o produto.

A publicidade permite a construção global do conceito de qualidade, percebida pela divulgação eficiente e compreensível dos argumentos e das alegações de qualidade da marca. A comunicação publicitária possibilita explicar minuciosamente a um grande número de consumidores por que o produto ou serviço possui uma qualidade superior, revestindo ainda a sua mensagem de um forte conteúdo emocional, o que a torna altamente persuasiva.

A publicidade estabelece e promove associações diversas com a marca de maneira constante e ininterrupta ao longo dos anos e, assim, contribui para adicionar valor ao produto e torná-lo diferente dos seus concorrentes. Uma marca bem posicionada irá ocupar uma posição estratégica competitiva ao ser sustentada por associações fortes, selecionadas de acordo com o contexto do produto, da marca e da concorrência. Nas categorias em que a evolução tecnológica possibilitou que os concorrentes anulassem as vantagens funcionais do produto, a publicidade encontra nos aspectos simbólicos do produto e da marca a base mais efetiva para a construção de uma imagem de marca forte e consistente.

A publicidade promove a fidelidade do consumidor ao explorar corretamente em suas mensagens os valores e sentimentos que permitam estabelecer um relacionamento de longo prazo com os usuários de um produto ou serviço. Assim, pode ser criado um forte vínculo emocional, que será determinante para o estabelecimento da lealdade e do comprometimento do consumidor. A comunicação publicitária ainda pode evidenciar os possíveis custos existentes para o consumidor no caso da troca por uma marca concorrente, seja em termos de tempo, de dinheiro ou de riscos na *performance* do produto.

Natureza da publicidade on-line

As novas tecnologias podem trazer mudanças na maneira tradicional como a publicidade pode ser usada. A antiga predição de que, no futuro, os consumidores serão conhecidos pelos seus nomes, torna-se mais próxima com o advento da Internet. Nela, a publicidade on-line poderá se transformar em uma valiosa ferramenta de comunicação persuasiva interativa e ainda possível de ser dirigida, de modo personalizado e individualizado, para os consumidores e prospects de produtos, serviços e marcas.

O surgimento da publicidade on-line

Muito antes de a comercialização ser permitida na Internet, o serviço on-line norte-americano Prodigy testou a publicidade como fonte de receitas apenas entre os seus subscritores. Outros importantes serviços on-line, como CompuServe e America OnLine, mantiveram-se afastados da publicidade e somente vieram a vender patrocínios a partir de 1995. Vale lembrar que todos eles não fazem realmente parte da Internet, mas sim da Outernet, embora estejam conectados à Internet via gateways.

A World Wide Web tornou-se acessível ao público em 1993, ano em que foram abolidas as restrições para o uso comercial da Internet. Dale Dougherty lançou a primeira publicação comercial na Web, chamada *GNN*, uma espécie de revista eletrônica on-line. Em abril, do mesmo ano foi lançada a versão beta do primeiro programa gráfico de navegação, o Mosaic, permitindo aos seus usuários ver os textos e o conteúdo gráfico da revista, bem como acessar outros sites pioneiros de publicidade — Mercury Center, Hotwired e Internet Shopping Network. Esses sites tiveram entre os seus primeiros anunciantes a Microsoft e o MCI.

A primeira tentativa de divulgação comercial massiva pela Internet ocorreu nos Estados Unidos, em 1994, e ficou mundialmente conhecida pela violenta reação que provocou entre os usuários e pela tremenda cobertura dada pela imprensa ao episódio. O escritório de advocacia Canter e Siegel imaginou uma maneira de usar a rede como um meio barato de comunicação e enviou um anúncio que oferecia seus serviços, para obtenção do *green card*, a mais de 7 mil grupos de discussão.

Violando uma regra preciosa de etiqueta — a de não postar nos grupos de discussão material de natureza comercial –, a firma e o seu provedor de serviço receberam 30 mil flames em apenas 18 horas. O grande número de flames provocou sucessivos colapsos no provedor — 15 no total — e abalou seriamente a reputação do escritório de advocacia entre os membros da comunidade on-line.

A guerra de flames ocorreu pouco antes de a revista *Wired* lançar o site HotWired (`http://www.hotwired.com`), com um modelo comercial de venda de publicidade. Temendo eventuais reações adversas, a Hotwired reduziu as dimensões pretendidas para o uso da publicidade e assim surgiu o banner, pequeno anúncio em forma gráfica, considerado hoje como o outdoor da superestrada da informação.

O primeiro contrato publicitário foi assinado com a AT&T, no dia 15 de abril de 1994, sendo o site lançado no dia 27 de outubro do mesmo ano. Entre os anunciantes pioneiros a veicularem seus banners no site HotWired estavam ainda a IBM e a Zima, nova marca de bebida alcoólica da Pepsi. Zeff e Aronson (1997: 17-8) revelam que, para surpresa da HotWired, ninguém criticou os anúncios, houve apenas queixas pelo fato de algumas páginas do site estarem ainda em construção. A cobertura pela imprensa do lançamento do site também foi extremamente favorável e beneficiou seus patrocinadores.

Ainda em 1994, surgem vários sites de diretórios e mecanismos de busca na Web, entre eles o Yahoo! Os usuários podiam então encontrar, facilmente, os sites de organizações comerciais e mesmo fazer suas compras em lojas listadas nas Páginas Amarelas. A atenção e o interesse das empresas foram despertados para as novas oportunidades oferecidas pelo novo meio, crescendo exponencialmente a presença dos sites comerciais na rede, principalmente dos vendedores on-line de computadores e softwares, de produtos especiais, como vinho e flores, e de serviços, como os prestados pelas agências de viagens.

A expansão dos anunciantes nos sites da Web resultou em queda nos preços praticados para a publicidade, embora ainda fossem comparativamente altos se considerado o retorno do investimento. No final de 1994, a Web passa a ser vista mais generalizadamente sob uma nova perspectiva: os seus usuários começaram a compreender que a Web não era mais parte de uma rede exclusivamente acadêmica e filantrópica, razão por que seus produtos e serviços precisavam ser pagos. A cultura livre da Internet começou então a ser superada pelas empresas e pelos seus interesses comerciais.

Por volta de 1995, tornou-se cada vez mais aparente a necessidade de uma empresa estar presente na Web, para que pudesse ser considerada moderna. Em vez de anunciar diretamente seus produtos e serviços, explica Sellers (1997: 102), a empresa deveria se anunciar na Web, na firme esperança de que os internautas clicassem nos banners e links, que os dirigiriam, então para o seu site, o qual receberia uma audiência de compradores qualificados.

Além disso, o banner tradicional — medindo cerca de 7,5 cm · 2,5 cm e contendo uma mensagem curta e gráficos simples — não fornecia informação suficiente, o que também estimulou mais as empresas a terem seu site próprio na Internet. Por outro lado, provocou ainda o surgimento de novas formas e de novos tipos de anúncio, bem como de sites mais interativos, que buscam estabelecer maior relacionamento com o consumidor e ainda oferecer entretenimento e diversão para que os visitantes retornem ao site.

A tecnologia interativa de multimídia chegou à Web em 1995 e permitiu que os anúncios utilizassem animação, som e mesmo pequenos vídeos. As recentes tecnologias desenvolvidas para a Web — como Java, Active X, Virtual Reality Modeling Language — são altamente promissoras para que a publicidade cumpra, de maneira cada vez mais eficiente, o seu papel na construção de marcas e no estabelecimento de um relacionamento estável e duradouro com os consumidores e demais públicos-alvos.

A Web e as mídias tradicionais

A Web, a parte multimídia da Internet, apresenta numerosas vantagens exclusivas em relação aos anúncios veiculados nos meios de comunicação tradicionais — televisão, rádio, cinema, jornal e revista. O exame de cada um desses veículos de comunicação publicitária permite identificar as diferenças entre eles e revelar a natureza interativa e instantânea da Web.

Televisão

Primeiro veículo em participação nas verbas de veiculação dos anunciantes do país, a televisão detém cerca de 60% do mercado de publicidade e cobre 99,9% dos municípios brasileiros. Sua versatilidade é grande, podendo ser empregada como mídia nacional, regional ou local, graças ao sistema de divisão de sinais das redes, por intermédio de suas afiliadas e repetidoras.

No Brasil, o consumo de TV é bastante elevado: 3 horas e meia diárias. Sua penetração é bastante significativa entre pessoas de ambos os sexos, das classes sociais A, B, C e D e de 15 a 65 anos. Os gêneros de programação mais apreciados pelos seus espectadores são noticiários, novelas, documentários, programas de auditório e filmes. Assim, a TV é, principalmente, fonte de informação, de entretenimento e lazer, de prestação de serviços e de educação. É um veículo de grande audiência, impacto e força, pela sua capacidade de cobertura em curto prazo e pela possibilidade do uso de comerciais com som, imagem, cores e movimento. Entretanto, a mídia começa a experimentar os efeitos da concorrência com a TV fechada para assinantes com programação especializada, em especial nas classes sociais mais elevadas.

Apesar de todas as suas vantagens, os custos de produção e de inserção de comerciais na televisão são bastante elevados. Um simples comercial de 30 segundos, em um programa no horário nobre, chega a custar R$ 50 mil, enquanto uma campanha publicitária pode custar milhões de reais.

Rádio

Veículo amplamente disseminado no Brasil, atingindo 87,2% dos lares, que possuem mais de dois aparelhos por domicílio. Presença constante na vida de todos — seja nas residências ou nos veículos que circulam pelas ruas e estradas —, o rádio tem uma programação que combina, fundamentalmente, lazer e entretenimento, informação e prestação de serviços.

O rádio recebe cerca de 9% dos investimentos publicitários totais e apresenta dificuldades para sua atuação como mídia nacional, sendo difícil obter-se grandes coberturas em curto prazo pelas redes de emissoras, ao contrário do que acontece com a televisão. Essa limitação pode ser superada pela veiculação de comerciais em diversas estações, o que implica o aumento considerável de custos, apesar do seu baixo custo absoluto.

Portanto, o rádio constitui uma excelente opção como mídia regional e local, em razão da grande quantidade de emissoras em operação no país, o que resulta em considerável segmentação de seus ouvintes, a qual tem como principais fatores as condições geográficas da distribuição dos sinais e o conteúdo da programação do rádio.

Enquanto nas cidades menores uma emissora tem uma grade de programação diversificada e dirigida a públicos diversos, nas capitais o rádio segmenta-se consideravelmente, oferecendo uma programação única, com notícias ou músicas dos mais variados gêneros, como jazz, clássica, popular brasileira e sertaneja, entre outros.

A publicidade radiofônica trabalha fundamentalmente com o som e a capacidade de imaginação dos seus ouvintes. As mensagens são transmitidas sob a forma de fonogramas — previamente gravados, com a denominação de *spots*, para textos interpretados, e de *jingles*, para músicas cantadas — ou de textos falados pelos próprios locutores das emissoras, os quais podem se beneficiar do prestígio e da sua credibilidade perante os ouvintes.

Cinema

Pouco utilizado como veículo de comunicação publicitária, o cinema tem baixo alcance na população em geral, sendo seu público constituído, majoritariamente, de jovens de ambos os sexos, das classes A e B, com idade entre 15 e 29 anos. Restrições legais ainda limitam a apresentação dos comerciais apenas no início de cada sessão.

O cinema pode ser usado como mídia nacional, regional ou local, sendo a programação montada pela compra cinema por cinema junto a empresas exibidoras. Em 1995, apenas 386 cinemas em todo o Brasil aceitavam veicular comerciais, estando 301 salas localizadas nas capitais de estado.

As grandes vantagens do cinema residem no fato de este oferecer um clima adequado à veiculação de comerciais, já que atrai a atenção do espectador, pois não há nada que a desvie, e causa alto impacto, graças às dimensões da tela, valorizando cor, imagens, sons e movimento.

Revista

As revistas absorvem cerca de 9% do total de investimentos publicitários no Brasil. Sua principal característica é a extrema seletividade dos leitores, provocada pelos muitos títulos voltados para os mais diversos segmentos da população — entre eles, as revistas infantis, de atualidades e informação, femininas, de interesse geral, de turismo e lazer.

No caso das revistas técnicas, dirigidas e especializadas — vendidas em banca, por assinatura ou mesmo distribuídas gratuitamente — as mais expressivas estão voltadas para economia e finanças, medicina, agropecuária, construção, indústrias em geral e transportes.

Os anúncios em revistas possibilitam, assim, o direcionamento preciso para muitos segmentos de consumidores e espaço para a abordagem mais profunda dos assuntos do interesse dos seus leitores. Muitas publicações apresentam uma excelente qualidade gráfica e permitem boa qualidade de reprodução das peças publicitárias, o que não acontece com os jornais.

A revista é considerada uma mídia nacional, mas existem títulos locais e regionais que constituem boas opções para campanhas localizadas. As grandes revistas também possibilitam veiculações de caráter regional, por meio de cadernos especiais e encartes publicitários com menores custos.

A penetração do meio chega a 91%, entre a classe A, e 72%, entre a classe B. A identificação do leitor com a revista escolhida é muito grande, pois ele compra os títulos que tratam de assuntos de seu interesse. Uma revista vai, certamente, ser lida por mais de uma pessoa, e mais de uma vez, durante certo tempo, proporcionando que o meio tenha maior permanência entre os seus consumidores.

Jornal

Segunda mídia mais utilizada pelos anunciantes no Brasil, os jornais ficam com cerca de 25% dos investimentos totais em publicidade. Nos últimos anos, os grandes jornais beneficiaram-se com processos de produção informatizada e oferecem o recurso da cor para a veiculação de anúncios.

Entre outras características, o jornal é uma mídia de caráter local e regional. A cobertura nacional é bastante falha, pois o veículo concentra sua circulação na região ou no estado em que é publicado. Oferece, ainda, grande agilidade na sua utilização, bom impacto entre as classes sociais mais altas e alta credibilidade para os anúncios, o que é decorrente de sua condição de mídia formadora de opinião.

Os jornais brasileiros são dirigidos ao público em geral, oferecendo informação, prestação de serviços e lazer e entretenimento. Muitos deles adotaram a estrutura editorial de cadernos temáticos, em torno de assuntos como economia, política, esportes, cultura, feminino e infantil, entre outros. Alguns poucos títulos especializados estão voltados para os negócios e para outros segmentos mais ou menos homogêneos da população.

Embora disponham de grandes anunciantes nacionais, principalmente dos setores financeiro e automobilístico, os jornais veiculam significativa quantidade de anúncios de varejo, constituindo-se em excelente meio para divulgação de promoções de âmbito local e regional. Os anúncios classificados, muito usados pela população em geral e por empresas de todos os portes, prestam um verdadeiro serviço de utilidade pública.

World Wide Web

Novo e emergente veículo de comunicação publicitária, a Web pode ser considerada relativamente pouco dispendiosa e rápida, transferindo a mensagem, com som, cor e movimento, para qualquer parte do mundo, a uma fração do custo de muitas outras mídias.

A presença de grandes empresas na Web reflete a crescente importância desse novo meio e o reconhecimento dos seus benefícios para os negócios como um todo. Entretanto, os investimentos dos anunciantes brasileiros na publicidade on-line são ainda pouco expressivos — estimados pelo setor em US$ 25 milhões nos últimos doze meses, representando apenas 0,25% do montante do mercado de propaganda.

O desenvolvimento do comércio eletrônico deve favorecer o crescimento da mídia on-line. A meta da Associação de Mídia Interativa (AMI) era, em 1999, valores de US$ 80 milhões a US$ 100 milhões, que seriam equivalentes a cerca de 1% do total de investimentos publicitários. A gama de anunciantes deve também ser ampliada, já que, hoje, os grandes anunciantes da Web vêm do setor financeiro, seguido pelas montadoras de automóveis e pelas empresas de informática (cf. Deivisson, 1999: 48).

A publicidade na Internet apresenta uma dupla face. Além de a Web atingir enormes mercados nacionais e internacionais, condição para uma divulgação ampla e massiva, ela permite que esforços de publicidade sejam focados, com muita precisão, para segmentos de mercados específicos.

Entretanto, nenhuma outra mídia proporciona a grande vantagem da Web: a interatividade. A interação efetiva nos meios de comunicação tradicionais somente será possível quando a TV (ou um controle especial) permitir que o telespectador toque na tela do aparelho para se manifestar, de alguma maneira, a respeito do conteúdo que está sendo veiculado. Hoje, a única ação possível do consumidor é levantar-se e utilizar-se do telefone para contatar operadores de telemarketing que estão esperando por ele para a encomenda de um produto ou serviço anunciado.

Na Web, a interação com o consumidor potencial é instantânea, já que permite que a empresa tenha um *feedback* da efetividade de sua publicidade on-line; que ela saiba imediatamente o que o visitante pensa sobre a mensagem e o produto e serviço que estão sendo anunciados; e que inicie uma transação e receba o pedido do comprador diretamente no site.

Apesar de suas evidentes vantagens como meio de comunicação, a Internet não deve substituir os tradicionais instrumentos de comunicação publicitária. A própria história da evolução dos meios de comunicação tem mostrado que o surgimento de outro veículo não acarreta o inexorável desaparecimento do anterior.

Indústria da propaganda na Internet

Consolidada na década de 1970, a publicidade brasileira configurou-se, então, uma verdadeira indústria de publicidade, constituída por anunciantes, veículos de comunicação, agências de propaganda e fornecedores de serviços técnicos e especializados (produtoras de som e imagem, institutos de pesquisa e estúdios de fotografia, entre outros).

Na Internet, a indústria da propaganda está dividida em três categorias, assim enumeradas por Zeff e Aronson (1997: 20): os vendedores, os compradores e uma infra-estrutura composta por aqueles que desenvolvem as ferramentas de apoio à publicidade.

Os vendedores: sites da Web

Os primeiros sites da Web eram divulgados boca-a-boca e foram criados por jovens estudantes como resposta aos desafios oferecidos pela nova tecnologia ou mesmo como meio de expressão muito pessoal. Aos poucos, o conteúdo desses sites foi despertando o interesse de um número crescente de pessoas, a ponto de começarem a rivalizar com a própria televisão, o principal meio de informação, entretenimento e educação então existente.

Hoje, a rede mundial conta com uma imensa quantidade de sites, e, no Brasil, o processo de recadastramento de domínios encerrado pela Fapesp no final de 1998 contabilizou a existência de mais de 55 mil sites. Alguns deles têm na publicidade uma fonte apreciável de receita. É o caso do Cadê?, guia de buscas que apresenta um tráfego mensal de mais de 23 milhões de internautas, atraindo fortemente as empresa para veiculação de banners, que são responsáveis por 100% da receita destas.

Para garantir o funcionamento do site, a equipe do Cadê? é formada por 25 pessoas, entre jornalistas e técnicos, que diariamente esquadrinham a Web brasileira em busca de novos endereços. Cada novo site encontrado — ou aqueles que enviam uma solicitação de registro — tem as suas páginas lidas (o Cadê? rejeita sites de sexo e com pornografia infantil), é cadastrado no máximo em duas categorias e então exposto.

Sediado no Rio de Janeiro e com um escritório em São Paulo, o Cadê? foi criado em outubro de 1995 por Gustavo Viberti e Fábio de Oliveira, dois amigos que se conheceram antes do vestibular e entraram para a mesma universidade. O propósito inicial da empresa formada — KD Sistemas e Informação —, era disponibilizar uma lista de endereços na Internet. Em 1996, quatro novos acionistas compraram 37% da participação na empresa, entre eles dois que são também sócios do Ibope, os irmãos Luís Paulo e Carlos Augusto Montenegro.

O valor da venda de participação no negócio, estimado em US$ 140 mil, permitiu ao Cadê? realizar investimentos necessários em compra de equipamento e contratação de pessoal. Para o Ibope, o investimento foi considerado estratégico por permitir a associação a uma nova mídia que traz novas e ainda não exploradas possibilidades de pesquisa de opinião.

A estratégia de aquisições e parcerias, muito comum no mercado internacional entre empresas que atuam na Internet, chegou ao Brasil. A StarMedia, provedora de acesso e conteúdo sediada em Miami e com forte atuação na América Latina, depois de longas negociações, comprou 100% do Cadê?, em abril de 1999, preparando-se, assim, para a concorrência com o Yahoo!, o maior site de busca e portal mundial, que se instalou no Brasil em 8 de junho de 1999. Os valores da transação não foram oficialmente revelados, porque a StarMedia está em processo de abertura de capital na Bolsa de Nova York e deve, enquanto isso, manter sigilo em relação às cifras envolvidas (cf. Caseiro, 1999c: 8).

O Cadê? deve manter-se como produto próprio por possuir uma marca forte no mercado brasileiro, e passa a contar com suporte tecnológico, financeiro e de marketing da StarMedia para promover a sua expansão no mercado latino-americano.

O conceito de portal, relacionado com a Internet, nasceu no começo de 1998, para designar os sites de busca que, além dos diretórios de pesquisa, começaram a oferecer serviços de e-mail gratuito, bate-papo em tempo real e serviços noticiosos. Agora os portais[2] são entendidos como todo e qualquer site que sirva para a entrada dos usuários na Internet, a primeira parada a partir da qual os internautas decidem os passos seguintes na rede.

Os portais atraem o interesse e as verbas publicitárias dos anunciantes em razão da grande audiência e do tráfego intenso existente nos seus sites. Por sua natureza, os portais ainda despertam forte interesse comercial, porque os usuários tendem a ficar por algum tempo navegando e usando os seus serviços antes de partir para outros.

Embora a importância dos portais seja considerada relativa, pela facilidade de mudar de canal na Internet, Puterman (1998a: 23) identifica neles três categorias principais: as home pages das empresas de browsers, os sites de busca e os provedores de acesso, cada uma apresentando características próprias:

A maioria dos browsers já vem configurada para apontar sua página de abertura para um determinado site. Levando em consideração que os browsers são da Microsoft ou da Netscape, temos então que os grandes portais da Internet são efetivamente as home pages destas empresas.

A segunda categoria de portais são os chamados sites de busca que acabam ganhando configuração customizada de seus usuários. Yahoo!, Excite, AltaVista e outros são poderosos geradores de tráfego em função de seu potencial de organização da informação existente na rede.

A terceira principal categoria de portais são os provedores de acesso, com sua capacidade de gerar relacionamento com seus assinantes. A informação acumulada nestas empresas as coloca em uma posição de vantagem, no sentido de ter a capacidade de dirigir a informação para quem se interessa por ela.

A adoção de normas padrão pelas empresas mantenedoras de sites veiculadores de publicidade, uma proposta articulada pela AMI desde sua criação em 1998, deve estimular os anunciantes brasileiros a usarem a Web como um meio para inserção de publicidade.

Os compradores: anunciantes

Os primeiros anunciantes da Internet foram as próprias empresas de tecnologia e os sites de busca, interessados em tornar conhecidos suas marcas, seus produtos e serviços, bem como ganhar com o grande e expressivo crescimento da Web. Atualmente, os compradores são representados, de maneira mais geral, por todos aqueles anunciantes que têm produtos, serviços e sites para promover e vender on-line.[3]

A mudança de visão das empresas brasileiras em relação à presença na Internet é bastante recente. Principalmente no caso das grandes corporações, a nova mídia já faz parte do planejamento de marketing, assumindo importantes papéis como ponto-de-venda, veículo gerador de relacionamento com o consumidor ou prospect, e, naturalmente, um meio para a inserção de publicidade.

A General Motors, por exemplo, um anunciante com grande presença na Internet, foi a primeira, em todo o mundo, a lançar um novo modelo de automóvel — o Astra — por meio de uma campanha veiculada na Web antes de chegar às outras mídias. Depois de verificar que o perfil do internauta brasileiro é muito próximo ao do target do carro, a GM criou um site do Astra (http://www.astra.com.br), com informações sobre desempenho, estilo, tecnologia e segurança proporcionadas pelo veículo.

Presença das empresas brasileiras na Web

O interesse das empresas brasileiras pela Internet pode ser avaliado pelo número de organizações comerciais registradas sob o domínio .br. No dia 26 de junho de 1999, a Fapesp contabilizava um total de 99.167 domínios de primeiro nível na parte nacional da rede, dos quais uma esmagadora maioria — 90,7% — pertence a empresas industriais, comerciais e de prestação de serviços. O consultor de marketing Maurício Gerbaudo Morgado (cit. em Crespo, 1999: 19) também coletou informações sobre a presença, na Internet, de cada empresa listada na edição de 1998 de *Exame Melhores e Maiores*. O levantamento da revista de negócios *Exame* é realizado desde 1974, entre as corporações brasileiras, para indicar aquelas que apresentam melhor desempenho empresarial. Os critérios utilizados na escolha envolvem indicadores como ativo, capital circulante, crescimento das vendas, número de empregados, endividamento, liderança de mercado, lucro líquido, patrimônio, receita e rentabilidade.

Tabela 15 Informações das empresas brasileiras disponíveis na Web

Tipo de informação	%
Atendimento ao consumidor	84,9
Atividades da empresa	84,9
Histórico da empresa	82,9
Produtos e serviços	80,8
Telefones/endereços de escritórios	66,8
Dados sobre o desempenho no mercado	47,9
Novidades sobre a linha de produtos e serviços	38,4
Ferramenta de busca	12,7
Oportunidades de emprego	11,0
Vendas on-line	9,9
Serviços on-line ao consumidor	4,8
Lista de perguntas freqüentes	3,4
Links para outros sites	2,7

Fonte: Lúmina Marketing Direto & Comunicação.

As 500 maiores e melhores empresas são então elencadas com base na excelência empresarial, que é obtida pela soma de pontos conseguidos por elas em cada um desses seis indicadores de desempenho: liderança de mercado, crescimento das vendas, rentabilidade do patrimônio, liquidez corrente, investimento no imobilizado e valor adicionado por empregado.[4]

O estudo de Morgado possibilita uma visão mais abrangente do uso e do tipo de informações disponibilizadas pelos sites das organizações (ver Tabela 15). O primeiro dado é bastante alentador, ou seja, das 500 maiores companhias brasileiras citadas na publicação da Editora Abril, 302 têm sites em português, o que corresponde a 60,4% do total de empresas.

A pesquisa considerou, para análise das informações disponíveis, apenas os sites individuais (193) e corporativos (99), estes últimos abrigando mais de uma home page de empresa. Os resultados demonstram que as empresas brasileiras se preocupam em ter presença na rede, mas ainda tímida, pois 84,9% das companhias usam os sites como mero catálogo eletrônico, enquanto pequena parcela — 9,9% — promove suas vendas pela Internet.

A Web é ainda explorada como um canal de aproximação da empresa com seu consumidor, visto que 84,9% dos sites pesquisados possuem um formulário para coletar informações on-line dos clientes. Por outro lado, o estudo mostra que o telefone dos escritórios das companhias, informação que não pode faltar nos sites, é divulgado em apenas 66,8% das home pages das grandes empresas brasileiras.

No caso da compra de espaço para a veiculação de publicidade on-line em agências e provedores de serviços, o campeão de investimentos é o setor financeiro. O Bradesco encabeça o ranking dos maiores anunciantes na rede brasileira, seguido pelos bancos Itaú, Real, Banespa e Santos. A estratégia das instituições bancárias consiste, basicamente, na colocação dos banners em páginas de grande tráfego, para oferecer home banking, captar clientes e formar listas de prospects (cf. Baiense, 1998a: 38-9).

Por sua vez, os grandes provedores de conteúdo e acesso querem quebrar o tabu de que a Internet só combina com tecnologia, para ampliar o leque de anunciantes e criar, constantemente, novas oportunidades de negócios. Um tabu, na verdade, surgido nos Estados Unidos, onde as empresas de tecnologia lideram o volume de investimentos publicitários, com participação de 22% no mercado on-line.

Participação na Internet é maior entre os anunciantes

Os 500 maiores anunciantes de propaganda do Brasil, de acordo com o ranking Agências e Anunciantes, de *Meio & Mensagem*, constituem o universo da pesquisa realizada mensalmente pela Interact Resposta Direta e Telemarketing para monitorar a presença e os objetivos dos seus sites na Internet.

Na sua sétima edição, a pesquisa M&M/Interact[5] mostra que a Internet é um ponto comum entre os maiores anunciantes: 80% das empresas já estão presentes na rede mundial (Sant'Anna, 1999b: 62). Por segmento, o setores em que mais existem empresas com sites são o industrial (88,89%), serviços (85,0%), comércio (73,33%) e indústria e comércio (66,67%).

Os principais objetivos dos anunciantes com os sites são divulgar o nome institucionalmente e ainda prestar serviços aos clientes (60%), existindo ainda 38% que praticam atividades de comércio eletrônico na rede. Entretanto, apenas 3% do universo de empresas utilizam a Internet para ativar clientes. Para o futuro, a maior preocupação dessas empresas é incrementar o comércio eletrônico (43%) e aproveitar o canal de comunicação para aprimorar ou inovar os serviços (33%).

Infra-estrutura

A infra-estrutura da Web é formada pelas agências interativas especializadas na criação de sites, no desenvolvimento de campanhas publicitárias e na compra de espaço para inserção de propaganda. Existem ainda disponíveis diferentes ferramentas e serviços que auxiliam os anunciantes e sites a mensurar a exposição do usuário aos sites e às mensagens comerciais, além das demais tarefas necessárias para tornar a publicidade on-line aceitável pela indústria.

As grandes agências de propaganda despertaram para as novas oportunidades de negócios trazidas pela Internet, importante veículo transmissor de conteúdo e meio para inserção de publicidade, mas ainda incipiente, se comparado com os demais veículos. A McCann-Erickson, primeira no ranking das agências[6] que atuam no Brasil, inaugurou, em 1998, a Thunder House Brasil (http://www.thunder-house.com.br), divisão interativa que desenvolveu numerosos trabalhos e ações para a Motorola, Comunidade Solidária, Echos, Tramontina, Hewlett-Packard, Paralamas do Sucesso, Lucent Technologies, Nike e Kibon.

Muitas agências se concentram na formulação de estratégias, conceitos, negócios e programas de relacionamento interativo para a Web e deixam a produção dos sites e banners a cargo de empresas especializadas. Essas produtoras[7] atendem, ainda, a empresas de marketing direto e promoção no desenvolvimento de projetos interativos.

A medição de audiência na Web é a questão que vem merecendo, atualmente, grande atenção por parte de todos os componentes da indústria da propaganda. Alguns provedores de acesso e conteúdo são auditados por organizações independentes, mas a excessiva divulgação de números sem qualquer comprovação motivou o interesse do Instituto Verificador de Circulação (IVC) em comandar o processo de auditar as audiências dos sites, fundamental para a credibilidade da publicidade on-line.

Marcando presença na Web

A publicidade tem o propósito básico de disseminar informações para orientar o comportamento de compra e as preferências do consumidor para um determinado produto, serviço ou determinada marca. No entanto, na Web, a publicidade diferencia-se fundamentalmente dos outros meios por permitir que o consumidor possa interagir diretamente com o anúncio. Ele pode, então, clicar no anúncio para obter mais informações ou mesmo realizar a compra do produto.

As características do novo meio de comunicação interativo conformam a sua natureza em termos das formas da presença da empresa na Web e dos benefícios que a publicidade on-line traz para os anunciantes e consumidores de produtos e serviços.

Formatos da presença da empresa na Web

A presença dos anunciantes na Web envolve uma decisão de escolha entre três opções principais de formato: sites de destinação, micro-sites e realização eventual ou freqüente de campanhas de banners e patrocínio (cf. Doyle *et al.*, 1998). Menos comuns, outras formas de propaganda na Web são os classificados, a página intercalada, a *push advertising* e os editoriais pagos.

Classificados. Os tradicionais classificados de venda, compra e aluguel de produtos, veiculados principalmente nos jornais, têm o seu similar nos sites de classificados virtuais da Internet, que prometem vender, trocar ou comprar um pouco de tudo o que se possa imaginar. Embora os classificados on-line existam desde a época do BBS, os grandes jornais presentes na rede mundial começaram a disputar esse mercado, lançando seus classificados simultaneamente na Internet e no jornal impresso.

Pedrosa (1998a: 61) atribui ao *Jornal do Brasil* a primazia da colocação dos seus classificados na Web, em setembro de 1996, desenvolvendo e utilizando um software que permitia a conversão dos dados para os dois formatos, o impresso e o on-line. Já um dos poucos serviços de classificados desenvolvido especialmente para a Internet é o Centro de Recolocação do Universo OnLine — UOL, um site de procura de empregos e de profissionais que cruza currículos e vagas procurando verificar características semelhantes e, no final, identificando candidatos para as ofertas de emprego anunciadas.

Página intercalada. A página intercalada (ou anúncios intersticiais) aparece temporariamente após um clique e pode ocupar toda a tela no browser, sem que os usuários tenham controle sobre ela. O exemplo de Sanna (1998: 10) mostra que ela tem semelhança com um patrocínio de TV em relação ao formato e aos resultados: um internauta navegando em um site de notícias pode clicar no item "previsão do tempo". Porém, antes de acessar o conteúdo desejado, ele passa por uma página anunciando um antigripal, que aparece e desaparece automaticamente apenas para trazer a mensagem do patrocinador.

Entre outras vantagens, os intersticiais garantem ao anunciante melhor exposição para as mensagens de marcas e produtos porque eles geralmente não competem com outros elementos, além de oferecerem a oportunidade do uso de animação. Um estudo realizado pela MBInteractive no site da rede de entretenimento Bezerk (http://www.bezerk.com) apontou que anúncios intersticiais veiculados no game on-line You Don't Know Jack, de grande sucesso nos EUA, têm o dobro de resposta em relação àqueles baseados nos tradicionais banners: 64% de *recall,* contra 30% dos banners comuns.

Push advertising. A push advertising é baseada em uma tecnologia que permite o envio de anúncio diretamente ao usuário, que é "empurrado" para ele sem o pedido correspondente — daí a denominação push advertising. Geralmente é solicitado que o internauta preencha um formulário de registro com os assuntos de interesse e dados demográficos, como no caso dos serviços especiais de notícias, que, além das informações atualizadas, remetem anúncios comerciais e institucionais.

Editoriais pagos. Como o próprio nome indica, os editoriais pagos são, na verdade, propaganda com roupagem de notícia. O formato tem como modelo a publireportagem presente em certos jornais e revistas, um texto publicitário que assume a forma editorial pela semelhança visual e gráfica com os demais elementos. Como a Internet é um meio de comunicação no qual os usuários estão procurando por informação, Zeff e Aronson (1997: 52) entendem que tornar os anúncios parecidos com material editorial é uma boa maneira de atrair a atenção do internauta.

Mas pode se tornar uma péssima opção pela reação negativa que pode suscitar no usuário em face do artifício nada recomendável.

A criatividade e os recursos tecnológicos possibilitaram que a Web brasileira revelasse seus primeiros *cases* de publicidade diferenciada. Buscando melhores resultados para os seus clientes e contando com o apoio dos sites exibidores, as agências criam espaços distintos e experimentam novas ações, como o caso da cola Super Bonder, da Loctite, que estreou na seção Curiosidades do ZAZ, em março de 1999.

Trata-se de uma solução muito interessante, como descreve Lemos (1999: 4): no alto da página da seção aparece um tubo do produto com o slogan "Encostou, colou". Para surpresa do internauta, a Super Bonder gruda no cursor quando o mouse passa sobre o frasco, só se soltando quando o internauta vai para outra página. A peça, criada pela agência DM9DDB e produzida pela Webra, destaca-se pelo fato de dispensar o link para o site do anunciante, pois a mensagem explica-se por si mesma.

Características dos principais formatos da publicidade on-line

A seguir são descritas as características dos principais formatos da publicidade na Web: sites de destinação, micro-sites e campanhas de banners e patrocínio.

Sites de destinação

Os sites de destinação combinam informação, entretenimento e recursos tecnológicos que agregam valor ao produto, serviço ou marca que está sendo divulgada na Web. CDs, livros e softwares são os principais produtos que podem ser vendidos on-line e empregam sites de destinação para promover o conhecimento da marca, permitir a sua comparação com outros produtos similares e proporcionar serviços de pós-venda, como a assistência técnica.

A presença de uma empresa na Web, portanto, não pode ser encarada como uma vitrine ou balcão de vendas avançado. O site deve ser uma extensão de toda a companhia, que trabalha a empresa na Internet, com todos os seus setores presentes: relações com o mercado, recursos humanos, departamento financeiro, vendas, estoque etc. É um produto virtual que precisa ser visto e gerenciado não apenas com o foco na informática, mas também no marketing.

As empresas que pretendem ter um canal pleno para troca de informação com o consumidor devem estar cientes dos elevados custos de construção e manutenção dos sites de destinação. O volume de interação não pode ser subestimado, pois, muitas vezes, vai exigir uma completa equipe de atendimento ao consumidor, para não deixar sem resposta os e-mails recebidos.

Os sites de destinação não devem existir simplesmente. É preciso divulgar o seu endereço de todas as formas possíveis e reservar uma dotação orçamentária para esse fim, estimada em no mínimo 20% dos gastos totais com a comunicação interativa.

Micro-sites

Como o próprio nome indica, os micro-sites (também chamados de *hot sites* e *promo-pages*) são de menor tamanho e podem ser hospedados em provedores de conteúdo ou redes. Enquanto o site completo inclui dezenas de páginas, estrutura de navegação completa e níveis hierárquicos de navegação, o micro-site tem geralmente menos de 10 páginas, poucos subníveis, navegação intuitiva e faz uso intensivo de tecnologia (como *plug-ins*, animação e janelas *pop-ups* que se destacam do browser).

Com duração limitada a um mês, em média, o hot site tem o foco em um determinado produto ou serviço, empregando a linguagem publicitária, o que o aproxima bastante dos banners. Aliás, os banners são muito utilizados para estimular o fluxo dos internautas para o micro-site. Por sua vez, Sanna (1998: 10) considera o micro-site uma página publicada entre o banner e a entrada oficial do site, funcionando como se fosse um anúncio digital.

Os micro-sites permitem comunicar os benefícios do produto e reunir informação acerca do consumidor, sem os custos dos sites de destinação. O anunciante deve deixar claro aos navegantes que a página é tipicamente de propaganda, pois o conteúdo comercial mascarado como editorial pode abalar a confiança na marca. O hot site da cerveja Kaiser Bock (ver Figura 13), claramente promocional, teve o objetivo de lembrar que o inverno é a época do ano própria para o consumo do produto.

Os anunciantes de produtos de compra comparada — como roupas, aparelhos domésticos e móveis — devem ter o cuidado de colocar as páginas do seu micro-site onde está o seu consumidor ou prospect. A Levi's, por exemplo, realizou investimentos consideráveis para colocar micro-sites em todos os principais sites dirigidos aos jovens.

Figura 13 O hot site da Kaiser Bock foi veiculado na Web apenas durante o inverno de 1999, estação que é própria para o consumo do produto

Banners e patrocínios

Os banners devem também ser interativos, permitindo aos usuários solicitar amostras grátis, registrar-se para participar de um concurso ou concorrer a prêmios e encomendar o produto. As empresas de produtos de consumo devem incrementar suas vendas com o emprego de banners em campanhas criativas e manter seus sites corporativos, com o propósito de manter relações com investidores, fornecedores e recrutamento de pessoal.

Qualquer patrocínio que venha a ser cogitado pela empresa deve ser feito observando que o conteúdo seja apropriado e diretamente relacionado com os seus negócios. Um banco, por exemplo, tem muito a ganhar com a figuração do seu patrocínio na seção de economia do site de um jornal ou de um diretório de grande tráfego.

Já a Nescau aproveitou o patrocínio de uma das áreas do site da MTV (http://www.mtv.com.br) para ampliar o seu mailing com um público de perfil adequado ao achocolatado (cf. Lemos, 1999a: 5). O espaço, com o nome Desafio Nescau, incluía diversos games de bicicross, futebol de botão, boxe e basquete, que exigiam o preenchimento de um cadastro para o internauta participar dos jogos, o que rendeu à marca cerca de 35 mil nomes no período de apenas cinco meses.

Vantagens de publicidade on-line para os anunciantes

Levando em conta a natureza e as características próprias da publicidade on-line, Zeff e Aronson (1997: 13-4) identificaram as suas cinco grandes vantagens exclusivas: dirigibilidade, rastreamento, acessibilidade, flexibilidade e interatividade.

Dirigibilidade — A Web propicia aos anunciantes uma ampla gama de possibilidades para dirigir suas mensagens a alvos específicos. Uma campanha pode voltar seu foco para os consumidores ou prospects de determinada empresa, para certas regiões geográficas e nações, bem como para uma plataforma de computador e browser específicos do usuário. Embora a Web ainda não permita precisar targets com base em características demográficas, a publicidade on-line pode trabalhar tendo como referência as eventuais preferências demonstradas pelos usuários, o que nenhum outro veículo consegue fazer.

Rastreamento — Os sites permitem rastrear o modo como os usuários interagem com suas marcas e localizar o que é do interesse dos consumidores e dos prospects. Um fabricante de carros, por exemplo, pode descobrir como o visitante navega pelo seu site e identificar em que tipo de informação ele está mais interessado: desempenho do automóvel, especificações de segurança ou opcionais que acompanham determinado modelo. A audiência de um site pode ser medida pela contagem dos visitantes que o acessam, enquanto a resposta a um anúncio pode ser verificada pelo número de vezes que o banner é clicado pelos usuários.

Acessibilidade — A publicidade on-line está disponível ao acesso dos usuários 24 horas por dia, 7 dias por semana, 365 dias por ano.

Flexibilidade — A flexibilidade da publicidade on-line é total, pois uma campanha pode ser lançada, atualizada ou cancelada imediatamente. No período de uma semana, o progresso da campanha pode ser acompanhado e, se necessário, é possível alterá-la na semana seguinte, geralmente sem implicar custos elevados e mesmo proibitivos de produção, como no caso da televisão.

Interatividade — O objetivo da publicidade é engajar e envolver o prospect com a marca ou com o produto. A Web permite alcançar o objetivo com maior efetividade porque o consumidor pode interagir com o produto, testá-lo e, se escolhido, comprá-lo imediatamente. Um software, por exemplo, pode ter uma versão de demonstração para teste imediato; uma vez finalizado o exame e ele mostrar-se do agrado do consumidor, a compra pode ser feita na mesma hora.

Benefícios da publicidade on-line para o consumidor

A Web é, portanto, um eficiente canal de publicidade, cujas vantagens não são exclusivas dos anunciantes. Os consumidores podem usufruir de vários benefícios, sendo o primeiro — e o mais evidente — o acesso à grande quantidade de informações oferecida de maneira altamente dinâmica pela natureza interativa do meio e pelo ambiente em hipertexto, permitindo a pesquisa de forma não-linear, que auxilia e mesmo facilita o processo de decisão de compra.

O segundo benefício proporcionado ao consumidor consiste na facilidade do levantamento, da análise e do controle de dados a respeito de produtos e serviços, que permitem a compra por comparação e a experimentação de produtos on-line pelo usuário.

A redução de preços é o terceiro benefício, como decorrência da competição entre os vários fornecedores presentes na rede, o que resulta ainda em melhor qualidade e variedade de itens.

Código de ética da publicidade on-line

A Associação de Mídia Interativa (http://www.ami.org.br) assinou acordo de filiação ao Conselho Nacional de Auto-Regulamentação Publicitária (Conar),[8] que agora disciplina os padrões e normas a serem seguidos pelos seus associados no planejamento e na execução de campanhas de publicidade na Internet. As diretrizes gerais e os princípios específicos a serem observados na criação de anúncios de produtos e serviços pelos membros da AMI estão transcritos na íntegra a seguir:

■ *Anúncio — Diretrizes*

1) Todo anúncio deve respeitar e conformar-se às leis do país; deve ainda ser honesto e verdadeiro.
2) Todo anúncio deve ter presente a responsabilidade do anunciante, da agência de publicidade e do veículo de divulgação em relação ao consumidor.
3) Todo anúncio deve respeitar os princípios da leal concorrência geralmente aceitos no mundo dos negócios.

■ Normas éticas recomendadas para anúncios

a) Nenhum anúncio deve fornecer ou estimular qualquer espécie de ofensa ou discriminação racial, social, política, religiosa ou de nacionalidade.

b) Os anúncios não devem conter nada que possa induzir a atividades criminais ou ilegais — ou que pareça favorecer, enaltecer ou estimular tais atividades.

c) Os anúncios não devem conter afirmações ou apresentações visuais ou auditivas que ofendam os padrões de decência que a publicidade poderá atingir.

d) Os anúncios devem ser realizados de forma a não abusar da confiança do consumidor, não explorar sua falta de experiência ou de conhecimento e não se beneficiar de sua credulidade. Os anúncios não devem apoiar-se no medo sem que haja motivo socialmente relevante ou razão plausível. Os anúncios não devem explorar qualquer espécie de superstição.

e) Os anúncios devem conter uma apresentação verdadeira do produto oferecido.

Obs.: Os padrões éticos de conduta estabelecidos neste documento devem ser respeitados por quantos estão envolvidos, sejam anunciantes, agências de publicidade, veículos de divulgação.

f) No anúncio, todas as descrições, alegações e comparações que se relacionem com fatos ou dados objetivos devem ser comprobatórias, cabendo aos Anunciantes e às Agências fornecer as comprovações, quando solicitadas.

■ Categorias de anúncios

Determinadas categorias de anúncios devem estar sujeitas a cuidados especiais e regras específicas:

Bebidas alcoólicas

Considera-se bebida alcoólica, para os fins deste documento, aquela que como tal for classificada perante as normas e regulamentos oficiais a que se subordina o seu licenciamento.

1. Crianças não devem figurar nos anúncios, a não ser em situações que tornem natural e espontânea a sua presença.

2. Os anúncios não deverão ser endereçados a menores de idade nem tampouco encorajá-los a beber. Qualquer pessoa que apareça bebendo em um anúncio, deverá ser e parecer maior de idade.
3. A propaganda não deve tornar a bebida um desafio, nem tampouco menosprezar aqueles que não bebem.
4. A propaganda não deve dar a impressão de que a bebida está sendo recomendada principalmente por seu poder intoxicante.
5. Os anunciantes não devem encorajar o consumo excessivo ou irresponsável, nem induzir ao consumo em locais ou situações ilegais, perigosas, impróprias ou socialmente condenáveis.

Educação, Cursos, Ensino

1. Não deverá afirmar ou induzir o público a crer que um estabelecimento ou curso é oficializado, reconhecido, autorizado, aprovado, ou que tenha sua situação legal definida, a menos que o Anunciante esteja em condição de comprová-lo.
2. Não deverá afirmar ou induzir o consumidor a crer que a inscrição ou matrícula no curso lhe proporcionará um emprego, a menos que o anunciante o assuma, no mesmo anúncio e com clareza, total responsabilidade.
3. Não se permitirá que o anúncio prometa benefícios exagerados quanto à conquista de títulos, tais como promessas de doutoramento quando, na verdade, o curso é de bacharelado.
4. O anúncio de curso ou cursinho que exigir freqüência do aluno deverá explicitar o tempo de sua duração.
5. O anúncio que fizer menção a preço, deverá indicar claramente o total a ser pago pelo aluno.

Médicos, Dentistas, Serviços Hospitalares

A publicidade a que se refere esta categoria não deverá oferecer:

a. A cura de doenças para as quais ainda não exista tratamento próprio de acordo com os conhecimentos científicos comprovados,
b. Métodos de tratamento e diagnósticos ainda não consagrados cientificamente;
c. Especialidade ainda não admitida pelo respectivo ensino profissional.

Recomenda-se que a propaganda desse gênero de produto ou serviço deva ter um teor mais educativo e informativo do que persuasivo.

A propaganda de tratamentos médicos e de dietas será regida pelos seguintes princípios:

a. Deve, antes de mais nada, estar de acordo com a disciplina dos órgãos profissionais e governamentais sobre o assunto;
b. Precisa mencionar a direção médica responsável;
c. Dar uma descrição clara e adequada do caráter do tratamento ou da dieta;
d. Não pode conter testemunhais fornecidos por leigos;
e. Não pode conter promessa de cura ou de recompensa àqueles que não obtiverem êxito com a utilização do tratamento ou dieta.

Produtos Alimentícios
1. Devem se restringir às normas de seu licenciamento pelas autoridades competentes.
2. Não devem associar o produto alimentício a produtos farmacomedicinais ou dietéticos.
3. Devem deixar expressos, quando possível, o valor nutricional e calórico do produto anunciado.

Produtos de Fumo
No anúncio de produto de fumo:
1. Não se sugerirá que os produtos transfiram ou proporcionem ao consumidor qualquer potência ou força anormal.
2. Não se admitirá a promoção de consumo exagerado ou irresponsável.
3. Não se sugerirá ou induzirá ao consumo em locais ou situações ilegais ou perigosas.
4. Nenhum anúncio deve ser inserido em qualquer veículo dirigido basicamente a menores de idade.

Armas de Fogo
A publicidade de arma de fogo de uso civil atenderá às seguintes recomendações especiais:
1. O anúncio deverá deixar claro que a aquisição do produto dependerá de registro concedido por autoridade competente:
   a. essa exigência não deve ser apresentada como mera formalidade,
   b. o anúncio não deverá divulgar facilidade de registro.
2. O anúncio não deverá ser emocional.

Assim sendo:

a. não exibirá situações dramáticas e nem se valerá de notícias que induzam o consumidor à convicção de que o produto é a única defesa ao seu alcance.
b. não deverá provocar o temor popular.
c. não apresentará o possuidor de arma de fogo em situação de superioridade em relação a perigos ou pessoas.
d. não exibirá crianças ou menores de idade.

Anúncios dirigidos a crianças e jovens

a. dar-se-á sempre atenção especial às características psicológicas da audiência-alvo;
b. respeitar-se-á especialmente a ingenuidade e a credulidade, a inexperiência e o sentimento de lealdade dos menores;
c. não se ofenderá moralmente o menor;
d. não se admitirá que o anúncio torne implícita uma inferioridade do menor, caso este não consuma o produto oferecido;
e. não se permitirá que a influência do menor, estimulado pelo anúncio, leve-o a constranger seus responsáveis ou importunar terceiros, ou o arraste a uma posição socialmente condenável;
f. o uso de menores em anúncios obedecerá sempre a cuidados especiais que evitem distorções psicológicas nos modelos e impeçam a promoção de comportamentos socialmente condenáveis;
g. qualquer situação publicitária que envolva a presença de menores deve ter a segurança como primeira preocupação e as boas maneiras como segunda preocupação.

Notas

1. Talvez por tratar-se de um comunicado a respeito da publicação futura de livros, a maioria dos estudiosos identifica o primeiro anúncio impresso no classificado de venda de imóveis que apareceu na *Gazeta do Rio de Janeiro*, em sua edição do dia 17 de setembro de 1808: "Quem quer comprar uma morada de casas de sobrado com frente para Santa Rita, fale com Ana Joaquina da Silva, que mora nas mesmas casas, ou com o Capitão Francisco Pereira de Mesquita, que tem ordem para as vender".

2. David Smith, pesquisador do Gartner Group, prevê que o modismo dos portais deve diminuir com o tempo. Estes sites prestam um bom serviço aos novatos, mas quanto mais as pessoas se habituarem com a rede, menos elas irão recorrer aos portais, preferindo então ir direto aos locais de sua preferência, sem qualquer intermediação.

3. O Yahoo!, primeira empresa da Internet a lucrar financiada exclusivamente por publicidade, revela que a participação das empresas de tecnologia entre os seus

anunciantes era de 85% em 1995, enquanto hoje as marcas de consumo representam 80% dos seus anunciantes.

4. Os conceitos dos indicadores utilizados são os seguintes: "*Liderança de mercado* — é a divisão das vendas em dólares da empresa pela soma das vendas em dólares das empresas pesquisadas pela revista e incluídas no respectivo setor, em porcentagem; *Crescimento das vendas* — é o crescimento da receita bruta de vendas e serviços em reais, descontada a inflação média do exercício social da empresa, medida pela variação do IGP-M; *Rentabilidade do patrimônio* — mede o retorno do investimento aos acionistas, em percentagem. É o lucro líquido (ajustado) dividido pelo patrimônio líquido (ajustado), multiplicado por 100; *Liquidez corrente* — é o ativo circulante dividido pelo passivo circulante; *Investimento no imobilizado* — é obtido a partir da demonstração de origens e aplicações de recursos e representa um bom indicador da expansão dos negócios da empresa; *Valor adicionado por empregado* — é o total do valor adicionado dividido pelo número médio de empregados (início mais final do ano dividido por 2), não se levando em conta eventuais serviços terceirizados" (Guzzo, 1998: 42-4).

5. A amostra do estudo envolveu 50 observações em quatro segmentos: indústria, comércio, serviços, indústria e comércio, com proporção estimada na população compreendida no intervalo de confiança situado entre 38,2% e 65,8%. A precisão e o erro máximo da amostra para o trabalho são os mesmos, estimados em 13,9%, sendo o resultado estabelecido com base no risco de 5%. As entrevistas da sondagem foram feitas por meio de telemarketing ativo.

6. Outras divisões interativas de grandes agências instaladas no Brasil são a AdverSiting, da F/Nazca S&S; No Media, da Almap/BBDO; Interwell, da Z+G Grey; Internort (da Publicis Norton); OgilvyInteractive Brasil, da Standard Ogilvy & Mather; InterNort, da Publicis Norton; Thunder House, da McCann-Erickson; e McLuhanMedia, associada ao Grupo Intercom, com sede em Barcelona, na Espanha.

7. Destacam-se, entre as produtoras Web, a Urbana, ZeroUm Digital, Da Vinci New Media, Tesla, Midialog, Kropki, StudioWeb, Totem, BHTec, Marca Digital, TV1, MediaLab, Carpintaria do Software, Modem Media Poppe Tyson, LivingPIX, Vizio e Invision.

8. O Conar foi fundado em 1980 pelas principais associações publicitárias brasileiras e é dirigido por um Conselho Superior formado pelas entidades fundadoras. Fazem parte de sua estrutura funcional a Diretoria Executiva; seis Câmaras de Ética (nas quais são analisadas as queixas dos consumidores, agências, anunciantes e autoridades públicas), um Conselho de Ética e um corpo de colaboradores profissionais. Sua atuação está voltada para a defesa dos interesses dos consumidores, a preservação da maior liberdade de anunciar e a manutenção de elevado padrão ético no meio.

Capítulo **5**

Desenvolvendo um site de sucesso na Web

O século XXI promete ser outro período de grandes e rápidas mudanças. Agora parece correto imaginar que as empresas mais bem posicionadas nos próximos anos serão aquelas que estarão no bojo da tecnologia de ponta. A World Wide Web, embora ainda esteja na sua infância, guarda uma estreita relação com novas e promissoras tecnologias e ainda demonstra que será uma grande força no mundo da comunicação. Por isso muitas empresas, dos mais variados tamanhos, querem aproveitar a oportunidade e marcar desde já sua presença no novo meio, para serem depois identificadas como uma das companhias que ajudaram a Web a crescer.

A implantação do site da empresa na Web não prescinde de um rigoroso planejamento para orientar todo o processo de criação, seja por pessoal da companhia ou por designers especialmente contratados para esse propósito. Neste capítulo serão examinadas as etapas do desenvolvimento da home page da empresa, abordando em cada uma os principais procedimentos e as decisões gerenciais e técnicas necessárias para que a empresa não corra o risco de perder o rumo na nova superestrada da informação.

Requisitos para a presença da empresa na Web

O dilema que as empresas de todo o mundo enfrentam nos dias atuais está relacionado com a sua presença ativa na Internet. O instituto de pesquisa norte-americano Forrester Research (cit. em Martins, 1996) desenvolveu um modelo econômico da rede mundial para ajudar no difícil processo de decisão. No centro desse modelo, afetados diretamente pelo surgimento da Internet, estão os quatro grandes setores que precisam investir já e pesado em participação na rede: os serviços financeiros, comércio atacadista e varejista, produtores da infra-estrutura computacional e os geradores de informação capazes de transitar pela Web.

Para as companhias que estão fora desse núcleo central é sugerido um teste de perguntas e respostas: a empresa vende para consumidores de alta renda? Vende para as grandes corporações? A empresa tem suas ações na Bolsa de Valores? Os seus produtos são ricos em informação? A organização está espalhada geograficamente? Caso a resposta seja sim a quatro dessas perguntas, o instituto assegura que a empresa deve obrigatoriamente estar na Internet, restando apenas definir o grau de prioridade da sua participação.

Depois de decidida a presença da organização na rede mundial, mais uma pergunta é inevitável e esperada: quanto vai custar colocar e manter o site na Internet? No Brasil, a contratação de um consultor especializado que crie, ponha no ar e atualize periodicamente o site custa em torno de US$ 2,5 mil a US$ 4 mil, mais um *fee* mensal entre US$ 500 e US$ 1 mil. Mesmo terceirizando o serviço, é importante que a organização tenha um endereço próprio na Internet, sem o que a sua localização na Web fica difícil e pode não atrair os visitantes.

O patamar de custos das produtoras e agências digitais é bastante superior. A Thunderhouse, empresa independente que pertence à McCann-Erickson do Brasil, apresenta-se como uma agência digital, executando planejamento, criação, pesquisa de mercado e pesquisa de mídia, entregando a outros toda a produção. Na sua carteira de clientes estão: Sony, Hewlett-Packard, Bayer, Nestlé, Paralamas do Sucesso, Kolynos, Mastercard, Tramontina e Kibon, que pagaram pelos projetos preços variáveis entre US$ 40 mil e US$ 500 mil.

A companhia pode ainda preferir ter toda a operação dentro de casa, opção para a qual os especialistas calculam que, para cada dólar gasto na montagem da estrutura Internet própria, são necessários mais 3 ou 4 dólares para mantê-la funcionando de maneira satisfatória. O custo de manutenção de cada um dos sites das 500 maiores empresas norte-americanas é estimado pelo International Data Corporation (IDC) em uma média de US$ 600 mil por ano.

Com os atuais editores de HTML, a linguagem de formatação de documentos da Web, Grego e Macedo (1998: 46) asseguram que a criação de páginas está cada vez mais fácil. A maioria dos editores de páginas permite trabalhar como num processador de texto comum, bastando apenas aprender os conceitos básicos envolvidos na construção de uma página HTML e tomar o cuidado prévio de traçar o esboço da página numa folha de papel antes de montá-lo no computador.

Quadro 10 Principais ferramentas para criação e edição de páginas na Web

Produto	Fabricante	Idioma	Plataformas	Site do fabricante
Hotdog Webmaster Suite 5.5	Sausage	Inglês	Windows 95/98/ NT 4.0	http://www.Sausage.com
GoLive 4.0	Adobe	Inglês	Windows 95/98/ NT 4.0 e Mac	http://www.adobe.com
HoTMetaL Pro 5.0	SoftQuad	Inglês	Windows 95/98/ NT 4.0	http://www.softquad.com
FrontPage 2000	Microsoft	Português	Windows 95/98/ NT 4.0	http://www.microsoft.com/brasil
HomeSite 4.0	Allaire	Inglês	Windows 95/98/ NT 4.0	http://www.allaire.com
Dream Weaver 2.01	Macromedia	Inglês	Windows 95/98/ NT 4.0 e Mac	http://www.macromedia.com.br

Fonte: Ramos, 1999b: 68-9.

Caso a escolha para o desenvolvimento do site seja por uma empresa especializada ou por um free-lancer, no preço estarão incluídas variáveis como design, quantidade de páginas, tecnologias utilizadas, quantidade de imagens, número de links internos e externos. Muitas vezes o preço final é calculado com base no número de horas e profissionais mobilizados na tarefa de sua confecção. Portanto, quanto maior o tempo, mais caro ficará o trabalho.

Enquanto um free-lancer geralmente trabalha sozinho, uma produtora Web pode dispor de várias pessoas para a confecção de um site e, assim, cobrar bem mais. Um site de tamanho médio, entre 20 a 30 páginas, pode alocar uma equipe de quatro a seis profissionais: webmaster, redator, coordenador do projeto, coordenador de criação, atendente (cf. Prado Júnior, 1998: 45-6). Ao mesmo tempo deve ser determinado o serviço de hospedagem das páginas, que implica uma taxa mensal de aluguel do espaço em disco, e providenciado o registro do domínio na Fapesp, com o pagamento das taxas devidas.

Quadro 11 Composição de uma equipe de produção de websites

Profissional	Função	Requisitos
Arquiteto de informação	Organizar o conteúdo, preparar estruturas de navegação, facilitar o acesso, organizar os links, fazer o mapa.	Organização, objetividade, concisão.
Diretor de criação	Criar o projeto gráfico de um website, coordenar o trabalho dos designers e fornecedores.	Liderança, criatividade, coerência.
Coordenador de projeto	Garantir que o projeto saia no prazo e dentro do orçamento estipulado, contatar fornecedores e pressioná-los.	Dinamismo, paciência e uma boa agenda.
Atendimento e marketing	Garantir que o projeto saia de acordo com a estratégica mercadológica determinada pelo cliente.	Criatividade; planejamento estratégico; bons conhecimentos de administração de empresas, de mídia de massa, de marketing digital e do funcionamento de um website.
Especialistas em conteúdo e consultores	Garantir a integridade/veracidade do conteúdo	Conhecimento específico e habilidade em traduzi-lo para um português simples, sem termos técnicos
Redatores e editores	Escrever os textos e garantir sua consistência, adequando-o ao público leitor	Criatividade, habilidade com textos, domínio de estruturas de hipertexto e arquitetura de informação
Designers de interface: assistentes de arte, webdesigners e diretores de arte	Criar interfaces, garantir sua qualidade e consistência	Criatividade, habilidade de ilustração, conhecimento de programas gráficos e de manipulação de imagens

Quadro 11 Composição de uma equipe de produção de websites (*cont.*)

Profissional	Função	Requisitos
Editores e equipe de mídia: som, vídeo e animação	Gerar vinhetas para seções especiais de websites ou até para sites inteiros	Conhecimento de técnicas de som e animação, conhecimento de software para gerar as vinhetas
Programadores e especialistas em tecnologia	Programas as páginas HTML, criar rotinas JavaScript, relacionar o website com bancos de dados, fazer "ajuste fino" na programação	Pensamento lógico, raciocínio matemático e habilidade com linguagens de programação
Webmaster	Garantir que um website funcione sem problemas	Deve conhecer a estrutura do website e saber programação
Testadores (*beta-testers*)	Revisar os processos para evitar erros (*bugs*)	Preocupação com detalhes, alta capacidade de concentração, conhecimento de várias plataformas
Relações públicas e assessores de imprensa	Garantir que o projeto seja conhecido e responder a todas as dúvidas dos usuários	Bom texto, boas relações com a imprensa, muita paciência e uma boa agenda

Fonte: Adaptado de Radfahrer, 1999: 165-77.

A operação e a manutenção do site constituem outro elemento gerador de custos, pois, dependendo da natureza dos seus negócios, as informações sobre a empresa e seus produtos e serviços precisam ser atualizadas constantemente. Nesse caso, o produtor Web pode ser encarregado das atualizações e das eventuais modificações em seu design e estrutura. Caso o site não requeira modificações a todo momento, as atualizações podem ser feitas por um funcionário ou uma equipe do próprio cliente, depois de um treinamento dado pelo produtor Web.

Uma parte dos custos de operação dos grandes sites comerciais corresponde aos gastos com promoção. À medida que os sites proliferarem na Web, será mais difícil atrair visitantes para determinado site e, assim, a promoção deve consumir cada vez mais verbas.

Profissionalismo e tecnologia

Na Web existe uma ampla variedade de designs de sites, dos mais simples aos mais sofisticados. Os primeiros podem consistir numa página de texto sem links com hipertexto, sem gráficos e nenhuma interatividade. Já os mais sofisticados podem ter centenas (ou mesmo milhares) de páginas, muitos links com hipertexto, recursos de multimídia e aplicativos de acesso a banco de dados.

A implantação do site da empresa na Web deve obedecer a duas premissas importantes (cf. Shiva, 1997: 31-2). A primeira diz respeito a criar um site desenvolvido profissionalmente, que seja tanto agradável esteticamente quanto esteja atualizado tecnologicamente.

Embora isso possa ser considerado óbvio, muitas empresas consideram que um site na Web é a versão digital dos folhetos, manuais e catálogos impressos de divulgação de uma empresa. Nesse material, os gráficos, os textos e as ilustrações procuram representar a organização e seus produtos da melhor maneira. O site contém então a mesma informação digitalizada e disposta para ser visualizada em uma tela de computador.

O crescente tráfego na Internet e os muitos milhares de empresas concorrentes exigem um trabalho profissional de criação. Um site de sucesso ainda deve conter os elementos apropriados e necessários para transmitir a imagem que a empresa tem trabalhado durante anos para construir. Ellsworth e Ellsworth (1997: 189-90) identificaram as características que são comuns aos sites de sucesso:

- *O site é altamente visível.* Ele está registrado nos principais mecanismos de busca e tem links com sites relacionados às atividades de negócios da empresa. O endereço na Web figura em todas as peças promocionais, comerciais e institucionais da companhia.
- *O conteúdo está sempre atualizado.* O site inclui novas páginas quando necessário e mantém atualizadas as mais antigas. Periodicamente o visual do site é renovado para oferecer sempre uma sensação de atualização e mesmo de novidade.
- *As páginas são ricas em informação.* Informação é a matéria-prima básica do site e deve ser oferecida em qualidade e em quantidade que o internauta não possa absorver em uma única visita.

- *O site apresenta a empresa e conta aos visitantes sobre ele mesmo.* A home page é a página de entrada no site e o cartão de visitas da empresa. Para deixar o visitante à vontade, a página principal deve ainda oferecer uma visão geral do site (sua estrutura e seus conteúdos).
- *As páginas têm elementos de ajuda para a navegação.* Os elementos de navegação (como ícones e setas) devem ser claros e intuitivos, permitindo que o usuário movimente-se facilmente pelo site.
- *As páginas não induzem o usuário a sair delas rapidamente.* Os links para outros sites não figuram nas páginas de maneira proeminente, evitando ao máximo que eles possam encurtar o tempo de permanência do visitante.
- *O site pode ser visto com vários browsers.* Os browsers de navegação apresentam resultados diferentes na visualização das páginas, sendo prudente testar o desempenho do site nos principais programas disponíveis.
- *Cada página é tratada como um ponto de partida.* No site, cada página deve ser entendida como ponto de partida para a subseqüente e deve ser tratada nesta perspectiva.
- *O site tem um valor agregado real.* Não se trata apenas de interesse comercial: os sites de sucesso oferecem serviços, conteúdo de qualidade e produtos.
- *Os gerenciadores do site são responsáveis.* O site está sempre disponível ao acesso dos internautas, sem a aborrecida e desagradável mensagem "URL não encontrada".
- *O site tem o suporte da empresa.* A empresa deve dar apoio ao site mediante orçamento próprio e pessoal de suporte.
- *O site é capaz de coligir informação.* Dados sobre os visitantes são freqüentemente coletados por meio de concursos, testes e formulários de registro, permitindo saber quem são eles e melhor conhecer suas preferências e reações.
- *O site é um canal de marketing integrado com outros canais.* O site deve estar integrado e sintonizado com os demais esforços de marketing da empresa.
- *O site é provido de outras ferramentas da Internet, como correio eletrônico e FTP.* Essas ferramentas facilitam a interação dos visitantes com a empresa (e vice-versa, principalmente no caso do correio eletrônico).
- *O site tem um bom design.* O design deve facilitar a interatividade com as pessoas, transmitir uma imagem consistente da

empresa e ser tecnologicamente compatível com os recursos dos seus públicos-alvo.

- *A URL é fácil de lembrar.* Nomes combinando sinais como o til e letras maiúsculas e minúsculas são difíceis de guardar e confundem o usuário.

A criação e desenvolvimento de sites na Web está se tornando uma atividade extremamente profissionalizada. A contratação de serviços especializados é hoje uma opção recomendada, baseando-se a escolha do fornecedor em critérios como o seu conhecimento básico sobre a Internet, a experiência em design gráfico, o portfólio de clientes, o tempo de atividade na área e os conhecimentos de marketing tradicional e interativo.

A segunda premissa a ser respeitada na criação de um site na Web está no uso correto e atualizado da tecnologia existente. Com as novas tecnologias em desenvolvimento, os sites da Web podem automaticamente modificar seu conteúdo e incorporar recursos avançados. Essas características e esses serviços podem tornar o site verdadeiramente interativo e, assim, fazer com que ele se sobressaia em relação aos demais. Mais e mais sites surgem a cada dia, tornando ainda maior a necessidade da criação de sites distinguíveis e diferenciados dos concorrentes.

Entretanto, Vassos (1997: 85) aponta que o uso intensivo de tecnologia de ponta pode criar um indesejável efeito colateral: a restrição ou limitação da audiência do site. Quanto mais nova for a tecnologia implementada, menor será a base instalada de usuários. Além disso, a tecnologia de ponta sempre exige computadores mais poderosos, aplicativos especializados, velocidade de comunicação e novos hardwares (como sofisticadas placas de vídeo e de som), o que também limita significativamente o tamanho da audiência.

Nos Estados Unidos, com base na capacidade dos micros instalados, os desenvolvedores de sites respeitam a chamada Lei dos 28,8 Kpbs, que estabelece como regra básica que o site deve ser desenvolvido para microcomputadores equipados com modems de 28,8 Kbps. Para o Brasil, cuja maior base instalada de modems é de 14,4 Kbps, Bates (1998: 36) recomenda um teste prático para verificar a performance do site da empresa. Ele deve ser carregado numa máquina com modem de 14,4 Kbps e, em seguida, o mesmo deve ser feito com a página do Yahoo!, com o propósito de uma comparação entre a velocidade dos dois. Naturalmente, a performance da página do Yahoo! deve ser considerada como meta para o site da empresa.

Tabela 16 Tempo de resposta dos computadores e a reação de seus operadores

Tempo de espera	Reação
0,1"	Máquina e cérebro no mesmo compasso. Sensação de reação instantânea.
1"	Limite para que o usuário desvie seu fluxo de atenção, mesmo que note o lapso.
2 a 3"	Recomenda-se mostrar ao usuário que ele deve esperar.
5"	Recomenda-se mostrar barra de progresso, mostrando quanto falta para a conclusão.
10"	Limite para manter a atenção localizada. O usuário vai querer fazer outras tarefas.

Fonte: Radfahrer, 1999: 134.

O processo de desenvolvimento do site

O planejamento da estrutura de um site é vital para garantir que a navegação não ofereça dificuldades aos visitantes e, assim, garanta o seu retorno em outras oportunidades. As decisões a serem tomadas envolvem desde a definição dos propósitos do site, dos elementos básicos das páginas, da divulgação do endereço, até as previsões de manutenção da home page.

Antes do início do desenvolvimento do site, Siegel (1997a: 177) sugere a preparação, em conjunto com o cliente (ou equipe responsável pelo projeto do site com os membros da alta administração da empresa, se ele for desenvolvido internamente), de um pré-projeto que estabeleça e consolide de maneira resumida os seguintes pontos: ambiente da empresa e objetivos pretendidos; audiência, conteúdo e funcionalidade do site; e estudo de campo para verificar seus pontos comuns com sites de empresas concorrentes.

I — AMBIENTE DA EMPRESA E OBJETIVOS

Empresa

Descrição da empresa, dos serviços e dos produtos, incluindo a dos principais concorrentes, com uma crítica sucinta dos seus sites, se existentes. Deve ser indicado o grupo que estará trabalhando no desenvolvimento do projeto, quem mais será contratado, as responsabilidades de cada membro e quais os recursos humanos disponíveis para as várias fases do processo.

Projeto
- Definição da missão ou sumário do projeto
- Objetivos básicos do site, como *branding* ou reforço da identidade corporativa, acesso à informação, vendas diretas ao consumidor, comunicação corporativa
- Formas de mensuração do sucesso do site
- Cronograma das atividades a serem desenvolvidas
- Previsão orçamentária da empresa para o projeto, comentando se os recursos dotados são suficientes
- Descrição de qualquer trabalho feito anteriormente para o desenvolvimento de um website
- O site irá reforçar uma estratégia existente de branding ou de marketing? Como?
- Coloque as frases a seguir em ordem de importância:
  A estratégia do site deve ajustar-se à estratégia corporativa da empresa
  A estratégia do site deve ajustar-se à estratégia de marketing da empresa
  O site deve reposicionar conteúdo já existente
  O site deve criar uma comunidade de visitantes fiéis
  O site deve ter uma alta qualidade na execução (gráficos, redação, navegação etc.)
  O site deve ter o enfoque no mercado
  O site deve ser de fácil manutenção
  O site deve fazer as coisas melhor do que os concorrentes da empresa presentes na Web
  O site deve ser desenvolvido dentro do orçamento previsto
  O site deve dizer por si que a empresa conhece a Web e a usa apropriadamente

II — AUDIÊNCIA, CONTEÚDO E FUNCIONALIDADE

Audiência
- Tipo de visitantes que a empresa pretende atrair
- Objetivos pretendidos para cada tipo de visitante
- Produtos e serviços a serem divulgados no site
- Objetivos para cada um desses produtos e serviços

Conteúdo
- De onde virá o conteúdo do site? Será novo, reposicionado ou ambos?
- Com que freqüência o site terá conteúdo novo?
- Quem irá atualizar o conteúdo?

Funcionalidade
- Que recursos funcionais a empresa acredita serem necessários? (por exemplo, áreas de download, base de dados, catálogos, aplicações)
- Quem irá atualizar esses recursos?
- Existem questões importantes de segurança do site?
- Existem outras questões ou limitações técnicas?
- Os custos de hospedagem e manutenção do site foram considerados? Em caso afirmativo, qual é o valor estipulado?
- Quais são os objetivos de longo prazo para o site?

III — ESTUDO DE CAMPO

Esta é uma parte muito importante do pré-projeto. A empresa deve ir a campo para examinar e comparar como os três sites da mais alta qualidade na Web resolveram questões que têm relação com o seu projeto, como:

- Branding (novas empresas, marcas novas ou já estabelecidas etc.)
- Estímulo e apelos usados para o mesmo grupo de consumidores que são targets da empresa
- Cores, aparência, interface com o usuário e layout do site
- Tamanho do site
- Normas para a seleção e edição de conteúdo (freqüência, novidade etc.)
- Poder de atração de novos visitantes para o site
- Qualidade do conteúdo
- Qualidade das imagens e gráficos
- Funcionalidade (coisas que o site faz para as pessoas)
- Enfoques social e comunitário presentes nos sites
- Facilidade e rapidez de resposta a demandas do usuário e outras características importantes para o projeto.
- Sites considerados favoritos pelo seu todo (e as devidas razões de escolha)

Etapas no desenvolvimento do site

Shiva (1997: 68) identificou um conjunto de doze decisões que vão guiar o processo de implantação do site: 1) Propósito e objetivos do site; 2) Home page e organização do site; 3) Nome de domínio e endereço Web; 4) Gráficos para realçar as páginas; 5) Cores ou textura do fundo; 6) Elementos básicos da página; 7) Elementos de acabamento; 8) Fotos e gráficos; 9) Formulários de resposta; 10) Carga e teste das páginas; 11) Registro e divulgação do site; e 12) Manutenção do site.

1. Propósito e objetivos do site

O propósito que norteia a criação de um site deve ser claramente definido e estabelecido pela empresa desde o princípio para economizar tempo e dinheiro. Exatamente para que servirá o site? Quais são os seus objetivos a curto, médio e longo prazo?

Figura 14 A seção "Fale com o Presidente", no site da TAM (http://www.tam.com.br), atende ao objetivo de estabelecer um canal de comunicação interativo com o consumidor

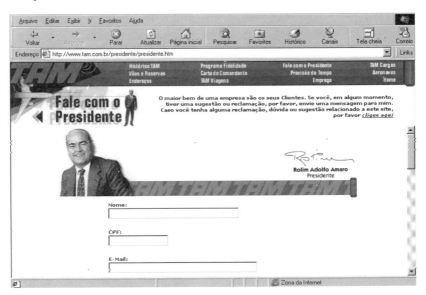

De qualquer maneira, o site nunca deve ser desenvolvido sob a justificativa muito comum de que todas as demais empresas estão marcando presença na Internet. É preciso estabelecer um foco mais preciso e fugir do risco de criar um site desprovido de conteúdo, improvisado e, naturalmente, pouco eficiente.

As empresas podem ter diversas razões para criar seu site próprio na Web. As mais comuns são:

- oferecer informações detalhadas e atualizadas da empresa;
- criar o conhecimento dos produtos e serviços da empresa;
- gerar mailing lists dos prospects da empresa;
- aumentar os lucros da empresa pelas vendas dos produtos e serviços na rede;
- criar um novo canal de venda para os produtos e serviços da empresa;
- distribuir os produtos e serviços da empresa de modo mais rápido e mais flexível;
- aumentar o interesse do público para seus produtos e serviços e despertar a atenção dos formadores de opinião: imprensa, outras empresas, instituições e mesmo pessoas;
- posicionar a empresa estrategicamente como organização de alta tecnologia e firmar uma imagem empresarial que esteja intimamente associada a tudo o que a Web representa;
- oferecer serviços ao consumidor;
- abrir um novo canal de comunicação interativo com o consumidor;
- reduzir custos de venda, distribuição e promoção;
- desenvolver conexões com empresas e pessoas que possam influenciar o sucesso dos seus negócios;
- encontrar novos parceiros em todo o mundo.

É importante assegurar-se de que os propósitos e objetivos do site sejam corretamente identificados e enunciados em uma única frase. Para isso é preciso levar em conta que o sucesso de um site em particular é determinado fundamentalmente pela sua audiência. Muitos sites, lançados sem um prévio conhecimento das necessidades do público-alvo, acabam oferecendo somente informações e serviços irrelevantes e causam inevitáveis prejuízos para a imagem e reputação da empresa.

Interatividade e relevância do conteúdo fazem a diferença

O processo global de planejamento de um site deve estar inspirado em duas qualidades fundamentais: a interatividade e a relevância do conteúdo. A interação é o grande diferencial da Internet e deve ser

138

entendida como um processo que transfere o controle da comunicação de quem envia para quem recebe a mensagem. "O sujeito que navega na Internet é poderoso. Ao contrário do telespectador passivo sentado no sofá de casa, é ele quem estabelece o roteiro da visita que fará ao site do OMO, ou a qualquer outro. (Gurovitz e Lopes, 1997)."

A interatividade implica também estabelecer o diálogo com o cliente. No site da Ford é possível agendar test drives junto às revendedoras e conhecer os planos de financiamento e as condições de pagamento na aquisição de veículos da montadora. Mas, talvez, o grande exemplo da eficácia da interatividade sejam os serviços interativos de home banking oferecidos por um número cada vez maior de bancos. Os clientes do Bradesco, por exemplo, podem verificar de suas casas saldos, requisitar extratos e fazer transferências entre contas.

A Federal Express, empresa de serviços internacionais de despacho de cargas, é outro exemplo das possibilidades de interatividade trazidas pela presença na rede mundial. Antigamente, a Federal Express empregava uma grande equipe de telefonistas para atender aos pedidos de informações dos seus clientes. Hoje, os seus usuários podem acessar o site da empresa e, em questão de segundos, obter as informações nos bancos de dados a respeito da localização de uma encomenda específica.

Entretanto, o principal problema da interatividade é a exigência de que o consumidor tome algum tipo de iniciativa para pedir informações sobre um produto ou para agir com base nas informações obtidas. Ela deve então se tornar um instrumento poderoso nos mercados em que o consumidor tem forte motivação para buscar informação ou em que ele procura ativamente comprar o produto ou serviço, aplicando-se assim a bens de valor fixo alto ou aqueles que dependem de mão-de-obra experiente e escassa (cf. Jeannet, 1996).

A relevância do conteúdo disponível no site é a segunda qualidade diferenciadora da Internet. O ideal (e necessário) é que todo site de empresa ofereça alguma informação que possa ser percebida como um benefício pelo internauta. Por esse motivo, os sites mais visitados da rede são aqueles que oferecem mecanismos de busca para localizar a informação na Web, e os provedores de conteúdo, que reúnem milhões de páginas de informação e de notícias acessadas diariamente por grande número de pessoas.

A World Wide Web tem cerca de 100 milhões de páginas de informação e todos os dias são incorporadas outras 170 mil novas páginas. Daí serem da mais alta relevância os sistemas de busca, como o Altavista, cujos programas de localização da informação — conhecidos como aranhas, robôs ou rastreadores — percorrem a rede coletando dados, ao ritmo de 1 bilhão de bytes por hora, para responder a 20 milhões de consultas diárias.

2. Home page e organização do site

A home page é um elemento de grande importância na estrutura de um site. Da mesma maneira que os comerciais na TV e os anúncios em revista e jornal brigam para chamar a atenção do leitor, a home page tem a função de atrair, de imediato, o interesse do internauta. Uma pesquisa da Universidade de Minnesota revela que, se um site não capturar a atenção do visitante em 8 segundos, ele foge e dificilmente terá outra oportunidade para voltar (Gurovitz e Lopes, 1997).

Na Internet, portanto, o tempo é muito valioso para ser desperdiçado. Como a velocidade de conexão é um dos maiores problemas do ramo brasileiro da rede, é altamente recomendável que a página principal não submeta o internauta a minutos torturantes de espera para ser baixada no browser. Um teste prático recomendado é experimentar acessar a home page a partir de uma conexão de 28,8 Kbps ou 33,6 Kbps para sentir a velocidade da página, que não deve superar o tempo de dois minutos até ser carregada.

Ponto de partida para a procura de informação — e mesmo considerada um verdadeiro cartão de visita —, a home page deve oferecer um índice para o conjunto de páginas que descrevem e apresentam informações sobre a empresa, seus produtos e serviços. Na sua estrutura existem diversas seções principais, que podem apresentar variações segundo os propósitos e objetivos do site, bem como a natureza da empresa e dos seus produtos e serviços. As principais seções visualizadas na página principal são os dados gerais sobre a empresa, os produtos e serviços, suporte técnico, serviços ao consumidor, notícias e novidades.

- *Sobre a empresa*. Nela podem figurar o histórico da organização, sua missão, filosofia de negócios etc. A empresa deve colocar-se para o consumidor evidenciando as qualidades que a tornam melhor do que as demais concorrentes.
- *Produtos e serviços*. Geralmente com fotos e textos que descrevem as qualidades e os benefícios que seus produtos e serviços proporcionam ao consumidor. Evitando perder o atrativo, as linhas de produtos podem ser apresentadas como as páginas de um catálogo, com a vantagem de poderem ser fácil e freqüentemente atualizadas.

- *Suporte técnico.* Para algumas empresas é útil apresentar informações técnicas, especificações de produtos, diagramas e Frequently Asked Questions (PFAQs), um documento com perguntas e respostas sobre determinado assunto, que pretende responder a dúvidas e perguntas mais freqüentes dos novos usuários.
- *Pedido de compra ou de informação.* São formulários para compra ou solicitação de informações adicionais diretamente para a empresa, em geral enviados via correio eletrônico.
- *Serviços ao consumidor.* Uma relação dos revendedores autorizados ou de firmas de assistência técnica para o produto, com os seus respectivos endereços, é um serviço importante e de grande utilidade para os compradores. Algumas empresas e órgãos públicos começam a descobrir que a experiência acumulada ao longo dos anos com o Serviço de Atendimento ao Consumidor (SAC) pode se tornar um excelente atrativo na Web. A fórmula é simples: uma vez implantado o Serviço de Atendimento on-line, a companhia desloca ou reduz a equipe encarregada de prestar informações via telefone convencional. Uma boa solução para resolver ou diminuir o congestionamento das centrais de atendimento telefônico, com muitos funcionários ocupados em resolver problemas corriqueiros, como a melhor data de compra para o cliente de um cartão de crédito, a composição de um iogurte, as dúvidas na instalação de um novo software.
- *Notícias e novidades.* Contém informação de interesse para os prováveis compradores, como notícias da empresa e relacionadas com a sua atividade, e mesmo curiosidades que podem motivar seu posterior retorno ao site para atualização. No caso de a empresa possuir newsletter ou outra forma de comunicação escrita, essa é a seção onde estará disponível o exemplar mais recente para leitura. Até mesmo as peças de uma campanha publicitária em execução podem ser disponibilizadas para divulgação junto aos prospects, revendedores e fornecedores da empresa.

Uma das primeiras coisas que o designer da Web quer saber é o que será colocado no site da empresa. Os tópicos anteriores ajudam a preparar e explicar o conceito a ser adotado para o site, sendo cruciais para que o designer desenvolva corretamente o mapa do site.

A home page do Banco do Brasil, mostrada na Figura 15, decidiu apresentar com destaque cinco tópicos de conteúdo do site: Retrato da Empresa, Informações Corporativas, Cultura & Cidadania, Produtos & Serviços e BB Personal Banking. Neles, o internauta encontra informações gerais sobre a instituição financeira; sua presença no Brasil e no mundo; as demonstrações contábeis de interesse dos acionistas; os programas comunitários patrocinados pela empresa; a relação dos produtos e serviços comercializados para pessoas físicas, jurídicas e governo; e o serviço de conexão ao Sistema de Informações Banco do Brasil, em que estão contidos os dados referentes a operações bancárias disponíveis via Internet.

As demais seções podem ser acessadas por meio dos ícones, que, da esquerda para a direita, correspondem a Negócios e Oportunidades, BBTeen, Pesquisa no Site, Fale com o BB, Novidades BB, Rede de Atendimento e uma versão resumida do site em língua inglesa. Em Negócios e Oportunidades, fornecedores e prestadores de serviços encontram informações sobre licitações para compra de produtos e serviços, leilões de crédito, oferta de imóveis e o BB — Leilão Eletrônico, sistema de interligação de Bolsas de Mercadorias.

O BBTeen é dirigido aos jovens correntistas do Banco do Brasil. Com cores vibrantes, as páginas oferecem informações sobre a pré-abertura de contas e muita diversão, como jogos, clips, programação de cinemas, entrevistas, chat. A interatividade é estimulada ainda com a Pesquisa BBTeen, em que os visitantes votam no melhor meio de transporte, escolhendo entre skate e patins, bicicleta, carona e ônibus, e conhecendo na hora os resultados parciais da pesquisa on-line.

A seção Pesquisa no Site permite com palavras-chave que o internauta busque qualquer documento existente no site. Em Fale com o BB, o cliente da instituição tem espaço para perguntar, sugerir, reclamar, criticar e elogiar. Os canais podem ser tradicionais — carta, fax, telefone, terminais de auto-atendimento — ou pela Internet, esse verdadeiramente interativo, mas disponível no momento apenas para os usuários do Personal Banking.

As notícias da empresa e os mais variados índices econômicos e cotações de ações e fundos de investimento podem ser encontrados na seção Novidades BB, informações que certamente devem motivar o posterior retorno do visitante ao site. Em Rede de Atendimento, o internauta pode localizar os endereços e telefones de todas as agências de atendimento do BB no país e no exterior. Para os eventuais interessados pela instituição em países de língua inglesa, o site oferece uma versão em inglês mais simples, com quatro seções principais — Portraits, Investor Relations, Products & Services, Personal Banking — e os ícones relativos às páginas com as Novidades BB, Rede de Atendimento e Fale com o BB.

Figura 15 Home page do Banco do Brasil, em que podem ser visualizadas as principais seções do site (http://www.bancobrasil.com.br)

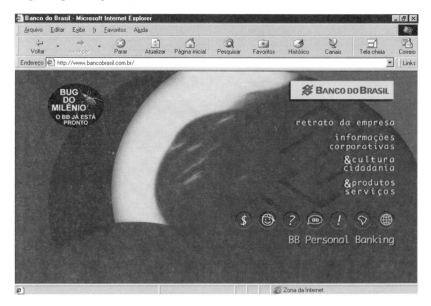

3. Nome de domínio e endereço Web

O crescimento da Internet no Brasil está criando novas necessidades e exigindo o desenvolvimento de novos recursos. Entre eles, a expansão de domínios aprovada pelo Comitê Gestor Internet do Brasil, que levou a Fundação de Amparo à Pesquisa do Estado de São Paulo (Fapesp) a implantar, em 1998, um sistema de gerenciamento para o registro de domínios no país.

Além dos atuais domínios de primeiro nível já conhecidos, outros estão disponíveis. Os Domínios de Primeiro Nível válidos para o registro de nomes de domínio na Internet brasileira, sob o domínio .br, agora estão dispostos em três grupos: de pessoas jurídicas, de profissionais liberais e de pessoas físicas (ver Quadro 12).

O domínio de primeiro nível, também conhecido como Top Level Domain (TLD), existe hoje em duas categorias. A primeira é formada pelos Generic Top Level Domain (gTLD), como .com para designar instituições comerciais, .net para as máquinas de organizações com atividades ligadas ao ambiente da rede e .org, para organizações sem fins lucrativos.

143

Quadro 12 Domínios de Primeiro Nível na Internet brasileira

Grupos	Domínio	Destinado a
Pessoa jurídica	.br	Instituições de ensino superior e de pesquisa, equivalente ao .edu norte-americano
	.com	Instituições comerciais
	.org	Organizações não-governamentais e sem fins lucrativos
	.g12	Instituições educacionais de ensino fundamental e médio
	.net	Provedores de meios físicos de comunicação
	.mil	Órgãos militares
	.gov	Governo brasileiro (Executivo, Legislativo e Judiciário), Ministério Público Federal, estados e Distrito Federal
	.art	Instituições dedicadas às artes, artesanato e afins
	.esp	Entidades relacionadas a esportes em geral
	.ind	Instituições voltadas à atividade industrial
	.inf	Fornecedores de informação
	.psi	Provedores de serviços Internet em geral
	.rec	Instituições voltadas às atividades de recreação e jogos em geral
	.tmp	Eventos temporários, como feiras, seminários, exposições
	.etc	Instituições que não se enquadrem nas categorias anteriores
Profissionais liberais	.adv	Advogados
	.arq	Arquitetos
	.eng	Engenheiros
	.eti	Especialistas em tecnologia da informação
	.jor	Jornalistas
	.lel	Leiloeiros
	.med	Médicos
	.odo	Odontólogos
	.psc	Psicólogos
	.vet	Veterinários
Pessoas físicas	.nom	Pessoas devidamente registradas no Cadastro de Pessoas Físicas do Ministério da Fazenda

Fonte: Comitê Gestor Internet do Brasil.

Fora dos Estados Unidos, as terminações vêm sempre acompanhadas da designação do país de origem, que no caso do Brasil é o .br. Surge, assim, a segunda categoria de domínios de primeiro nível, o Country Code Top Level Domain (ccTLD), com a designação identificando o país de origem das máquinas.

Entre as principais restrições para o registro de nomes de domínio está o fato de que uma instituição pode registrar no máximo dez nomes de domínio utilizando um único CGC. No caso da existência de filiais, a instituição tem direito, além dos dez registros correspondentes à matriz, a tantos grupos de até dez registros quantas sejam as filiais possuidoras de seus respectivos CGCs. Já a eventual criação e o gerenciamento de novas divisões e subdomínios sob o nome de domínio registrado é da inteira responsabilidade do seu titular.

Escolha do nome

No Brasil, a Fapesp facilitou o processo de registro de nomes de domínios, que pode ser feito on-line no endereço http://www.registro.fapesp.br, com o recolhimento de uma taxa fixada em R$ 50 para registro e uma taxa anual, no mesmo valor, a título de manutenção. O princípio geral estabelecido é que o direito ao nome de domínio será conferido ao primeiro requerente que satisfizer, quando do requerimento, as exigências para o registro do nome.

Alguns critérios norteiam a escolha dos nomes de domínio. O nome proposto pela empresa para registro deve ter um comprimento mínimo de dois caracteres e máximo de 26 caracteres. É permitida a combinação de letras e números, não podendo ser exclusivamente numérico. Como letras entende-se exclusivamente o conjunto de caracteres de **a a z**, e um único caracter especial, o hífen (-).

O Comitê Gestor ainda recomenda que os nomes de marcas e produtos não sejam registrados diretamente sob um Domínio de Primeiro Nível, mas figurem como um subdomínio sob o domínio principal da empresa. Assim, a empresa ABC Ltda., que fabrica os produtos X, Y e Z, deve registrar apenas o nome de sua razão social sob o domínio com.br (abc.com.br), criando por ela mesma subdomínios para os seus produtos ou marcas (como produtoX.abc.com.br, produtoY.abc.com.br e produtoZ.abc.com.br).

Os nomes considerados não registráveis são, entre outros, palavras de baixo calão, os que pertençam a nomes reservados por representarem conceitos pré-definidos na rede (caso do nome "internet" em si), e os que possam induzir terceiros a erros, como siglas de estados, Ministérios etc., bem como os nomes que representam marcas de alto renome ou notoriamente conhecidas, quando não requeridas pelo respectivo titular.

Pirataria cibernética

O descuido de não registrar o nome na Internet já custou muito dinheiro e demandas legais para várias empresas. Nos Estados Unidos, houve casos de pessoas que inscreveram nomes conhecidos e marcas notórias com a intenção de vender seus direitos a seus legítimos donos por somas milionárias. O próprio Bill Gates (1998: 5) informou que um corretor de nomes de domínio na Internet estava oferecendo o endereço `billgates.com` pela nada modesta quantia de US$ 1 milhão. Outras ofertas no mercado para nomes de domínios nos Estados Unidos oscilam entre US$ 500 e US$ 2,000.

A pirataria cibernética também causou problemas no Chile para empresas como Philips, Yamaha, Taco Bell e Pizza Hut, que tiveram posteriormente os nomes resgatados pelos seus proprietários. Um dos primeiros casos a ir a julgamento foi o da Sprint Consultores, empresa local de consultoria de recursos humanos, contra a Sprint Corporation, grande companhia telefônica norte-americana. As duas companhias têm o direito a reclamar o endereço `sprint.cl`, mas pela legislação chilena, na extensão .cl, só uma das duas pode ficar. A companhia chilena foi a primeira a inscrever o endereço, mas a norte-americana protestou no prazo legal de 30 dias. A decisão passou às mãos da Câmara de Comércio de Santiago, entidade encarregada de nomear um árbitro para o conflito.

A legislação do Peru é mais rigorosa para evitar o registro fraudulento de nomes de domínio. A organização ou instituição deve comprovar ser legalmente estabelecida e tem direito a registrar um único domínio. O domínio registrado tem de ter obrigatoriamente uma relação com a razão social da organização ou com suas marcas (cf. Darrigrandi, 1998: 56).

No Brasil não faltam distorções.[1] Curiosamente, os nomes de domínio `www.havaianas.com.br`, `www.30horas.com.br` e `www.rider.com.br` foram registrados anteriormente e não pertencem aos titulares das marcas registradas, respectivamente a Alpargatas, o Unibanco e a Grendene. O provedor de acesso Dialdata, apontam Nunomura e Fernandes (1999: 74), registrou em seu nome um total de 125 domínios. Entre eles, `igreja.com.br`, `vasco.com.br`, `advogados.com.br` e `volkspolo.com.br`.

No ato do registro, caso a empresa interessada descubra que o domínio já pertence a outra empresa ou pessoa, as alternativas são pensar em outro nome, negociar com quem registrou primeiro, ou iniciar um processo judicial reclamando os seus direitos. Para evitar ou amenizar esses problemas, a Fapesp recebe relatórios periódicos do Instituto Nacional de Propriedade Industrial (INPI) com os nomes das empresas detentoras de marcas lá registradas. Assim, as chamadas "marcas notórias" ficam resguardadas e reservadas para os seus donos autênticos.

4. Imagem para realce do site

A visão é o intermediário mais importante para o contato das pessoas com o mundo que as cerca. Embora a forma mais antiga de comunicação seja a palavra escrita, a informação visual constitui o meio mais rápido e eficiente de comunicação.

Nos dias atuais, as imagens exercem uma atração poderosa e contribuem fortemente para tornar a home page mais convidativa. Os recursos gráficos oferecidos pelos mais diversos softwares deixaram obsoletos os sites cujas páginas principais consistiam exclusivamente em texto. Programas como o Corel Draw, Microsoft Publisher e mesmo o popular Word for Windows oferecem verdadeiras bibliotecas de cliparts, isentas de direitos autorais e facilmente convertidas para o formato GIF ou JPEG, os mais utilizados na Web.

Fotografias, ilustrações, paisagens e até o logotipo da empresa são facilmente escaneados e trabalhados na composição artística do visual da página principal. Uma verdadeira porta de entrada, a home page deve ser graficamente balanceada, agradável e informativa, apostando na sedução para o internauta entrar no site e ver o que mais tem para ser oferecido no seu interior.

Entretanto, qualquer que seja a imagem, ela não deve ser utilizada apenas porque é interessante ou por enfeitar a página. A ilustração deve cumprir sempre um papel determinado, como o de despertar a atenção, contribuir para identificar o produto ou a marca, expressar ou reforçar uma mensagem, formar uma atmosfera adequada.

Quadro 13 Editores profissionais de foto para a Web

Nome	Fabricante	Plataforma	Site do fabricante
Paint Shop Pro 5	Jasc	Windows 95/98/ NT	http://www.jasc.com
Photo-Paint 9	Corel	Windows 95/98/ NT	http://www.corel.com
PhotoDraw 2000	Microsoft	Windows 95/98/ NT	http://www.microsoft.com/br

Quadro 13 Editores profissionais de foto para a Web (*cont.*)

Nome	Fabricante	Plataforma	Site do fabricante
Photoshop 5.0	Adobe	Windows 95/98/ NT, Mac	`http://www.brasil.adobe.com`
Image Styler 1.0	Adobe	Windows 95/98/ NT, Mac	`http://www.brasil.adobe.com`
ImageReady 1.0	Adobe	Windows 95/98/ NT, Mac	`http://www.brasil.adobe.com`
Fireworks 2	Macromedia	Windows 95/98/ NT, Mac	`http://www.macromedia.com.br`
CorelXara 2.0	Corel	Windows 95/98/ NT	`http://www.corel.com`

Deve-se ser apenas o cuidado de não exagerar, tornando a página excessivamente pesada. Imagens com tamanho superior a 50 Kb demoram a carregar e podem causar a desistência do usuário antes do seu final.

5. Cores ou textura do fundo

Além do recurso das imagens, a adição balanceada de cores e texturas de fundo pode criar a sensação visual de um todo agradável e eficiente. É importante ter em vista uma regra básica: o fundo não pode sobrepor-se ao texto. Assim, em cor contrastante (ou mesmo branco), o texto é valorizado e tem a sua legibilidade grandemente aumentada.

6. Elementos básicos da página

Os sites de sucesso apresentam diversas características gerais, que devem necessariamente estar integradas ao seu design. As principais características a destacar são:

- aparência profissional e atrativa;
- rápida visualização dos gráficos e textos;
- facilidade de navegação;
- facilidade para o internauta se comunicar com a empresa e solicitar informações adicionais;

- atualizações e mudanças de conteúdo freqüentes;
- uma área para as pessoas contarem o que apreciaram e o que não gostaram no site;
- uma atração para entretenimento ou novidade que seja até mesmo lúdica; e
- links para outros sites interessantes.

Figura 16 A grande atração que a Fiat (http://www.fiat.com.br) oferece ao internauta é a escolha e montagem do automóvel do seu gosto, sabendo no final o preço e as condições de financiamento

Em geral, uma grande quantidade de informação a ser disponibilizada exige uma opção entre o uso de páginas grandes ou páginas múltiplas. As páginas grandes, que ocupam cada uma um espaço maior do que aquele oferecido pela tela do computador, são recomendáveis se houver a expectativa de que as pessoas imprimam ou salvem suas páginas para futura referência.

No caso de páginas múltiplas, os links existentes conduzem o internauta para uma seqüência determinada de páginas menores que tratam, cada uma, de um dado assunto. A visita a cada uma delas não é demorada, mas caso o usuário queira salvar ou imprimir dez ou mais páginas diferentes, a questão deve ser reavaliada.

Os elementos básicos a serem incluídos em cada página secundária do site são o título, a imagem do topo da página, o fundo, os textos, a data de atualização, o endereço do site, os botões de retorno e de direção, os links e a assinatura.

- *Título da página.* Disposto na parte superior, ele deve ser descritivo e utilizar palavras-chave que facilitem a sua busca e identificação por mecanismos de busca.
- *Imagem no topo da página.* Uma ilustração, o logotipo da empresa ou um simples grafismo no alto de cada página contribui para dotar as páginas Web de uma unidade gráfica.
- *Fundo da página.* Embora muitos sites Web usem o branco como cor de fundo para melhorar a legibilidade, a aplicação de outra cor ou de texturas ajuda a unificar visualmente a página.
- *Texto.* Tipos de letras muito elaborados são de difícil leitura, sendo melhor adotar poucas fontes de tipos, de construção mais simples, para a composição do texto em todas as páginas. Por sua vez, os subtítulos devem ser padronizados em relação ao tipo e tamanho de letra a ser utilizado.
- *Data de atualização.* Sites em que são freqüentes as atualizações de conteúdo devem indicar obrigatoriamente a última data em que as informações foram renovadas. Entretanto, mesmo nos sites mais permanentes as páginas devem estar datadas como uma referência ao internauta.
- *Endereço do site.* A inclusão do endereço URL da empresa facilita o retorno ao site, o que pode acontecer no caso de a página ter sido impressa pelo visitante.
- *Botões de retorno e de direção.* Nos sites de construção mais complexa é recomendável colocar botões, palavras ou pequenos símbolos que, uma vez clicados, permitam ao navegante pular para outra seção, voltar para o topo da página ou retornar para a home page.
- *Links.* A principal característica da Web — e mesmo a sua força — está na possibilidade de clicar um link e estabelecer conexão com qualquer outra página em todo o mundo. No caso de uma página comercial, os links devem ser muito bem pensados para não resultarem na rápida saída do internauta do site.
- *Assinatura.* O site pode incluir a assinatura do responsável pelo design ou um endereço eletrônico que, quando clicado, traz ao visitante um formulário para ser preenchido e enviado por correio eletrônico.

7. Elementos de acabamento

Os elementos de acabamento, linhas, fios, bolas e setas, cumprem, entre outros, o papel de destacar determinada seção, orientar a leitura da página e chamar a atenção do consumidor para uma nova informação. Palavras como "Novo!" e "Especial", usadas com parcimônia para não perderem o impacto, também chamam a atenção do visitante e destacam pontos relevantes da página.

Entretanto, nenhum elemento deve ser empregado exclusivamente como ornamento ou enfeite, verdadeiros penduricalhos que nada acrescentam ao visual da página. As linhas horizontais, por exemplo, podem constituir-se em um fraco substituto para a hierarquia e organização que são próprios do espaço em uma página da Web. Muitas vezes elas não fazem mais do que quebrar o fluxo natural da página e, assim, assumem o papel de verdadeiras barreiras visuais.

8. Fotografias e gráficos

Fotografias e gráficos valorizam qualquer espaço, ajudam a correta visualização da mensagem da empresa e propiciam o seu imediato entendimento. Ilustrações facilitam a posterior identificação e reconhecimento dos produtos e serviços da empresa no ponto-de-venda. Mas é importante tomar cuidado com a quantidade e com o tamanho das imagens utilizadas, evitando que o visitante tenha de esperar muito tempo para que sejam carregadas.

O computador faz e trabalha com dois tipos de imagens: vetoriais e bitmaps.[2] Vetores são imagens definidas a partir de instruções e procedimentos como "desenhe uma linha de 20,10 até 120,30", "desenhe um círculo com centro em 80,80 e raio 10". Os bitmaps são diferentes: o desenho é feito ponto a ponto, como se fosse pintado sobre um papel quadriculado, onde cada quadradinho pode ser pintado apenas de uma cor. Uma imagem em mapa de bits é mais detalhista, mas geralmente ocupa mais espaço que uma imagem vetorial simples (cf. Barreto, 1990).

O princípio básico é reduzir ao máximo o tamanho das fotos, dos desenhos e das animações. Os especialistas em design consideram as ilustrações a partir de 50 Kb excessivamente grandes, principalmente quando há mais de uma na mesma página. Também é recomendado na Web o uso de arquivos de imagens GIF e JPEG (extensão JPG), que permitem um alto grau de compressão. Assim, as fotos e ilustrações com formato como BMP, TIF ou EPS devem ser transformadas em um arquivo GIF ou JPG para serem usadas na Internet.

O GIF, sigla de Graphics Interchange Format, pode comprimir figuras até o máximo de 1 centésimo do tamanho original. Entretanto, a taxa de compressão varia muito: quanto mais redundante for a figura, maior a compressão. No caso de imagens complexas, sem padrões repetitivos, o máximo de redução de tamanho que se consegue é de cerca de 80% do original. A principal limitação das imagens GIF é suportarem apenas 256 cores.

Já as imagens JPG aceitam a definição prévia do grau de compactação desejado. Mas quanto menor o arquivo obtido, também menor será a qualidade da imagem, embora o número de cores seja maior — 16,7 milhões.

As características dos dois padrões mais utilizados na Web permitem recomendar o JPEG para imagens mais complexas, como fotografias que apresentam muitas cores e detalhes, e o GIP para imagens mais simples e com pequena variação de tonalidades, como desenhos e gráficos.

9. Formulários de resposta

Formulários são muito empregados para que o visitante registre suas eventuais impressões sobre o site; forneça valiosas informações como nome, endereço, telefone e endereço eletrônico;[3] preencha pedidos de compra on-line ou imprima o documento para ser preenchido e posteriormente remetido por fax ou pelo correio.

Caso os produtos vendidos sejam livros ou CDs de música, é conveniente investir em um software que permita o registro dos itens desejados pelo comprador na chamada "cesta de compras". No final, o programa calcula o preço total dos itens adquiridos com os acréscimos relativos a impostos, taxas e despesas de entrega ou remessa.

10. Carga e teste das páginas

Concluído o desenvolvimento do site, as páginas devem ser carregadas no provedor de serviços por meio de programas de comunicação ou enviadas em disquete para que o próprio provedor carregue e proceda aos testes e acerto dos erros que eventualmente se manifestem. Caso o serviço tenha sido entregue a um designer Web, ele pode responsabilizar-se por todo o processo.

11. Registro e divulgação do site

Finalmente a empresa tem o seu site na Web, pronto para ser acessado por muitos navegantes, consumidores e prospects. Podem ser dezenas, centenas ou milhares de pessoas, tudo vai depender do registro adequado do site e de uma divulgação intensiva do novo endereço Web.

Figura 17   O usuário interessado pode cadastrar-se on-line como associado do Centro Brasileiro de Estudos Latino-americanos (http://www.cebela.org.br), preenchendo o formulário próprio

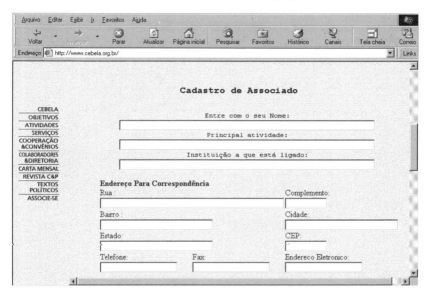

O registro do site pode (e deve) ser feito nos catálogos e mecanismos de busca nacionais e estrangeiros, que oferecem um excelente tráfego de internautas e são a porta de entrada de muitos usuários para a navegação na Web. Cada serviço de busca tem o seu próprio sistema de cadastro de sites, e o registro deve ser feito obedecendo os procedimentos descritos para a inclusão do site em cada sistema.

Para o cadastramento manual de um site nas ferramentas de busca nacionais e internacionais é preciso acessar e consultar as suas páginas de registro, como as do AltaVista (http://www.altavista.com/av7content/addurl.htm), Cadê? (http://www.cade.com.br/cadecada.htm), Lycos (http://www.lycos.com/addasite.html), RadarUOL (http://www.radaruol.com.br/?act.addurl.x=26&act.addurl.y=4), Zeek! (http://www.zeek.com.br/insercao), WebCrawler (http://www.webcrawler.com/info/add_url) e Yahoo! (http://www.yahoo.com/info/suggest).

153

Quadro 14 Principais ferramentas de busca no Brasil e no exterior

Nome	Endereço
Achei	http://www.achei.com.br
Altavista	http://www.altavista.com
AOL	http://www.aol.com/netfind
Aonde	http://www.aonde.com.br
Cadê?	http://www.cade.com.br
Excite	http://www.excite.com
GlobalMedia	http://www.globalmedia.com.br
Hotbot	http://www.hotbot.com
Infoseek	http://www.infoseek.com
Lycos	http://www.lycos.com
Netscópio	http://www.netscopio.com.br
Onde Ir?	http://www.ondeir.com.br
RadarUOL	http://www.radaruol.com.br
Surf	http://www.surf.com.br
Webcrawler	http://www.webcrawler.com
Yahoo!	http://www.yahoo.com
Yahoo! Brasil	http://www.yahoo.com.br
Zeek!	http://www.zeek.com.br

A tarefa de inclusão fica mais fácil e rápida com os sites que fazem todo o trabalho braçal, cadastrando a home page em diversas ferramentas de busca ao mesmo tempo. Estes sites são conhecidos como metacadastros, sendo alguns pagos e outros, gratuitos. O funcionamento de cada um deles é explicado por Resende (1999: 83):

> Os gratuitos são simples formulários em que você preenche algumas informações que são passadas aos diferentes sites de busca. Os pagos, além de cadastrar seu site, fazem verificações permanentes sobre a sua colocação e fornecem relatórios detalhados sobre o cadastro do seu site.

As ferramentas de busca têm sua base de sites atualizada de forma manual ou automática. As primeiras são conhecidas como catálogos — como é o caso do Yahoo!, do Cadê? e do Zeek —, em que uma equipe recebe os pedidos de inclusões, avalia e confere as home pages uma a uma, inserindo então o site na base de dados. A segunda categoria utiliza programas conhecidos como *spiders* (aranhas, em inglês), que vasculham automaticamente a teia mundial, navegando de página em página e catalogando-as de acordo com as informações nela contidas. Esse é o caso do AltaVista e do RadarUOL, entre outros.

O cadastramento do site exige uma prévia configuração para fornecer ao programa spider as informações que devem aparecer como resultado dessa busca automática. O elemento HTML que serve para isso é o, <META> inserido antes ou após a definição do título da home page. Em suas diversas linhas, ele pode indicar o nome do autor da página, as palavras-chave do website e uma pequena descrição do site.

Depois de configurada a página, o cadastramento nas ferramentas de busca pode ser feito em metacadastros como os norte-americanos SubmitWolf Pro (`http://www.trellian.net/swolf`), que divulga o site automaticamente em 1.200 mecanismos de busca, e o Add It (`http://wwwliquidimaging.com/submit`), que oferece a possibilidade de registro em 12 sites de busca internacionais.

O WebMaster Meta-Cadastro, sistema da empresa brasileira MR Multimídia, inclui o site em mais de 30 ferramentas de busca, em sua maioria nacionais. Na verdade, esclarece Resende (1999: 86), o Meta-Cadastro coleta, em um formulário próprio, os dados do webmaster e as informações relativas ao site em registro, facilitando, por meio de um assistente, o acesso às páginas de cadastro de mecanismos de busca internacionais, nacionais, regionais e locais.

A familiaridade com os sites de busca resulta em duas vantagens básicas. A primeira — e a mais óbvia — é que as ferramentas de busca auxiliam na localização de dados relativos a empresas, produtos, serviços e concorrentes, bem como de informações que podem estar disponíveis nas inumeráveis base da dados on-line. A segunda, de interesse imediato, é a ajuda que tais mecanismos oferecem na procura de informações acerca de procedimentos para o registro do site da empresa, bem como de indicações de outros locais onde o registro possa ser feito para que a companhia esteja visível na Internet e possa ser mais facilmente localizada.

Assim, os chamados catálogos da Web são aqueles sites que oferecem listas de outros sites na Internet, em geral organizadas por categorias e subcategorias. Alguns catálogos oferecem listas de novos sites, dos sites mais visitados e dos sites altamente recomendados para visita, todos eles muito adequados para a divulgação do site da empresa. Também é importante estabelecer links com sites relacionados com as atividades de negócios da empresa e aqueles pertencentes a associações e entidades de classe.

Recomendação do site é muito importante

Na Web existem muitos sites que promovem concursos — realizados por meio da votação do público ou pela escolha de um júri especializado — para a seleção dos melhores endereços em diversas categorias ou ainda indicam para os seus usuários sites novos e interessantes. Hokama (1999) entende que é muito oportuno colocar neles o endereço do site da empresa em razão da excelente divulgação que será obtida caso ele seja escolhido e recomendado.

Quadro 15 Sites na Web que promovem concursos e recomendam endereços

Site	Endereço	Tipo de escolha (júri ou votação dos internautas)
Achei Ótimo	http://www.achei.com.br	júri
Guia da Web WebMundi	http://www.webmundi.com/links/links.htm	júri
Guia Starmedia	http://www.starmedia.com.br/guia	júri
IBest Brasil	http://www.ibest.com.br	júri e votação
Isites	http://www.inews.com.br/isites/	júri
Link News — Site Legal	http://www.linknews.com.br	júri
Links & Sites	http://www.sites.jpa.com.br	júri
Que Página Legal!	http://www.paginalegal.com.br	júri
Top 20 Brasil	http://www.top20.stnet.com.br	votação
Top Gun — Sites Indomáveis	http://www.gun.com.br/topgun/	júri
Top Teen Page	http://www.topteenpage.cjb.net	júri
Top Web	http://www.topweb.com.br	votação
TopBrasil	http://www.topbrasil.com.br	votação

Quadro 15 Sites na Web que promovem concursos e recomendam endereços (*cont.*)

Site	Endereço	Tipo de escolha (júri ou votação dos internautas)
Site 10 Favoritos	http://www.favoritos.com.br	júri
Site A+	http://www.champ.com.br/sitea+/	júri
WebClub Page Star	http://www.webclub.com.br/pagestar	júri
Web Guide	http://www.webguide.com.br	júri

Fonte: Hokama, 1999.

Divulgação do site deve utilizar todos os meios

O press release (ou comunicado à imprensa) é um excelente instrumento para ser enviado aos serviços da Web que selecionam e anunciam o que existe de novo na Internet. Até mesmo jornais e revistas têm interesse editorial em divulgar e comentar a presença de empresas, produtos e serviços na Internet, especialmente se houver neles algum atrativo especial.

Outra providência fácil é a imediata colocação do endereço Web da empresa em embalagens, cartões comerciais, impressos de correspondência, manuais, folhetos, catálogos e anúncios. A figuração certamente vai atrair o consumidor para o site e permitir que ele conheça melhor a companhia, seus produtos e serviços.

12. Manutenção do site

Os cuidados com o site devem ser constantes. Novos preços e mudanças em produtos e serviços são informações que devem ser prontamente atualizadas na Web. Novas páginas podem ser incluídas para descrever outras atividades e negócios da empresa. Muitos sites abandonam a Web, e por isso os links devem ser examinados e atualizados com freqüência.

Nada é eterno: o visual do site deve ser refeito em intervalos de tempo determinados, para que transmita sempre uma sensação de novidade e continue atraindo o interesse dos públicos-alvo da empresa.

Notas

1. O assessor da presidência da Fapesp, Richard Glaser, explica que a entidade "[...] não tem responsabilidade sobre os endereços, e todas as questões envolvendo a identidade do usuário e conflitos de interesse entre pessoas ou empresas devem ser resolvidas posteriormente, com interferência da justiça, se necessário". (cf. Comitê Gestor Internet do Brasil, 1999a).

2. As extensões de gráficos vetoriais mais conhecidas são PWMF (Windows Metafile), CDR (Corel Drawn), DWG, DXF (ambos da AutoCad) e AI (Adobe Illustrator). As extensões de gráficos em bitmaps mais comuns são BMP (Windows Paint), PCX (PaintBrush), PSD (Adobe PhotoShop), CPT (Corel PhotoPaint), TIF (usado em editoração), GIF e JPG (usados na Internet).

3. O endereço eletrônico é a melhor ferramenta de marketing na Web. Caso o usuário forneça o seu e-mail, a empresa deve se comunicar com ele sempre que for oportuno, mas evitando ultrapassar o limite de uma mensagem por semana. As mensagens devem conter informações claras, objetivas e em quantidade suficiente. Portanto, nada de textos quilométricos, que são sempre contraproducentes e aborrecidos.

Capítulo **6**

Princípios de design na Web

O design desempenha um importante papel — tanto estratégico quanto tático — no processo global de desenvolvimento do site de uma empresa. O leitor será conduzido neste capítulo a um exame mais aprofundado do processo e dos princípios básicos do design gráfico e de como eles se aplicam na Web, amplamente caracterizada por sua linguagem multimídia e interativa.

Apesar de forma e conteúdo serem indissociáveis, o design deve ser trabalhado basicamente para agregar valor ao site. Por isso, hipertexto, espaço, cores, tipologia, textura, proximidade e alinhamento, balanço, contraste e unidade são elementos e valores que merecem um cuidado especial para a criação de sites diferenciados, funcionais e de sucesso.

O processo de design

Um site de sucesso pode ser localizado exatamente na intersecção de quatro valores estratégicos e de quatro valores táticos. Embora muitos deles reflitam com maior clareza um ou outro, Siegel (1997a: 160) sustenta que o site vencedor tem todos os oito valores em proporções equilibradas.

Os valores estratégicos presentes em um site de sucesso são a *identidade* (relacionada com os esforços de construção da marca), o *impacto*, a *audiência* e a *competitividade*, todos eles importantes a longo prazo. O primeiro, a *identidade*, encontra-se nos elementos que não somente permitem reconhecer a empresa, mas deixam saber que o visitante está no seu site, não importando o ponto em que ele se encontra no momento.

O *impacto* é obtido ao se dar às pessoas alguma coisa sobre a qual possam falar e comentar, pois se o site oferecer sempre novidades que tenham valor de notícia, novos visitantes sempre serão atraídos. A *audiência* pode ser entendida como um reflexo da capacidade do site satisfazer ao target pretendido. Já a *competitividade* corresponde a características que mantêm a empresa na frente da concorrência, exigindo sua atenção constante para não correr o risco de ser novamente ultrapassada. Já os valores táticos são imediatamente visíveis nos sites, como o design, o *conteúdo*, a *produção* e a *utilidade*. O design tem o seu valor dado uma vez que o designer consiga transpor os objetivos para o plano visual. O *conteúdo* é a matéria-prima do site e resultado dos esforços dos editores e colaboradores. A *produção* vai se realizar quando a pessoa dela encarregada conhece e aplica com competência os princípios técnicos da linguagem HTML para a construção de um site. A *utilidade* decorre do internauta poder fazer coisas no site — como comprar, vender e preencher formulários —, de maneira rápida e de forma a resolver problemas.

Fases do design criativo

O desenvolvimento do design deve ser realizado tendo em mente todos os valores estratégicos e táticos e procurando as soluções gráficas que preservem cada um dos seus componentes de forma harmoniosa e balanceada. Agora tem vez e lugar o processo criativo, no qual Siegel (1997: 242) identificou três momentos distintos a serem percorridos pelo designer: expansão, contração e pré-produção.

Após internalizar o briefing do cliente e imergir profundamente na cultura da empresa e do consumidor, o designer inicia a primeira fase do processo criativo. A *expansão* consiste então na equipe criativa explorar livremente as possibilidades gerando idéias, esquemas e esboços, um verdadeiro *brainstorming*. Não deve haver limitações para a criatividade (quanto mais idéias, melhor) e nem a preocupação de já escrever na linguagem HTML nesta fase.

Depois que surgirem alguns esboços com idéias promissoras, a atenção deve se voltar para as demais páginas. O designer cria para elas novos esquemas e esboços, enquanto, do ponto de vista técnico, deve começar a pensar na navegabilidade do site e no que pode ser feito com a tecnologia push, streaming audio, HTML dinâmico etc. Mas sem deixar totalmente de lado os aspectos criativos que envolvem a seleção de tipos e famílias, texturas e até mesmo emoções.

A segunda fase do processo criativo é a *contração*, na qual o designer seleciona as três melhores propostas e as submete a uma matriz com categorias ponderadas atribuindo notas de 0 a 10 — as categorias e os pesos podem ser aqueles exemplificados na Tabela 17 ou modificados e acrescidos de outros a juízo do designer — para a indicação do melhor projeto. É importante ressaltar que a qualidade da matriz tem relação direta com o acerto nos critérios e no esquema de pesos que forem adotados para ela.

Tabela 17 Matriz ponderada para escolha da melhor proposta de site

Categorias	Projeto 1	Projeto 2	Projeto 3
Apelo do projeto para a audiência target (peso 5)	10	3	8
Rapidez de carregamento (peso 1)	3	10	7
Funciona em todos os browsers? (peso 5)	8	6	8
Funciona em sistemas menos amigáveis? (peso 4)	5	3	7
Conteúdo informativo (peso 5)	6	7	10
Facilidade de navegação (peso 2)	9	6	7
Estimula o interesse pela navegação? (peso 3)	6	8	4
Combina segurança, qualidade e estilo? (peso 1,5%)	1	10	7
Facilidade de responder por e-mail (peso 2)	5	7	1
Total sem poderação	53	60	59
Total ponderado	190,5	167	203,5

Fonte: Adaptado de Siegel, 1997: 246.

A apresentação de um único projeto envolve os riscos decorrentes de a proposta ser recusada pelo cliente, motivo pelo qual muitos designers preferem apresentar as três propostas finalistas, fazendo com que ele participe do processo de escolha. Na verdade, é como se diz: mostrar uma única opção pode ser melhor para o *projeto*, ao passo que apresentar três sugestões pode ser melhor para o *cliente*.

A terceira fase, finalizando o processo criativo, é a *pré-produção*. As páginas são submetidas a um processo preparatório da produção propriamente dita, sendo verificados e resolvidos todo e qualquer problema que tenha sido verificado pela equipe criativa e pelo cliente. Os layouts das páginas são preparados com riqueza de detalhes e de informação para facilitar o trabalho de produção e permitir que ela transcorra normalmente. Toda a documentação produzida durante a pré-produção também deve ser colocada à disposição da equipe de produção.

Elementos de design

O design na Web requer os mesmos altos níveis de talento, experiência e técnica exigidos pelas demais formas de arte eletrônica. Muitos dos princípios que os designers usaram nos meios tradicionais, sejam impressos ou eletrônicos, continuam sendo válidos na Web. Ainda é preciso captar a atenção do olhar do visitante e criar uma composição correta entre elementos como tipos, fontes e ilustrações.

Entretanto, a Web é construída sobre bases técnicas diferenciadas que se apóiam fundamentalmente na linguagem HTML e na exposição seqüencial das páginas na tela do monitor. Para ter sucesso na tarefa do desenvolvimento visual de um site, cada um desses elementos devem ser considerados: hipertexto, espaço em branco, combinação de cores, tipologia, texturas, movimento dos olhos, navegação, proximidade e alinhamento, balanço, contraste entre os elementos e unidade da página.

Hipertexto

O hipertexto permite que o usuário se movimente pelas estruturas de informação do site sem uma seqüência predeterminada, mas sim saltando entre os vários tipos de dados que necessita. O internauta que navega em páginas de hipertexto vai acumulando conhecimento, segundo o seu interesse, e até se satisfazer. Caso esse encadeamento de textos reúna outras mídias (som, fotos, vídeos), temos uma hipermídia, que é um documento multimídia com recursos de hipertexto.

A principal característica do hipertexto é a sua forma natural de processar informação, funcionando de maneira parecida com a mente humana, que trabalha por associações de idéias e não recebendo a informação linearmente. Como o hipertexto pode suscitar incontáveis combinações para o leitor e demandar um trabalho de exaustiva pesquisa para o seu criador, Radfahrer (1999: 115) enumera cinco regras rápidas para fazer modelos simples de hipertexto:

- escreva pequenos textos, independentes entre si, mas com elementos em comum;
- marque todas as palavras de cada texto que possam servir de conexão com os outros textos;
- crie tabelas de conexão, marcando, para cada texto, quais são os textos que levam a ele e quais são os que saem dele;
- organize as ligações, evitando "afunilamentos": textos com muitos pontos de entrada ou de saída; e

- estruture esses textos em uma hiper-retórica, dando ao visitante uma falsa sensação de controle sobre os links enquanto o leva para o ponto desejado.

O design pode ajudar a manter o internauta interessado no conteúdo de um hipertexto por meio de recursos que explorem a persuasão e a sedução. O visual das páginas do sistema de hipertexto ainda deve estimular a curiosidade do navegador para desvendar o conteúdo de um site — como nas revistas, que empregam fotos, olhos, legendas e capitulares para cativar o seu leitor —, sem que ele se desvie da linha mestra da comunicação.

Espaço em branco

O espaço em branco é, por definição, uma determinada área em uma peça impressa — como cartazes, anúncios, folhetos — que não tenha texto, imagens ou outro elemento de design. O espaço em branco é a área em torno desses elementos, a região de um desenho que está vazia.

Figura 18 O espaço em branco é o principal elemento de valorização da home page da Sadia S.A. (http://www.sadia.com.br), uma das maiores empresas brasileiras de processamento de alimentos

O balanço adequado entre conteúdo *versus* espaço em branco é crucial em qualquer peça gráfica. Alguns designers freqüentemente ignoram esse elemento ou não sabem usá-lo efetivamente. As conseqüências são trágicas: sem um bom equilíbrio, os olhos ficam confusos, não há uma progressão visual para seguir e o leitor perde o interesse.

A recomendação prática é evitar a estratégia de colocar o máximo de informação possível em uma página, um procedimento que, na verdade, contradiz todas as regras convencionais de design. Os espaços vazios devem ser preservados para reforçar a unidade de grupos, harmonizar áreas e aumentar o contraste.

Combinação de cores

Além das palavras e das imagens, a cor é um importante elemento funcional. Ela pode intensificar tanto o texto quanto a imagem, emprestando-lhes alguma característica especial ou funcionando mesmo como um elemento formativo por si mesma. Contrariamente ao apelo intelectual da palavra, a cor é fundamentalmente emoção, e nesse sentido, pode ser imprescindível.

A cor exerce uma influência decisiva não apenas em nossos olhos, mas em todos os outros sentidos. Seus efeitos psicológicos, combinados com o conhecimento do simbolismo ancestral a que estão ligadas, tornam as cores um importante fator em qualquer apelo visual dirigido ao ser humano (cf. Wills, 1965: 46).

A combinação de cores deve ser cuidadosa. Elas não apenas precisam combinar entre si num mesmo espaço, como também devem criar um estado de espírito ou efeito visual. As cores corretas podem transmitir sentimentos de excitação, urgência, calidez, contentamento, ou destacar intencionalmente certos elementos em relação a outros que estão presentes no conjunto.

A escolha das cores é feita, de maneira geral, a partir de uma grande gama de matizes. Mas, na Web, a seleção é uma questão mais complicada: é impossível garantir que uma determinada cor apareça exatamente como é na tela do usuário.

A cor selecionada pode mesmo ser visualizada totalmente diferente daquela que foi projetada, dependendo do monitor, que pode trabalhar com mais vermelho, ser mais brilhante ou dispor de um baixo nível de contraste. Um gradiente de cores de um belíssimo pôr-do-sol pode aparecer no monitor como uma única cor, ou, pior, como um mero borrão.

Cada monitor tem suas próprias configurações de resolução de tela, determinando os modos de exibição de páginas possíveis: 640 × 480 pixels, 800 × 600 pixels e 1.024 × 768 pixels. Todas elas implicam diferenças na fidelidade da reprodução de cores e na qualidade da imagem. Areal (1999) destaca que no Brasil, no começo de 1999, a resolução predominante nos monitores de vídeo era de 800 × 600 pixels, que deve ser considerada como base para fazer a página. Os monitores de 640 × 480 pixels continuam sendo utilizados por cerca de 25% dos internautas, e os de 1.024 × 768 pixels por apenas 10% dos usuários.

Quadro 16   Sensações psicológicas das cores

Cores	Sensações
Vermelho	Dinamismo, força, baixeza, energia, revolta, movimento, barbarismo, coragem, furor, esplendor, intensidade, paixão, vulgaridade, poderio, vigor, glória, calor, violência, excitação, ira.
Laranja	Força, luminosidade, dureza, euforia, energia, alegria, advertência, tentação.
Amarelo	Iluminação, conforto, alerta, gozo, ciúme, orgulho, esperança.
Verde	Adolescência, bem-estar, paz, saúde, ideal, abundância, tranqüilidade, segurança, natureza, equilíbrio, esperança, serenidade, suavidade, crença.
Azul	Espaço, viagem, verdade, sentido, intelectualidade, paz, advertência, precaução, serenidade, infinito, meditação.
Roxo	Fantasia, mistério, profundidade, eletricidade, dignidade, justiça, egoísmo, grandeza, misticismo, espiritualidade, delicadeza, calma.
Marrom	Pesar, melancolia.
Púrpura	Estima, valor, dignidade.

Fonte: Adaptado de Farina, 1975: 75-6.

Tipologia

A terminologia usada na composição tem origem no tipo de metal, desenvolvido pelo ourives alemão Johannes Gutenberg, cuja obra-prima é uma tiragem de 200 Bíblias, compostas graficamente em 1455. Embora a invenção do tipo móvel de metal seja na verdade atribuída ao chinês Pi Sheng, em 1040, Gutenberg criou o primeiro sistema ocidental de tipos móveis que continuou praticamente o mesmo por longos 350 anos.

Os caracteres — letras, números e sinais de pontuação — recebem o nome de tipos. As letras em maiúscula são denominadas caixa alta, e as minúsculas, caixa baixa. Um alfabeto inteiro, de um só desenho, com caixas alta-e-baixa, números e sinais de pontuação, é chamado fonte. Quando agrupados, num mesmo desenho, caracteres de todos os tamanhos (corpos) e estilos (redondo, itálico ou grifo, negrito ou bold etc.), são chamados *família* de tipos.

Os sistemas básicos de medida em tipografia utilizados no Brasil são dois: o Didot e o anglo-americano. O sistema Didot tem como unidades básicas o cícero e o ponto. Há 12 pontos em um cícero, que equivale a 4,512 milímetros.

O sistema anglo-americano tem como unidades a *paica* e o ponto. Há também 12 pontos em uma paica, e 6 paicas em uma polegada. Cada paica tem, portanto, 4,218 milímetros. Uma paica equivale a 11,22 pontos no sistema Didot.

O tipo é medido em pontos, sendo denominada corpo a dimensão pela qual os medimos e os especificamos. Portanto, os tipos aparecem em diversos corpos, e os mais usados vão de 5 a 72 pontos.

Os softwares gráficos possibilitam diversas combinações no espaçamento entre palavras e entreletras, tornando-as mais próximas ou distantes entre si. Os exemplos abaixo mostram o espaçamento normal entre as letras e a mesma palavra condensada e expandida em 1, 2 e 3 pontos.

Tipografia	(Condensado 3 pontos)
Tipografia	(Condensado 2 pontos)
Tipografia	(Condensado 1 ponto)
Tipografia	(Normal)
Tipografia	(Expandido 1 ponto)
Tipografia	(Expandido 2 pontos)
Tipografia	(Expandido 3 pontos)

Os excessos na condensação e na expansão dos caracteres devem ser evitados para não quebrar o delicado equilíbrio na relação entre os pesos dos traços horizontais e verticais das letras. Quanto maior a distorção, maior o perigo de degradação do original, resultando em caracteres desequilibrados e de proporções chocantes.

Também é possível variar o entrelinhamento, ou seja, o espaço em branco entre linhas consecutivas. A composição feita sem espaçamento é chamada *composição cerrada* ou *cheia*. Se uma composição é feita em corpo 10 com 1 ponto de entrelinhamento, diz-se "10 sobre 11", que se indica "10/11". Assim, o primeiro número indica o corpo e o segundo, o corpo mais o entrelinhamento.

Tipos de composição

Já a disposição das linhas de composição de uma página obedece a critérios estéticos e funcionais, podendo ser organizada de cinco maneiras — justificado, alinhado à esquerda, alinhado à direita, centralizado e assimétrica, como a seguir.

Há cinco maneiras básicas para arrumar as linhas de composição numa página. Na composição justificada (corrido ou blocado), todas as linhas têm a mesma medida e o texto é alinhado tanto à esquerda quanto à direita.

Há cinco maneiras básicas para arrumar as linhas de
composição numa página. Na composição
não-justificada irregular à direita, as linhas têm
diferentes comprimentos e estão alinhadas apenas à esquerda.

Há cinco maneiras básicas para arrumar as linhas de
composição numa página. Na composição
não-justificada irregular à esquerda,
as linhas são alinhadas à direita e são irregulares à esquerda.

Há cinco maneiras básicas para arrumar as linhas de
composição numa página.
Na composição centralizada, as linhas estão justificadas
no meio e não nas margens.

Há cinco maneiras básicas para arrumar as linhas
de composição numa página. Na composição assimétrica,
o arranjo das linhas não obedece qualquer.
padrão previsível (orgs.) (Vostoupal e Paulon, 1982: 4).

Um texto alinhado à esquerda é a forma mais fácil de ler, porque os olhos marcam uma margem, lêem a linha inteira de texto e seguem até a linha debaixo. Já os textos centralizados costumam ser estáticos e são mais recomendados para uso como títulos de produtos clássicos ou tradicionais. O recurso do texto centralizado não deve ser utilizado para textos corridos, pois os olhos sentem a falta da margem para se apoiar e os leitores podem então não saber onde tem início a linha.

O texto alinhado à direita consiste em uma solução bastante contrastante e costuma chamar muito a atenção do leitor. Entretanto, para textos longos, Radfahrer (1999: 107) aponta que a leitura se torna tão difícil quanto o texto centralizado, pela falta de referência de onde começa a linha. O texto justificado, por fim, é muito usado em layouts clássicos, mas seu uso deve ser evitado em colunas estreitas de texto, pois pode criar filetes de espaço em branco entre as palavras, dificultando a leitura.

Categorias dos tipos

A forma das letras está grandemente ligada à história das ferramentas e dos instrumentos de escrita. Usando os métodos tradicionais de desenhar, perfurar e cortar, os antigos calígrafos experimentavam naturais restrições na construção e no desenho dos caracteres. O alfabeto grego, por exemplo, completado no século VI a.C, era um alfabeto com letras claras, de formato definido, sem nenhuma presença das serifas, os pequenos filetes desenhados nas extremidades das hastes dos caracteres.

Posteriormente, no século II d.C., as inscrições encontradas na Coluna de Trajano, em Roma, revelaram o uso de letras que possuíam serifas. A presença desses finos entalhes pode ser resultado de traços a pincel para desenhar as letras no mármore antes de cinzelá-las ou, ainda, serem atribuídas ao próprio cinzel, como marcas do início e do final das incisões.

Hoje, os recursos de composição mais simples e de fácil execução facilitam a criação de infindáveis desenhos de letras, desenvolvidos para transmitir determinada sensação ou impacto. A ampla diversidade de desenhos dos tipos — e suas variações muito sutis — resulta em naturais dificuldades na escolha da letra adequada para os propósitos de comunicação estabelecidos pelo designer.

Entretanto, a maior parte dos caracteres pode ser agrupada em cinco grandes famílias de letras facilmente compreensíveis: romano, egípcio, sans serif ou grotesca, manuscrita e fantasia. A letra "n" é representada a seguir de acordo com cada um dos grupos estabelecidos.

Essas famílias de letras fundamentais apresentam características que podem ser descritas a partir de generalizações do desenho de cada um dos seus grupos — romano, egípcia, sans serif ou grotesca, manuscrita e fantasia.

Romano — As suas modalidades são o Romano Antigo e o Romano Moderno. No Antigo, que teve inspiração nas inscrições da Coluna de Trajano, destacam-se o vigor e a força do seu traçado, bem como a largura de suas linhas, relativamente uniformes. A serifa surge do corpo da letra numa curva simples e graciosa. As letras, de traço fino e médio, são fáceis de ler, tornando-se adequadas para livros e outros suportes em que aparecem textos extensos. Por sua vez, o Romano Moderno designa um estilo de tipos com serifas finas e construção ondulada. Os tipos apresentam clara distinção entre as hastes finas e as mais largas. Nas letras redondas, o peso é distribuído simetricamente. É indicada para textos curtos, como os encontrados em anúncios e folhetos.

Egípcia — O traçado diferencial desta família está na intensidade das letras, na graça de sua espessura e na pequena diferença entre os traços horizontais e verticais. Os caracteres, de base quadrada, não causam bom efeito em um texto longo, mas são altamente indicadas para a publicidade, na qual o efeito causado pelas letras é da maior importância.

Sans Serif (ou Grotesca) — Os traços dos caracteres costumam ter espessura uniforme. A simplicidade do seu traçado permite a existência de grandes variações em uma família, indo da mais fina à mais escura. A categoria oferece as mais amplas possibilidades de uso, sendo empregada em qualquer situação (exceto nos textos muito grandes, em que o traçado marcadamente vertical pode causar cansaço na vista).

Manuscrita — Letra que imita a escrita caligráfica e manual, não é adequada para a composição de textos, pois o desenho dos caracteres tem sua origem nos traços do pincel e da pena. A aparência das letras permite seu emprego em certos casos, como nos títulos ou em pequenas notas em um texto de mala-direta, com o propósito de torná-la mais pessoal ou dotada de um toque personalizado.

Fantasia — Agrupa um número considerável de famílias de tipos, geralmente de construção elaborada e muitas vezes temáticos: o tipo Néon Lights imita os tubos de néon, o Algerian sugere ser feito de troncos de madeira, o Desdêmona lembra o antigo alfabeto grego. Assim, as suas possibilidades de uso são bastante limitadas.

Embora seja relegada a segundo plano por muitos designers, a tipografia é um dos principais elementos de uma página. As palavras, explica Hurlburt (1980: 98), são mais do que algo a ser pesado, especificado e medido, sem nenhuma consideração com o significado de sua mensagem. A seleção e a combinação correta dos tipos asseguram boa legibilidade e influenciam decisivamente na transmissão de valores e significados que sejam coerentes com os propósitos e os objetivos da empresa.

Novas demandas para a tipografia

As transformações experienciadas pela indústria gráfica nos últimos dez anos mostram que a tipografia adquiriu autonomia em relação ao suporte tradicional, o papel, mas está sendo desafiada pelas demandas trazidas pelos documentos eletrônicos e pelas telas de computador, em questões como o design de tipos, a legibilidade e mesmo o design gráfico em geral (cf. Farias, 1998: 33). Assim, é crescente a necessidade por tipos mais adequados ao desenvolvimento de tecnologias digitais de comunicação, como CD-ROM e Internet, que não sejam simples adaptações de modelos tradicionais.

Os primeiros computadores pessoais voltados para a área de produção gráfica eram limitados pela baixa resolução de telas e impressoras. As letras desenhadas a partir de bitmaps resultavam em contornos visivelmente serrilhados, problema que veio a ser atenuado, a partir de 1985, com o desenvolvimento da linguagem Postscript pela Adobe. Essa nova linguagem passou a descrever, ponto a ponto, o contorno das letras para a impressora, possibilitando a definição exata de curvas e retas em qualquer direção. Se a linguagem Postscript e as impressoras de última geração parecem ter dado um fim ao problema do serrilhado típico dos computadores para saídas impressas, problemas de espaçamento, inconsistência no desenho e baixa legibilidade nas telas de computadores ainda persistem (Farias, 1998: 75).

As atuais tecnologias de desktop publishing trazem consigo a oportunidade para que os profissionais do design e das artes gráficas promovam uma revisão dos paradigmas estéticos e tipográficos, ao mesmo tempo que tornam o usuário de computadores pessoais um pouco mais sensíveis no processo de seleção e uso das fontes tipográficas. Entretanto, os softwares específicos para manipulação e geração de fontes auxiliam e automatizam alguns procedimentos, mas não substituem a figura do tipógrafo na experimentação e criação de novas formas.

Texturas

Além das cores sólidas, as texturas são bastante empregadas como fundo de uma página para criar um visual único e diferenciado. Os designers ainda podem utilizar texturas, com bons resultados, para realçar determinado elemento de uma página ou transmitir uma impressão de profundidade e relevo a determinado objeto.

A regra básica é evitar texturas mais elaboradas pelas limitações da resolução dos monitores de vídeo. A exemplo da cor, é difícil na Web ter uma idéia de como a textura irá aparecer na tela do usuário. Outro eventual problema que pode surgir é a fraca legibilidade do texto. Em geral, as letras pretas sobre uma cor uniforme são fáceis de ler, mas um texto em preto sobre um fundo de muitas texturas pode dar a impressão de que as letras estão quebradas ou que a composição mostra-se mesmo totalmente incompreensível.

Movimento dos olhos

Os anúncios de mídia impressa observam um especial cuidado com a disposição do texto e das imagens, arranjando-os de maneira que levem os olhos a percorrer um caminho determinado (e desejado pelo designer). Cada elemento cumpre o importante papel de criar uma impressão, um sentimento ou uma idéia.

O designer da Web também deve saber distribuir os diferentes elementos da página de forma que capte a atenção dos olhos e dirija o olhar do visitante para o elemento correto em uma seqüência determinada.

Portanto, a seqüência diz respeito à condução do leitor pelos elementos da página. Como os olhos se movimentam habitualmente da esquerda para a direita e de cima para baixo, o designer pode dispor os elementos para que eles comecem se fixando no ângulo superior esquerdo e desçam progressivamente em diagonal da esquerda para a direita e de cima para baixo. No movimento em "Z", a maneira mais comum de controlar e conduzir os olhos, os elementos são colocados no caminho do que pode ser considerado o movimento normal da vista.

Mas os olhos também movem-se naturalmente dos elementos maiores para os menores, dos pretos para os mais claros ou mais luminosos, da cor para a ausência de cor, das formas usuais para as não-usuais. Sabendo disso, o designer pode iniciar a movimentação do olhar a partir de qualquer lugar e depois controlar a seqüência de uma outra forma: abrindo novos caminhos e demarcando-os com clareza, para que os olhos não se percam.

Navegação

A navegação é uma necessidade muitas vezes esquecida no design: se o site não tiver um sistema de navegação preciso e conciso, ele irá falhar miseravelmente. Mesmo o site dotado de um bom visual não será levado a sério caso o visitante não consiga navegar por ele com sucesso, sem ficar confuso ou sentir-se perdido.

Um bom design de navegação deve prever uma lista das principais seções que possam ser alcançadas da home page ou de qualquer outra página. A principal medida para assegurar que o site tenha um bom sistema de navegação é criar um diagrama de fluxo, o denominado mapa do site, que mostra todas as seções principais e secundárias e como elas são ligadas com a home page e com as demais páginas.

O mapa é um recurso muito empregado para mostrar ao visitante o roteiro que ele pode seguir pelo site (ver Figura 19). Mais do que um diagrama esquemático puramente técnico, o mapa de site da Itautec Philco constitui em si mesmo mais uma ferramenta de comunicação com o navegante.

Figura 19 O mapa do site da Itautec Philco S.A. (http://www.itautec-philco.com.br) mostra um diagrama de todas as suas seções, facilitando ao usuário a localização de um tipo determinado de informação

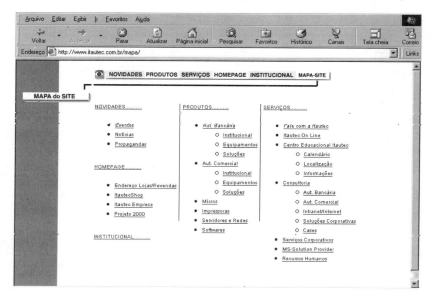

Também as ferramentas gráficas de navegação auxiliam grandemente o internauta a sentir-se seguro e aumentam a probabilidade do seu retorno. Por exemplo, botões de retorno de página ou ícones de volta para a home page colocados em cada uma das páginas do site são de grande valia.

Proximidade e alinhamento

Todos os elementos que têm algo em comum devem estar juntos no layout, para que o leitor os reconheça como um grupo. Caso contrário, quando as coisas que pertencem a um mesmo grupo estão separadas, o leitor pode ter a impressão de desorganização e bagunça.

A regra é dada por um dos princípios da gestalt: nós reconhecemos e agrupamos elementos que estejam próximos uns dos outros. Esse agrupamento dos elementos contribui para que o internauta relacione as coisas entre si e, assim, dê sentido a elas. Os riscos da grande quantidade de elementos soltos e sem relação com os outros elementos do texto são grandes:

Isso costuma dar um enorme trabalho e desconforto ao leitor, que fica tentando procurar os elementos em comum. Esse esforço todo faz com que ele não goste ou desista do layout, mesmo que não saiba explicar o porquê. Já um layout que tenha seus elementos alinhados permite que se possa ver os espaços em branco e agrupá-los, isolá-los ou continuá-los. E o leitor passa a ter para identificar na tela dois ou três grupos, e não mais uma porção de pequenos elementos isolados. (Radfahrer, 1999: 44)

Ao estabelecer uma relação entre os elementos nos grupos e entre os grupos, o agrupamento ainda possibilita mostrar a hierarquia no layout e sugerir uma ordem de leitura. Portanto, a mensagem é mais bem transmitida e o acesso à informação é facilitado, pois o leitor se sente mais confortável.

Balanço

Entendido como a distribuição do peso óptico pelo espaço, o equilíbrio pode ser formal (simétrico) ou informal (assimétrico). No balanço formal, cada elemento que vai em um lado da página é repetido no outro, seja na horizontal ou na vertical. No balanço informal isso não ocorre: os vários elementos da página se põem com pesos desiguais de um e de outro lado, sem ferir a ponderação do conjunto, pois essas partes desiguais são, na verdade, equivalentes entre si.

Figura 20 Balanço simétrico e assimétrico

Fonte: Hurbult, 1980: 87.

Os antigos egípcios, gregos e romanos inspiraram-se no ideal clássico da simetria, criando estilos fortemente baseados no equilíbrio da forma. Suas edificações eram monolíticas, com portas centralizadas, que determinavam uma forma baseada em um eixo central, com igual equilíbrio dos elementos em ambos os lados.

No estilo simétrico, o equilíbrio formal é fácil de ser obtido, pois o centro da página serve de eixo para que a área seja dividida uniformemente em dois lados. Apesar da existência de um padrão invariável, Hurlburt (1980: 55) lembra que a simetria é um conceito criador que já produziu obras de rara beleza, e muitas de suas premissas estéticas continuam influenciando o design contemporâneo.

Já a assimetria era usada há séculos na arquitetura e no design de interiores do Japão. As construções eram feitas a partir de sistemas modulares, cujo módulo básico era o tatame, uma esteira que media cerca de 183 cm · 91 cm. Esses objetos permitiam então vários padrões e arranjos quando colocados lado a lado, determinando as dimensões do espaço interno e influenciando até mesmo as proporções de todo o design.

Apenas no século XX o mundo ocidental começou a apreciar a assimetria como uma alternativa no design gráfico e arquitetônico. A livre assimetria presente nos projetos do arquiteto norte-americano Frank Lloyd Wright e nos trabalhos de importantes movimentos artísticos — como o De Stijl, na Holanda, e a Escola Bauhaus, na Alemanha — abriu a oportunidade para o desenvolvimento de uma moderna concepção de forma.

No estilo assimétrico, as múltiplas tensões causadas pela inexistência de um centro definido requerem uma considerável habilidade do designer. Se na corda bamba o acrobata mantém o equilíbrio com a ajuda de uma sombrinha ou de uma vara, o designer deve contar em especial com a sua sensibilidade e estar muito familiarizado com as regras da forma e da organização do espaço para combinar de maneira satisfatória os elementos de um layout assimétrico.

Contraste entre os elementos

Toda página bem construída é um arranjo de harmonias e contrastes entre suas partes. Para vencer a indiferença, a tensão provocada pelos elementos verbais — títulos, subtítulos, textos, enfim, palavras — deve ainda ser completada com o excitamento visual produzido pela imagem.

A relação entre os elementos de um layout pode ser agrupada em três categorias: concordante, conflitante e contrastante. No layout concordante não existe nenhum contraste entre os elementos em uma página, que tem um resultado visual muito igual e insosso. O layout conflitante distribui os elementos gráficos e visuais de maneira que eles entram em conflito, com um resultado desequilibrado e mesmo desagradável de se ver e de ler. O layout contrastante varia o tamanho, a forma, o peso, o estilo e a cor dos elementos em uma página, recurso que atrai a atenção do leitor e desperta a sua curiosidade e o seu interesse (cf. Radfahrer, 1999: 46).

O contraste é também vital para conformar de maneira visual as intenções do designer. A antiga sensação de repouso e as formas balanceadas perderam muito de sua importância nos dias atuais, em que a tensão é fortemente insinuada para suscitar extremos suportáveis de excitação.

Muitos conceitos ou muitas sensações — como de movimento ou descanso, uniformidade ou variedade — podem ser representados em desenhos. Na Figura 21, a linha horizontal no diagrama "a" simboliza o repouso e, por extensão, uma sucessão regular e uniforme de linhas horizontais — tanto de ilustrações quanto de texto — causam um efeito de quietude, se forem suficientemente extensos e claramente espaçados. Já a linha vertical do diagrama "b" remete para o alto, simbolizando assim crescimento e vida.

Figura 21 Contrastes provocados pelas formas geométricas

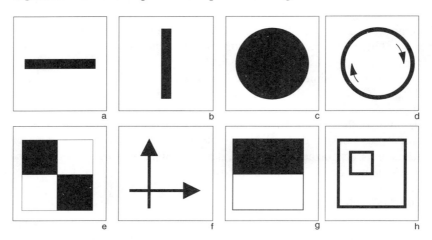

Fonte: Hurbult, 1980: 87.

O círculo sólido do diagrama "c" é um formato que transmite naturalmente calma e quietude, enquanto o círculo do diagrama "d" representa a forma mais simples de movimento contínuo. A uniformidade é a sensação transmitida pelo diagrama "e", constituído de campos de tamanhos iguais que tendem, em seu conjunto, à monotonia e até mesmo ao tédio.

Os contrastes podem ser obtidos de várias maneiras, mas podem ser reduzidos a algumas formas básicas. A primeira, no diagrama "f", é dada pela oposição da direção, com as duas setas apontando para diferentes caminhos. Outra solução muito atraente é o uso do branco e do preto, como mostrado no diagrama "g", que oferece uma oposição muito forte.

Qualquer combinação de cores pode ser capaz de produzir efeitos de contraste, tanto cromático como de valor. Eles podem ser obtidos pela justaposição de cores complementares, que não combinam, e pela oposição entre cores neutras e cores de alta intensidade, ou entre cores frias (azul e verde) e cores quentes (vermelho a amarelo).

O diagrama "h" mostra a terceira forma básica, o chamado contraste de escalas, ou seja, imagens grandes ao lado de imagens reduzidas. A uniformidade é desprezada e os objetos bastante ampliados parecem ainda maiores quando colocados ao lado de uma pequena imagem. Em uma fotografia, por exemplo, o objeto focalizado de muito perto ganha um fortíssimo contraste em relação à paisagem distante de fundo.

O intenso impacto visual resultante da combinação de áreas diferentes em conteúdo e peso permite também visualizar claramente que as áreas em branco têm a mesma função e significado das áreas impressas. O espaço em branco, adverte Wills (1971: 57), não é simplesmente o que foi deixado de fora, mas o elemento visual que se contrapõe e contrasta para valorizar tanto a ilustração quanto o texto.

Unidade da página

Um dos mais importantes princípios de design, a unidade deve ser o resultado natural da composição de todas as partes, de maneira que, visualmente, essas partes constituam um todo agradável e eficiente.

O modo mais comum de resolver o problema da unidade em uma peça gráfica está no emprego de molduras e barras decorativas, solução muito adotada na mídia impressa tradicional para a separação entre um anúncio e os demais presentes na página, ou para distinguir uma peça publicitária do conteúdo editorial — como notícias, reportagens e demais gêneros da informação jornalística.

Na Web, as molduras e as barras decorativas estão muito longe de ser a melhor solução. A tela do monitor corresponde ao espaço disponível e claramente definido para a distribuição dos elementos da página. Em nome da sua unidade, o designer deve então conseguir que os elementos da composição apareçam ao ser observados como um conjunto orgânico, constituindo-se em um todo harmonioso sobre o qual a vista corre facilmente.

Design nos sites de última geração

A evolução dos browsers e das páginas da Web não guardam uma relação direta com a designação dos sites em sucessivas gerações. Depois de afirmar que os requisitos para a classificação estão mais relacionados ao design do que propriamente à tecnologia, Barreto (1999) reconhece e enumera as caraterísticas dos Websites de primeira, segunda e terceira geração.

Sites de primeira geração

A primeira geração de sites da Web privilegiava apenas o conteúdo e não a forma, era estritamente lineares e tinha um mínimo de funcionalidade. A criação dos sites era basicamente de responsabilidade de cientistas que desejavam compartilhar suas idéias com outros colegas e sofriam a limitação imposta por modems lentos e monitores monocromáticos. Os gráficos e textos eram apresentados sempre de cima para baixo e da esquerda para a direita. Os recursos mais comuns adotados para a separação dos parágrafos foram os saltos de linhas, os marcadores e as linhas horizontais.

Sites de segunda geração

O browser Netscape Navigator, que dominava sozinho a Web no início de 1995, lançou diversas extensões à linguagem HTML, os quais permitiram o uso de ícones, imagens de fundo, botões com borda, tabelas e gráficos separados. A estrutura deixa então de ser linear para ser apresentada de forma hierárquica, quase sempre por meio de menus com vários níveis.

A maior diferença da segunda geração para a primeira foi a substituição de palavras por elementos gráficos. As funções passam a ser representadas por ícones, surgem imagens de fundo ao invés dos antigos fundos cinzas, os gráficos coloridos e animados substituem as antigas figuras. Cria-se o conceito de "home page": uma página cheia de desenhos 3D, janelas e botões, que serve de menu para acessar o restante de um site. (Barreto, 1999)

Na época em que a legibilidade deixou de ser importante, a grande quantidade de truques técnicos era requisito fundamental para um site ser tido como bom.

Sites de terceira geração

A terceira geração de sites não é diferenciada pelos recursos tecnológicos, mas sim pelo design. O conteúdo volta a merecer um lugar de destaque, sem que a forma seja deixada de lado. Portanto, a preocupação está tanto na funcionalidade quanto na beleza estética do site, evidenciada no layout preciso, na harmonia entre as cores, na escolha do tipo de letra adequado, no uso correto dos gráficos e, naturalmente, no cuidado com o tempo que será necessário para carregar cada página.

O site de terceira geração é resultado de um trabalho árduo e minucioso. A sua criação, prescreve Barreto (1990), exige a dedicação de uma equipe que precisa trabalhar unida para fazer cada página ser bonita e o site como um todo funcionar proporcionando uma boa e agradável (se possível, inesquecível) experiência para o usuário.

Capítulo **7**

Banner como formato da publicidade on-line

Pequenas peças gráficas com link, animadas ou não, os banners proliferam na Web e são, hoje, o principal formato da publicidade on-line. Eles cumprem a difícil tarefa de despertar a atenção para uma instituição, um produto ou uma marca e levar o internauta ao site de um determinado anunciante. Seus efeitos são direta e precisamente mensuráveis: os usuários que clicam no banner podem ser facilmente contados.

Este capítulo aborda conceitos básicos que facilitam ao leitor o entendimento da natureza dos banners como instrumento da publicidade on-line, seus tamanhos, as formas de comercialização, as regras para criação e os principais métodos de audiência e auditoria da publicidade on-line.

Banner: outdoor da superestrada da informação

A primeira forma de publicidade na Web eram os próprios sites desenvolvidos pelas empresas com o propósito de oferecer aos internautas informações corporativas relevantes. Entretanto, depois do surgimento e proliferação dos sites comerciais, a simples construção de um site não era suficiente para despertar a atenção e atrair os consumidores.

A própria necessidade de uma ferramenta para conduzir os usuários aos sites resultou no surgimento dos banners, inspirados no tradicional modelo da mídia impressa: pequenos anúncios retangulares com bordas claramente definidas e colocados no alto ou na parte inferior de home pages e em sites de tráfego elevado. Basta clicar no banner para o usuário ser levado para outro site de destino.

Favorecidos pelo constante desenvolvimento da tecnologia, os banners evoluíram das primeiras formas estáticas para os atuais anúncios interativos que oferecem ao usuário algum modo de funcionalidade.

179

Tamanhos dos banners

Os banners constituem um importante meio de propaganda e uma grande fonte de recursos provenientes dos investimentos publicitários na Web. Os seus formatos e tamanhos cresceram desordenadamente, resultando essa proliferação em ineficiência e confusão tanto para os compradores quanto para os vendedores de publicidade na rede.

Em resposta aos pedidos da comunidade norte-americana, o Comitê de Práticas e Padrões da Internet Advertising Bureau (IAB), associado com a Coalition for Advertising Supported Information and Entertainment (Casie), levantou todos os tipos, tamanhos e formatos de banners em uso. Os mais comuns foram considerados pela IAB e pela Casie para fixar os padrões de tamanhos (ver Tabela 18), visando facilitar a comercialização.

Tabela 18 Formatos de banners da IAB/Casie

Tipo	Tamanho em pixels	Tamanho em centímetros
Full Banner	468 x 60	12,4 x 1,6
Full Banner com barra de navegação vertical	392 x 72	10,4 x 1,9
Half Banner	234 x 60	6,2 x 1,6
Banner Vertical	120 x 240	3,2 x 6,4
Botão Quadrado	125 x 125	3,3 x 3,3
Botão 1	120 x 90	3,2 x 2,4
Botão 2	120 x 60	3,2 x 1,6
Microbotão	88 x 31	2,3 x 0,8

Fonte: Internet Advertising Bureau (IAB) e Coalition for Advertising Supported Information and Entertainment (Casie).

O padrão de tamanhos da IAB/Casie é parcialmente adotado no Brasil, pois a própria IAB entende que o seu uso é totalmente voluntário, devendo ficar livres a experimentação e a adoção de outros formatos e tipos de banner. Por sua vez, todos os principais provedores de conteúdo e mecanismos de busca do mercado brasileiro aceitam os banners na linguagem HTML, estando pouco menos disseminados o DHTML, Enliven,[1] Java, Java Script, Real Audio e Flash.

Os provedores de conteúdo brasileiros também criaram uma associação denominada Brasil Internet Associados (BIA), que congrega ainda os serviços on-line de diversos jornais e tem o objetivo de definir o tamanho dos banners e as unidades para aferir a visitação dos sites. Os formatos da BIA são muito parecidos com o padrão da IAB/Casie, estando reduzidos a quatro opções: 486 × 60, 234 × 60, 156 × 60 e 120 × 60 pixels.

Botões: pequenos, mas eficientes

Os botões são banners de dimensões diminutas com a vantagem de poder ser colocados em qualquer lugar de uma página. O formato foi popularizado pela campanha "Download Netscape Now", que divulgou o browser da Netscape entre os usuários da Web e ajudou a marca a se tornar a primeira líder do mercado de navegadores nos Estados Unidos.

De manejo extremamente simples, os botões de download possibilitam, com um simples clique no anúncio, que um software seja copiado pelo interessado. Muitas empresas de software utilizam intensivamente os botões para disseminar seus programas entre os usuários da Web.

Os botões também são empregados para criar o conhecimento e a lembrança de uma marca, de um determinado produto ou serviço. O formato está bastante disseminado na Web, com bancos, montadoras de automóveis, jornais, revistas e muitas outras organizações comerciais expondo suas marcas — às vezes, até de maneira insistente — e tentando seduzir o internauta para uma visita ao site do produto ou da instituição.

Figura 22 Os botões promovem o curso de língua da English School e o download do Internet Explorer, browser da Microsoft

Comercialização de banners

A programação de publicidade na Internet costuma ter preços preestabelecidos apenas no caso de patrocínios especiais. Os banners são então veiculados na Web a partir de um conceito similar ao de outros meios — o Custo por Mil (CPM) —, embora existam alguns sites que preferem trabalhar somente por tempo determinado e não por quantidade de exposição. Neles, os preços de comercialização são fixados com base no tempo de permanência do banner na rede, com uma tabela de descontos estipulados em razão do número de banners, tamanho e tempo de veiculação.

Tabela 19 Preços de CPM praticados pelos principais provedores de conteúdo no Brasil (valores de janeiro de 1999)

Site	Localização	Formato	CPM (em R$)
Cadê?	Home page	234 x 60	12,00
	Busca	468 x 60	17,00
Radar UOL	Home page	468 x 60	30,00
	Busca	468 x 60	30,00
StarMedia	Home page	234 x 60	35,00
	Busca	234 x 60	70,00
	Categoria	234 x 60	35,00
Surf	Home page	468 x 60	8,50
	Busca	468 x 60	8,50
	Categoria	468 x 60	10,00
Trix	Home page	234 x 60	20,00
	Busca	234 x 60	15,00
	Categoria	234 x 60	25,00
UOL	Home page	181 x 60	10,00
	Categoria	181 x 60	10,00
Zaz	Home page	468 x 60	24,00
	Busca	468 x 60	40,00
	Categoria	234 x 60	30,00
Zeek!	Home page	468 x 60	20,00
	Busca	468 x 60	18,00
	Categoria	120 x 60	13,00
Zipmail	Home page	234 x 60	20,00
	Categoria	234 x 60	20,00

Fonte: http://www.bluebus.com.br/motor.htm.

No modelo mais comum de vendas de publicidade na Web vale então o número de vezes que o banner é impresso na tela do computador. A unidade de medida é o *page-views*, ou seja, a quantidade de vezes que o anúncio é visto pelo internauta. Os preços são fixados em um determinado valor para cada mil vezes que uma página com o banner é visualizada, independentemente de se o navegante pula ou não para o site do anunciante.

O preço pago pelo CPM varia de acordo com a audiência da página na qual o anúncio está inserido, o tamanho da mensagem e a opção pelo banner fixo ou rotativo. O espaço do banner rotativo é dividido com outros anúncios, ou seja, em cada visita à página, mudam de maneira aleatória o banner e o link a ele relacionados. Já o banner estático é exclusivo, aparecendo em todos os acessos à página.

A Blue Bus (1999) realizou uma primeira pesquisa do valor médio do CPM praticado pelos nove maiores provedores de conteúdo e mecanismos de busca brasileiros — Cadê?, Radar UOL, StarMedia, Surf, Trix, UOL, Zaz, Zeek! e Zipmail —, levantando os preços do mês de janeiro de 1999 em diferentes áreas de cada site, sempre referentes a 300 mil impressões. O cálculo do CPM de cada site mostra o menor valor em R$ 8,50 e o maior estimado em R$ 70,00, enquanto o resultado final revela que o valor médio do CPM dos nove sites é de R$ 22,06.

Para uma comparação, o preço de anúncios no mercado norte-americano de publicidade on-line teve, em setembro de 1998, o valor médio do CPM estimado em US$ 36,29. Os valores vêm caindo desde dezembro de 1997, em razão do crescimento do número de anunciantes e de sites que estão procurando recursos nos investimentos publicitários, principalmente aqueles que não vendem nenhum produto ao consumidor e cuja receita provém dos espaços vendidos aos anunciantes em suas páginas.

Regras para a criação de banners que funcionam

A experiência acumulada pelos anunciantes nas campanhas de publicidade on-line é bastante proveitosa para se extrair princípios e regras que orientem a criação de banners realmente eficientes. A primeira observação é fundamental: o sucesso de um banner está diretamente relacionado à sua criatividade, ao enfoque em relação ao público-alvo e a localização. Portanto, a ordem é criar banners de comunicação direta, simples, com design criativo, que sejam ainda objetivos e, se possível, estejam associados ao conteúdo da página do site em que serão expostos.

A criatividade, por exemplo, foi fundamental no programa desenvolvido pela agência DM9DDB para o Triatop, um anticaspa produzido pela Johnson & Johnson. Um sucesso que ficou no ar por três meses e gerou mais de 200 mil e-mails, assim descrito por PJ Pereira, supervisor de mídia interativa da agência: "Pusemos um banner no ZAZ e quando o internauta clicava nele a tela começava a se desmanchar, uma caspa só. A tela desintegrava-se como se fosse [atacada por um] vírus. Aí aparecia a embalagem do Triatop, e tudo voltava ao normal" (cit. em Caseiro, 1999: 42).

Os anúncios que têm apresentado melhores resultados são grandes em tamanho e pequenos em quantidade de Kbytes, o que favorece serem rapidamente carregados. Muitos sites reduziram o uso de imagens pesadas e consideram ideal que o banner não passe de 12 Kb.

Os anúncios com animação e cores chamam mais a atenção do navegante. O banner é uma pequena parte do site e sofre a competição das demais imagens e dos textos contidos na página. A animação faz então o banner destacar-se, da mesma maneira que o uso de cores contrastantes em relação às tonalidades usadas pelo site em que se está anunciando contribuem para que a peça sobressaia na página.

O interesse do internauta pode também ser despertado à medida que o banner solicite uma ação do visitante, promova sorteios ou ofereça brindes. O princípio básico é de novo a interatividade: os banners devem permitir que o interessado solicite, se for o caso, uma amostra grátis do produto, registre seus dados pessoais para participar de um sorteio ou preencha na hora o pedido de compra, sem obrigá-lo a saltar para outro site. Uma transação é realizada ou a informação é obtida sem abandonar o site no qual o banner está colocado.

Embora alguns anunciantes insistam na exclusividade dos seus anúncios, não compartilhando a página com outros ao mesmo tempo, é aceitável que o espaço seja dividido entre até três anunciantes, no máximo. Quando a empresa anuncia num site de público específico, do seu interesse, torna-se irrelevante se o espaço vai ser ou não dividido com outros anunciantes, pois as pessoas que buscam um produto ou serviço específico costumam fazer pesquisas em mais de um site.

Claudio Laniado (1998: 6), diretor da Microsite, loja virtual de produtos de informática, resumiu em dez importantes recomendações os cuidados que os anunciantes devem tomar no planejamento e desenvolvimento de campanhas publicitárias com banners:

1. Antes de anunciar, verifique se você possui apoio técnico em seu site para identificar de onde são provenientes os acessos e, portanto, qual é a eficácia dos diferentes veículos contratados.

2. Dê preferência a veículos que oferecem estatísticas dinâmicas de page-views e click through.

3. Para não haver dispersão do seu esforço, sempre se atenha à compatibilidade do tripé: objetivo da veiculação, mensagem do banner e contexto do site em que você está anunciando.

4. Teste bastante. Anunciar na Internet pode ser uma experiência frutífera do ponto de vista do aprendizado, verificando-se resultados de forma instantânea e refazendo-se as estratégias em curtíssimo espaço de tempo.

5. Fique de olho nos primeiros dias (ou até mesmo nas primeiras horas) de veiculação de um banner num determinado veículo, e se o resultado não for o esperado, remaneje-o.

6. Ao iniciar uma campanha, não se apresse em aprovar o banner "um" ou "dois". Coloque ambos no ar ao mesmo tempo e, depois de 24 ou 48 horas de veiculação, fique com o que obtiver melhor resultado.

7. Banners que nunca mudam passam a fazer parte da "paisagem" de um site. Segundo pesquisas, se um usuário já viu seu banner por quatro vezes e ainda não clicou nele a probabilidade disso vir a acontecer tende a zero. Portanto, estude o hábito de visitação do site em que você está anunciando e mude seu banner com a freqüência necessária.[2]

8. Para envolver o usuário, conduza-o do banner a uma página intermediária, que vai aclimatá-lo a seu site, antes de ir direto aos "finalmentes". De lá você pode conduzi-lo a diversos pontos de seu site, dependendo do comportamento inicial do internauta.

9. Se você puder escolher o local do seu banner, prefira que ele esteja sempre visível já no momento em que a página for carregada e que permaneça lá mesmo quando a tela for "rolada" para baixo. Caso isto não seja possível, a localização no topo já é bastante boa.

10. Como ainda não existe, pelo menos de forma instituída e abrangente, o conceito de checking na publicidade pela Internet, desconfie de declarações de page-views absurdos de sites não tão conhecidos. Você pode acreditar em nove milhões de page-views mensais na home page de um UOL, mas tome cuidado com os 500 mil acessos no site do fã-clube do "Zé Viola e Bandolim".

O texto do anúncio deve ser curto e conciso, mas algumas palavras fazem diferença nos resultados apresentados por um banner. "Clique aqui" e "Últimos dias de promoção" são palavras de entonação forte que chamam a atenção do cliente e provocam uma reação positiva. Embora um pouco desgastadas e apresentando o risco de atrair uma audiência menos qualificada, "grátis" é uma palavra que, nas promoções ou no incentivo à compra, induz os usuários a clicar nos banners.

As frases que colocam uma questão para o usuário ("Você está procurando um bom negócio em computadores?") podem aumentar a taxa de click throughs por causa do estímulo para o usuário buscar a resposta. Já frases enigmáticas mexem com a curiosidade do internauta e podem incrementar a taxa de cliques no banner, embora pela sua generalidade corram o risco de não atrair a audiência correta.

Unidades de medida da publicidade on-line

No início da Web, os hits eram a única maneira de medir o acesso a uma página. Eles representam um pedido de arquivo do browser ao servidor Web. Por exemplo, se uma página da Web tiver três imagens e um arquivo de texto, quando ela for carregada no computador do internauta serão registrados quatro hits. Dessa maneira, milhões de hits contados não representam necessariamente uma grande audiência e, portanto, a unidade não deve ser considerada um bom método de medida.

Como foi visto, a principal forma de mensuração do impacto das campanhas de publicidade on-line é o page-view, que mede o número de exposições do anúncio para compor a cobrança do CPM. O page-view não considera a efetividade do banner, apenas a sua exposição.

O *click through* (literalmente, "mediante clique") é outra medida que contabiliza quantas vezes o banner foi clicado, isto é, o número de clientes que o anúncio coloca no site do anunciante. A multinacional norte-americana Procter & Gamble — uma das primeiras entusiastas da publicidade on-line, que, em 1996, já dispunha de uma verba de US$ 8 milhões para a Web — foi também pioneira ao estabelecer com o site de busca Yahoo!, em abril daquele ano, essa maneira de pagamento por resultados.

Estudos promovidos por institutos de pesquisa constataram que, em média, entre 1,0 a 2,6% dos internautas clicam nos banners e pulam para o site dos anunciantes, embora os sites segmentados possam gerar até 30% de click throughs. No caso das home pages que ocupam mais de uma tela, obrigando o usuário a rolar a página para ver todo o seu conteúdo, as pesquisas realizadas nos Estados Unidos mostram que as taxas de clicagem decrescem significativamente para as telas subseqüentes (cf. Barrett, 1997: 52).

A escolha do método mais adequado de medição da audiência deve estar baseada nos objetivos determinados para a campanha. Caso o anunciante tenha interesse exclusivo na divulgação de sua marca, o mais relevante é o número de page-views, que vai corresponder a quantas pessoas vão estar expostas à marca. Entretanto, se o anunciante pretende promover seus produtos e serviços, o click through é o método mais adequado, porque representa o número de internautas que foi efetivamente levado até seu site.

Comprovando a eficácia do banner

Diversos estudos atestam a efetividade dos banners, atualmente o formato de publicidade mais utilizado na Web. A pesquisa mais recente e extensiva, conduzida no período de 1º a 13 de junho de 1997 pelo Internet Advertising Bureau (1999), envolveu 16.758 respondentes nos 12 maiores sites norte-americanos e desmentiu a crença, comum a muitos anunciantes, de que os banners não podem comunicar mensagens das marcas tão efetivamente como os anúncios de mídia impressa e eletrônica.

As conclusões gerais do estudo da IAB — realizado com uma grande variedade de marcas, que iam desde produtos de consumo a serviços financeiros — apontam para o fato de que a publicidade on-line tem um extraordinário poder de comunicação, podendo uma simples exposição do banner gerar aumentos nos níveis de conhecimento do anúncio e da marca, evidenciar os atributos do produto e aumentar a intenção de compra. Também os níveis de aceitação da publicidade on-line pelos consumidores são comparáveis aos das mídias tradicionais — jornal, revista, outdoor, rádio e televisão.

As percepções do consumidor em relação a uma determinada marca também foram testadas no estudo com a utilização de banners dos automóveis de luxo Volvo. Os anúncios aumentaram a convicção nos sujeitos da pesquisa de que a Volvo faz "um bom automóvel" (um incremento de 55% em relação ao grupo de controle) e "oferece algo diferente em relação a outras marcas" (57% maior do que no grupo de controle). No geral, os que foram expostos aos banners demonstraram possuir uma opinião melhor da Volvo do que de outros fabricantes de automóveis, o que resulta em natural fortalecimento da percepção de performance e diferencial competitivo da marca sueca.

Outra pesquisa — recebida com muito entusiasmo pelo mercado de publicidade da Internet — mostra que o nível de *recall* de um banner é equivalente ao da propaganda na TV. O estudo feito no final de 1998 pelo instituto de pesquisa Ipsos ASI, dos Estados Unidos, em parceria com o portal America Online, informa que 40% dos internautas que viram um banner na Web se lembram dele, enquanto um comercial de 30 segundos na TV é lembrado por 41% dos telespectadores que estiveram expostos a ele (cf. *Meio & Mensagem*, 1999).

A aferição de audiência nos sites brasileiros tem indicado que a taxa de clicagem em banners é superior à do mercado norte-americano, por exemplo, em que o usuário é mais amadurecido com relação à rede e ainda dispõe de um número muito maior de sites (cf. Caseiro, 1999b: 24). Mas a evolução tecnológica dos banners propicia o surgimento de novos formatos, que atingem taxas elevadas de clicagem, até mesmo pela novidade, e que agora chegam ao Brasil, como o *rich media*, *site let* e o *fundo de página clicável*.

O *rich media* é uma forma mais rica de exposição da mensagem por meio de multimídia e recursos interativos, indo além da mera animação disponível nos banners atuais. A Cica, por exemplo, faz uma pergunta no seu rich media: "O que você vai comer hoje?", e oferece com resposta mais de mil receitas de acordo com a opção selecionada no banner: almoço, jantar, café, chá, lanche, datas comemorativas, festa, happy hour e típicos.

Os operadores da rede mundial cunharam a denominação *Rich Media Advertising*[3] para designar toda publicidade na Internet que é enriquecida com recursos de multimídia, como som, cor, movimento e 3D. A grande discussão que envolve a Rich Media Advertising está na sua conveniência, pois argumentam que esses recursos afastam o navegante da página; outros vêem o novo formato como uma atração adicional:

> De um lado, estão os navegantes da Rede que acham que os banners com muitos recursos multimídia fazem uma página demorar horas para ser carregada. Consideram os anúncios uma espécie de spam publicitário. Outros, certamente donos de equipamentos mais potentes, acham que a Rede ficou até mais interessante depois dos banners multimídia. (Scofield Júnior, 1999)

O *site let* é uma janelinha por onde o usuário navega também sem sair do site, enquanto o *fundo de página clicável* permite que a home page do provedor aceite cliques em várias partes. A única dificuldade é que esses novos formatos são mais pesados e demoram mais para carregar.

Pesquisa de audiência e auditoria na Web

A propaganda conta com diversos serviços de pesquisa, regulares ou *ad hoc*, para a aferição de audiência dos veículos de comunicação tradicionais. Os dados sobre cobertura, circulação e audiência do rádio, da televisão, do cinema, da revista e do jornal são indispensáveis nas campanhas publicitárias para a identificação e seleção das mídias que atinjam o consumidor na qualidade e quantidade exigidas pelos objetivos de comunicação.

A Internet não é diferente. O crescimento da indústria da propaganda na Web está intimamente ligado ao desenvolvimento de ferramentas para a mensuração do tamanho, comportamento e perfil da audiência. Logo depois que a publicidade se tornou um importante elemento do modelo comercial da Web, os próprios sites desenvolveram programas específicos para a mensuração da audiência.

A base de medição está na informação capturada pelo computador que hospeda um site Web — o servidor. Quando uma pessoa visita um site e pede um documento, o pedido é gravado pelo servidor em arquivos log,[4] um para cada site hospedado naquele servidor. Embora não forneçam dados demográficos, os registros rastreiam o comportamento do internauta no site e incluem dados como o nome do host do visitante, data, tempo de permanência no site, plataforma do computador utilizado, o navegador que a pessoa usou, a URL de origem e as páginas do site que foram solicitadas.

Por sua vez, os tipos básicos de informações a serem extraídas de um arquivo log do servidor Web seguem enumeradas, sendo ainda consideradas por Zeff e Aronson (1997: 77-80) fundamentais para ajustar o site aos objetivos pretendidos pela empresa:

- *Número de visitas*. Dá uma visão geral da quantidade de impressões no site.
- *Páginas vistas por visita e tempo da visita*. Permite avaliar como os usuários interagem com o conteúdo do site.
- *Distinção entre primeira visita e visitantes habituais*. O número de visitantes que acessa repetidas vezes o site é um firme indicador da fidelidade do usuário.
- *Tempo e horários de uso mais comuns*. Permite saber o momento em que o site precisa ser atualizado e mesmo reformulado, por causa do pouco tempo de permanência do internauta, ou a melhor hora para realizar a manutenção do equipamento (naturalmente, vai ser aquela em que o tráfego de visitantes é menor).

- *Páginas mais populares e menos visitadas.* Constituem um modo prático de identificar o conteúdo de maior interesse dos internautas e prover o seu constante desenvolvimento, bem como conhecer as páginas cujo conteúdo não atrai o visitante.
- *Caminho seguido dentro do site.* Alguns softwares de análise interpretam os dados do arquivo log para determinar o caminho seguido pelos internautas no site, informação que é muito valiosa no esforço de determinar mudanças que melhorem as condições de navegabilidade.
- *Taxa de click through.* Fornece dados aos anunciantes das páginas do site que geram os maiores índices de resposta aos banners, da mesma maneira que mostram o desempenho de cada anúncio.
- *Browser usado.* Saber os navegadores mais utilizados pelos internautas ajuda o responsável pelo desenvolvimento do site a criar um design mais adequado às características daqueles, além de auxiliar a decisão do emprego de recursos multimídia que sejam compatíveis com os browsers.
- *URL de referência.* Mostra de onde vem o usuário, sendo assim um bom indicador da eficácia de eventuais links, de outras fontes de tráfego alto para a eventual exposição de banners.
- *Domínio do usuário.* Ao revelar se os usuários são comerciais, educacionais ou pessoais, o nome de domínio pode indicar se o site está alcançando a audiência certa.
- *Plataforma do computador do usuário.* A informação é valiosa principalmente para os fabricantes e vendedores de hardware e software.
- *Páginas de entrada do site.* Durante a navegação, o usuário nem sempre entra em um site pela home page. Assim, uma página de entrada deve merecer um tratamento especial para atrair e manter o interesse do internauta.
- *Páginas de saída do site.* A identificação de uma página em que habitualmente o usuário deixa um site é motivo para ela ser redesenhada de maneira a garantir sua permanência.

A escolha do software de mensuração da audiência do site é uma decisão que deve ser tomada depois da definição prévia de alguns pontos-chave. O primeiro é sobre o tipo de informação a ser rastreada, que está diretamente relacionada aos objetivos estabelecidos para o site e às necessidades de informação da alta administração da empresa, bem como de eventuais anunciantes do site. Neste caso, eles geralmente querem saber quantas vezes cada banner é visto e clicado, em relatórios diários que permitam realizar as alterações necessárias para que as campanhas obtenham as taxas máximas de retorno.

O segundo ponto a ser definido é se a mensuração será feita pela própria companhia ou se será terceirizada. Sites com pouco tráfego podem ser controlados pela empresa com custos menores; mas se o site gerar um grande tráfego, a companhia precisa ter os recursos apropriados, como suficiente espaço em disco (também para arquivar arquivos de log que permitam gerar relatórios de tendências de longo prazo), computador com capacidade adequada e uma equipe apta a produzir os relatórios.

O terceiro ponto reside na determinação da complexidade das análises a serem empreendidas e da freqüência dos relatórios, sejam diários, semanais, quinzenais ou mensais. É importante considerar no processo de tomada de decisão não apenas as necessidades atuais, mas também as futuras.

O quarto ponto a ser estabelecido está na definição dos departamentos da empresa que irão usar a informação e no exame da necessidade de gerar relatórios com configurações diferenciadas para atender àqueles. Caso sejam diferentes, o conhecimento das necessidades de setores como marketing, finanças, pesquisa e desenvolvimento torna-se útil para encontrar um software que satisfaça a todos ou à maioria dos departamentos envolvidos.

Institutos de pesquisa independentes

A publicidade on-line exige a verificação imparcial dos números de exposição dos banners, principalmente aquela feita por terceiros. A auditagem dos institutos e organismos independentes de pesquisa é fundamental para estabelecer a confiança na Web como um veículo de propaganda plenamente legitimado.

Embora as técnicas de medição da Web venham se tornando mais sofisticadas, elas ainda apresentam algumas limitações. O cache de documento, por exemplo, está disponível nos navegadores e permite o armazenamento das páginas de um determinado site no disco rígido do computador ou no servidor Web. Essa inovação tecnológica tem a grande vantagem de eliminar a necessidade de carregar as mesmas páginas toda vez que elas são requisitadas.

Por outro lado, apesar do processo permitir ao usuário acessar a informação mais rapidamente, ele inviabiliza que seja rastreado o uso das páginas armazenadas no disco rígido ou no servidor. O site que estiver vendendo banners baseado em page-views estará impossibilitado de cobrar as exposições, pois não haverá o registro das impressões no seu arquivo log.

A terminologia própria da Internet para descrever aplicações, procedimentos e produtos também constitui um complicador para a publicidade on-line. Como ela não está ainda suficientemente disseminada, um mesmo termo pode ter diferentes significados para diferentes pessoas, como é o caso da palavra "impressões". No processo de negociação da veiculação de banners com um anunciante, as "impressões" podem ser entendidas como o número de usuários que visitam um determinado site ou como o número de vezes que um anúncio pode ser visto (mesmo que não seja totalmente carregado). Em conseqüência, os dois conceitos resultam em significativas diferenças nos resultados dos estudos de medição da audiência on-line.

Quadro 17   Softwares para a medição de audiência na Web

Produto	Fabricante	Características	Endereço
Aria 2.5	Andromedia	Ferramenta para gerenciamento on-line de site comercial. Mede page-views, user sessions, ad-views, duração das sessões, origem da conexão, hits e unique users	http://www.andromedia.com
InEstat 1.0	Insite	Criado no Brasil, permite discriminar a audiência por estados. Mede hits, page-views, provedores que acessaram e user sessions	http://www.insite.com.br/inestat
WebTrends Personal Suite 2.1	Webtrends	Faz análise de tráfego off-line baseada nas conexões, monitorando as conexões ao servidor. Em seus relatórios constam hits, page-views, user sessions, duração das sessões e origem da conexão	http://www.webtrends.com

Fonte: Adaptado de Ramos, 1999:75.

Na contabilização do número de acessos são usados também os conceitos de *user sessions* e *unique users*, que enfrentam um problema técnico (cf. Ramos, 1999: 75). O primeiro conta quantas pessoas passaram pelo site, mesmo que o internauta volte várias vezes no mesmo dia. Já o unique user registra apenas a primeira visita, não contabilizando a segunda, a terceira ou qualquer outro retorno do usuário. Isso não o torna mais confiável, pois a empresa com um servidor proxy, que armazena as páginas antes de enviá-las para os usuários, pode ser contada como uma visita única, mesmo que muitas outras pessoas tenham visitado determinada página.

No Brasil, a maioria dos sites ainda produz e divulga os seus próprios dados, sem a chancela de uma entidade independente. Mas alguns sites já começaram a recorrer a serviços de empresas norte-americanas para a informação ou auditoria da audiência de páginas, como a Net Gravity (http://www.netgravity.com) e AdSmart Network (http://www.adsmart.com). Já a DoubleClick (http://www.doubleclick.com) oferece um serviço diferente, pois hospeda os anúncios em seus servidores e mede ad-views por meio de software proprietário, cujos relatórios auditados são fornecidos diretamente para os anunciantes.

A auditagem on-line é uma exigência do mercado para emprestar seriedade aos negócios da Internet. Em face dela, a Associação de Mídia Interativa (AMI) estabeleceu uma parceria com o Instituto Verificador de Circulação (IVC), que faz a auditoria da circulação de jornais e revistas, para aferir a audiência dos seus associados. O IVC deve conferir o número de page-views para cada área dos sites, empregando a mesma metodologia utilizada pela Association Bureau Circulation (ABC), órgão norte-americano equivalente ao IVC. Os relatórios do Instituto mostram também o número de visitas diárias e por períodos, esclarecendo como foi a performance de audiência dos sites em gráficos por dias da semana, horários e mês.

Notas

1. A IBM do Brasil veiculou no Cadê?, no começo de maio de 1999, o primeiro banner com a tecnologia Enliven na Internet brasileira, para anunciar o seu PC Shop. O banner permite que o usuário interaja com ele, montando a música, por meio do movimento com o mouse em cinco quadrados que emitem sons diferentes conforme são tocados.

2. "Quando um banner é lançado, a sua taxa de cliques vai de 5 a 7%. Após cinco dias, essa taxa cai para 2% a 3% e continua em queda a cada dia adicional de veiculação. O ideal é criar diferentes banners que sejam rotacionados à medida que a campanha avança" (Deivisson, 1998:19).

3. A Rich Media Advertising (RMA) desenvolveu-se no exterior graças às emissoras de TV a cabo, que passaram a oferecer canais de acesso à Internet, com maior velocidade de transmissão e conexão.

4. Os arquivos log foram desenvolvidos pelo National Center for Supercomputing Applications (NCSA), centro de pesquisa norte-americano da Universidade de Illinois, em Urbana-Champaign. Embora existam algumas variações, dependendo do tipo de servidor, a espécie de informação disponível permanece constante entre as diversas plataformas.

Capítulo 8

Planejando a campanha de publicidade on-line

Muitos anunciantes pensam que a presença de suas marcas, produtos e serviços na Web se resolve com a inserção de alguns poucos banners em um site de busca ou de conteúdo. Mas, como em qualquer outra atividade de comunicação e marketing, as campanhas de banners requerem um plano de ação claro e preciso.

O processo de planejamento é discutido neste capítulo, para oferecer um guia de orientação dos procedimentos e das etapas existentes no desenvolvimento estratégico de campanhas de publicidade on-line que assegurem a correta alocação dos investimentos e o pleno atingimento dos objetivos estabelecidos pelos anunciantes.

Etapas do desenvolvimento de campanhas na Web

Antes de traçar qualquer estratégia para a campanha de publicidade eletrônica, o eventual anunciante precisa responder a duas questões básicas: o target de mercado do meu produto está on-line? Se estiver, onde ele pode ser encontrado na rede? Apesar da discrepância entre as várias estimativas do número de usuários da Internet, ninguém duvida da existência de milhões de pessoas conectadas com a rede mundial. Mas uma campanha não faz sentido se nenhum desses usuários se enquadrar no target ou se a audiência-alvo não puder ser localizada ou atingida com precisão.

A natureza informativa do produto a ser anunciado é outro importante fator a ser avaliado antes da decisão pelo desenvolvimento de uma campanha. Toda comunicação na Internet deve buscar um alto nível de informação, daí a utilidade do conceito que considera dois grandes grupos de produtos e marcas: *information rich* e *information less*.

Para Fernand Alphen, redator e produtor da AdverSiting, divisão interativa da agência F/Nasca S&S, um produto do grupo information rich, como o telefone celular, tem muita informação objetiva a ser transmitida pela Web. Mas, no caso do grupo information less, para um produto como uma bala, não acontece a mesma coisa. Daí, garante ele, a Internet é uma mídia muito mais apropriada para a publicidade dos produtos de information less do que para os produtos de information rich, cujos conteúdos informacionais podem ser muito bem ser colocados e divulgados em seus próprios sites (cit. em Lemos, 1999: 10).

A campanha de publicidade on-line desenvolve-se, então, em uma seqüência de quatro passos. O primeiro consiste em determinar com precisão o perfil do prospect para a marca, o produto ou o serviço a ser anunciado. O segundo diz respeito à fixação dos objetivos que são pretendidos pelo anunciante. O terceiro momento é a seleção dos sites e compra de espaços para a exposição dos banners. Finalmente, o quarto passo na execução da campanha está voltado para a mensuração dos resultados.

1. Definição do target da campanha

A chave para o sucesso de qualquer campanha de comunicação é o conhecimento do consumidor ou do eventual prospect para o produto ou serviço. Trata-se de levantar informações e descrever, o mais detalhadamente possível, o seu perfil socioeconômico, profissional e psicográfico, com base em indicadores como classe social, sexo, idade, escolaridade, profissão, ocupação, posição social e cultural, atitudes em relação ao preço, à qualidade, à utilidade, à conveniência do produto, hábitos de consumo e de uso e principais razões de compra (racionais e emocionais).

A descrição completa do perfil do target da campanha — na verdade, os dados já estão disponíveis se a empresa tiver uma orientação para marketing — será de grande valia para o direcionamento da mensagem dos banners e muito útil no momento da seleção dos sites para anunciar.

No marketing direto, a regra dos 40-40-20 indica que a qualidade da listagem de endereços contribui com 40% dos resultados de uma campanha. O conteúdo do mailing — ou seja, a natureza do produto, o serviço e o preço — corresponde aos outros 40%. Os 20% restantes ficam com a apresentação da mensagem. Por analogia, Sellers (1997: 118) assegura que essa proporção é válida também para a publicidade on-line, destacando que a qualidade dos indicadores demográficos disponíveis em um site da Web contribuem em 40% para os resultados da campanha, e assim por diante.

2. Fixação dos objetivos da campanha

Os objetivos da campanha são formulados para indicar o que deve ser comunicado, quem deve ser atingido e em que quantidade, e qual a atitude ou resposta que se deseja obter a curto e a longo prazo. Claramente definidos, os objetivos traçam os rumos da publicidade on-line e permitem verificar se a campanha foi ou não bem-sucedida. Na Web, as campanhas de banners são usadas com três objetivos básicos: gerar tráfego, criar o conhecimento de marca e promover vendas.

a) Gerar tráfego. O objetivo mais comum dos banners é propiciar o aumento, em curto prazo, do número de acessos ao site. Mediante o uso de cores contrastantes, de imagens atrativas e de mensagens fortemente persuasivas, o banner desperta o interesse do usuário fazendo com que ele acesse o site do anunciante e conheça mais sobre o que a empresa tem a oferecer e interage com a marca.

Por sua vez, os sistemas de busca e os provedores de acesso e conteúdo empreendem também campanhas de publicidade on-line para aumentar a base de usuários e o número de visitantes, gerando o aumento de tráfego um maior interesse de outros anunciantes para o site.

b) Criar o conhecimento da marca. Outro uso do banner ocorre na manutenção e aplicação de uma marca como principal ativo identificador de uma empresa ou produto. O processo é conhecido como *branding, e consiste em prever, analisar e determinar as possíveis utilizações da marca para consolidar a sua percepção pelo consumidor e gerar maior vendagem.*

Portanto, as campanhas de banners são uma estratégia simples e eficiente para fortalecer e tornar conhecida uma marca ou site, distinguindo-o da multidão, criando uma identidade para o produto e estabelecendo um relacionamento com o consumidor. Por meio de sua exposição por longos períodos de tempo, a marca torna-se familiar ao consumidor e pode ser lembrada no momento em que ele precisar de um produto ou serviço.

Apesar da polêmica sobre a validade da simples exposição do banner no processo de construção de marcas, sem que haja na seqüência um click through que dirija o internauta para o site do anunciante, não parece ser indispensável essa visita. Apesar do pequeno tamanho dos banners, um estudo[1] conduzido nos Estados Unidos, em 1996, pela revista *Hotwired* e pelo instituto de pesquisa Millward Brown International (cit. em Zeff e Aronson, 1997: 149) concluiu que cada impressão causada pelo anúncio contribui decisivamente para o conhecimento da marca.

Assim, o interesse maior dos anunciantes que pretendem construir a sua marca está simplesmente em garantir que o usuário lembre o seu produto. Nesse sentido, a construção de marcas pode empregar vários formatos de presença na Web, que vão do patrocínio até os sites intersticiais.

c) Promover vendas. No caso de um lançamento, as campanhas de banners para a venda de produtos e serviços cumprem o papel de criar o conhecimento do produto, informar ao prospect todas as suas características e, naturalmente, vender. Tratando-se de um aplicativo ou game, por exemplo, o consumidor pode mesmo testar o novo software e verificar o seu desempenho on-line.

Para um produto já existente, o anúncio pode levar o interessado ao site do fabricante e resultar na compra on-line do produto, quando ele se torna uma excelente ferramenta para marketing direto. Alguns banners permitem que a transação seja efetuada sem que o internauta passe para o site do anunciante.

O marketing direto tem na Web a grande vantagem de permitir que o prospect percorra o caminho que vai da coleta de informações sobre o produto até o preenchimento do pedido de compra de maneira mais rápida e eficiente do que em qualquer outra mídia.

3. Compra de espaço para os banners

Depois da determinação do objetivo da campanha — que pode ser gerar tráfego, criar o conhecimento da marca ou promover vendas —, o próximo passo é selecionar o modelo apropriado de anúncio (o que já foi discutido), identificar os melhores locais para a sua exposição e negociar os custos de inserção.

Seleção dos sites

O número de sites que comercializa espaços publicitários na Web tem aumentado progressivamente desde o momento em que as restrições para o uso comercial da Internet foram suspensas. As opções do anunciante são amplas e variadas, mas por seu alcance e por suas características específicas para a publicidade on-line destacam-se os mecanismos de busca, provedores de acesso (que também oferecem conteúdo e outros serviços), sites de conteúdo e chats.

Mecanismos de busca

Se o anunciante pretende comprar uma quantidade de espaço que possibilite atingir de maneira indiscriminada o máximo de pessoas possível, os mecanismos de busca são adequados em decorrência do grande tráfego de visitantes e, em conseqüência, dos altos níveis de cobertura da audiência e baixo custo das exposições. Por outro lado, mesmo se o público-alvo do anunciante for específico, as páginas e seções internas dos mecanismos de busca podem ser cogitadas pela audiência segmentada que proporcionam para os banners. Os custos, geralmente mais altos, são compensados pela qualificação da audiência, que deve resultar em maior retorno para o anunciante.

O Cadê?, um dos principais catálogos de sites do Brasil, conta com 120 mil endereços cadastrados, uma audiência dos sites estimada em 200 mil pessoas por dia e cerca de 30 milhões de páginas vistas por mês. Os acessos do exterior correspondem a apenas 1% das 26 milhões de consultas mensais, feitos a metade dos Estados Unidos e a outra metade de Portugal. Em média, 500 pedidos de cadastro de sites são recebidos diariamente, dos quais 400 são aprovados e incluídos na lista.

Inspiração veio de fora

Curiosamente, os fundadores do Cadê? reconhecem que a sua idéia foi inspirada no então incipiente Yahoo!, o primeiro mecanismo norte-americano de busca na Internet e, atualmente, o mais visitado site em todo o mundo (cf. Breitinger, 1998: 49). Por coincidência, um dos primeiros anunciantes de peso do Cadê? foi a também norte-americana Amazon.com, a mais conhecida livraria virtual, que localizou o site na própria rede e encaminhou uma proposta por e-mail, rendendo um contrato inicial de cerca de US$ 6,000.00.

Hoje, grandes empresas como a Shell e a IBM estão na carteira de anunciantes ativos do site. O faturamento evoluiu de US$ 500 mil, em 1997, para US$ 1,8 milhão, em 1998. A expectativa para 1999 é de que o site atinja um faturamento estimado pelos seus dirigentes em US$ 4 milhões.

Os anunciantes do site contam com o Net Gravity, sistema que controla a programação de mídia, a exposição dos banners e emite relatórios de verificação. O Cadê? é também o site de teste do IVC para a auditoria de audiência desenvolvida em parceria com a Associação de Mídia Interativa (AMI).

Recentemente, o Cadê? passou a enfrentar a concorrência de outros serviços de busca brasileiros, como o Zeek! e o Surf, além de grandes provedores de acesso à rede, entre os quais se destaca o UOL. Empresas norte-americanas também são atraídas pelo promissor mercado brasileiro, como a StarMedia, provedor de acesso que começou a operar no país em 1998 e oferece serviços como e-mails gratuitos e chats, e o Yahoo!, site de buscas líder em visitações, cuja versão brasileira chega atrás de vários países, entre eles Alemanha, Dinamarca, França, Espanha e Japão.

Figura 23 Home page do Cadê? (http://www.cade.com.br), um dos principais catálogos de sites do Brasil, mostrando as suas categorias de busca

Para enfrentar a concorrência e disputar uma fatia dos investimentos publicitários, o Cadê? passou a oferecer dois novos serviços: o Cadê Você e o Aqui! O primeiro (http://www.cadevoce.com.br) é um catálogo de correios eletrônicos e de outras informações da Internet. Depois de digitar o nome de uma pessoa procurada, o serviço fornece imediatamente o seu e-mail na tela, naturalmente se ela for previamente cadastrada. Caso o usuário se inscreva no Cadê Você? e preencha no cadastro a opção SecretMAIL, o sistema serve de intermediário desse contato, permitindo assim que a pessoa revele o seu e-mail somente se for do seu interesse.

O Aqui! (http://aqui.cade.com.br) é descrito como um guia dinâmico sobre a Internet na própria Internet, de conteúdo jornalístico.

Bastante dinâmico, colorido e escrito em linguagem informal, o site tem entre suas seções aventura, cinema, comportamento, dinheiro, entrevista, esportes, livros, polêmica, turismo e história em quadrinhos.

A interação é possibilitada pelos endereços de correio eletrônico específicos para cada seção, os quais o usuário pode utilizar para enviar idéias, sugestões, contribuições e reclamações. Ele pode ainda cadastrar seu nome e e-mail para passar a receber semanalmente do Aqui! um correio eletrônico anunciando as novidades do site.

Provedores de acesso

Mais de 400 empresas[2] oferecem serviços de acesso à Internet no Brasil, calculando-se que cerca de 200 mil pessoas, entre novatos e descontentes que mudam de fornecedor, se inscrevem num desses provedores de acesso todos os meses (cf. Bauer, 1998: 76).

Todos os grandes provedores envidam considerável esforço para se transformar em um ponto de entrada da rede, definindo-se como portais para oferecerem cada vez mais serviços adicionais bem como buscar a ampliação constante da sua base de assinantes. Também por sua natureza, os portais despertam forte interesse comercial, uma vez que os usuários tendem a ficar por algum tempo navegando e usando os seus serviços antes de partir para outros sites.

Depois da constatação de que a cobrança pelo conteúdo e pelos serviços pode afastar o consumidor, e assim não garantir o futuro do negócio, os provedores passaram a buscar as receitas publicitárias provenientes da inserção de banners e do patrocínio de grandes eventos nacionais e internacionais, como as eleições e a Copa do Mundo.

A tecnologia permite uma grande precisão nas informações sobre o comportamento dos visitantes de um site portal e do fluxo de consumidores que ele gera para os sites dos anunciantes. Lemos (1998: 4) ainda assegura que "pelo rastreamento dos seus dados pode-se prever qual a abordagem que mais terá chances de atingi-lo com eficiência e quais os tipos de produtos que poderão vir a ser adquiridos por ele".

Muitos sites portais nacionais municiam seus anunciantes e as agências de propaganda com estatísticas on-line sobre a visitação e o número de vezes que o banner foi clicado. Depois, são também preparados e enviados relatórios mais detalhados e explicativos com periodicidade semanal ou mensal, alguns deles auditados para dar mais credibilidade aos números informados pelos veículos aos anunciantes.

O UOL (`http://www.uol.com.br`), que se intitula o maior portal em língua portuguesa,[3] é resultado da união dos grupos Folha e Abril. Recebe diariamente um fluxo de mais de 700 mil pessoas, que passam pela sua porta de entrada interessadas em vários serviços e foram responsáveis, em janeiro de 1999, por um volume diário de 10.827.233 pageviews. Atrás da audiência vêm os anúncios: a carteira de anunciantes da UOL está estimada em 70 clientes ativos.

O UOL oferece 28 estações e 400 canais com mais de 1,8 milhões de páginas de notícias, informação e entretenimento. O seu conteúdo inclui *Folha de S.Paulo*, *Veja*, *Playboy*, *Exame*, jornais internacionais, lojas eletrônicas e muitos outros serviços. A estação favorita no UOL é a de bate-papo, com mais de 670 salas e a possibilidade de cerca de 20 mil participantes conversarem simultaneamente.

Primeiro site na Internet brasileira a praticar o CPM, o UOL deixa para o anunciante decidir quantas vezes quer aparecer no site (contagem por page-views) e o tamanho do seu banner, sendo o pagamento efetuado pela quantidade de vezes que o banner é efetivamente visto. A veiculação pode ser fixa ou rotativa e, de acordo com o padrão do Internet Advertising Bureau, os formatos e tamanhos de banners aceitos são o banner simples (181 × 60 pixels, máximo de 3 Kbytes), full banner (234 × 60 pixels, máximo de 9 Kbytes), half banner (234 × 60 pixels) e botão quadrado (125 × 125 pixels), os dois últimos com até 4 Kbytes.

Figura 24 Home page do UOL (http://www.uol.com.br), um dos maiores portais da Internet brasileira

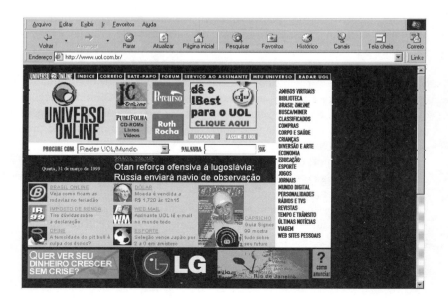

As salas de bate-papo do UOL veiculam banners fixos, com link, no sistema de patrocínio, exclusivamente no formato botão 2 (120 × 60 pixels) e tamanho máximo do arquivo de 1 Kbyte. O anunciante pode escolher as salas mais adequadas ao seu target, o que deve resultar em maior eficiência nos resultados das campanhas de banners empreendidas.

Sites de conteúdo

Os sites de conteúdo atingem uma audiência menor do que os mecanismos de busca e os provedores de conteúdo, mas os anunciantes podem encontrar neles targets específicos para produtos e serviços segmentados. Por outro lado, a cobertura desses sites é, em geral, superior àquela oferecida em categorias e páginas específicas dos mecanismos de busca, o que não implica um número maior de impressões a ser vendido. Pode parecer complicado, mas o conteúdo dos sites, que têm natureza jornalística, é atualizado diariamente ou até várias vezes ao dia, e, assim, muitas exposições atingem a mesma pessoa, que está retornando para acompanhar o desenrolar de um acontecimento.

Figura 25 Página principal do Net Estado (http://www.estado.com.br), site de conteúdo pertencente ao Grupo Estado

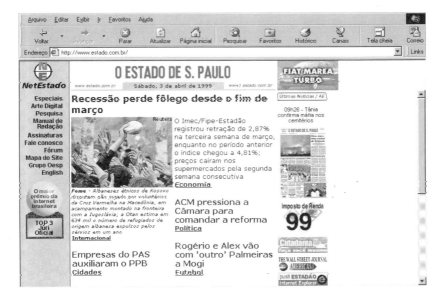

O Grupo Estado está presente na Internet por meio de seis sites: JTWeb (`http://www.jt.com.br`), Agência Estado (`http://www.agestado.com.br`), Rádio Eldorado (`http://www.radioeldorado.com.br`), Listas Amarelas (`http://www.listasamarelas.com.br`), Diretório Estado (`http://www.estadao.com.br`) e NetEstado (`http://www.estado.com.br`). Este último é um site de conteúdo indicado como um dos três melhores veículos de comunicação da Internet brasileira pelo júri oficial do IBest 98-99, que premia os melhores sites em 21 diferentes categorias.[4]

Com uma equipe de seis jornalistas e sete técnicos, o Net Estado oferece acesso totalmente gratuito para as notícias que reproduz de *O Estado de S.Paulo*, além de contar com um núcleo para a produção própria de especiais sobre temas, variando das eleições 98, 40 anos da Bossa Nova, campeonato brasileiro de futebol, até plantas medicinais (cf. Caseiro, 1999c: 22).

O site ainda proporciona diversos serviços para os leitores do *Estadão*, como o Clube do Assinante, e para os usuários em geral, como o guia de cinemas, restaurantes e teatros, os anúncios classificados de empregos e imóveis, a previsão do tempo pela Agência Estado, além do sistema de pesquisa de notícias do arquivo do jornal e do *Manual de redação e estilo*.

A programação de banners, em todos os sites do Grupo Estado, é cobrada a partir do custo por mil impressões, cabendo ao anunciante definir o número total de impressões desejadas, que vão de 40 mil page-views mensais até acima de 1 milhão de page-views também mensais. A exceção é o Marketplace,[5] área de comércio eletrônico que funciona, desde o final de 1998, como parte do site Diretório Estadão, comercializado na forma de cotas com preços fixos mensais para períodos de três até doze meses.

Chats

As salas de bate-papo apresentam, como principal característica, o fato de que seus participantes passam longos períodos conversando entre si, o que os torna bastante suscetíveis à publicidade por meio de banners ou patrocínio.

As áreas de chat oferecem aos anunciantes oportunidades únicas para atingir targets que estão discutindo assuntos específicos, embora também se argumente que os participantes do bate-papo estarão tão entretidos com a discussão que não irão prestar atenção a qualquer anúncio e muito menos clicar um banner que os levará a abandonar a conversa.

Nos chats sem a presença ativa de um moderador, onde está aberta a possibilidade de o bate-papo desviar para rumos inesperados ou abordar questões inapropriadas, o anunciante pode enfrentar situações de risco. De qualquer maneira, a exposição de banners e o patrocínio dessas salas crescem rapidamente e os anunciantes continuam a testar novos modelos de publicidade para verificar a sua adequação ao espaço e a eficácia do seu retorno.

Agora, depois de conhecidos os tipos de mídia mais comuns — mecanismos de busca, provedores de acesso, sites de conteúdo e chats —, o anunciante deve determinar os sites específicos em que os banners serão colocados ou em que o patrocínio será negociado, selecionando os mais adequados para os propósitos da campanha. Um ponto de partida é consultar os diretórios de sites que vendem espaço comercial em veículos de mídia interativa em todo o mundo, possíveis de serem localizados em mecanismos de busca como o Yahoo! (http://www.yahoo.com).

Figura 26 Sessão de chat em canal do StarMedia (http://www.starmedia.com), que localiza na sua parte superior os banners dos seus patrocinadores

205

No Brasil, a Associação de Mídia Interativa oferece no seu site um Catálogo de Mídia Interativa (http://www.ami.org.br/07/07.htm), que relaciona todos os associados da AMI que comercializam espaços para campanhas de banners e patrocínio, além de fornecedores que ajudam a anunciar com mais facilidade na Internet. Tabelas de preço impressas nunca estão disponíveis por causa das constantes mudanças na estrutura de preço e nos tipos de banners, o que as tornariam obsoletas em curto espaço de tempo (e nos parecem também estranhas à "cultura" da Internet).

Serviços de troca de banners

As chamadas "redes de banners" constituem uma oportunidade que deve ser avaliada quando a verba publicitária é muito pequena. A sistemática é simples: grupos de anunciantes trocam os banners entre si, sem qualquer custo, expondo as peças em seus respectivos sites na base de permuta. Embora alguns especialistas considerem o esquema muito amador pela sua própria natureza, ele está se tornando bastante popular.

Empresas especializadas como a Resource Marketing (http://resource-marketing.com/banner.shtml), LinkExchange Incorporated (http://adnetwork.linkexchange.com) e PegasoWeb (http://www.pegasoweb.com/pwbanners/banners.html) prestam o serviço de permuta "Banner Exchange Network", que envolve mais de 400 mil sites em cerca de 30 línguas, com o propósito declarado de promover o aumento do tráfego de internautas e mesmo incrementar os lucros dos pequenos e grandes negócios.

A Digiweb do Brasil (http://www.digibanner.com.br) — representante da Digiweb Incorporation, provedor que hospeda, nos EUA, cerca de 20 mil websites de cem países — lançou recentemente um serviço de troca de banners para a Internet brasileira (cf. Mesquita e Faria, 1999: 28). O sistema Digibanner é gratuito e oferecido para expor o banner ou a logomarca do cliente no sistema de troca entre os associados, que se cadastram, cedem espaço no seu site e o recebem em outros.

O banner é exposto apenas no formato 468 × 60 pixels, nos padrões GIF, GIF animado ou JPEG, com o tamanho máximo de 10 Kbytes, com link para o site do anunciante. Totalmente automático, o sistema exige que o participante preencha um formulário de inscrição e, em seguida, coloque o código HTML fornecido pela Digibanner em uma ou mais páginas do seu site, o qual faz aparecer um banner de outro membro, patrocinador ou da própria Digibanner no site. A cada dois banners publicados no seu próprio site, o associado tem um crédito, ou seja, um banner seu é publicado no site de outro associado.

O sistema Digibanner ainda permite aos participantes acompanhar o andamento da veiculação dos seus banners e informa quantas vezes um determinado site expôs banners de outros associados e a quantidade de cliques recebidos pelo banner do anunciante. Para evitar qualquer tipo de aumento artificial de hits, a Digibanner possui um mecanismo de identificação de IPs que acusa o servidor que acessou o serviço. Assim, se o próprio associado tentar aumentar o número de hits, ele será detectado e excluído do serviço.

Outros sites de troca de banner disponíveis são os brasileiros Banner Link (`http://www.banner-link.com.br`), RDBrasil XChange (`http://www.rdbrazil.com.br/xchange`) e Smart Banner (`http://www.olimpus.com/sb/`); no exterior, podem ser consultados o Smart Clicks (`http://www.smartclicks.com`) e o Net-On (`http://www.net-on.com`).

Negociação de compra de mídia

Após examinar as opções oferecidas e ter selecionado os sites em que a campanha de publicidade on-line será veiculada, o anunciante deve negociar com os veículos a compra de mídia. Além de discutir a localização dos banners e os preços de exposição — sobre os quais podem incidir descontos pela quantidade de impressões —, o momento é importante para definir precisamente o tipo e a periodicidade dos relatórios de audiência que serão recebidos pelo anunciante, já que os mais freqüentes permitem redirecionar a campanha na busca de resultados máximos.

Vale relembrar que a preferência do anunciante deve ficar com os sites que permitem o uso de múltiplos banners, pois, como vimos, os estudos mostram que as taxas de resposta dos anúncios são significativamente maiores quando é usada mais de uma peça. Por sua vez, o veículo deve garantir expressamente o número de impressões contratadas no período de tempo determinado e, naturalmente, o anunciante deve verificar que o link do banner para seu site funcione efetivamente.

A ordem de inserção da campanha publicitária a ser assinada pelo anunciante deve então conter de modo claro todos os pontos previamente discutidos e acertados pelas partes. Zeff e Aronson (1997: 158-9) recomendam que o modelo de contrato contenha, no mínimo, o nome do anunciante, a pessoa responsável pelo pagamento, a data de entrega do banner, a localização do anúncio (em que site, em qual categoria do site, em qual posição da página), o período de exposição, o número de impressões adquiridas e o custo da inserção dos banners.

4. Mensuração dos resultados da campanha

O plano da campanha de publicidade on-line deve ser bem definido e seus objetivos claramente apresentados para permitir a análise dos dados produzidos pelos arquivos de log e pelos relatórios de audiência recebidos durante e depois de uma campanha. Todo bom plano de campanha deve ser também flexível, para permitir que o conhecimento dos resultados de cada esforço da publicidade resulte em ajustes e correções necessárias para o bom desenvolvimento da campanha até o seu final.

Notas

1. Intitulado *Estudo Hotwired de Efetividade da Publicidade*, a pesquisa examinou a eficácia dos banners como ferramentas para a construção de marcas e chegou a importantes conclusões. A primeira descoberta é a de que os banners ajudam a criar o conhecimento de marca on-line. A segunda diz respeito aos nomes de marca, considerados tão importantes na publicidade on-line como na propaganda tradicional.

2. O presidente da Associação dos Provedores de Acesso (Abranet), Antônio Tavares, prevê uma forte redução no número de provedores de acesso da Internet brasileira, a exemplo do que ocorreu nos EUA, em decorrência de quebras, fusões ou aquisições. Sua previsão gira em torno de 200 provedores operando no ano 2000, sendo 30 deles de boa qualidade.

3. O UOL tem concorrentes de peso da Internet mundial presentes de forma definitiva no mercado brasileiro: a America OnLine (AOL), StarMedia e Yahoo! A primeira, maior provedor de acesso e de conteúdo do mundo, realizou uma *joint venture* com o grupo venezuelano Cisneros para lançar seus serviços na América Latina. A AOL tem como prioridades iniciais o Brasil, a Argentina e o México, que recebem em conjunto um investimento de US$ 100 milhões. O faturamento da empresa chega a US$ 3 bilhões, tendo, nos EUA, na Alemanha e no Japão, um total de 14 milhões de assinantes, e mais 2 milhões da CompuServe, companhia concorrente que adquiriu recentemente. Por sua vez, o grupo Cisneros tem um faturamento anual estimado no mesmo valor da AOL, e está presente em 39 países com 70 empresas, principalmente na área de televisão, mas atua também em telecomunicações, tecnologia, alimentos e bebidas (cf. Bauer, 1999a: 22).

4. O Prêmio IBest foi idealizado e realizado pela primeira vez em 1995 por Marcos Wettreich, na época publisher da revista *Internet World*. Atualmente se transformou numa empresa, a IBest Company, que todo ano promove a premiação das melhores páginas da Internet brasileira. As duas categorias iniciais do prêmio — pessoa física e pessoa jurídica — foram ampliadas para 21: lazer/entretenimento, arte/cultura/religião, meios de transportes, bebidas/alimentos, serviços corporativos, serviços financeiros/seguradoras, indústria/comércio, informática/telecomunicações, es-

portes, saúde, educação/treinamento, provedores de acesso, governo/associações, veículos de comunicação, infantil, personalidades, pessoal, bancos, comércio eletrônico, serviços on-line e revelação. Os sites que participam são julgados nos quesitos conteúdo, apresentação, sofisticação, navegabilidade, harmonia e aderência ao negócio (este apenas para os sites corporativos) e concorrem então a premiações pelo Júri Oficial — composto de profissionais da Internet — e pelo Júri Popular, formado por todos os internautas que votarem no site do IBest (http://www.ibest.com.br). Existe ainda o Júri Imprensa, que aponta os 3 melhores sites entre todos.

5. Criado para o pequeno anunciante da Web e dirigido a um público totalmente segmentado, o Marketplace oferece 22 seções, que vão de Alimentação a Veículos. A compra de uma cota pelo anunciante em uma das seções engloba "a sua inserção na home do Marketplace por meio de um banner e de um pequeno texto publicitário — exibidos três por page-view, de forma rotativa — que conduzem o internauta a uma área de cinco páginas para divulgação das atividades da empresa; a sua inclusão na lista de anunciantes publicada nos suplementos das edições impressas do *Estadão* e do *JT*; além de um slogan que aparece — também na forma de revezamento — nos banners do Marketplace espalhados pelos seis sites do Grupo Estado" (Lemos, 1998a: 7).

Capítulo **9**

O comércio eletrônico na rede mundial

As empresas têm de se preparar para enfrentar o impacto da espantosa evolução do número de usuários da Internet no comércio de produtos e das transformações advindas do comércio eletrônico mundial.

Neste capítulo são examinados o potencial atual e futuro do e-commerce em todo o mundo e as formas da presença comercial de uma empresa na Web, além das iniciativas pioneiras — e muitas de sucesso — que reforçam o comércio eletrônico como uma nova e atraente alternativa de negócio para as companhias brasileiras.

Comércio eletrônico no ambiente empresarial

Nos últimos anos, o ambiente organizacional tem experimentado profundas mudanças, relacionadas, em sua maioria, com as tecnologias da comunicação. A globalização de mercados e a integração interna e externa das empresas, por exemplo, caracterizam um novo ambiente empresarial, no qual as organizações dos mais variados setores têm realizado significativos investimentos em Tecnologia da Informação (TI), passando a oferecer produtos e serviços amplamente apoiados nessa tecnologia.

Assim, seja pelo novo ambiente empresarial ou por força das influências entre os setores, todas as organizações têm sido afetadas pela nova realidade do mercado e comércio eletrônicos. Essa situação tem exigido das organizações grande esforço para a assimilação e a utilização das tecnologias de informação referentes a comércio eletrônico, em sua operacionalização e em sua estratégia competitiva. (Albertin, 1999: 11-2).

210

O comércio eletrônico é a mais recente e promissora aplicação criada com a TI, que não se restringe apenas à compra e à venda de produtos e de serviços por meio de redes de computadores. Os sistemas de Comércio Eletrônico (CE) podem ser explorados para fins de comunicação entre filiais, conectividade com clientes e com fornecedores, publicidade e, naturalmente, a realização de transações comerciais. O conceito de comércio eletrônico, segundo Kalakota & Whinston (cit. em Albertin, 1999: 15), deve então ser entendido sobre quatro diferentes perspectivas:

- de uma perspectiva de *comunicações*, o CE é a entrega de informações, produtos/serviços ou pagamentos por meio de linhas de telefone, redes de computadores ou qualquer outro meio eletrônico;
- de uma perspectiva de *processo de negócio*, o CE é a aplicação de tecnologia para a automação de transações de negócio e fluxos de dados;
- de uma perspectiva de *serviço*, o CE é uma ferramenta que endereça o desejo das empresas, dos consumidores e da gerência para cortar custos de serviços, enquanto melhora a qualidade das mercadorias e aumenta a velocidade da entrega do serviço;
- de uma perspectiva *on-line*, o CE prevê a capacidade de comprar e vender produtos e informações na Internet e em outros serviços on-line.

A disseminação do sistema de comércio eletrônico, em todas as suas formas, tem como peça-chave a grande adoção desses tipos de tecnologias por clientes, fornecedores e empresas. A disseminação das novas tecnologias enfrenta sempre obstáculos — entre eles, a natural resistência a mudanças, os aspectos percebidos com a nova tecnologia, a necessidade de infra-estrutura e os benefícios percebidos —, mas pode ser beneficiada pela curva de aprendizagem acumulada pelas tecnologias anteriores. Por isso, os tempos de adoção de tecnologias como o pager, fax, videocassete, telefone celular, computador pessoal, CD-ROM e Web têm sido cada vez mais curtos.

Comércio eletrônico no mundo

Montar uma loja virtual é, sem dúvida, muito mais complicado do que fazer um site na Internet. Mas tem futuro: as amplas e ainda promissoras possibilidades do comércio eletrônico na Internet agora despertam a atenção de empresas e comerciantes, estimulando os empreendedores a se tornarem os novos webmilionários do e-commerce.[1]

Tabela 20 Redução de custos nas transações do comércio on-line

Negócios e serviços	Reduções de custo (%)
Atendimento ao cliente	10 a 50
Pedidos on-line	50 a 96
Serviços bancários	88
Venda de passagem área	87
Venda de software	97 a 99

Fonte: Adaptado de Nunomura e Fernandes, 1999a: 89.

Um estudo da Organização para a Cooperação e o Desenvolvimento Econômico (OCDE), revelou o impacto que o mundo digital deve causar nas empresas em todo o mundo. Até 2005, segundo a OCDE, o CE deve movimentar uma cifra em torno de US$ 1 trilhão, trazendo ainda ganhos pela redução de custos nas transações e nos serviços prestados (ver Tabela 20), além de um aumento da produtividade estimado em mais de 50%.

Estimativas mundiais de vendas on-line

As projeções do volume mundial de negócios pela Internet são desencontradas e muitas vezes disparatadas. A Activ-Media prevê, para 2001, um volume total de transações comerciais, de todos os tipos, no chamado e-business, da ordem de US$ 1,049 trilhão, que devem corresponder a 2% do PIB mundial. Para o mesmo ano, as previsões mais conservadoras da Jupiter Communications, que consideram apenas as vendas no varejo concretizadas na Internet, o denominado e-commerce, estimam um volume total de vendas de US$ 65 bilhões, enquanto a Forrester Research aponta que, já em 1998, o comércio eletrônico global superou os US$ 55 bilhões. Mais otimistas, o International Data Corporation Research (IDC Research) e o Dataquest, pertencente ao Gartner Group, projetam, para 2001, valores de vendas mundiais no varejo eletrônico entre US$ 200 e US$ 400 bilhões (cf. Ribeiro, 1998: 64).

Na Europa, o CE está em uma fase de franca expansão. O relatório *European Market for Internet Electronic Commerce*, produzido pelo instituto Frost & Sullivan (cit. em Puterman, 1998c: 27), estimou que, em 2004, o número de europeus com acesso à Internet deve chegar a 44,9 milhões, contra 9,9 milhões estimados em 1997. O volume de vendas on-line previsto para 2004 é da ordem de US$ 8 bilhões, bastante superior aos US$ 35 milhões realizados no mercado europeu em 1997, e as receitas serão geradas até 2004 por produtos de consumo (40%), serviços on-line e informação (40%) e produtos corporativos (20%).

Tabela 21 Vendas mundiais de mercadorias e serviços na Internet (1997-2001)

Produto	Receita em 1997 em US$ milhões	Receita em 2001 em US$ milhões*
Negócios entre empresas	8,000	183,000
Serviços financeiros	1,200	5,000
Viagens	654	7,400
Artigos de informática	863	3,800
Entretenimento	298	2,700
Ingressos para espetáculos	79	2,000
Livros e discos	156	1,100
Roupas e sapatos	92	514
Total	11,342	205,514

(*) Estimativa da Forrester Research/*Business Week*.
Fonte: Lopes, 1998: 92.

Nos EUA, as vendas pela Web alcançaram, em 1998, o surpreendente volume de US$ 13 bilhões, ainda representando pouco mais de 1% das vendas totais do varejo norte-americano.[2] Mas algumas operações comerciais na rede registraram crescimentos de até 700% ao mês, se comparadas com o volume de vendas do mesmo período no ano anterior, o que evidencia forte tendência do crescimento da escalada do comércio virtual na rede e sua gradativa conquista de parte das vendas realizadas pelos canais de varejo tradicionais (cf. Bates, 1999: 40).

A livraria virtual Amazon.com (`http://www.amazon.com`) é um bom exemplo do potencial de crescimento das vendas na rede mundial e tem sido tomada como verdadeiro paradigma de sucesso no mundo dos negócios virtuais. A partir de uma lista em que enumerou, em 1994, cerca de 20 produtos que poderiam ser comercializados na rede — uma idéia bastante ousada na época —, o ex-analista de sistema em Wall Street, Jeffrey Bezos, escolheu o comércio de livros.

Atraído pela grande quantidade de itens que existem na categoria, maior do que em qualquer outra, e convencido de que livros não apodrecem, não saem de moda e os leitores se sentem à vontade para comprar on-line, Bezos fundou a Amazon em julho de 1995. Brito (1997: 34) revela que a sede da companhia foi instalada em Seattle, no estado de Washington, por três razões estratégicas. Primeiro, pela sua localização a apenas seis horas de Roseburg, estado do Oregon, um dos maiores centros de distribuição de livros nos Estados Unidos. Segundo, pelo fato de Seattle contar com uma oferta de mão-de-obra altamente qualificada, com a Microsoft em sua vizinhança lançando centenas de técnicos no mercado. Terceiro, o que é considerado da maior importância, pelo fato de o estado de Washington oferecer as taxas sobre vendas mais baixas dos Estados Unidos.

Pioneira no seu mercado e beneficiada no início pela intensa propaganda boca-a-boca entre os internautas, mesmo assim a livraria virtual investiu pesadamente em publicidade tradicional para tornar a marca Amazon.com conhecida.[3] Depois de três anos de funcionamento, a empresa norte-americana chegou ao faturamento de US$ 600 milhões e suas ações saltaram de US$ 20 para US$ 400, embora até hoje ela opere com prejuízos e tenha previsão de resultado positivo apenas para 2003.

Quadro 18 Perfil comparativo entre empresas baseadas na Web e empresas tradicionais

Empresas baseadas na Web	Empresas tradicionais
Pioneiras	Seguidoras
Reinventam o negócio	Defensivas
Ágeis, flexíveis e inovadoras	Transferem negócios convencionais para o novo canal
Informais	Geram conflitos entre os múltiplos canais
Entendem as regras do comércio eletrônico	Entendem os clientes
Sem história	Têm história e marca forte
Livres para construir uma nova visão de mundo	Têm estrutura e modelo de negócios crescentes
Criam a oportunidade	Precisam de reestruturação para as novas oportunidades

Fonte: Adaptado de Gurovitz, 1999:152.

As perdas da empresa são explicadas por Jeffrey Bezos como parte de sua estratégia empresarial de começar cedo, gastar e reinvestir tudo o que for possível para construir uma marca poderosa, na expectativa de que os lucros virão mais tarde e serão muito compensadores. Mesmo que a Amazon se torne lucrativa, contrapõe Nicole Vanderbilt (cit. em Willis, 1998: 62), da Jupiter Communications, as margens de lucro devem ser muito pequenas, pois hoje várias livrarias virtuais concorrem on-line com ofertas e promoções a preços menores. As promoções da Barnes & Noble deram descontos de até 40% aos seus clientes; a Wal-Mart, uma das maiores vendedoras de livros nos Estados Unidos, apresentou reduções de até 45% no preço de capa; e a iniciante Buy.com tem ofertas com descontos de até 50%.

Mas a popularidade do site Amazon.com é incontestável.[4] Com uma média de 8,6 milhões de visitantes por mês e cerca de 6,2 milhões de clientes em 1998, é o mais visitado site varejista da Internet, seguido pela Columbia House On-Line, que vende CDs. As vendas atingiram, no mesmo ano, o total de US$ 610 milhões, com o recorde de faturamento de US$ 6 milhões em um só dia, no Natal de 1998.

A ascensão da Amazon.com, segundo Willis (1998: 58), reflete algumas características do seu próprio modelo empresarial, que devem, na medida do possível, ser também perseguidas em outros negócios virtuais: natureza do produto, abrangência e facilidade de busca de títulos, formação de comunidades virtuais, registro de preferências dos clientes, vendas interligadas, baixos estoques e alto giro da mercadoria.

- *Natureza do produto.* Os livros podem ser considerados quase *commodities*, pois não é preciso experimentá-los antes de comprar. Além disso, são produtos de preço relativamente baixo, fáceis de transportar e muitas vezes adquiridos por puro impulso.
- *Abrangência e facilidade de busca de títulos.* Comparada a uma livraria tradicional, a Amazon.com tem a vantagem de possuir uma lista enorme de títulos — 4,7 milhões contra 175 mil títulos das maiores megastores da rede Barnes & Noble —, e ainda oferece a facilidade de busca no seu catálogo on-line.
- *Formação de "comunidades virtuais".* Desde o seu princípio, a Internet tem construído "comunidades virtuais", reunidas em torno de alguma característica ou interesse comum, como história antiga (http://www.ancientsites.com), ficção científica (http://www.scifisites.com), política (http://www.the-peoplespeak.com) e até uma comunidade só para mulheres (http://www.i-village.com). A Amazon conseguiu trans-

por esse conceito para o mundo dos negócios, criando então uma comunidade virtual composta por seus clientes-leitores, funcionários e escritores, fortalecida pela publicação no site de resenhas de livros escritas por seus funcionários e aquelas enviadas pelos próprios leitores.

- *Registro de preferências dos clientes.* As compras de pedidos anteriores e a indicação pelos clientes de livros, autores e gêneros literários preferidos permitem à Amazon manter registros das preferências dos seus clientes. Essas informações são então empregadas para gerar sugestões e recomendações de obras adicionais aos clientes que estejam visitando o site, o que pode resultar maior quantidade de títulos nos pedidos de compra.
- *Vendas interligadas.* Os temas abordados pelos livros são quase infinitos, o que permite a prática da venda interligada do produto.[5] A Amazon.com tem alianças e acordos assinados com quase 28 mil sites, que permitem ao visitante de uma página de receitas culinárias, por exemplo, clicar em um botão para ser redirecionado ao site da livraria e fazer também seu pedido de livros de culinária.
- *Serviços ao consumidor.* A Internet também é um meio de prestar assistência de melhor qualidade aos clientes. No site Amazon.com, o usuário pode obter informações sobre lançamentos, remessa de pedidos anteriores e limite de crédito, tudo da maneira mais barata para a empresa do que montar centrais de atendimento telefônico.
- *Baixos estoques e alto giro da mercadoria.* A Amazon pode manter um estoque pequeno ou mesmo não ter os títulos menos procurados, encomendando aos distribuidores quando o livro for pedido pelos fregueses. O resultado é que o estoque da Amazon tem um giro médio de 42 vezes no período de um ano, contra apenas 2,1 vezes no caso das maiores livrarias norte-americanas.

A voz e a vez da América Latina

A América Latina ocupa a quarta posição no ranking mundial de internautas, com cerca de 4,5 milhões de usuários, o que constitui um indicador promissor das possibilidades do comércio eletrônico. Para dar voz à comunidade empresarial da região na Internet e expor suas necessidades e reivindicações perante a estrutura mundial da rede, as entidades empresariais dos países latino-americanos e do Caribe criaram, no Rio de Janeiro, em fevereiro de 1999, a Federação Latino-Americana e do Caribe para Internet e Comércio Eletrônico (http://www.ecom-lac.org), também conhecida pela sigla eCOM-L@C.

A nova federação conta com a adesão de entidades empresariais da Argentina, do Brasil, do Uruguai, do Peru e da Colômbia, devendo entrar em breve na lista o México, Paraguai, Chile e Equador. Pelo Brasil, participam da eCOM-L@C a Associação Brasileira dos Provedores de Acesso, Serviço e Informação da Rede Internet (Abranet), a Associação Nacional dos Provedores de Internet (Anpi), a Associação de Empresas Brasileiras de Software e Serviços de Informática (Assespro) e a Associação Brasileira de Empresas Estaduais de Processamento de Dados (Abep).

A união das entidades empresariais ligadas à Internet na Federação Latino-Americana e do Caribe para Internet e Comércio Eletrônico tem o propósito de evitar medidas que possam prejudicar o desenvolvimento da rede na região, principalmente depois da criação, pelo governo norte-americano, do Internet Corporation for Assigned Names and Numbers (Icann). Embora o novo órgão tenha o importante papel de gerenciar os domínios e a estrutura da rede em todo o mundo, entre os seus membros não existe nenhum representante de países da América Latina e do Caribe.

O argentino Oscar Messano, presidente do comitê executivo da eCOM-L@C, assegura que a federação não pretende atuar na regulamentação da prática do comércio eletrônico, mas estabelecer diretrizes que beneficiem todos os países envolvidos (cf. Liskauskas, 1999: 22). Neste caso, a ação da eCOM-L@C também poderá estimular e favorecer o desenvolvimento do e-commerce entre os países integrantes do Mercosul, nos quais se estima que sejam feitas vendas on-line de US$ 200 milhões, em 1999, e de cerca de US$ 1,5 bilhão, em 2003. Portanto, um crescimento de sete vezes em quatro anos.

Na América Latina, o primeiro estudo sobre o comércio eletrônico realizado pelo The Boston Consulting Group (BCG) por meio da coleta e análise de dados junto aos maiores *players* da atividade, e não por previsões, comprovou que o crescimento das vendas para os consumidores virtuais (business-to-consumer) tem sido exponencial, como nos países do Primeiro Mundo. Em 1998, a atividade atingiu um movimento de US$ 167 milhões — US$ 77 milhões faturados pelas empresas sediadas na região e US$ 90 milhões gastos pelos latino-americanos em sites baseados nos Estados Unidos —, ocupando o mercado brasileiro uma posição de liderança absoluta, com 88% do movimento total, apesar de ter apenas 45% do total de usuários latino-americanos.

A pesquisa empreendida pelo BCG analisou e esclareceu cinco mitos correntes sobre o comércio eletrônico na América Latina, assim comentados por Sampaio (1999: 4):

1. Para a crença de que a América Latina não é um mercado atraente para a atividade, ficou constatado que na verdade não existe homogeneidade na região, pois o Brasil está muito bem, Argentina e México estão na trilha certa, em outros países a atividade vem crescendo rapidamente e nos demais ainda existe um longo caminho pela frente.

2. Para o preconceito de que os "latinos" não gostam de comprar na Internet em razão de uma necessidade cultural de "tocar e sentir", o estudo comprova que parcelas expressivas da população com acesso à www utilizam de forma regular e crescente o e-commerce.

3. Para o mito de que existia uma barreira intransponível decorrente da falta de acesso às ferramentas para a conexão à Internet, constatou-se que cerca de 10 milhões de domicílios na região já estão plugados.

4. Para a idéia de que as empresas globais de e-commerce são uma enorme ameaça para os varejistas locais, constatou-se que barreiras alfandegárias ainda protegem os concorrentes locais, mas as grandes diferenças de preço e variedade realmente tornam atrativos os sites estabelecidos nos EUA.

5. Para o fato de que a AL está muito atrasada em termos de infra-estrutura de telecomunicações existe a realidade de que nos principais países as privatizações estão mudando esse panorama com grande velocidade.

O potencial para o comércio eletrônico na América Latina é muito grande em razão da menor cobertura e inventário do varejo, mas muitas barreiras precisam ser superadas, entre elas o relativo alto custo dos equipamentos, a baixa cobertura e as altas tarifas das telecomunicações, a ausência na Web das lojas virtuais de importantes varejistas, a lentidão da maioria dos sites existentes, as barreiras alfandegárias e a desconfiança da população.

Focando o comércio eletrônico no Brasil

O baixo custo operacional das transações pela Web e a perspectiva de crescimento exponencial nos negócios eletrônicos estão levando muitas empresas a abrir suas lojas virtuais. No Brasil, a expansão do comércio on-line tem outros aliados: a recente adesão dos grandes nomes do varejo à rede e as condições geográficas do país, altamente propícias aos investimentos.

Mas as grandes barreiras a serem enfrentadas e superadas são a crônica situação socioeconômica do país e a pequena base de consumidores on-line, poucos fora do eixo Rio-São Paulo. O mercado brasileiro tem aproximadamente 4 milhões de usuários, contra 60 milhões nos EUA, e uma média salarial *per capita* dez vezes menor do que a dos norte-americanos.

Embora os números sejam modestos, as perspectivas para o comércio eletrônico no país são animadoras. O escritório local do International Data Corporation (IDC) projetou que, nos próximos quatro anos, os brasileiros vão triplicar seus gastos com compras na Internet. Em 1999, de uma base de 3,8 milhões de internautas, 331 mil são compradores que devem realizar um gasto anual *per capita* de US$ 215. Em 2003, o Brasil terá 7,5 milhões de internautas, dos quais 1.126.000 serão consumidores responsáveis por um gasto anual *per capita* de US$ 675.

Os consumidores virtuais brasileiros não são muito diferentes em comportamento dos compradores do restante do mundo, mas gastam mais comprando em lojas estrangeiras do que nas nacionais (ver Tabela 22). Atualmente os EUA levam uma considerável vantagem na corrida do comércio eletrônico mundial, pelo seu pioneirismo na Internet e pela agressiva estratégia de vendas e de estímulo às lojas virtuais.

Tabela 22 Gastos dos consumidores do Brasil, da Ásia, da Europa e dos Estados Unidos nas lojas virtuais nacionais e internacionais

Continentes e países	Lojas nacionais (em %)	Lojas internacionais (em %)
Brasil	26	74
Ásia	35	65
Europa	59	41
Estados Unidos	90	10

Fonte: IDC Brasil.

O crescimento do varejo no comércio eletrônico brasileiro ainda está vinculado ao aumento da base de PCs domésticos — atualmente, há apenas um computador para cada 32 habitantes —, à melhoria dos meios de acesso para superar o congestionamento na superestrada da informação e à superação da conhecida aversão do internauta brasileiro ao uso do cartão de crédito para fazer compras na Internet.

Em um mercado onde reina a desconfiança, a intermediação dos grandes bancos brasileiros nas operações de comércio eletrônico contribui para a construção da credibilidade do sistema. Pioneiro na criação desse tipo de serviço, o Bradesco disponibilizou para os lojistas o primeiro sistema de compras on-line baseado no padrão SET, que recebeu o nome de BradescoNet Comércio Eletrônico. A chegada de lojas seguras chanceladas pelo setor bancário pode permitir que o consumidor faça compras on-line mesmo em estabelecimentos dos quais nunca ouviu falar, pela transferência do prestígio desfrutado pela instituição bancária.

Tabela 23 Participação das vendas pela Internet no faturamento das empresas brasileiras e a expectativa para os próximos dois anos

Participação das vendas on-line no faturamento da empresa (%)	Ano	
	1999 (%)	2001 (%)
Menos de 2	43,1	13,8
Entre 2 e 5	10	20
Entre 5 e 10	5	11,9
Entre 10 e 25	1,3	10
Mais de 25	1,9	8,8
Sem resposta	38,8	35,6

Fonte: DRC/Pesquisa com 200 empresas — março/1999.

Outra alternativa para alavancar o comércio business-to-consumer é a criação de shoppings virtuais, agora associando lojas menores aos grandes nomes do varejo. O princípio é o mesmo de um shopping tradicional, explica o vice-presidente da Microsoft no Brasil, Jorge Salles: "[...] duas ou três lojas conhecidas do grande público funcionam como âncoras de todo o complexo de vendas" (cit. em Baiense, 1998a: 41). Também as vantagens são semelhantes: diluição dos custos de marketing entre todos os lojistas virtuais, volume de tráfego que garante a visibilidade entre milhares de outros sites e controle da gerência do serviço.

Por sua vez, os provedores de acesso e de conteúdo argumentam que os lojistas devem estar nos lugares de grande tráfego, preparando e já colocando em operação as suas áreas de comércio eletrônico. A remuneração do site hospedeiro é feita pelo pagamento anual de um valor fixo e previamente estipulado, o que não é muito comum, ou com uma comissão sobre cada venda, estabelecida em percentuais diferentes para cada caso.

A Livraria Cultura iniciou suas vendas on-line em 1994 por meio de uma BBS — portanto uma pioneira do comércio eletrônico no Brasil, hoje com 7% do faturamento total da empresa proveniente da Web — e depois estabeleceu parcerias com pequenas editoras, agências de turismo e provedores de acesso (como o Mandic e SBT On Line) para vender seus livros por intermédio dos sites. O acordo mais recente, com o UOL, apresentou resultados bastante positivos: a audiência cresceu 70% logo no primeiro fim de semana no novo endereço, esperando-se, passado o impacto da novidade, que o tráfego se estabilize num patamar 50% superior ao anterior (cf. Bauer, 1999: 73).

Figura 27 A Livraria Cultura (http://www.livcultura.com.br) tem a sua porta de entrada no UOL e disponibiliza ao usuário cerca de 240 mil títulos.

No ambiente corporativo, a perspectiva das vendas business-to-business é de explosão a curto prazo, pois o relacionamento eletrônico entre parceiros comerciais já é uma realidade, prevendo-se na virada do século uma participação entre 80 e 90% no faturamento total. O número de empresas que adotam soluções de comunicação em rede, como o Electronic Data Interchange (EDI), é significativo, calculando-se que as suas transações eletrônicas movimentem hoje 14 vezes mais dinheiro que as transações pela Internet.

Outras empresas procuram mesclar as duas tecnologias, mantendo seus sistemas antigos e, ao mesmo tempo, desfrutando os custos mais baixos da rede mundial. Lopes (1998: 94) prevê que, em 2003, mais de 30% dos dados EDI deverão estar trafegando pela Internet. Já muitas corporações de grande porte acham temerário migrar para a Internet, em virtude de as redes EDI serem mais confiáveis, e procuram unir suas redes internas com as redes dos parceiros, criando as chamadas extranets, que propiciam economia de custos e promovem o relacionamento mais próximo com distribuidores e fornecedores.

Tecnologia para as transações comerciais

O promissor mercado brasileiro de software para o comércio eletrônico atraiu grandes empresas de informática — Netscape, General Electric Information Service (GEIS), Intel, IBM, Unisys e Microsoft — para o investimento no desenvolvimento de tecnologias que facilitem as transações comerciais pela Internet (cf. Ribeiro, 1998a: 69).

Quadro 19 Softwares e soluções para os negócios business-to-business e business-to-consumer

Produto	Características	Fabricante/ distribuidor
Changengine	Software para WorkFlow que usa tecnologia orientada a objetos; para automação de processos de negócios	HP
Visual Age e-business	Conjunto de ferramentas integradas para transações eletrônicas entre empresas: Visual Age for Java, NetObjects Fusion, Lotus BeanMachine, Lotus Domino Go Webserver, DB/2 Universal Database Developers Edition; faz a integração Web-mainframe	IBM
NetCommerce	Software para criação e implantação de uma loja virtual voltado para transações entre empresas e consumidores	IBM

Quadro 19   Softwares e soluções para os negócios business-to-business e business-to-consumer (*cont.*)

Produto	Características	Fabricante/ distribuidor
Domino. Merchant 2.0 Pack Server	Pacote de ferramentas para criação e gerenciamento de sites (SiteCreator 2.0, Lotus Domino 4.6 Server, Electronic Commerce Application)	Lotus
SiteServer 3.0 Commerce Edition	Pacote para transações eletrônicas business-to-business e business-to-consumer. É composto dos módulos Commerce Interchange Pipeline (EDI Internet), ADServer (promoções com tecnologia Push), Microsoft Transation Server (controle de transações), Front Page98 (criação de sites), Internet Explorer 4.0 e IEAK (kit de customização do browser)	Microsoft
Suite Spot	Família de servidores de e-mail, diretórios, proxy	Netscape
Commerce Xpert	Família de programas para transações eletrônicas composta de cinco módulos: ECXpert (EDI Internet), SellerXpert (vendas por catálogo), BuyerXpert (gerencia processo de compras), MerchantXpert (vendas ao consumidor) e PublishingXpert (venda de conteúdo)	Netscape
Application Server	Software que permite a construção de aplicações para Internet buscando informações no mainframe	Netscape
Communicator Pro	Versão do navegador com a função Host-on-demand, que permite emular um terminal IBM e acessar o mainframe	Netscape
Transact	Software para identificação eletrônica de comprador e vendedor que faz cálculo de tarifas e impostos, gera recibos digitais da transação e autentica a compra	Open Concept
Internet Commerce Server	Pacote para vendas e marketing na Web	Oracle

Fonte: Ribeiro, 1998a: 69.

O e-Business Center da IBM, instalado em São Paulo desde o final de 1997, é um dos centros de apoio aos interessados em fazer negócios entre empresas (business-to-business) e entre empresa e consumidor (business-to-consumer). O espaço é um verdadeiro laboratório mantido pela IBM para permitir ao cliente acompanhar e entender todas as etapas do processo e o funcionamento de cada aplicação.

Já a Unisys, que consumiu oito meses de trabalho na montagem do seu Internet Data Center, tem em mira o mesmo tipo de clientes da IBM para o seu centro de dados e serviços voltados para Internet, intranet e extranet. Para eles, sejam pessoas ou corporações que querem participar da Internet, o I-Net Data Center presta serviços de consultoria, indicando as ferramentas existentes no mercado para cada caso, ou até mesmo desenvolve os sites, hospeda sistemas e equipamentos Web e gerencia o negócio do cliente, numa verdadeira parceria.

Comércio eletrônico nas empresas brasileiras

Uma pesquisa da *Internet Business* com as 250 maiores empresas do Brasil, segundo o Balanço Anual 97 da *Gazeta Mercantil*, mostra que as dúvidas e as incertezas sobre comércio eletrônico não são exclusivas das pequenas e médias companhias.

Realizado entre os meses de março e abril de 1998, com o apoio técnico do Laboratório de Pesquisa de Opinião da Universidade do Estado do Rio de Janeiro, o levantamento apontou que apenas 14% das grandes corporações brasileiras apostam no potencial de vendas on-line no varejo. Mesmo o business-to-business, a grande promessa dos negócios eletrônicos, tem presença pouco expressiva entre os sites que fazem vendas, com 51% deles focados nas corporações (cf. Baiense, 1998b: 45-6).

O horizonte de novos negócios que uma simples home page pode abrir ainda não foi percebido pela maioria das grandes empresas. A publicidade on-line, por exemplo, está presente em somente 8% dos sites analisados no estudo, enquanto Baiense (1998b: 46-7) destaca que a venda de conteúdo, considerada também uma tendência promissora, só é explorada por 3% das principais empresas brasileiras.

No estudo do consultor Maurício Gerbaudo Morgado sobre a presença na Internet das 500 maiores empresas brasileiras listadas na edição de 1998 de *Exame Maiores e Melhores*, já examinado no Capítulo 4, os dados demonstram ainda que o uso da Web como canal de venda é muito baixo. Entre elas, enquanto 29 empresas apresentam produtos pela rede mundial de computadores, apenas 17 concluem a venda ao internauta.

Das 17 companhias que fazem transações completas de venda, quatro são indústrias, dez são estabelecimentos varejistas, existindo ainda uma editora, uma empresa aérea e um atacadista. Na composição do grupo, explica o consultor, o pequeno número de indústrias deve-se ao medo das empresas "de atravessar e ferir a tradicional cadeia de distribuição", enquanto a maioria de empresas varejistas pode ser justificada "pela tentativa do varejo de oferecer comodidade ao consumidor e de sair à frente da concorrência" (Gonçalves, 1998: 45).

Indústria *versus* empresas varejistas

Durante muito tempo, as escolas de administração enfatizaram que os fabricantes só podiam promover o crescimento dos seus negócios com o lançamento de novas marcas, extensão de linhas ou expansão global da empresa. Para evitar os conflitos entre os canais de venda, os limites estavam claramente definidos, com a possibilidade de negócios por meio da venda direta, indireta e varejistas, as quais se realizavam de maneira quase exclusiva.

Aos poucos, entretanto, os três começaram a invadir o território uns dos outros e, agora, os fabricantes podem considerar as novas opções: construir seus próprios locais de venda, vender por *mail order*, vender pela Internet, construir databases de consumidores para se associar ao varejo (Collinger, 1998: 26). Tanto no business-to-business como na venda on-line direta ao consumidor, as empresas sabem perfeitamente que ela traz em seu bojo a perigosa perspectiva de conflito com os canais de vendas tradicionais: revendas, parceiros e distribuidores.[6]

A expansão do comércio varejista e o surgimento das redes de grande porte também contribuíram para que o fabricante perdesse parte do controle do processo para os varejistas, que passaram a adotar estratégias de marketing e de comunicação destinadas a promover e aumentar a fidelidade do consumidor às suas lojas e não às marcas individuais.

O comércio eletrônico é muito tentador e compensador, tanto pelo volume de vendas possível de ser gerado quanto pela redução de preços que pode proporcionar aos produtos e serviços, estimada em mais de 15%. A Dell Computer, por exemplo, engrossou o seu faturamento mensal em US$ 300 milhões graças às vendas on-line, enquanto a Clinique, uma conhecida marca de cosméticos, inaugurou discretamente o seu site, depois de garantir às grandes lojas e aos shoppings que não venderá mais baratos seus produtos na Internet.

No competitivo mercado norte-americano de passagens aéreas, o advento da Internet estimulou as grandes companhias de aviação a marcarem sua presença em sites próprios para promover e realizar vendas diretas ao consumidor. A grande pressão dos sites das empresas aéreas — e mesmo dos sofisticados sites de viagem — sobre os intermediários varejistas permitiu aos especialistas do setor fazer a previsão do fechamento, a curto prazo, das pequenas agências de viagem.

Quadro 20 Variáveis na formação de preços de produtos hoje e no futuro virtual

Hoje	No futuro virtual
Fixos	Flexíveis
Determinados por quem vende	Determinados por quem compra
Baseados na oferta	Baseados na demanda
Baseados no histórico de vendas	Baseados nas vendas do momento
Baseados nas características do produto	Baseados em serviços e no contexto dos produtos
Variam de tempos em tempos	Variam a cada segundo

Fonte: Gurovitz, 1999a: 138.

No Brasil, por enquanto, as vendas diretas realizadas pelos fabricantes no comércio eletrônico ainda não assumiram proporções e volumes suficientes para incomodar ou assustar as empresas varejistas tradicionais. Uma das razões, para Luiz Carlos Pimentel, diretor de Vendas Diretas da Compaq, é que o cliente que compra pela Internet é diferente da média — uma pessoa muito exigente e bem informada —, e corresponde a uma parcela muito pequena da sociedade. As revendas são então muito importantes, pois vão atender e vender para aquela maioria que não tem a menor idéia do que comprar (cit. em Brito e Rosa, 1999: 20).

Os fabricantes brasileiros com sites transacionais na Internet têm sido muito cautelosos no trato com a sua rede física de distribuição. A Ford é um exemplo típico dessa preocupação. Pretendendo aumentar em 10% a venda de caminhões da marca, a montadora anunciou, no final de 1998, um novo serviço de venda pela Internet, que não prejudica os distribuidores, pois eles serão responsáveis pela entrega, revisão e manutenção dos caminhões, recebendo comissões por esses e outros serviços (cf. Faria e Augusto, 1998: 41). Os próprios clientes vão indicar, no momento da compra, a revenda que será responsável pela intermediação do negócio, e, apesar da redução de custos, ainda irão pagar os mesmos preços praticados pelos distribuidores.

Surge o intermediário virtual

O surgimento e a expansão do comércio eletrônico na Internet em escala mundial animaram muitos especialistas a prever a tendência de um estágio de desenvolvimento da sociedade em que os contatos comerciais entre fabricantes e consumidores seriam realizados de maneira direta, sem burocracia e a custos mais baixos. O raciocínio é simples, afirma Bauer (1998a: 84), mas nada correto, porque o intermediário não acabou, ele está simplesmente se transformando: "A Internet e o comércio eletrônico fizeram surgir novas oportunidades de negócios. São profissionais e empresas que procuram tornar mais fácil, mais rápido — e mais seguro — o processo de compra on-line. São os intermediários virtuais".

A compra de um CD ou de um livro por um bom preço na Web, por exemplo, pode ser demorada e aborrecer o consumidor em razão das numerosas consultas que devem ser feitas, uma a uma, nas lojas virtuais que comercializam o produto. A oportunidade é ímpar para que os intermediários virtuais se lancem no negócio de buscas, um mercado que tende a crescer muito para atender a essa nova necessidade de serviço.

Os agentes eletrônicos de busca e comparação surgiram em 1995 com o Bargain Finder, um site criado pela Andersen Consulting nos EUA para verificar o preço de CDs em diversas lojas. No Brasil, o primeiro site de intermediação de compras é o MetaMiner, que também possibilita ao consumidor procurar e escolher o produto mais barato, numa única operação que compara os preços em onze lojas de discos ou dezesseis livrarias virtuais.

Como iniciar o negócio de comércio virtual

O comércio eletrônico veio transformar radicalmente o mundo corporativo por meio da criação de lojas virtuais com presença somente na Internet. Nada de instalações físicas, como vitrines, estoques e produtos, mas um atendimento a qualquer cliente 24 horas por dia, de qualquer lugar do mundo.

A natureza de um site de vendas na Internet deve atender a quatro princípios básicos formulados por Clark (1998: 112), segundo os quais os ótimos negócios poderão se concretizar com a criação de um site na Web que:

1. tenha seleção de produtos maior ou mais especializada do que a oferecida pelos concorrentes;
2. possua informações de qualidade superior e em maior quantidade;

3. ofereça vantagens econômicas e comodidade aos clientes;
4. faça com que os consumidores se sintam parte de uma comunidade.

Portanto, o site comercial precisa criar uma presença na rede que seja maior do que aquela que seria possível numa loja de verdade. Os principais meios para esse posicionamento consistem na oferta da maior variedade de produtos, informações fidedignas e suficientes, vantagens de custo menor das mercadorias, comodidade nas compras on-line e o sentimento de que o cliente participa de verdadeira comunidade, contribuindo para construir a fidelidade do consumidor.

Formas de presença comercial na Web

A escolha do formato mais adequado para a comercialização virtual de produtos e serviços na Internet deve ser feita de acordo com a relação entre o nível de comparação adotado pelo consumidor no momento da compra e a eficiência do canal de vendas on-line.

Os formatos básicos para figuração na Web — sites de destinação, micro-sites e banners —, já foram discutidos e podem ser revistos no Capítulo 4, agora sob a perspectiva da estruturação e composição de cada um dos tipos. Como pode ser visto na Figura 28, os sites de destinação são recomendados para a maioria de produtos e serviços possíveis de ser comercializados na Internet, sendo estudados posteriormente neste capítulo na sua forma própria para o comércio eletrônico, os chamados sites transacionais ou lojas virtuais.

Custos e oportunidades do comércio eletrônico

Os livros não constituem os únicos produtos que se adaptam bem ao comércio na Internet. O banco de investimento Goldman Sachs (cit. em Willis, 1998: 59) pesquisou o comércio varejista na Internet para classificar 21 diferentes produtos, segundo seu potencial de sucesso comercial na rede, e situou os livros em terceiro lugar. O primeiro lugar é do hardware de informática, e o segundo pertence ao software. Outros produtos com notas altas são CDs, produtos eletrônicos e artigos de escritório, enquanto as perspectivas de nove outras categorias, desde automóveis até roupas profissionais, mereceram uma classificação apenas razoável em termos de suas perspectivas de comercialização on-line.[7]

Figura 28 Formatos da presença comercial segundo o nível de comparação da compra e a eficiência do canal de vendas on-line

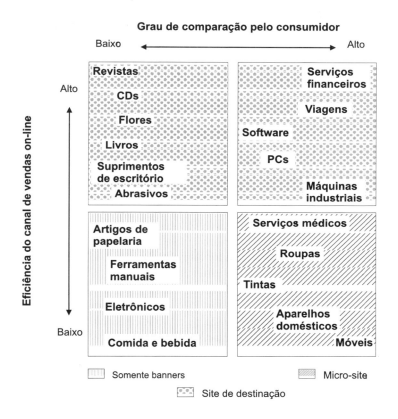

Existem ainda outros critérios, mais genéricos, para determinar a oportunidade de comercialização de produtos e serviços na Internet. Clark (1998: 114) sugere algumas especificidades que podem garantir o efetivo sucesso no e-commerce:

- Produtos ou serviços que puderem ser transmitidos eletronicamente — como softwares, publicações, música, filmes, jogos, serviços financeiros e serviços de turismo.
- Produtos altamente técnicos, cujos usuários puderem ser beneficiados por uma boa quantidade de informações ou pela prestação de assistência técnica.

- Produtos já vendidos diretamente, por catálogo ou telemarketing.
- Produtos com apelo para um mercado geograficamente extenso.
- Produtos que os clientes só compram depois de muita pesquisa e planejamento.
- Produtos para consumidores jovens, com alto grau de escolaridade e elevado poder de compra.
- Produtos do mercado business-to-business, em especial os voltados para grandes companhias e empresas com uso intensivo de tecnologia.

A grande vantagem da Internet está nos custos das transações no varejo significativamente menores. No sistema tradicional, a empresa gasta US$ 12 dólares em operações que vão desde a manutenção da loja até o depósito do dinheiro ou do cheque dado pelo cliente no banco. Nas vendas por telefone, os custos caem para US$ 5 e, no sistema do comércio eletrônico, ficam reduzidos a apenas US$ 1 por transação.

No e-business, o exemplo do Bradesco é sintomático: o desconto de um cheque no caixa custa para o banco R$ 1,80. Um saque com cartão fica em R$ 0,96, e num caixa automático custa R$ 0,64. Já uma transação pelo site do banco na Internet custa R$ 0,01.

Uma loja física, real, pode ainda custar até 12 vezes mais do que uma virtual. Assim, graças à redução de custos, um ponto-de-venda virtual aumenta as margens de lucro e também acelera o processo de venda, dando agilidade à negociação.

Entretanto, no caso da loja virtual aceitar o cartão de crédito como forma de pagamento, a parte mais difícil é negociar com as administradoras a taxa de serviço. Geralmente em torno de 5 a 8%, ela pode ser reduzida para 3% se o volume de vendas for bom. Qualquer venda vai então ser depositada na conta da empresa depois de trinta dias. Por esses motivos vale reproduzir o alerta de Bates (1999: 40) aos lojistas: não esqueça de considerar esses custos financeiros, que ficam em torno de 4% ao mês, quando for calcular o preço dos produtos.

Decidindo o modelo do site de varejo eletrônico

Embora não exista um modelo dominante para as vendas on-line na Web, Clark (1998: 112) procedeu a uma extensa revisão dos sites comerciais na rede mundial e identificou oito tipos utilizados pelas empresas: Modelo Varejo, Modelo Shopping, Modelo Corretor, Modelo Divulgação, Modelo Assinante, Modelo TV a Cabo, Modelo Locadora e Modelo Informações Personalizadas.

Modelo Varejo. Consiste apenas em criar uma vitrine eletrônica na Web e vender os produtos diretamente ao consumidor, incluindo a maioria das lojas virtuais. Em sua forma mais simples, o Modelo Varejo torna o site simples e de baixo custo pela mera colocação de um catálogo de produtos nas suas páginas.

Como o catálogo estático não é o tipo de conteúdo mais adequado para atrair os visitantes, muitos sites fornecem informações adicionais para oferecer outras razões para as pessoas visitarem os seus endereços ou criam vitrines sofisticadas para as suas lojas de varejo eletrônico.

Muitas lojas de departamento virtuais também adotam o Modelo Varejo, oferecendo produtos dos mais diversos fabricantes, sendo por eles remunerada pela cobrança de uma taxa inicial de instalação, dependendo do número de produtos a serem comercializados. Depois é seguido o modelo padrão dos varejistas: a compra dos produtos dos fabricantes no atacado e a venda no varejo com margens de 30 a 60%.

Modelo Shopping. O site é criado na Web e cobra-se uma taxa mensal dos varejistas interessados em colocar seus produtos na rede, além de uma participação porcentual sobre os resultados das vendas. Outras fontes de receita de um shopping center eletrônico são o desenho e a concepção das lojas que integram o site, bem como a exploração publicitária proveniente da venda de banners.

Quadro 21 Endereços de shoppings virtuais na Web

Shopping	Endereço
abc.com electronic commerce	http://www.adrica.com/abc/portugues
AOL Brasil	http://www.br.aol.com/shopping.htm
BradescoNet	http://www.bradesco.com.br/comercio
Let's Shop	http://www.letsshop.com.br
Internet Shopping Mail	http://www.shoppingmall.com.br
PortoWeb Shopping	http://www.shoppingportoalegre.com.br
Top Shop	http://www.topshop.com.br
UOL	http://www.uol.com.br/compras
Via Shopping	http://www.viashopping.com.br
VisaMall	http://www.visamall.com.br
Vitrine Virtual	http://www.vitrine.com.br

Fonte: Machado, 1999: 140.

O VisaMall, shopping center criado para servir de piloto do protocolo Security Electronic Transactions (SET) na América Latina, iniciou seu funcionamento com um modelo próprio para a aceitação de lojistas virtuais no seu espaço. O requisito básico, segundo Santos (1998: 30), é ter negócios com o sistema Visa tradicional pelo menos há 12 meses. O comerciante arca com custos relativos a uma taxa de R$ 600,00 pelo certificado, além de uma cota de R$ 200,00 por ano, para a sua renovação. O software para transação eletrônica usado pelo VisaMall também é cobrado do lojista em valores que vão de R$ 2 mil a R$ 3 mil, de acordo com o nível de faturamento que a empresa virtual tenha com a Visa.

A decisão do empreendedor de investir na montagem de uma loja própria ou entrar em um shopping virtual deve levar em conta fatores como o valor do negócio, o poder da marca, os custos de marketing, o grau de visibilidade e o nível de tráfego. Se a escolha recair sobre o modelo shopping, Santos (1998: 29) recomenda ao lojista virtual seguir dez princípios básicos para garantir o sucesso do negócio e das vendas:

1. Veja sempre qual é o público-alvo. A loja virtual deve ficar em vitrines que atendam o perfil do seu negócio.
2. Procure conhecer o fluxo de visitantes. O volume de tráfego é um item vital.
3. Estude como funciona a estratégia de marketing do shopping. Às vezes, uma ação local tem mais poder do que uma nacional.
4. Invista o máximo no apelo visual da loja. Nunca esqueça que a primeira impressão é a que fica. A loja dividirá o espaço com muitas outras.
5. Ter muitos efeitos não é tudo. O visual da loja tem de ser simples e claro, sem deixar de ser atraente.
6. Tenha na sua vitrine bons produtos, e com preços competitivos. Uma boa marca é um grande chamariz.
7. Faça promoções constantes, incluindo até a entrega de prêmios.
8. Informe tudo sobre o produto, forma de pagamento, prazo de entrega e custo de frete.
9. Crie um ambiente seguro, usando o protocolo SSL — Security Socket Layer, por exemplo. Isso dá confiança aos consumidores.
10. Escolha grandes shoppings. Essa é uma forma de garantir a visibilidade e os negócios da loja.

Os atrativos de um shopping virtual são os mesmos dos centros de compra tradicionais: o consumidor pode visitar apenas um site e fazer todas as suas compras, enquanto o lojista, com um local atraente e bem promovido, pode atrair muito mais visitantes do que uma loja individualmente.

Os sites do Modelo Shopping devem criar um mix adequado de lojas e investir substancialmente em promoção para atrair consumidores e lojas. Nenhum consumidor irá se sentir atraído a visitar o site se ele não abrigar lojas atraentes, da mesma forma que uma loja não estará disposta a se instalar em determinado shopping se ele não for visitado por muitas pessoas.

Modelo Corretor. O site do Modelo Corretor reúne compradores e vendedores na Web e cobra uma porcentagem da transação a título de serviços prestados. O sistema é muito praticado pelas empresas que surgem na Internet decididas a criar mercados e bolsas eletrônicas para a comercialização de ações on-line.

Mesmo empresas que vendem seus produtos e serviços a outras empresas estão utilizando as bolsas, que atuam como administradoras da transação business-to-business, assumindo até mesmo o risco de crédito e cobrando dos fornecedores uma taxa de registro mais um valor fixo em cada transação.

Modelo Divulgação. Baseado no sistema de publicidade on-line, o Modelo Divulgação oferece gratuitamente ao consumidor uma lista de produtos e cobra dos anunciantes que aparecerem na lista. Depois de clicar nos banners que estão geralmente em mecanismos de busca e em provedores de conteúdo e de acesso, o internauta é transportado para o site correspondente, onde pode ser finalizada a transação.

Os sites de conteúdo podem beneficiar-se desse modelo para promover a venda aos usuários de informações financeiras e de investimento, que são as mais atraentes. Entretanto, em virtude da grande quantidade de oferta de conteúdo gratuito na Web, geralmente oferecidas por editoras, meios de comunicação e pessoas que o fazem por hobby, as empresas que adotarem o Modelo de Divulgação precisam criar um conteúdo diferenciado.

Modelo TV a Cabo. Os assinantes de TV a cabo contam com serviços regulares de transmissão de diversos canais de televisão, além do sistema conhecido como *pay per view*, geralmente um filme ou um espetáculo esportivo oferecido mediante pagamento de uma taxa especial. O *pay per view* é o inspirador do Modelo TV a Cabo, que apresenta uma seleção gratuita de matérias sustentadas por anunciantes e cobra dos clientes o acesso a matérias especiais.

A vantagem do modelo é que a considerável quantidade de material gratuito atrai um grande número de visitantes — o que é muito interessante para os anunciantes —, ao mesmo tempo que ganha dinheiro com os visitantes que se transformam em assinantes.

Modelo Locadora. Relativamente novo no comércio, o Modelo Locadora cobra pequenas quantias dos visitantes pelo uso de materiais, desde um videogame até um conto de ficção. O sistema tem um bom potencial para gerar receitas substanciais, mas esbarra no problema de que as transações — geralmente de pequeno valor —, não pagam as taxas cobradas pelas administradoras de cartões de crédito. Daí a dependência do Modelo Locadora para a disseminação do que se convencionou chamar "dinheiro digital".

Modelo Informações Personalizadas. Também relativamente novo, o Modelo Informações Personalizadas cobra dos usuários por informações que atendam necessidades e preferências mais particularizadas. As novas tecnologias da Internet permitem que os assinantes de um serviço de informações personalizadas forneçam descrições do tipo de artigos e informações que gostariam de receber e a empresa procura no seu banco de dados o que se encaixa nesse perfil.

O tamanho do mercado de pessoas dispostas a pagar pelas informações personalizadas ainda não está definido, ao que se soma a concorrência de diversas empresas que fornecem versões desse serviço sustentadas pela publicidade, sem ônus para o usuário. Talvez o mercado corporativo constitua o principal filão desse modelo, já que as empresas estão acostumadas a pagar por relatórios de pesquisa e serviços de clipping.

A chegada dos leilões virtuais

Na Internet brasileira, a modalidade do leilão on-line começou a ganhar força no início de 1999, depois do sucesso de sites similares nos EUA, como o e-Bay[8] (http://www.ebay.com) e o Amazon.com (http://www.amazon.com). A prática secular de venda pública de objetos a quem der a melhor oferta assume nova forma nos leilões virtuais — em que não se ouve o tradicional "Quem dá mais?" dos leiloeiros para estimular os lances —, por meio da adoção de práticas diferenciadas e sistemáticas próprias para esse novo negócio de vendas on-line.

O e-Bazar (http://www.ebazar.com.br), site pioneiro instalado em São Carlos, no interior do estado de São Paulo, cobra uma taxa de 3% sobre o valor do lance que for obtido pelos proprietários dos objetos colocados à venda. O funcionamento é simples, começando pelo preenchimento de um cadastro em que o usuário concorda com os termos de um contrato disponível no site, habilitando-se assim a dar lances e a anunciar produtos. O pregão tem um dia e hora para o seu encerramento, momento em que é identificado o maior lance, cujo ofertante leva o produto.

O contato entre o vendedor e o comprador é direto: o e-Bazar envia um e-mail para o vencedor informando que ele arrematou a peça e que deve procurar o vendedor. O proprietário do produto leiloado também recebe um e-mail avisando sobre a venda e passando os dados do comprador para contato, além de ser cobrado da comissão.

Um site de venda virtual voltado para o segmento de turismo, o Bargain (`http://www.bargain.com.br`), cobra de companhias aéreas ou de hotéis que fecharem negócios uma taxa fixa de US$ 3 por negócio, independentemente do valor transacionado. As pessoas interessadas em viajar a preços mais baixos do que os praticados pelo mercado acessam o site e lá apresentam suas ofertas para a compra de passagens aéreas e para a estada em hotéis. Uma espécie de leilão às avessas, em que a pessoa que oferece uma quantia muito baixa pode perder para outra que ofereceu um pouco mais, como descreve Nicácio (1999: 58):

> Digamos que, enquanto uma passagem para Paris custe hoje algo em torno de US$ 900, o usuário queira pagar só US$ 500. Ele apresenta a proposta, dizendo quando quer viajar, para onde e o preço que se propõe a pagar. As companhias aéreas associadas ao site vão lá e analisam a oferta do usuário. E caso tenham vaga naquele vôo, podem aceitar aquele preço, que é melhor do que nada. [...] O mesmo vale para a rede hoteleira. Se uma pessoa quer pagar um terço do preço de uma diária num hotel, que na baixa temporada tem apenas metade da capacidade ocupada, para o estabelecimento é melhor hospedar aquele turista do que não ganhar nada.

O leilão on-line representa um espaço virtual de livre comércio que une pessoas de pontos extremos do país e ainda uma modalidade promissora para estimular e aumentar o comércio na rede mundial.

Notas

1. Além do comércio eletrônico, as organizações podem adotar o chamado "e-business". Os conceitos de e-commerce e e-business são totalmente diferentes. Ribeiro (1998: 64) explica que, "[...] no e-commerce, a empresas vende produtos a partir de uma base de dados isolada. No e-business, ela permite que o consumidor ou o parceiro do negócios interaja com o seu banco de dados corporativo, integrando as soluções de ERP implantadas à Web. E não é só isso. Enquanto o e-commerce está

focado nas transações comerciais, o e-business também inclui o intercâmbio de informações, como forma de agilizar o atendimento".

2. Os norte-americanos compram pela Internet principalmente produtos relacionados a computadores, livros, discos, roupas, presentes, aparelhos eletrônicos, viagem, vídeos e assinaturas para publicações on-line.

3. O criador da Amazon.com afirma que o seu site tem o nome inspirado no rio Amazonas, o maior rio do mundo em volume d'água, para representar o grande número de títulos que a empresa oferece. "Um rio Amazonas de escolhas possíveis", sintetiza Bezos (cf. Mendes, 1999: 98).

4. O Brasil está reconhecidamente entre os cinco maiores mercados da Amazon, mas há quem considere nosso país na terceira posição, logo depois do Japão. Embora seja o oitavo maior mercado de livros do mundo, o Brasil tem apenas 1.200 pontos-de-venda tradicionais (cf. Ercília, 1998: 4).

5. No Brasil, a pioneira livraria virtual Booknet mantém um programa de parcerias que já garante a presença da empresa em mais de 3 mil home pages no país todo, dos quais cerca de 200 realizam vendas regulares. Existem dois sistemas básicos: a Parceria Virtual, em que o dono da home page apenas indica livros, e a Franquia Virtual, quando o dono da home page pode colocar um link com o logo da Booknet na sua página. O dono do site parceiro recebe 8% do montante da compra realizada por intermédio de suas páginas, em dinheiro vivo (cf. Fabriani, 1999: 60).

6. O desinteresse demonstrado por muitas grandes empresas para a entrada no mundo dos negócios on-line é geralmente atribuído ao fato de que 90% dos pedidos no mercado de serviços e produtos ainda são feitos por meios tradicionais de comércio (cf. Brito e Rosa, 1999: 18-9).

7. O sexo parece ser o melhor negócio da Internet, segundo a revista inglesa *The Economist*, que estimou em US$ 20 bilhões o mercado global do setor. A norte-americana *Inter@ctive Week* calculou, em 1997, um faturamento total com anúncios, assinaturas e videoconferências dos chamados sites para adultos de quase US$ 1 bilhão no mundo todo. A Web mundial contabiliza algo em torno de 28 mil sites de sexo, dos quais a metade tem acessos ou algum outro tipo de serviço pago. Os grandes provedores de conteúdo brasileiros, como UOL, têm uma taxa de cliques de 28% nos banners de sexo, enquanto a média de anúncios de qualquer outro assunto está em torno de 4%.

8. O diretor do Núcleo de Informática Biomédica da Universidade Estadual de Campinas, Renato Sabbatini (1999), identificou, no dia 22 de maio de 1999, a existência, no e-Bay, de exatos 2.066.571 itens à venda, em 1.627 categorias, que vão desde antigüidades (51.318 objetos) até computadores e periféricos (73.600).

Capítulo **10**

Implantado uma loja virtual de sucesso

Como já vimos, os fatores mais importantes para a presença de uma organização na Web ser bem-sucedida são o compromisso da empresa em dar apoio contínuo e desenvolver ininterruptamente o site transacional, o conhecimento do motivo pelo qual a companhia vai estar na rede, a existência de planos claramente definidos para alcançar as metas traçadas e a integração e sintonia com as demais atividades de marketing da empresa.

Neste capítulo são abordadas as questões mais típicas do planejamento de implantação de sites transacionais, visando assegurar ao projeto de comércio eletrônico as condições efetivas para o ingresso bem-sucedido da empresa no mercado de vendas virtuais.

Planejando o site de vendas na Web

O desenvolvimento de um site de comércio deve seguir as etapas enumeradas e examinadas em profundidade no Capítulo 5, que abordou o processo de planejamento do site de uma empresa na Web. Mas, além disso, um site dedicado ao comércio eletrônico no varejo deve atender a algumas especificidades e apresentar determinadas características que lhes são próprias para a garantia plena do seu sucesso. Estas dizem respeito principalmente à estratégia de ação a ser adotada, estrutura do site, feedback dos clientes, fidelização do cliente, logística, promoção do site e segurança nas transações.

1. Estratégia de ação

Toda empresa interessada em iniciar operações de comércio eletrônico deve pensar a longo prazo e buscar coerência e integração à sua estratégia empresarial. Devem ser avaliadas com cuidado a sinergia que a rede pode oferecer aos negócios da companhia e as ameaças que eventualmente essa nova modalidade de comercialização representa para a sua estrutura de distribuição. A partir dessas recomendações gerais, a Lúmina Marketing (cit. em Gonçalves, 1998: 45) estabeleceu o que denominou de "10 Mandamentos do Varejo Virtual":

- A empresa deve considerar, quando for o caso, as ameaças que a venda direta on-line pode representar para sua atual estrutura de distribuição;
- Nem todos os tipos de produtos são passíveis de comercialização pela Internet. Aqueles com base em informação, como softwares e publicações, e os já tradicionalmente comercializados por marketing direto seriam os de mais fácil aceitação na nova mídia;
- A empresa deve avaliar se o seu público atual acessa a Internet, se dispõe de produtos e serviços adequados ao perfil do usuário e até mesmo se há interesse em cadastrar novos fornecedores ou explorar novos mercados;
- É necessário ter sempre em mente os problemas de velocidade no envio de dados que a tecnologia atual apresenta, evitando a construção de páginas "pesadas" e transmissão demorada;
- A empresa deve procurar criar sistemas para mensuração dos resultados das operações via Internet;
- Ao vender pela Internet as empresas devem se preocupar com a segurança das transações eletrônicas e com a privacidade de seus clientes;
- Os sites devem ser divulgados por outras mídias para que o consumidor tome conhecimento deles;
- A escolha do fornecedor para o desenvolvimento do site deve ter base em critérios que privilegiem aspectos técnicos, de segurança e de design;
- O layout do site deve levar em conta a capacidade de atração, facilidade de navegação e entendimento, programação visual, flexibilidade de acesso em diversas situações, economia no uso de imagens para que o acesso não seja dificultado, e que seja garantida a velocidade no preenchimento de cadastros e formulários para compras;
- É fundamental criar formas de integração entre a empresa e o consumidor até a efetiva concretização do negócio. O atendimento personalizado via e-mail dá segurança e confiabilidade ao cliente até a entrega do produto.

Ao optar pelo e-commerce, a empresa estará abrindo as suas portas não somente para os clientes brasileiros, mas para o mundo todo. A adoção da estratégia errada não irá melhorar os serviços da empresa e ainda tem o risco de envolver outras partes, como o próprio consumidor, o provedor de acesso, as empresas desenvolvedoras de software, administradoras de cartão de crédito e os prestadoras de serviço.

O planejamento cuidadoso do novo negócio deve definir claramente o tipo de transação comercial a ser realizada, o público a ser atingido e o modo de implantação e manutenção do site.

a) Tipo de transação comercial

As transações comerciais apresentam-se em dois tipos básicos: e-commerce e e-business. Enquanto o primeiro está focado exclusivamente no processo da venda de produtos e serviços, o e-business agrega facilidades para que o consumidor interaja com a empresa e para que os fornecedores e parceiros comerciais se integrem nos processos internos da companhia.

b) Público a ser atingido

A empresa pode atingir com o seu site outras empresas (clientes e fornecedores) ou consumidores de varejo. Lewis e Lewis (1996: 25-8) entendem que os sites de venda on-line devem atingir não apenas o consumidor propriamente dito, mas todos os tipos de internautas, que são agrupados pelos autores em cinco categorias: consumidores de informação direta, consumidores de informação indireta, caçadores de pechinchas, consumidores de entretenimento e compradores diretos.

Consumidor de informação direta. A Internet é um repositório do mais completo e variado conjunto de dados, que podem ser acessados para o navegante conhecer a complexa estrutura do DNA ou até mesmo saber a previsão do tempo. Muitos internautas estão sempre procurando na rede um tipo determinado e específico de informação, que se estiver disponibilizada em um site dará motivo para que ele seja visitado e, talvez, ser concretizada mais uma venda.

Consumidor de informação indireta. Assuntos polêmicos e de impacto estão com regularidade sendo discutidos por toda a sociedade. As atenções já se voltaram para o vírus Ebola e para a possibilidade da existência de vida nas novas galáxias descobertas pelos astrônomos. Qualquer coisa interessante que se possa dizer pode certamente atrair o consumidor de informação indireta para o site.

Caçador de pechinchas. "Grátis" é palavra mais intensamente procurada por muitos internautas nos sites da Internet. Vale tudo que for gratuito: software, jogos, imagens, fotografias. A oportunidade de um site comercial é atrair o caçador de pechinchas e transformá-lo em um consumidor que pague por seus produtos e serviços.

Consumidor de entretenimento. A Web transformou-se em um verdadeiro parque de diversões eletrônicas que oferece aos navegantes jogos e concursos interativos, horóscopos, receitas, sexo e muita música. Uma loja virtual pode empregar um desses recursos para atrair os consumidores ávidos de entretenimento e abrir a possibilidade da compra de produtos provavelmente relacionados com as atividades de lazer e diversão.

Comprador direto. É o internauta que navega pela rede com o firme propósito de comprar alguma coisa ou mesmo pesquisar as lojas virtuais na busca de uma idéia de presente para o Dia das Mães. Para esse comprador direto, o site deve oferecer um sistema de busca para que o produto seja facilmente localizado e o processo de finalização da compra seja o mais fácil e rápido possível.

Mulher, um consumidor muito especial

O crescimento do público feminino na Internet pode ser uma peça-chave para a explosão do comércio eletrônico. As pesquisas em todo o mundo detectam que o interesse das mulheres pela rede mundial vem crescendo cada vez mais e elas poderão superar o número de usuários masculinos em 2005. (cf. Aguiar, 1998: 17).

No Brasil, três em cada dez internautas são mulheres, mas o número de usuárias da rede aumenta a uma taxa de 8% ao ano, porcentual semelhante ao das internautas norte-americanas e européias. Uma discussão necessária entre os profissionais de marketing e propaganda que têm nas mulheres sua principal clientela é sobre a existência ou não de diferenças marcantes de expectativas e de comportamento entre os gêneros.

Por suas características de segmentação, a Internet requer estratégias diferenciadas para públicos específicos. As mulheres são mais seletivas e criteriosas do que os homens, analisando sempre os detalhes, as características e os preços de produtos e serviços. Assim, Márcio Zebini (cit. em Aguiar, 1998) recomenda que a loja virtual com a intenção de se dirigir ao público feminino seja cuidadosa em relação à natureza mais seletiva e criteriosa da internauta.

A Poppe Tyson do Brasil, empresa de webmarketing, identificou em suas pesquisas outro fator de grande relevância: a interface da loja virtual, que deve ser amigável e facilitar ao máximo a navegação para a usuária. Por sua vez, a agência digital Hipermídia destaca a paciência como uma característica de comportamento particular das mulheres na Internet, pois "[...] elas são mais receptivas às pesquisas, gostam de preencher cadastros e de dar opinião, interagindo com mais facilidade e paciência" (cit. em Aguiar, 1998: 18-9).

As seis regras utilizadas na sedução de uma mulher pelos sites de venda norte-americanos podem ser úteis para a orientação dos lojistas virtuais, já que as pesquisas nacionais não detalham os aspectos relacionados com o consumo do público feminino na Internet.

1. Inicie a relação com sugestões e ofertas do tipo: "Em dúvida sobre o que fazer para o jantar? Clique aqui'. Ou: 'Deseja uma demonstração gratuita?"
2. Os interesses e estilos de vida dos consumidores em potencial devem ser considerados antes das linhas de produtos e dos serviços das empresas. Facilite a navegação para que a mulher encontre rapidamente o que deseja.
3. Sustente a relação com uma razão para a usuária voltar ao site, indicando que haverá uma atualização periódica do material ou criando um ambiente para troca de opiniões, por exemplo.
4. Revigore a relação oferecendo prévias de futuros lançamentos e novidades da linha de produtos; ou ainda promovendo concursos. Segundo pesquisa da NetSmart, essa estratégia agrada a 51% das mulheres, contra 23% dos homens.
5. Aprofunde a relação utilizando quatro ou cinco perguntas para descobrir os interesses e estilos de vida das usuárias e consumidoras em potencial. A presidente da NetSmart afirma que 78% das visitantes tendem a participar, desde que os resultados da enquete sejam divulgados on-line, para que elas possam comparar as respostas.
6. Estenda a relação, mantendo contato pelo correio eletrônico ou fax (autorizado, é claro) para oferecer informação personalizada, que pode incluir de notícias de produtos a conteúdos relevantes fornecidos por terceiros. (Aguiar, 1998: 19)

O público feminino deve ainda ser considerado pelos sites que comercializam produtos e serviços que as mulheres muitas vezes não efetuam a compra, mas são elas que decidem ou influenciam fortemente a decisão de compra, como seguros, viagens, planos de saúde e previdência.

c) Modo de implantação e manutenção do site comercial

A estratégia de implantação e manutenção do site comercial na Web comporta três opções: ser feito em casa, contratado em parte ou totalmente terceirizado. Os especialistas consideram que a terceirização dos serviços é a solução que permite gastar menos. Por exemplo, a Pandesic, uma empresa de soluções de comércio eletrônico criada pela Intel do Brasil e pela SAP, oferece um modelo de cobrança semelhante ao do sistema de cartão de crédito: as empresas pagam uma pequena porcentagem do custo para cada transação executada, em vez de comprar um sistema completo de hardware e software (cf. Ribeiro, 1998a: 69-70).

Tabela 24 Custos de projetos e hospedagem de sites de e-commerce

Empresa	Descrição do serviço	Preço (R$)	Endereço Web
IBM	Realiza projetos de todos os tamanhos	Para quiosques virtuais, a taxa é de 40 mensais (um mês de teste gratuito). Para aplicações mais elaboradas, a partir de 2 mil	www.ibm.com.br/e-business
Midialog	Cuida desde o design até o planejamento de anúncios	A partir de 5 mil	www.midialog.com.br
ModemMedia Poppe Tyson	Faz projeto, planejamento, criação e desenvolvimento de aplicações de comércio eletrônico. Também cuida da estratégia de marketing on-line	De 30 a 200 mil	www.modem-media.poppetyson.com/
StudioWeb	Faz projeto gráfico, integração de banco de dados, hospedagem e campanha publicitária na Web. Também tem área de consultoria	Lojas padrão, de 15 a 50 mil Sites personalizados, de 150 a 400 mil	www.studio-web.com.br

Tabela 24 Custos de projetos e hospedagem de sites de e-commerce *(cont.)*

Empresa	Descrição do serviço	Preço (R$)	Endereço Web
Tesla	Faz toda a construção da loja eletrônica bem como a aplicação que permite a administração remota	De 5 a 35 mil	www.tesla.com.br
Uninet	Projeta e desenvolve lojas simples e complexas. Hospeda as páginas e providencia segurança	300 a 500 mensais para lojas e 200 a 500 mil para projetos maiores	www.uninet.com.br
UOL	Desenvolve projetos de lojas que preferencialmente vão ficar hospedadas em seus servidores. Cuida desde o design até a implantação	A loja mais simples custa a partir de 3.500 e a loja customizada a partir de 12 mil	www.uol.com./dol/
Webra Informática	Constrói os estabelecimentos virtuais e os hospeda	A partir de 15 mil	www.webra.com.br

Fonte: Ramos, 1999a: 71.

A decisão de fazer e manter o site comercial em casa é a mais onerosa, embora seja recomendada nos casos em que a importância estratégica do projeto e da tecnologia empregada sejam grandes. Os gastos então decorrentes da decisão de tratar o assunto em casa envolvem a infra-estrutura básica de hardware (servidor, clientes, equipamentos de telecomunicações) e software (sistemas de gestão, como estoque, contas a receber e contas a pagar), além do sistema que possibilite conexões e transações seguras com clientes, fornecedores, transporte e entidades financeiras.

O comércio eletrônico também está sujeito a custos fixos e variáveis, assim descritos por Ribeiro (1998a: 70):

> Com o desenvolvimento e a integração do site, por exemplo, gasta-se entre 10 mil e 50 mil reais. O preço cobrado pelos profissionais para a integração do site aos sistemas da empresa varia de acordo com o porte do negócio e dos sistemas utilizados. Normalmente, os desenvolvedores de sites comerciais cobram de 10 mil a 15 mil reais para criar uma loja virtual sem integração. A hospedagem de site pode variar de 1,3 mil a 2 mil reais por mês, dependendo da forma de cobrança do provedor de acesso, se por porcentagem de faturamento da loja ou se por mensalidade.

No processo de definição do modo de implantação do site comercial é importante garantir que o sistema de gestão empresarial ofereça uma estrutura adequada de retaguarda. O back office da empresa virtual nunca deve falhar para evitar a situação bastante comum de o consumidor receber uma mensagem de desculpas pela falta de disponibilidade do produto escolhido no site, em vez da sua aguardada encomenda.

O bom andamento dos negócios na Internet exige que o sistema de retaguarda informe ao dono da loja virtual, com a máxima precisão, o que foi pedido pelos compradores, o estoque que precisa ser reposto, o tipo de pagamento realizado, o que tem de ser entregue em determinado dia e hora (cf. Nicácio, 1999a: 43)

2. Estrutura do site

A estrutura do site de venda on-line deve ser cuidadosamente planejada para facilitar ao máximo o processo de compra para o consumidor e, depois, garantir um atendimento de qualidade no pós-venda. No primeiro caso, o grande perigo é o cliente ser acometido da "síndrome dos dez cliques", detectada por Bates (1999a: 94) nos sites brasileiros:

> Enquanto alguns sites de vendas americanos estão começando a oferecer compras com apenas um clique, os sites brasileiros insistem em dificultar a venda. Fiz testes com diversos sites de provedores e lojas virtuais. Num deles, usei ZAZ e Gradiente e tive de engolir onze telas e 12 minutos até terminar a compra. O pior é o tempo gasto em cada uma dessas etapas. Qualquer um fica tentado a simplesmente fechar o browser.

Já o pós-venda deve estar presente no site e prestar ao cliente todas as informações desejadas relativas a normas para a troca ou devolução de produtos, nome e endereço das empresas da rede de assistência técnica do fabricante, perguntas e respostas mais freqüentes (FAQ) e informativos periódicos, por e-mail, sobre as novidades e lançamentos da loja virtual.

A rede Ponto Frio, sétima colocada no ranking do comércio varejista brasileiro, acumula uma experiência de mais de dois anos em vendas on-line.[1] Os resultados têm sido satisfatórios: em cada 77 acessos, registra-se uma venda, superando assim a média mundial, que dá como referência uma venda concluída em cada 100 acessos (cf. Crespo, 1998: 32). As vendas pela Internet não chegam a 1% do faturamento anual, mas a meta é ter a loja virtual na vigésima posição no ranking das 236 filiais da rede Ponto Frio.

A loja virtual do Ponto Frio (http://www.pontofrio.com.br) já vende mais do que algumas lojas tradicionais no interior e está hoje em sua quarta versão, passando por numerosas reformulações na sua estrutura para oferecer mais serviços, produtos e agilidade, além de um novo visual. Todo o projeto foi discutido internamente e o trabalho de desenvolvimento, desenho gráfico, manutenção e hospedagem das páginas entregue a empresas contratadas. A terceirização envolveu principalmente a Internet Services On-line, especializada no desenvolvimento de sistemas de comércio eletrônico, Living Pix, encarregada do design, e PontoCom, que hospeda o site.

O Ponto Frio vende nas lojas espalhadas pelo país mais de 4 mil itens em eletrodomésticos, mas na loja virtual o consumidor tem menor oferta de produtos, embora sejam vendidos a preços inferiores ao das lojas reais. Com cerca de 200 itens disponíveis, dependendo da disponibilidade no estoque, o site é dividido em oito departamentos: Portáteis, Informática, Áudio, Móveis, Telefonia, Eletro, Vídeo e Brinquedos, Esporte e Lazer.

Outros destaques na sua página principal (http://www.pontofrio.com.br/telaindex.htm) são as ofertas promocionais que funcionam como forte elemento de atração para conduzir o internauta ao interior da loja virtual.

Depois de selecionar um item de compra em um dos departamentos, o consumidor é conduzido para outra página que discrimina as mercadorias segundo os seus tipos. Por exemplo, no Departamento Eletro, as linhas disponíveis são: fogões, microondas, freezers, refrigeradores, lavadoras e secadoras. Mais um clique em fogões e surgem as ofertas do Ponto Frio, com as informações básicas: nome do produto, fabricante, modelo, cor, código e preço. A compra pode ser colocada no carrinho ou o usuário pode acessar antes uma descrição do produto ou, para ver o que está comprando em detalhes, examinar a mercadoria em tamanho ampliado.

A transação é finalizada com o preenchimento de um formulário de pedido, no qual constam campos para as informações pessoais do cliente e os dados para a entrega da mercadoria. O Ponto Frio segue a recomendação de possibilitar ao cliente outras formas de pagamento além do cartão de crédito, cujo uso ainda é pouco disseminado no Brasil. Assim, o cliente escolhe entre três opções: cartão de crédito, cheque contra entrega e depósito identificado. Caso o usuário não queira o pagamento à vista, a página oferece a opção de parcelamento da compra, calculando o valor das parcelas e informando ao cliente os juros praticados pela empresa.

Figura 29 A home page do Ponto Frio facilita o acesso aos produtos pela distribuição das mercadorias em oito departamentos de vendas

Todo o processo de finalização da transação no site do Ponto Frio tem a segurança garantida pelo uso do protocolo Secure Socket Layer (SSL).

Integração e relacionamento agregam valor para a loja virtual

A estrutura simples do site da Ponto Frio facilita a navegação. Além de vender, a loja virtual ainda permite criar a integração entre a empresa e o consumidor, valorizar a parceria da companhia com os fornecedores, propiciar o atendimento personalizado e estabelecer um relacionamento mais duradouro com o consumidor. Estes são os propósitos das seções Institucional, Serviços, Buscas, Especiais, E-mail, Ajuda e Lojas.

Ao acessar o tópico Institucional, o internauta pode escolher entre ler a mensagem do presidente da empresa; ver ou ouvir comerciais de TV e jingles das campanhas veiculadas; conhecer mais de perto os fornecedores da rede; ter acesso a informação financeira da holding Globex Utilidades S.A.; e mesmo acompanhar dia-a-dia as novidades do Ponto Frio, por meio de press releases também úteis para municiar a imprensa de informações recentes e atualizadas que poderão ser notícia nos meios de comunicação.

A seção Serviços oferece uma gama de opções muito útil e chega a ser um verdadeiro serviço de utilidade pública pela Internet. O internauta pode saber os detalhes da Campanha de Prevenção ao Câncer de Colo Uterino ou baixar o programa da Receita Federal para fazer a sua declaração anual do Imposto sobre a Renda. O Serviço de Atendimento ao Cliente disponibiliza uma página com formulário especial para o "Cliente "Bonzão" encaminhar problemas ou enviar críticas e sugestões que permitam melhorar os serviços prestados aos usuários.

Semanalmente, o consumidor pode receber informações via e-mail do Ponto Frio a respeito de novidades do site, promoções, campanhas e lançamento de produtos, se participar da lista de informações mantida pelo empresa. Também uma pesquisa na página "Fale de você" coleta dados valiosos do consumidor para o banco de dados — como endereço, produtos que possui em casa ou no escritório, classe social, profissão, escolaridade, renda familiar —, que podem seguramente oferecer subsídios para novas ações mercadológicas e de vendas.

A simplicidade é vital no comércio eletrônico. Uma pesquisa da Jared Spool mostra que, nos EUA, os consumidores de quinze grandes sites comerciais só conseguem encontrar as informações que desejam em 42% das tentativas. A Zona Research também descobriu que o design e a informação caóticas são as causas para 62% dos internautas desistirem de uma compra antes de encontrarem o que procuram (cf. Ramos, 1999a: 71). Por isso o Ponto Frio oferece, no tópico Buscas, um mecanismo para que os clientes possam pesquisar diferentes informações no site e terem facilitado ao máximo o seu deslocamento de um ponto para o outro.

A seção Lojas também disponibiliza um mecanismo de busca para o cliente localizar o endereço e os telefones da rede de lojas do Ponto Frio, para eventuais contatos ou mesmo para atender aqueles internautas que preferem realizar a transação no ponto-de-venda tradicional. Uma lista dos responsáveis pelo comércio eletrônico, das diretorias regionais e dos principais setores da companhia ainda pode ser acessada no tópico e-mail.

No tópico Ajuda, o cliente é informado sobre os procedimentos de compra do site, formas de pagamento e uso de cartão de crédito, pedido mínimo aceito pela loja virtual, bem como recebe instruções especiais para a compra de produtos como equipamentos de telefonia celular.

3. Feedback dos clientes

O site de e-commerce deve permitir, no mínimo, que os clientes possam mandar um e-mail para a empresa. O correio eletrônico é uma das ferramentas mais importantes também para a empresa entrar em contato com os clientes, devendo o site estar preparado para administrar de maneira satisfatória a demanda, que só tende a aumentar.

Figura 30 O consumidor da loja virtual do Ponto Frio pode mandar e-mails para os responsáveis de qualquer departamento ou regional e resolver os seus problemas com a pessoa certa

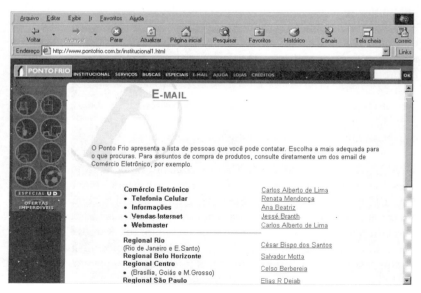

Quando receber feedback ou perguntas dos clientes, a empresa deve responder oportuna e eficientemente. Tratar bem o consumidor é essencial para o bom andamento do site, pois, se não for bem atendido, o usuário pode facilmente pular para a página de um concorrente. Por sua vez, o cliente ou um eventual prospect pode preferir contatar a empresa por meios convencionais. Daí a conveniência do site incluir os números de telefone e endereços da companhia.

A empresa deve procurar saber como os visitantes se relacionam com o site: quais as páginas preferidas e quais as que deveriam ter ligação com outras páginas. Estas e outras informações devem ser utilizadas pela companhia para atualizar e renovar seu site.

O site deve permitir que os clientes interajam com a empresa ou uns com os outros, por meio de pesquisas, salas de bate-papo, perguntas feitas por e-mail, concursos, e assim por diante. Já os levantamentos on-line devem ser vistos como uma forma de aumentar o número de informações contidas no banco de dados e permitir que elas satisfaçam as necessidades do moderno marketing de relacionamento.

Garimpagem de dados vale ouro

As informações e dados resultantes do feedback recebido dos usuários devem ser usados de maneira ativa. Não basta apenas obter informações do usuário, o importante é saber o que fazer com elas, por meio do emprego de soluções de *data mining*, que hoje permitem aos supermercados virtuais se moldarem ao gosto do freguês, enquanto shopping centers e lojas virtuais podem se personalizar para oferecer não só os produtos da preferência do consumidor, mas sugerir outros a partir do perfil que está contido em seus dados.

O *data mining*, que pode ser traduzido como mineração ou garimpagem de dados, é uma ferramenta que permite garimpar os bancos de dados, selecionar informações importantes para um negócio e ainda lapidar o material encontrado. Os softwares de garimpagem são empregados atualmente de duas formas: uma, acompanhando o usuário desde a sua entrada na loja virtual e, em seguida, começando a sugerir produtos que descobriu serem da preferência do usuário.

A outra forma, que se tem mostrado mais eficaz, segue o mesmo princípio e é assim explicada por Deivisson (1998a: 67):

O internauta chega e começa a fazer as compras. O software vai acompanhando o que o cliente compra e armazena tudo em um banco de dados. Esta análise é feita toda vez que o usuário retorna ao site. Dentro de algum tempo, o programa já sabe as preferências do cliente e personaliza o shopping.

Se o consumidor é vegetariano, por exemplo, nunca vai deparar com ofertas de carne ou produtos derivados. Se ele gosta de cerveja, sempre terá prateleiras com as "loiras geladas". Se bebe apenas Coca-Cola, não encontra Pepsi no mercado.

A eficácia dessas soluções é grande, chegando nos EUA a proporcionar uma taxa de resposta de até 95% em cerca de seis meses de convívio. O Brasil ainda tem um longo caminho a percorrer até que a implantação de processos de reconhecimento do cliente e de personalização da loja virtual permitam que o comércio on-line tenha realmente a configuração interativa adequada para a Internet.

4. Fidelização do cliente

O conhecido conceito de fidelidade do consumidor deve estar presente no mundo virtual. Um cliente satisfeito torna-se fiel, comprando mais vezes, e divulga a loja virtual na base do boca-a-boca, estimulando o surgimento de novos consumidores. Como no marketing tradicional, o retorno do consumidor para a segunda compra tem um custo menor do que a conquista de um novo cliente.

A estratégia de fidelização de uma site de comércio deve incluir uma série de medidas: investir na infra-estrutura dos serviços, dar prêmios, realizar promoções, desenvolver um conteúdo rico e interativo, usar bem o e-mail para atingir os clientes cadastrados, garantir a entrega rápida da mercadoria e inovar nos serviços oferecidos ao consumidor.

Os resultados nos negócios surgem depois de um período de maturação de cerca de três anos, a partir da inauguração da loja virtual. A política de fidelização praticada pela loja virtual do Ponto Frio, conta o webmaster Carlos Alberto de Lima (cit. em Santos, 1998a: 25), tem garantido que mais de 40% da carteira de clientes comprem mais de cinco vezes pelo site, contra a média de três novas compras das lojas tradicionais.

5. Logística

Lembrando que o comércio pela Internet segue as regras da televenda, Ramos (1999a: 71) destaca que o esquema de distribuição e entrega tem um papel crítico. A empresa que não tem montada uma rede de delivery deve avaliar o custo desse serviço no balanço total, seja ele terceirizado ou não. Segundo os especialistas da área, o negócio pode se tornar inviável se o custo da entrega for superior a 20% do investimento. O serviço de transporte e entrega de mercadorias deve ser escolhido não apenas em razão do preço. Aisenberg (1999: 26) cita outros fatores a serem considerados pelo lojista: flexibilidade de negociação da companhia, a cobertura do seguro, o procedimento em caso de devolução, as regiões atendidas e o prazo de entrega ao consumidor.

Os preços para transporte de mercadorias no Brasil ainda são altíssimos e devem ser corretamente avaliados para não impedir ou inviabilizar a decolagem dos negócios virtuais na Web. Uma solução inteligente encontrada pelo shopping virtual BradescoNet Comércio Eletrônico foi estabelecer uma parceria com a Empresa Brasileira de Correios e Telégrafos (ECT), que entrega produtos para os seus clientes em todo o território nacional e isenta a loja virtual da taxa de coleta e da cota mínima exigidas em contratos convencionais.

Para oferecer um apoio logístico mais completo, a ECT iniciou a implantação de um sistema de rastreamento de remessas via Internet, pela parceria com a IBM e a Chronopost, subsidiária do correio francês, com a instalação de estações fixas e coletadores portáteis para o acompanhamento dos pacotes em todo o Brasil.

Por sua vez, o setor de remessas expressas oferece serviços de qualidade no Brasil, mas ainda não está direcionado para o comércio eletrônico. Os *courriers* e os serviços de remessa expressa da Varig, TAM e Vasp exigem das pessoas jurídicas um limite mínimo de remessas para permitir o faturamento dos pedidos, dificultado pelo fato de que a atividade demora mais a alcançar um nível estável de vendas do que o comércio tradicional.

6. Promoção do site

Considerando a existência de 400 mil empresas em todo o mundo, apostando na Internet para alcançar consumidores e parceiros a qualquer hora e em qualquer lugar, a divulgação do site comercial é fundamental para tornar o lugar conhecido e atrair mais e mais consumidores.

A promoção de um site deve empregar todos os meios e recursos disponíveis. O melhor começo é conseguir um nome de domínio que seja fácil de lembrar. O formato comumente adotado para os nomes é www.nomedaempresa.com.br, mas também é possível escolher nomes que reflitam a natureza do site ou uma vantagem oferecida por ele, como www.notícias.com.br.

O endereço deve ser registrado em mecanismos de busca de grande tráfego e nas listas de sites de associações de classe, bem como ser negociados links recíprocos com sites que visam aos mesmos visitantes que o da empresa (se não forem concorrentes, lógico!). Na publicidade tradicional da empresa deve figurar o endereço do site, enquanto as campanhas de banners podem contribuir para divulgar o novo local na Internet e aumentar o tráfego de visitantes no site.

7. Segurança nas transações

O comércio eletrônico enfrenta, entre outros obstáculos, os problemas de falta de segurança nas transações on-line. Nascendo e sendo desenvolvida como um meio de comunicação do meio acadêmico, a Internet pouco se preocupou com a proteção e os sigilo das informações que circulam na rede mundial. Apesar dos recentes avanços na área, muitos especialistas continuam assegurando que nada ainda é totalmente seguro.

A quebra da segurança dos dados de uma companhia — desde as ações contra os sistemas corporativos, como ataques via Internet, invasões feitas por funcionários não autorizados, espionagem industrial e comercial, até o roubo do número de cartão de crédito —, envolvem perdas estimadas pelo The Management Advisory Group em US$ 84,4 bilhões, no ano 2000.

As grandes corporações investem cada vez mais dinheiro em tecnologias de segurança para as redes internas e a Internet, como *firewall*, Virtual Private Network, criptografia, certificação digital, controle de acesso por *smart card* e biometria, além de criar uma cultura que envolva e comprometa todos os funcionários com a segurança dos dados da empresa.

Criptografia protege o consumidor

Durante muito tempo, as mensagens cifradas soavam ao cidadão comum como uma ficção da qual se ouvia falar apenas em filmes de guerra e de espionagem. No mundo real, as mensagens codificadas pareciam estar restritas a pesquisadores e pessoas que mexem com altos segredos de Estado.

Hoje, na era da comunicação digital, as técnicas de codificação de mensagens estão muito próximas do internauta, cada vez mais preocupado com o sigilo das mensagens e informações pessoais que circulam na rede. Assim, essas técnicas estão presentes nas transações comerciais via Web, principalmente em sistemas de identificação do usuário, controle de acesso a sites, pagamento eletrônico e segurança de empresas.

Os números de um cartão de crédito ou de uma conta bancária, por exemplo, precisam ser protegidos para que não caiam nas mãos de aventureiros e criminosos eletrônicos. A mensagem enviada pelo gerente de uma filial para a matriz também não pode correr o risco de chegar ao conhecimento de estranhos. A criptografia tem então o objetivo básico de garantir que somente pessoas autorizadas tenham acesso a informações reservadas.

O funcionamento da criptografia é simples. Um código é utilizado para cifrar a mensagem, no processo conhecido como encriptação, e torná-la incompreensível para qualquer pessoa que a intercepte. Mas, recebida pelo destinatário correto, o mesmo sistema decodifica o texto no processo de decriptação e ele pode então ser lido na sua condição original.

Os procedimentos de codificação e decodificação usam uma chave, a partir da qual o texto é devolvido à sua condição normal. Os processos de encriptação e decriptação são definidos por algoritmos, criando códigos difíceis de quebrar, pois envolvem possibilidades muito grandes. O padrão norte-americano de encriptação NIST DES, por exemplo, usa chaves de 56 bits. Para decifrar uma mensagem, seria necessário tentar mais de 72 quatrilhões de valores possíveis (o número 2 elevado à potência 56).

Entretanto, o algoritmo não precisa ser secreto, tratando-se muitas vezes de procedimentos matemáticos já conhecidos e documentados. Portanto, na verdade, a segurança é definida pela chave, conhecida apenas pelo emissor e pelo receptor da mensagem.

Quadro 22 Comparação entre a criptografia de chave secreta e de chave pública

Funções	Chave secreta	Chave pública
Número de chaves	Chave única	Par de chaves
Tipos de chaves	Chave secreta	Uma chave é secreta e uma chave é pública
Gerenciamento de chaves	Simples, mas difícil de gerenciar	Precisa de certificados digitais e terceiros confiáveis
Velocidades relativas	Muito rápido	Mais lento
Utilização	Utilizado para a maioria das criptografias de dados	Utilizado para aplicações com menor demanda, tais como criptografia de pequenos documentos ou para assinar mensagens

Fonte: Albertin, 1999: 169.

As técnicas de encriptação baseadas em chaves classificam-se em dois grupos: a criptografia de chave simétrica (ou secreta) e a criptografia de chave assimétrica (ou pública). Na primeira, a mesma chave serve tanto para encriptar como para decriptar, enquanto na segunda são usadas duas chaves para cada uma das operações, e uma não pode ser inferida a partir da outra. O PGP, um programa de sucesso na Internet, é uma aplicação da criptografia de chave pública, distribuído gratuitamente, para uso pessoal, em versões para diferentes plataformas.

Certificação atesta autenticidade da mensagem

A criptografia é também largamente empregada no campo da certificação digital, permitindo reconhecer se o remetente e o destinatário de uma mensagem são realmente quem dizem ser. O sistema é simples, explica Pavani (1998: 77): uma empresa certificadora, que corresponde ao que seriam os cartórios, emite um par de chaves criptográficas. Uma delas, a chave privativa, fica localizada no computador do cliente. A outra, chamada de pública, é armazenada no site da empresa. Assim, o destinatário pode entrar na certificadora e conferir quem é o remetente.

A empresa de certificação digital mais conhecida do mercado é a norte-americana VeriSign (http://www.verisign.com), que oferece serviços de identificação para servidores seguros e para pessoas físicas, além de prover certificação de data e hora. No Brasil está instalada a CertiSign (http://www.certisign.com.br), prestando serviços de identidade digital para e-mail, passaporte digital e identidade digital comercial.

Na área de comércio eletrônico, o esquema de certificação é diferente e muito simples para o usuário. O certificado para tornar mais seguras as compras na Internet pode ser obtido em poucos minutos em outras duas certificadoras brasileiras: Bradesco e Visa. Nesse caso, o número do cartão de crédito ou conta corrente do consumidor é substituído por um código, compreensível apenas para a instituição financeira emissora, que também processa qualquer pedido de compra feito em uma loja virtual do sistema BradescoNet (http://www.bradesco.com.br/comercio) ou VisaMall (http://www.visamall.com.br). Dessa maneira, a loja recebe da certificadora apenas a confirmação do pagamento efetuado.

Padrões de segurança

Do ponto de vista técnico, muitos passos foram dados no sentido de resolver os problemas de segurança. Agora, segundo Clark (1998: 117-8), a questão mais importante é mesmo construir no consumidor a percepção de segurança, fazendo com que os clientes confiem efetivamente na segurança dos sites da Web.

Um dos avanços para aumentar a segurança é o padrão Secure Electronic Transactions (SET), criado pelas duas maiores administradoras de cartões de crédito do mundo, MasterCard International e Visa International, que usa um sistema de trancas e chaves em conjunto com certificados de identificação para comerciantes e consumidores.

A principal característica da transação SET é que a informação é aberta apenas por quem tiver de processá-la. Dessa maneira, a administradora só tem acesso à senha do portador para autorizar a compra. Por sua vez, ao lojista só é permitido o acesso ao pedido. Dessa maneira, conclui Anete Zimerman Faingold, gerente executiva de negócios da Visa do Brasil, "[...] em nenhum momento a informação circula inteira pela rede, o que garante a privacidade e a segurança da transação" (cit. em Ribeiro, 1998b: 67).

As operações com o SET envolvem quatro partes — comprador, vendedor, operadora de cartões de crédito e Banco de Aquisições (*Acquiring Bank*) —, sendo completadas em nove etapas on-line e de rápido processamento:

1. O comprador inicia a transação preenchendo um formulário de compra e uma assinatura de autorização criptografada. O vendedor não pode ler os dados do cartão diretamente, por causa dessa criptografia.
2. O vendedor envia a autorização para o Banco de Aquisições. O banco lê os dados do cartão e verifica a autorização de compra.
3. O banco entra em contato com a operadora de cartões de crédito para verificar se a compra pode ser feita (o cartão pode estar bloqueado, por exemplo).
4. A operadora autoriza a compra e assina a transação.
5. O banco autoriza a compra e assina a transação.
6. Com a operação autorizada, o vendedor pode enviar os bens adquiridos para o comprador.
7. O vendedor requisita, do Banco de Aquisições, o pagamento da operação.
8. O banco envia o pagamento de acordo com o contrato entre ele e o vendedor.
9. A operadora de cartões de crédito envia um extrato mensal ao comprador com a operação realizada. (Stelling, 1998: 16)

Outro padrão adotado para garantir a segurança dos dados do consumidor é o protocolo Secure Socket Layer (SSL), criado em 1994 pela Netscape e constantemente desenvolvido para permitir transações comerciais pela Web. Ele oferece três serviços de segurança: criptografia, autenticação e integridade.

Criptografia: As informações entre as partes são todas criptografadas. O SSL permite o uso de vários tipos de criptografia, como o DES, RC2 e RC, e vários tamanhos de chaves, escolhidas automaticamente no momento da conexão entre as partes.

Autenticação: Permite saber se as partes realmente são quem dizem que são. Para usar o SSL, ambas ou apenas uma das partes precisa ter certificados de identidade digital. Assim, em muitas transações, os clientes geralmente permanecem anônimos e sabem que estão usando o SSL por duas convenções: qualquer página que o utilize começa com `https:` em vez de `http:`, além de o browser mostrar a figura de um cadeado, seja no Netscape seja no Internet Explorer.

Integridade: verifica se as informações não foram alteradas durante a transferência de dados.

Notas

1. A ActivMedia demonstrou, em estudo sobre comércio eletrônico, que existe uma relação entre a idade dos sites de vendas e seu sucesso em obter lucros on-line. Entre os executivos entrevistados que administram lojas virtuais com três anos ou mais, 58% declararam que obtinham lucros em suas operações, contra somente 30% da pesquisa anterior. Puterman (1998b: 36) esclarece que os motivos dessa evolução dos números estão em questões estratégicas, como encontrar o modelo de negócios mais adequado, e operacionais, relativas à otimização dos processos e tecnologias empregadas no site.

Capítulo **11**

Marketing direto: dos Correios à Internet

Iniciando sua caminhada com a utilização dos Correios como canal de distribuição de produtos, o marketing direto vem se transformando e acompanhando as mudanças trazidas pelo desenvolvimento da tecnologia e pelo surgimento das novas formas de comunicação. Na década de 1970, o marketing direto orientava suas ações focado na venda máxima de produtos, baseando-se apenas em dados demográficos e em databases que contavam apenas com nomes e endereços, pois não havia tecnologia para armazenar outros dados.

Na década de 1980, o marketing direto evolui sensivelmente com o uso de dados psicográficos, o estilo de vida e o comportamento dos clientes, passando também a se preocupar com a retenção dos clientes. O desenvolvimento de hardware e software permitiu análises dos consumidores com base em seus perfis de consumo. Na década de 1990, com a igualdade dos produtos e o aumento da concorrência, que se torna global, as agências de marketing direto passaram a valorizar o potencial de fidelização e defrontam-se com a notável expansão da Internet, um novo meio de comunicação e, ao mesmo tempo, um canal de resposta.

Neste capítulo, o leitor acompanha o surgimento e a evolução do marketing direto tradicional, suas aplicações atuais e as principais características de cada um dos canais, entre eles agora figurando a mídia interativa. Em seguida, são discutidas as novas possibilidades para o sistema na Internet, com o exame mais apurado dos indicadores e da natureza do marketing direto on-line na rede mundial.

Evolução e natureza do marketing direto

O marketing direto teve início com a utilização dos Correios como canal de vendas. Seu precursor foi Aaron Montgomery Ward, que, em 1872, produziu o primeiro catálogo da Montgomery Ward & Company, denominado *Casa de Fornecimento por Atacado de Produtos Hortigranjeiros*, distribuído a partir de Chicago, nos EUA.

A iniciativa foi uma resposta à inquietação que tomou conta do setor rural, especialmente no Centro-Oeste norte-americano, com os fazendeiros buscando escapar da ação nefasta dos intermediários. Segundo Sarmento (1985: 32), o catálogo "[...] apresentava um novo método de distribuição, um modo de negociar diretamente, sem intermediários — varejistas e cooperativas — presentes em toda a parte".

Após a Guerra Civil, o transporte ferroviário experimentou um grande crescimento, os serviços dos correios foram ampliados e deu-se início ao sistema de produção em massa nos EUA. Foi quando, em 1886, Richard Sears implantou seu serviço de vendas pelos correios de mercadorias não-alimentícias, por meio de catálogos com uma grande variedade de produtos. Da década de 1920 à de 50, a Sears prosperou rapidamente e tornou-se a precursora do abastecimento de acessórios automobilísticos, pneus, máquinas e bens duráveis para uma população em crescimento e ansiosa por obter os produtos desejados para satisfazer seus novos hábitos e suas novas necessidades.

No Brasil, o marketing direto teve como um dos seus principais canais os Correios, estando seu crescimento diretamente ligado ao próprio desenvolvimento e à qualidade dos serviços prestados pela Empresa Brasileira de Correios e Telégrafos (ECT). No período posterior a 1964, surgem novas possibilidades em canais de marketing direto, como TV, telefone, jornal, revista e rádio.

Os investimentos maciços em telecomunicações permitiram a implantação de um sistema de telefonia relativamente sofisticado para a época e a grande ampliação de cobertura da televisão, tornando-se presente em todo o território brasileiro. Os demais meios de comunicação de massa — principalmente o jornal, a revista e o rádio — também se profissionalizaram e conquistaram crescente presença entre seus públicos.

Conceito de marketing direto

Entendendo o marketing direto como um verdadeiro canal de distribuição, na sua conotação mais ampla, Aranha (1981: 47) identifica o seu principal benefício no fato de permitir que o consumidor adquira produtos e serviços sem a necessidade de se dirigir ao ponto-de-venda ou ser visitado por vendedores. Como o consumidor tem cada vez menos tempo e maiores custos para se deslocar ao ponto-de-venda, o marketing direto possibilita que o produto seja levado até onde estiver o consumidor: em casa, no escritório ou na fábrica.

O estímulo para a compra do produto ou serviço é acompanhado da possibilidade de compra imediata, pois o consumidor pode ter condições de efetuar a compra no mesmo instante em que recebe o estímulo de venda. O marketing direto propicia, também, economia nos custos de mídia ou de vendas. Seu esforço pode estar concentrado em regiões onde não há a presença do corpo de venda ou de revendedores da empresa, evitando que as mensagens de venda tradicionais gerem a insatisfação do consumidor em áreas em que o produto não se encontra disponível para venda no varejo.

A resposta direta do consumidor, o grande propósito do marketing direto, pode se dar por meio de vários veículos — carta, cupom, telefone, fax, e-mail — e não apenas do correio, quando se denomina mala-direta. A resposta direta não significa apenas um pedido de compra, mas pode ainda gerar uma solicitação de mais informações, a visita a uma loja ou escritório, a devolução de um formulário preenchido.

Para a Direct Marketing Association (cit. em Percy, 1997: 120), entidade norte-americana que congrega os profissionais da área, o marketing direto é:

> [...] um sistema de marketing mensurável que utiliza um ou mais meios de comunicação para gerar uma resposta. É um processo interativo no qual as respostas dos consumidores, ou sobre eles, são gravadas em um banco de dados para construir o perfil dos consumidores potenciais e prover informações valiosas que permitam um melhor direcionamento das mensagens.

Atividade que tem a tarefa principal de estimular o target a uma ação imediata, o marketing direto compreende ainda um processo de comunicação dirigida que entrega uma mensagem diretamente ao consumidor atual ou potencial. Por extensão, o termo pode ser empregado para se referir a todas as atividade, mediante mídias diversas, que procuram criar e manter um relacionamento pessoal e compensador entre duas partes. Nesse sentido, Fill (1995: 331) reconhece duas importantes questões associadas a esse entendimento. A primeira é que a atividade deve ser mensurável, ou seja, qualquer resposta deve estar associada a uma pessoa individualizada, a uma mídia identificável e a um resultado na forma de uma venda ou mesmo um simples pedido de mais informações.

A segunda questão diz respeito às compensações ou recompensas que cada uma das partes percebe estarem envolvidas no relacionamento estabelecido. O consumidor, por exemplo, recebe uma série de benefícios tangíveis e intangíveis, que incluem a conveniência da compra, a utilidade de tempo e a satisfação pela atenção especial que ele percebe estar tendo da empresa naquele relacionamento. Por sua vez, o fornecedor de produtos e serviços tem seus benefícios associados ao uso de uma ferramenta precisa que minimiza eventuais desperdícios e otimiza seus ganhos, e ainda representa uma oportunidade para oferecer produtos correlatos aos consumidores atuais, sem os enormes custos necessários para a conquista de novos compradores.

Quadro 23 Diferenças entre o marketing direto e a publicidade tradicional

Fatores	Marketing direto	Publicidade tradicional
Exposição à mensagem	A exposição é única	As exposições são múltiplas
Benefícios para a marca	A distribuição é um importante benefício	Os benefícios não são dirigidos para os canais
Distribuição	Usa o veículo ou canal como o próprio mercado	Usa a distribuição para definir o mercado
Objetivo primário da comunicação	Conhecimento e estímulo à compra imediata da marca	Conhecimento e formação de atitude positiva para com a marca
Audiência-alvo	Individual	Massa

Fonte: Percy, 1997: 122.

As ações de marketing direto se apóiam fundamentalmente em um banco de dados, do qual a empresa irá selecionar o target para receber a informação adequada, e no qual suas respostas serão ainda armazenadas para serem usadas em uma próxima oportunidade de diálogo. Por sua dependência de um database, o marketing direto pode ser controlado de maneira precisa: o emprego de modelos apropriados oferece não somente a possibilidade de predizer e mensurar as respostas, como mas de calcular os custos associados a um número determinado de respostas pretendidas do target.

Os ingredientes e princípios do marketing direto podem ser usados por qualquer empresa, garante Bacon (1994: 21), por serem muito simples de operacionalizar: "Identifique seus atuais clientes e melhores clientes potenciais e atinja-os com uma mensagem pessoal que (1) mostre os benefícios de fazer negócios com você e (2) como a eles podem responder".

Aplicações do marketing direto

O campo de aplicações do marketing direto é muito abrangente, tanto para as indústrias como para as empresas de prestação de serviço. Aranha (1979: 23-4) identificou oito estratégias empregadas tradicionalmente pelo marketing direto de forma lucrativa. São elas:

a) como o principal canal para a venda de seguros, cartões de crédito, livros, assinaturas e até mesmo para a venda de aviões monomotores etc.

b) para atingir mercados não cobertos pela própria força de vendas ou a de seus distribuidores, ou naqueles mercados em que o varejo é carente ou deficiente. Portanto, é fácil perceber, em termos de Brasil, o alcance do marketing direto para inúmeros produtos e serviços.

c) para promover a venda de outros produtos ou serviços a atuais clientes. A utilização do marketing direto, para essa estratégia, é largamente empregada pelas instituições financeiras nos Estados Unidos.

d) como parte do esforço de merchandising. Muitas empresas têm-se utilizado do marketing direto para vender novas idéias, promoções aos seus distribuidores e varejistas [...], um sistema permanente, que leva informações, sugestões e planos aos distribuidores, estimulando-os a responder solicitações e pedidos. Isto tudo sem a necessidade de contato face a face entre a empresa e seus distribuidores.

e) empresas de equipamentos industriais têm-se valido com êxito do marketing direto para a venda de suprimentos. O vendedor dessa indústria concentra-se na venda do equipamento, por exemplo: um torno. E o marketing direto está sendo utilizado para obter a fidelidade do cliente na compra de peças de reposição e suprimentos.

f) para novos produtos, para os quais a empresa não possui força de vendas específica. O caso clássico nessa estratégia, nos Estados Unidos, foi o da Hewlett-Packard. Em 1971, quando desenvolveu a HP 35, sua primeira máquina de calcular de bolso, a HP constatou que o mercado-alvo era totalmente diverso, em relação aos equipamentos que comercializava até então. Obviamente, a sua força de vendas não poderia ser utilizada para esse produto, cuja venda necessitava ser massificada, e devido ao preço de venda ser muito inferior ao dos demais produtos da HP. O marketing direto tornou-se, então, a solução. Hoje, a Hewlett-Packard é, no mercado americano, uma empresa das mais bem-sucedidas em marketing direto [...].

g) para testar novos produtos e serviços. As empresas, incorporando o marketing direto às suas funções de marketing, podem utilizar este canal para testar novos produtos. [...] O teste por marketing direto é muito mais eficiente do que o "teste de conceito" utilizado para novos produtos e pode, em certos casos, substituir com vantagens o usual teste de mercado.

h) para subsidiar decisões de marketing. Um Gerente de Produto [...] verificou que estava obtendo surpreendentes índices de retorno numa localidade onde o vendedor vivia afirmando que o potencial de mercado era extremamente baixo.

Entretanto, o marketing direto não é apropriado para todos os tipos de produtos. Percy (1997: 123) recomenda ações de marketing direto principalmente para os produtos de alto envolvimento do consumidor, sendo poucos os produtos considerados de baixo envolvimento para o quais a ferramenta pode ser considerada efetiva.

Marketing direto no Brasil

O Brasil constitui um campo promissor para o desenvolvimento do marketing direto. As dimensões continentais forçam a estrutura de distribuição dos produtos a ser rarefeita e a demandar altos custos de distribuição física, concentrando-se as vendas por varejo em regiões onde há grandes aglomerações populacionais. Surge, então, a brecha para a atuação da resposta direta junto a essa população marginalizada dos produtos e serviços encontrados nos grandes centros.

Para oferecer ao mercado um parâmetro confiável sobre o setor de marketing direto, que vem experimentando forte crescimento no Brasil nos últimos anos, *Meio & Mensagem* criou, em parceria com a Associação Brasileira de Marketing Direto (Abemd), o ranking M&M/Abemd das Empresas de Marketing Direto, que passa a ser publicado anualmente pelo jornal especializado em comunicação de marketing.

Para elaborar a primeira versão do ranking, o Comitê de Agências da Abemd criou um questionário, que foi enviado às empresas presentes no mailing da entidade. Entre as 37 que enviaram resposta, foram classificadas 25 cuja atividade de agência de marketing direto foi reconhecida pelo Comitê. Os participantes do ranking apenas puderam incluir as fontes de receita provenientes dos serviços de criação, planejamento, consultoria, fee mensal, custos internos, honorários sobre produção de terceiros e comissão sobre as veiculações (cf. Sant'Anna, 1999: 28-9).

Tabela 25   As dez maiores agências brasileiras de marketing direto

Agências	Receita bruta (US$)	
	1997	1998
Rapp Collins Brazil	4.600.000	6.300.000
Wunderman Cato Johnson	2.015.000	4.968.000
DireTotal BBN	3.726.000	3.485.000
Zest Marketing Direto	2.230.000	3.277.000
Sun Marketing Direto	747.500	2.370.000
Datamídia Marketing de Relacionamento	843.148	2.274.918
RSVP Marketing Direto, Promoções e Propaganda Ltda.	1.950.000	2.250.000
G&K Solution Marketing Direto	1.635.000	2.091.045
Metro Marketing Direto Ltda.	1.520.325	1.918.699
Motivare Marketing de Incentivos Ltda.	1.928.828	1.711.459

Fonte: Ranking M&M/Abemd das Agências de Marketing Direto.

A primeira edição do ranking M&M/Abemd das Agências de Marketing Direto revelou que a soma das receitas das empresas foi de US$ 40.782.658, valor que superou em 44,4% o atingido no exercício anterior, que foi de US$ 28.240.101. A Abemd ainda estima que o total das receitas das agências participantes do estudo representa de 70 a 80% da receita obtida, em 1998, pelas agências de marketing direto no Brasil.

O significativo aumento do volume de receitas das agências de marketing direto pode ser entendido como um sinal da força do setor e de sua crescente profissionalização. Talvez possa haver, em futuro próximo, uma reversão da tendência de os investimentos em publicidade serem muito mais significativos do que os de marketing direto, também influenciada pelo avanço da tecnologia nas ferramentas de marketing direto e database. Nos EUA, a realidade é outra: nos últimos vinte anos, a proporção dos investimentos em marketing direto tem crescido muito em relação à propaganda. Em 1998, a Direct Marketing Association (DMA) estimou o faturamento do setor em cerca de US$ 1,8 trilhão.

Mas, apesar do quadro favorável que pode ser depreendido da situação brasileira, existem numerosos problemas que precisam ser enfrentados para o crescimento das atividades do marketing direto no país. Os especialistas da área apontam como principais barreiras: a falta de hábito de compra por marketing direto; a falta de confiança no canal, por causa da insegurança do consumidor quanto à qualidade dos produtos e serviços oferecidos pelas empresas e quanto à sua seriedade; o aperfeiçoamento dos serviços prestados pelos Correios e Telégrafos e pelas companhias telefônicas, com o necessário fracionamento das tarifas de postagem e do sistema *tool free*; e a carência de pessoal especializado, com experiência em marketing e sólida formação em métodos quantitativos, aliados a conhecimento de finanças e de informática.

Canais de marketing direto

O marketing direto dispõe hoje de uma variada gama de veículos por meio dos quais pode atingir uma audiência determinada com o objetivo de obter uma resposta direta. São discutidas a seguir as suas principais formas: mala-direta, telemarketing, veículos de comunicação de massa e mídia interativa.

Mala-direta

O uso do correio (ou de empresas de delivery, como nos EUA) para o envio ao consumidor de material promocional — cartas, brochuras, cupons de desconto, catálogos e outros — constitui o canal de maior volume de faturamento em marketing direto, denominado mala-direta ou propaganda direta. No Brasil, a mala-direta tem como seus principais usuários editoras, indústrias, empresas de marketing direto, imobiliárias e bancos.

O kit clássico ou tradicional de mala-direta é constituído de quatro elementos: 1) a carta, geralmente com mais de uma página, 2) envelope externo, 3) um folheto ou livreto e 4) cartão-resposta para pedido ou cupom de pedido para ser inserido em envelope-resposta.

As vantagens mais conhecidas do sistema estão na sua natureza de veículo de comunicação mais pessoal, que mais se aproxima da venda feita pessoalmente por um indivíduo; na possibilidade de selecionar a clientela e atingi-la por meio de uma lista de endereços; e na conveniência estratégica de determinar, com toda a precisão, a repetição de anúncio segundo uma cadência e uma forma que constituam progressão de ataque ao alvo selecionado.

Já a Direct Mail Advertising Association (cit. em Simões, 1979: 9) enumera um rol de vantagens mais extenso, reconhecendo na mala-direta dez características de grande importância:

1) pode ser dirigida a pessoas ou mercados específicos com controle maior do que por qualquer outro meio;

2) pode ser personalizada a ponto de ser tornar absolutamente confidencial;

3) é uma mensagem individual do anunciante e não está em competição com outro tipo de propaganda;

4) não está sujeita às limitações de espaço e formato, impostas por outros meios de comunicação;

5) permite maior flexibilidade nos materiais e processos de produção;

6) possibilita a apresentação de novidades bem como acrescenta realismo à história do anunciante favorecendo-lhe a interpretação;

7) pode ser produzida de acordo com as necessidades imediatas do anunciante;

8) pode ser controlada para determinadas tarefas de pesquisa atingindo grupos pequenos, testando idéias, apelos e reações;

9) pode ser despachada em tempo certo, em alguns casos com exatidão absoluta — tanto quanto à expedição do material quanto ao seu recebimento;

10) possibilita ao leitor agir ou comprar mediante expedientes impossíveis de serem utilizados de outra maneira.

A mala-direta exige que a mensagem seja criativa e formulada de maneira a superar os obstáculos naturais, como a inércia do consumidor — ele tem uma preguiça natural e precisa ter sua atenção despertada pela peça — e a competição com as outras mensagens comerciais, todas concorrendo entre elas e dividindo o seu interesse.

No caso do emprego de catálogos, o formato deve ser estabelecido levando em conta as áreas de impressão das máquinas gráficas existentes para evitar desperdícios e o conseqüente aumento de custos de produção. O catálogo deve facilitar pedidos adicionais, já que mais de um terço das respostas geralmente é recebido de uma pessoa das relações do destinatário.

A inserção de um envelope-resposta costuma aumentar o retorno, pois evita que o cliente precise providenciar envelope e selo, transmite um sentimento de confidencialidade e ainda incentiva os pedidos com cheque anexo (cf. Pinho, 1998: 71-2).

Telemarketing

O telemarketing surgiu de forma pioneira no Brasil há cerca de 20 anos, utilizado pela Listas Telefônicas Brasileiras (LTB) na confirmação de anúncios de seus clientes. O pioneirismo no uso do telemarketing como canal de vendas é atribuído à Credicard, empresa de administração de cartão de crédito.

Na área de vendas, o telemarketing assume duas formas: nos contatos dos clientes com a empresa, é o telemarketing passivo ou receptivo, obtido a partir da divulgação do número do telefone da empresa nas mídias; nas chamadas da empresa para os clientes potenciais, é o telemarketing ativo, com o objetivo de gerar a venda direta.

Hoje, o sistema tem apresentado um contínuo crescimento em virtude do processo de privatização e suas conseqüentes mudanças no setor de telefonia de todo o país, fazendo com que o telefone deixe de ser um artigo de luxo e possa ser incorporado aos hábitos e atitudes do brasileiro médio.[1] O telemarketing vem se mostrando útil em vendas, na marcação de hora para apresentação e demonstração de produtos, na pesquisa de mercado e de audiência, para renovação de assinaturas e nos serviços de pós-venda, verificando a satisfação do consumidor com o produto ou serviço prestado. Mas não é só: a Telebras tem registradas quase 120 diferentes aplicações de telemarketing.[2]

Assim, o sistema permite fazer todos os contatos de uma empresa com seu público — e vice-versa — pelo canal telefônico, podendo então se dizer, com mais detalhes, que o telemarketing:

> [...] compreende a aplicação integrada e sistemática das tecnologias de telecomunicações e de informação com sistemas de administração e gerenciamento para a otimização do composto de comunicação usado por uma empresa para atingir os seus consumidores. Ele proporciona uma interação personalizada com os clientes atuais e potenciais e, simultaneamente, busca atender melhor às suas necessidades. (Stone e Wyman, 1986: 5)

O imediato feedback proporcionado pelo telefone é a grande vantagem do telemarketing sobre as outras formas de marketing direto. No caso de produtos de alto envolvimento, o telefone permite que as informações sejam prestadas de acordo com as questões e dúvidas que forem levantadas pelo cliente durante a conversação.

No momento em que as empresas enfrentam altos custos de mídia e mercados cada vez mais competitivos, que exigem maior agilidade nos negócios, o telemarketing surge como uma opção altamente eficiente. Seus custos são menores do que os da venda pessoal e ainda inferiores ao da veiculação nos meios de comunicação, além de ter a rapidez como uma grande aliada. Não há perda de tempo: se a pessoa não for localizada, tenta-se imediatamente outro número. No caso da venda pessoal, o vendedor teria perdido a viagem e gasto seu tempo inutilmente.

Veículos de comunicação de massa

O marketing direto pode usar como canal de comunicação as mesmas mídias tradicionais empregadas pela publicidade e pela promoção de vendas. A única e fundamental diferença está no modo de uso, pois o marketing direto busca obter, nos veículos de comunicação, os melhores resultados em termos de respostas diretas com o menor volume possível de investimento.

Embora a presença do marketing direto em cada meio de comunicação de massa seja bastante diferenciada, serão examinadas a seguir as suas características nas principais mídias: revista, jornal, rádio e televisão.

Revista e Jornal — São muito utilizados para estimular a resposta direta dos seus leitores, em especial com o objetivo da venda de assinatura dos próprios veículos, uma rotina nos diversos títulos das grandes editoras e empresas jornalísticas brasileiras. A possibilidade de inserção de encartes também é bastante positiva, pois eles podem ter tamanhos e formatos especificados pelos anunciantes, e uma qualidade de produção bastante superior àquela apresentada pelos jornais, por exemplo.

A principal vantagem do uso do jornal para marketing direto está na sua periodicidade diária, que permite a inserção dos encartes em qualquer dia específico, enquanto a revista oferece como ponto positivo a maior segmentação dos seus leitores. Existem revistas de interesse geral, mas em sua maioria os títulos são dirigidos a públicos e interesses específicos, como masculinas, femininas, infanto-juvenis, esportes, automobilismo, cinema, fotografia, som, informática, de economia e negócios.

No caso da opção pela veiculação de anúncios em jornal ou revista, a seleção das diferentes mídias deve considerar os dados de tiragem, circulação e cobertura dos veículos, o perfil dos leitores e os custos de inserção do anúncio, entre outros. Em geral, o anúncio de resposta direta para jornal e revista contém cinco elementos — título, foto ou ilustração, texto, assinatura da empresa e cupom de pedido —, que devem ser organizados de maneira harmoniosa e equilibrada, para atrair a atenção do leitor e facilitar a apreensão da mensagem básica (cf. Bacon, 1994: 241-2).

Na criação de peças para veiculação em jornal e revista valem as mesmas regras para a criação das páginas de um catálogo. Um único cuidado, pelo que se observa em grande número de peças para tais veículos: o correto dimensionamento do cupom de resposta, que às vezes é tão pequeno que não se consegue preencher, seja à máquina ou em letras de forma.

Televisão — A grande cobertura e penetração da TV no Brasil recomendam o seu uso como canal de marketing direto. Entretanto, a atividade ainda não despertou a atenção generalizada das emissoras, exceto pelos programas de televendas nos canais de TV a cabo. Os comerciais de marketing direto, por serem mais informativos, exigem um tempo de veiculação quase sempre de no mínimo 60 segundos,[3] onerando consideravelmente os custos de veiculação, pois os departamentos comerciais dos veículos não desenvolveram formas de comercialização mais adequadas ao sistema, permanecendo a tradicional: o pagamento das inserções pelo número e pelo tempo de duração dos comerciais.

Tabela 26 Distribuição dos elementos em um comercial de 60 segundos para TV

Elementos	Tempo
1. Abertura que chama a atenção	Cerca de 5 segundos
2. Premissa e/ou menção a um prêmio ou brinde	Até 15 segundos
3. Apresentação do produto, sua demonstração ou a análise de seus atributos	30 segundos
4. Informações sobre o pedido e número do telefone	15 segundos

Fonte: Adaptado de Witek, 1994: 28.

Outro tipo de anúncio bastante utilizado nos canais de TV a cabo é o infomercial, assim denominado pela junção das palavras "informação" e "comercial". Podendo chegar a 30 minutos de duração, o infomercial tem um formato que o aproxima bastante dos programas de entrevistas e permite uma exaustiva demonstração do produto e do seu desempenho em diversas situações.

Rádio — A utilização do rádio no marketing direto é muito ocasional no Brasil, sendo mais correto posicioná-lo como mídia de apoio para outros veículos, quando desempenha melhor o seu papel. Pela sua natureza, o rádio não absorve a atenção total do ouvinte, que pode ao mesmo tempo executar alguma outra tarefa, momento em que será difícil prender sua atenção e fazer com que ele encontre uma caneta e papel para anotar um número de telefone ou um endereço divulgado no comercial.

Ainda persiste no rádio a crônica dificuldade de uma criação adequada ao meio, pois as mensagens radiofônicas costumam ser simplesmente a trilha sonora do comercial veiculado na televisão. Outro problema que será facilmente percebido pelo criador: o rádio é som, exclusivamente, e algumas ofertas não podem prescindir da apresentação física do produto. Assim, criar uma mensagem comercial para o rádio é muito difícil, mas, observada a adequação do texto e da produção às características do veículo e sua audiência, pode-se obter um comercial eficiente e muitíssimo econômico.

Mídia interativa

Os significativos avanços tecnológicos permitem que a publicidade, as vendas e o marketing direto venham aos poucos ocupando o seu espaço na mídia interativa, cuja grande estrela é hoje, sem dúvida, a Internet. Talvez o marketing direto seja a atividade menos desenvolvida na rede mundial, mas é indiscutível que a Internet possui todas as características que essa ferramenta precisa para alcançar os clientes: interação com o consumidor, respostas mensuráveis e um alto nível de segmentação e personalização.

O correio eletrônico, serviço mais antigo e mais popular da Internet, tem sua natureza profundamente vocacionada ao marketing direto, como canal de comunicação que assegura a remessa de mensagens individuais e personalizadas para targets extraídos de bancos de dados precisamente segmentados, bem como permite o recebimento, pelo mesmo meio, das respostas do consumidor.

Marketing direto na Internet

O conceito clássico de marketing direto já examinado — entendido como um sistema interativo de marketing que utiliza uma ou mais mídias a fim de obter resposta e/ou transação mensuráveis e em qualquer lugar — anima os entusiastas da Internet a reconhecer que a rede mundial oferece amplas possibilidades ao seu desenvolvimento como novo e importante canal para o sistema, principalmente no que diz respeito à questão da interatividade e da transação mensuráveis em qualquer local.

Indicadores da presença do marketing direto na rede mundial

Na Europa, as verbas de marketing direto migram para a Web na mesma proporção da popularização da Internet em cada país. Os setores de maior presença são aqueles que têm produtos e serviços digitalizáveis, a exemplo dos bancos, dos corretoras de compra e venda de ações, das empresas de catálogos, além das boas oportunidades oferecidas para produtos de compra de impulso, como perfumes e bebidas.

Mesmo o marketing direto ativo, que poderia sofrer a repulsa dos que desprezam a busca do lucro na rede, tem obtido boa receptividade, desde que a empresa ofereça serviços e informações de interesse do internauta, sempre com a sua permissão e oferecendo a possibilidade de desistir, a qualquer momento. A tecnologia tem ainda garantido maior vinculação da base de dados com a Internet, com os clientes gerenciando seus dados, o que resulta numa atualização mais rápida dos databases.

Cabe destacar que o impressionante avanço da tecnologia está realçando o papel do marketing direto, que sempre foi dirigido para a informação. A tecnologia, assegura Edward McNally Junior, presidente da Rapp Collins Worldwide, permite "o entendimento dos consumidores com maior profundidade, ajuda a reunir uma grande quantidade de informação e a transformar essas informações em mensagens mais inteligentes, dirigidas a um alvo bem mais específico" (cit. em Sant'Anna, 1999a: 7).

Por isso o mercado norte-americano já criou a consciência da necessidade imperativa da utilização da Internet nas ações de marketing direto. Em 1996, por exemplo, as transações via Internet e o comércio eletrônico causaram um impacto significativo sobre o envio de correspondência de primeira classe, serviço que acusou queda de 10% no seu volume total, estimando-se uma perda de receita da ordem de US$ 9 bilhões para o Correio norte-americano (cf. Augusto, 1998: 31).

Mas o maior e melhor exemplo da utilização da rede como canal de vendas e ferramenta de marketing direto é dado pela Dell Computers,[4] que movimenta diariamente US$ 3 milhões em vendas de equipamentos de informática pela Internet. Esses resultados fazem da empresa o líder na venda de hardware por meio de marketing direto na Web, sem a utilização de canais físicos de distribuição.

No Brasil, o fato é que as ações de empresas de marketing direto para fazer pleno uso da Internet no seu planejamento ainda são incipientes. Muitos profissionais da área continuam encarando a rede como uma ferramenta tecnológica, e não como uma ferramenta de negócios. Mas um indicador positivo de mudança nessa mentalidade foi revelado nos resultados da primeira edição do ranking M&M/Abemd das Agências de Marketing Direto. Entre as 25 empresas constantes no ranking, dez já possuem departamentos próprios para o desenvolvimento de ações de marketing direto na Internet.

Natureza do marketing direto on-line

O holandês Joost Van Nispen, consultor da Ogilvy One, empresa de marketing direto do Grupo Standard, afirmou, em recente visita ao Brasil, que a Internet e o marketing direto formam um par perfeito. Na sua avaliação, a rede possui tudo o que essa ferramenta precisa para alcançar os clientes: interação com o consumidor, respostas mensuráveis — e rápidas — e um alto nível de segmentação e personalização (cit. em Cavalcanti, 1998: 80).

A Internet tem sido considerada uma ferramenta totalmente revolucionária para o marketing direto, que, se não existisse, precisaria ser inventada exatamente como ela é. Para Lefèvre (1998: 17), o motivo básico de sua afinidade com o marketing direto está no fato de a rede ser, ao mesmo tempo, uma mídia e um canal de resposta.

As condições para o marketing direto ser realizado de maneira efetiva na Internet podem ser enumeradas em dez razões principais, baseadas nas características e facilidades que fazem a rede mundial uma mídia favorável e mesmo natural para ações interativas, personalizadas, mensuráveis e segmentadas.

1) *Potencial para a individualização.* A mala-direta, o telemarketing, a televisão e outros canais de marketing direto procuram atingir os prospects atraindo o interesse e a atenção para as suas mensagens. Não há, por exemplo, a garantia de que uma carta será aberta e lida. Na Internet, quando uma oferta de marketing direto é apresentada em um site, o prospect está lá por sua própria vontade. Em nenhum outro meio serão encontrados consumidores potenciais que se qualificam por si mesmos para a oferta de um produto ou serviço. Kannan (1999) conclui então que esses fatores propiciam que o marketing direto on-line tenha melhores taxas de resposta e ainda permitem que seja realizado, em sua plenitude, o grande potencial *one to one* da comunicação.

2) *Inovações para o branding on-line.* As tecnologias existentes apenas oferecem uma aproximação para quem é o internauta, quais são os seus interesses e de onde ele está se conectando na rede mundial. Nada semelhante a um prospect que se identifica por meio de um endereço eletrônico e voluntariamente revela seus gostos e interesses. Neste caso, o marketing eletrônico na Internet cria condições mais favoráveis

para os esforços criativos de branding, mediante ações que sejam mais divertidas, participativas e também resultem em benefícios tangíveis para o tempo gasto e o interesse demonstrados pelo usuário.

Quadro 24 Diferenças entre o marketing de massa e o marketing *one to one*

Marketing de massa	Marketing *one to one*
Cliente médio	Cliente individualizado
Cliente anônimo	Cliente com perfil definido
Produto padronizado	Oferta sob medida
Produto em massa	Produção sob medida
Distribuição em massa	Distribuição individualizada
Propaganda de massa	Mensagem individualizada
Promoção de massa	Incentivos individualizados
Mensagem de direção única	Mensagem em duas direções
Economia de escala	Economia de escopo
Participação de mercado	Participação do cliente
Todos os clientes	Apenas clientes rentáveis
Atração do cliente	Retenção do cliente

Fonte: Adaptado de Kotler, 1998: 627.

3) *Potencial para a fidelidade de marca*. O marketing direto on-line torna mais fácil para as empresas construírem no internauta a lealdade à marca e recompensar os seus compradores. Muitos negócios podem rastrear as compras e oferecer aos clientes regulares ofertas especiais que promovam ou afirmem a sua fidelidade. O marketing direto on-line ainda pode integrar-se a outros sistemas existentes com um pequeno custo, esforço e tempo adicionais.

4) *Pré-segmentação dos sites*. Enquanto os sites de grande tráfego atraem internautas dos mais variados tipos, os sites especializados, como os de esportes e de hobbies, são visitados por usuários que apresentam uma segmentação mais definida. Apenas esse fato pode garantir ao marketing direto on-line melhores taxas de retorno em relação a outros canais. Por outro lado, Alphen (1997: 16) ressalta as possibilidades existentes para o prévio conhecimento da segmentação do target visado, de forma mais apurada: "Se a Web é, por definição, um ambiente povoado por grupos de

pessoas com interesses facilmente identificáveis, nada mais fácil e econômico do que usá-la para enviar a mensagem a quem interessa. O internauta corre atrás do que quer receber."

5) *O fator custo*. A Direct Marketing Association calcula que cerca de 45% de todos os investimentos em marketing direto são gastos em ações para gerar nomes de prospects, para os quais serão então destinadas as mensagens pelos diferentes canais. Na Internet, o marketing direto on-line irá cortar significativamente esses custos, por causa dos milhões de internautas que se conectam à rede e se constituem em públicos para uma grande variedade de produtos e serviços.

6) *Transformação de* prospects *em consumidores permanentes*. O marketing direto on-line será fundamental para tornar os prospects em consumidores regulares, permanentes e duradouros para as empresas, por meio das aplicações de serviços ao consumidor. O objetivo maior da construção de um relacionamento de longo prazo com o consumidor será favorecido pelo uso apropriado das ferramentas e tecnologias do marketing direto, contribuindo no processo de proporcionar satisfação contínua e reforço aos indivíduos que são clientes atuais ou já foram clientes.

7) *Diminuição da distância entre branding e marketing direto*. Durante muito tempo considerou-se a publicidade a ferramenta ideal e quase exclusiva para a construção e manutenção de marcas, o que relegou o marketing direto a um segundo plano. Agora, numa concepção mais moderna e realista, o marketing direto on-line passa a ser entendido e valorizado como uma ferramenta complementar aos mecanismos de branding.

8) *Facilidade de interação*. O marketing direto on-line é uma das formas mais práticas para o consumidor lidar com as ofertas. Do ponto de vista do consumidor, o recebimento e processamento das mensagens de marketing direto por meio de correio eletrônico é muito mais conveniente do que a oferta recebida em uma mala-direta pelo Correio, que deve ser guardada em algum lugar até que o prospect resolva responder ao apelo, preenchendo um cupom de pedido à máquina ou com letra de forma e, finalmente, levando-o ao Correio. (A idéia é que a resposta seja imediata, mas em muitos casos a decisão é tomada dias ou semanas depois do recebimento da peça.)

9) *Mecanismos próprios de resposta*. Graças à sua interatividade, a Web estimula a resposta porque o consumidor tem a ferramenta de comunicação sempre disponível e fácil, seja no próprio site ou pelo e-mail fornecido para uso do internauta.

10) *Mensuração dos resultados*. Os resultados podem ser facilmente mensurados porque os sistemas possuem mecanismos que registram as transações e fornecem relatórios precisos e detalhados.

A Internet e a construção de relacionamentos

Durante longos anos, o protecionismo do Estado permitiu que as empresas brasileiras desfrutassem de uma natural expansão dos mercados, com consumidores quase cativos para seus produtos e serviços. Hoje, em tempos de concorrência acirrada pela globalização dos mercados, a Internet agrega e possibilita ao marketing direto on-line um novo diferencial: a sua utilização na manutenção, retenção e construção de relacionamento. Puterman (1998d: 25) explica que:

> De maneira simplista, o que deve ser entendido é que o consumidor na era da Internet interage muito mais e se relaciona muito mais do que o consumidor pré-Internet. As empresas que não se prepararem para isso perderão uma boa oportunidade de construir relacionamentos com seus clientes, abrindo mercado para a concorrência.

A importante tarefa de construção do relacionamento com os consumidores pressupõe que o profissional de marketing direto tenha um conhecimento prévio das diversas categorias dos clientes de uma organização e dos diferentes níveis de vínculos que podem ser estabelecidos entre as empresas e os seus clientes.

Categorias de clientes da empresa

A palavra cliente é usada tanto para o mais fiel comprador quanto para aqueles que eventualmente realizam transações comerciais com uma empresa. Entretanto, de acordo com os comportamentos demonstrados, Gordon (1999: 129-30) agrupa os clientes em seis categorias — prospects, experimentadores, compradores, eventuais, regulares e defensores —, diferenciadas tanto pela participação crescente nos negócios quanto pelo *share of mind* obtidos em cada uma.

Prospects (clientes potenciais). Os prospects são pessoas identificadas na população em geral, cujo perfil combina com o que a empresa está procurando. Conhecendo os clientes atuais, a companhia pode identificar outros tipos de clientes que parecem ter um bom potencial de adaptação ao seu enfoque, às suas capacidades e aos seus produtos e serviços.

Experimentadores. São prospects que já tomaram conhecimento de uma empresa e dos seus produtos e serviços, começando então a explorar suas ofertas, mediante compras experimentais, para determinar até que ponto eles são relevantes para ela. Caso obtenham satisfação com essa experiência, os experimentadores poderão avaliar o potencial para estabelecer um fluxo mais significativo de negócios com a empresa.

Compradores. São os experimentadores que estão satisfeitos com a sua experiência inicial e passaram a fazer negócios com a empresa, mas ainda não de maneira efetiva. Os compradores estarão suficientemente interessados nas ofertas a ponto de considerar a companhia uma adequada segunda fonte ou alternativa, caso os seus fornecedores principais deixem de os satisfazer de algum modo.

Clientes eventuais. Satisfeitos com o período no qual a companhia supriu suas necessidades, os clientes eventuais padronizam aspectos fundamentais de seus processos de compra e aquisições para incluir a empresa como fornecedor principal para as suas necessidades. Ele foi conquistado, mas ainda não depositou a sua inteira confiança na empresa, como adverte Gordon (1999: 129-30):

> O cliente eventual ainda pode passar a utilizar os concorrentes e regredir na escala contínua de vínculo e voltar a ser apenas comprador, ou mesmo parar inteiramente de comprar na sua empresa. E ele não sente necessidade de explicar as razões de tais mudanças. Você permanece sob constante avaliação e julgamento. Mesmo os menores deslizes podem criar insatisfação e prejudicar o relacionamento de confiança.

Clientes regulares. São aqueles que compram da empresa há muito tempo, depositando nela sua confiança e adotando os processos e valores da empresa fornecedora. Os clientes regulares desejam ainda se integrar à empresa em outros componentes estratégicos essenciais ao negócio, como projeto e desenvolvimento.

Defensores. Agora a empresa desfruta de clientes regulares tão comprometidos que somente uma grave violação de confiança pode prejudicar o relacionamento. Um defensor está sempre ao lado da empresa e contará aos outros maravilhas sobre ela, mantendo assim um vínculo que transcende, em muito, o relacionamento mantido com outras companhias.

Níveis de vínculos das empresas com seus clientes

Os níveis dos principais vínculos que unem a organização aos seus clientes, identificados por Gordon (1999: 134-9), são sete: estrutural, de valor de marca, comportamental, pessoal, de informação e controle, de valor e de opção zero.

Vínculo estrutural. Geralmente com o emprego da tecnologia para facilitar a interação, o cliente e a empresa estão operacional e estruturalmente ligados. A familiaridade com a tecnologia ou a sua interface com o usuário apresenta-se, com freqüência, como um obstáculo para a troca. O vínculo estrutural pode ser intensificado quando a organização alinha sua tecnologia, seu pessoal e seus processos de negócio com os clientes, tornando então necessário um alinhamento estratégico para efetuar e acelerar a integração das capacidades organizacionais.

Vínculo de valor de marca. Inclui o valor que um cliente obtém ao se relacionar diretamente com o produto, que pode estar tanto nos atributos funcionais da marca quanto nos emocionais a ela associados. Assim, alguns clientes podem se relacionar com a marca Mercedes-Benz em razão do excelente desempenho, ajuste e acabamento do carro. Outros podem obter benefícios emocionais, como uma impressão de *status*, prestígio, poder ou auto-estima por possuir tal automóvel.

Vínculo comportamental. Ocorre quando os clientes se unem a uma organização ou empresa por causa do seu profissionalismo, da técnica, dedicação ao cliente, dos valores, da cultura e da receptividade. Os clientes de bancos freqüentemente se unem nesse nível.

Vínculo pessoal. É estabelecido quando os clientes gostam de trabalhar ou ser atendidos por pessoas específicas e fazem isso independentemente da empresa com a qual trabalham. Por isso os consumidores preferem determinados cabeleireiros, agentes de viagem, corretores de seguro ou contadores. O vínculo pessoal pode ocorrer em múltiplos níveis da empresa, desde os mais altos executivos até o pessoal de contas a pagar e o de contas a receber que trabalham juntos no mesmo processo.

Vínculo de informação e controle. É aquele em que os clientes se beneficiam dos relatórios e de outros sistemas de informação que possam ajudá-los com a administração operacional e financeira. Empresas de serviços de entregas, como a Federal Express (Fedex), por exemplo, investiram pesado para oferecer um sistema de rastreamento para as encomendas. Os seus clientes podem saber onde se encontra a mercadoria a qualquer momento e, com isso, têm reduzido o risco pressentido de a mercadoria se extraviar.

Vínculo de valor. Ocorre quando os clientes obtêm o valor que procuram dos seus fornecedores e têm todos os motivos para acreditar que continuarão a receber esse valor durante um longo período. Os programas de fidelidade do cliente entram nessa categoria, pois oferecem incentivos adicionais financeiros e em espécie para que continuem comprando do fornecedor.

Vínculo de opção zero. Refere-se à situação na qual as organizações dispõem de pouca escolha para criá-lo, geralmente limitadas pelo ambiente regulatório, como os serviços postais e de energia elétrica. No caso de serviços públicos reservados aos governos federal, estadual ou municipal, como a previdência social, impostos e segurança pública, as escolhas de vínculo serão obviamente inexistentes. Em alguns setores, os clientes podem desejar mudar de fornecedor, mas talvez não o façam em virtude dos altos custos de riscos embutidos em tal mudança, adotando-se assim uma estratégia própria de aquisições e fusões:

> Por exemplo, os softwares especializados em processamento de transações on-line e usados em hotéis, varejo, bibliotecas e serviços financeiros, quando são instalados satisfatoriamente e aceitos pelos usuários, geralmente não são rapidamente substituídos pelos sistemas de concorrentes. Os custos e riscos de conversão são muito altos, então os clientes freqüentemente esperam que as razões para a troca pesem o bastante para justificar o desafio da conversão. Ao reconhecer isso, algumas empresas de software estão desenvolvendo seus negócios rápida e lucrativamente, com a aquisição de organizações com grande base de clientela e a conseqüente recuperação imediata de seus investimentos com o corte de custos associados ao marketing, manutenção e lançamento de novos softwares, em vez de investir em crescimento e relacionamento com os clientes. Elas fazem isso para transferir valor dos clientes, funcionários e fornecedores para os acionistas. (Gordon, 1999: 138-9)

Em geral, o desafio que se coloca para a administração da empresa é estabelecer quais desses tipos de relacionamento devem ser aprimorados e com que tipos de clientes. O marketing direto on-line pode ser um instrumento de grande valia para ajudar a companhia a implantar ações e mecanismos apropriados e efetivos para a construção e o aprimoramento de relações permanentes e duráveis com os seus clientes, em cada um dos sete níveis de relacionamento.

Privacidade do consumidor no marketing digital

Em termos mundiais, predominam duas grandes linhas de procedimentos sobre a privacidade. A européia tem uma legislação mais restritiva e está fundamentada em uma Diretiva da Comunidade Européia, que é seguida por todos os países membros. Entre as principais exigências legais está a obrigação das empresas em informar previamente os tipos de dados coletados, os usos que pretendem fazer deles, as alternativas e meios que os consumidores têm para limitar a cessão desses dados a terceiros e a permissão de acesso do consumidor às informações detalhadas sobre ele existentes nos bancos de dados.[5]

A linha norte-americana, por sua vez, não tem uma legislação específica, preconizando a auto-regulamentação. Paulo Vasconcelos explica que a diferença mais importante entre essas duas linhas não está no fato de existir ou não uma legislação, mas sim nos princípios adotados por elas:

> O fato é que a européia parte do princípio do "positive option", ou seja, a utilização de uma lista somente deve ocorrer com manifestação inequívoca do consumidor concordando com a ação. Enquanto a linha americana parte do princípio do "negative option", ou seja, a utilização é consentida *a priori*, somente não sendo feita se o consumidor se manifestar em contrário. (cit. em Perrone, 1999a: 3)

Nos EUA, as normas da Direct Marketing Association (DMA) para as empresas que enviam malas diretas, catálogos e outras formas de comunicação-direta são claras: em cada peça deve constar um campo onde o prospect ou cliente assinala sua opção de continuar recebendo informações, ou se o nome pode ser divulgado para outras empresas. A legislação norte-americana ainda permite que a informação seja usada comercialmente, em benefício das pessoas e sem comprometer a sua privacidade.

No caso brasileiro, embora a proteção da privacidade ainda não seja uma questão legal, as associações que atuam no meio — Associação Brasileira de Marketing Direto (Abemd), Instituto Brasileiro de Database Marketing (IBDM) e Associação Brasileira de Telemarketing (ABT) — formaram um Comitê de Privacidade para atuar na criação de legislação nacional sobre essa questão.

A evolução do mercado de marketing direto e os recursos tecnológicos atualmente disponíveis para o setor de database marketing já permitem que as empresas encontrem ou selecionem listas de vários segmentos de interesses, minimizando os riscos de invadir a privacidade dos consumidores. Mesmo assim, o Comitê de Privacidade considera necessários o encaminhamento e a aprovação de uma lei específica, principalmente pelo fato de a questão se constituir em um ponto crítico na Internet, tendo adotado como base na sua proposta o princípio do *negative option.*

Marketing da permissão

Uma das regras básicas do relacionamento no marketing direto é dada pela assertiva de que a melhor forma de se comunicar com o cliente é quando ele mesmo solicita esta interação ou, no mínimo, não a bloqueia.[6] Esta relação "autorizada" pelo cliente recebeu o nome de marketing da permissão, por meio do qual o consumidor pede para receber comunicações desta ou daquela empresa (cf. Perrone, 1999: 5).

Se antes os profissionais de marketing direto decidiam quem devia receber uma mensagem e com que freqüência, com o marketing da permissão as regras foram totalmente invertidas, como afirma Godin (1999: 14):

Os prospects (clientes potenciais) oferecem voluntariamente sua atenção. Os profissionais de marketing pegam essa atenção, passam a tratá-la como um patrimônio, a desenvolvem, a alimentam e a transformam então em dinheiro. Desta forma, os profissionais transformam estranhos em amigos e amigos em clientes.

O marketing da permissão é um processo que funciona de forma bastante lógica. O primeiro momento é o único em que o consumidor será interrompido com o objetivo de ser obtida a sua permissão, geralmente concedida por meio da oferta de desconto, da participação em um sorteio, ou simplesmente por mais informação sobre a empresa e os produtos e serviços do seu interesse direto. Uma vez obtida a permissão do consumidor, as suas respostas vão permitir que o processo seja constantemente alimentado e realimentado, com os dados sendo utilizados para tornar a próxima mensagem mais pessoal e relevante, e assim por diante. Com o tempo, a empresa estará mantendo um verdadeiro diálogo com o consumidor, em uma comunicação sempre diferente e cada vez mais focada.

O marketing da permissão ainda gera um patrimônio inalienável para a empresa. O database de clientes que é formado contém um enorme número de indivíduos superqualificados, verdadeiramente cativos, cuja permissão não pode ser alugada ou vendida. Hoje, lembra Godin (1999: 15), os profissionais de marketing direto gastam milhões de reais comprando, vendendo e alugando listas. Isso tudo perde o sentido quando se tem uma base de dados de clientes que dá permissão, pois no momento em que ela for oferecida para mais alguém, os dois vão perder.

Notas

1. A Associação Brasileira de Marketing Direto (Abemd) mantém, desde 1996, uma pesquisa regular de monitoramento do mercado de telemarketing, que constatou o crescimento sólido dos indicadores de faturamento, número de operadores e posições de atendimento, de cerca de 30% ao ano, nas 3 mil empresas pesquisadas.

2. Percy (1997: 126) entende que o telefone pode ser utilizado em outras atividades que não podem ser consideradas apropriadamente como telemarketing. O sistema de telemarketing implica obrigatoriamente um contato com o target selecionado a partir de uma tecnologia de database, de modo a obter algum tipo de resposta imediata do consumidor.

3. Os tempos de duração recomendados para os comerciais de marketing direto pela televisão são de 60 segundos, 90 segundos e 2 minutos. Já os comerciais tradicionais de publicidade veiculados na TV têm a duração de 15, 30 e 60 segundos, constituindo exceção aqueles que ultrapassam o tempo limite. Também por razão do custo elevado da mídia, o formato mais comum para veiculação nas emissoras brasileiras é o de 30 segundos.

4. A Dell Computers utiliza o telefone como canal de vendas, mas decidiu há cerca de quatro anos voltar-se para a Web como meio de distribuição de seus produtos. Segundo Puterman (1997: 46), "[...] o site permite a configuração completa do sistema comprado on-line, a compra completa do sistema mais adequado para o cliente, o tracking da ordem de compra e o atendimento on-line completo no que diz respeito às dúvidas do consumidor".

5. Como forma de possibilitar as ações de marketing direto de empresas norte-americanas no mercado europeu, foi criado o conceito de um "safe harbour" (porto seguro), ou seja, empresas dos EUA aceitariam administrar os bancos de dados de cidadãos europeus de acordo com as regras da Comunidade Européia.

6. Os profissionais de marketing direto consideram um exagero a afirmação de que as pessoas não desejam ou não gostam de receber malas-diretas, quando pertinentes. Para uma comparação: nos EUA, as pesquisas apontam que cada consumidor recebe, em média, de dez a 20 correspondências por mês, enquanto no Brasil o patamar é de entre quatro a seis malas-diretas mensais.

Capítulo 12

Correio eletrônico como ferramenta do marketing direto

O e-mail é o recurso mais utilizado da Internet, estimando a IBM que, em 1998, foram trocados 2,7 trilhões de mensagens pelo correio eletrônico em todo o mundo. Tão importante quanto esse dado é o fato de que 59% dos usuários verificam seu e-mail diariamente — e muitos o fazem várias vezes por dia.

Nova e potente ferramenta para fazer comunicação em duas vias, o correio eletrônico abre um canal praticamente sem limites para o profissional de marketing direto dirigir sua mensagem e atingir consumidores individuais, empresas e prospects. Este capítulo examina a natureza e as vantagens do e-mail, as regras para seu uso eficiente e os cuidados na elaboração de mensagens eletrônicas a serem difundidas por esse revolucionário canal de marketing direto.

Natureza e funções do e-mail no marketing digital

Caso seja usado de forma equilibrada e integrada com outros métodos do marketing direto, Brady (1998: 4) assegura que o e-mail se transforma em uma nova e importante ferramenta de marketing digital, capaz de criar importantes vantagens, como maior velocidade, impacto e flexibilidade no envio de comunicações de marketing; a maximização do retorno de uma empresa sobre os seus clientes; o maior retorno sobre os investimentos de marketing; e a interatividade entre a empresa e seus clientes ou consumidores.

a) *Velocidade e impacto do e-mail.* A primeira vantagem do correio eletrônico está na sua capacidade de fazer as campanhas chegarem ao destino em minutos ou horas, com impacto e em grandes quantidades de mensagens. O envio se dá de maneira econômica e eficiente, sem os elevados custos de postagem dos correios ou o problema das linhas ocupadas no telemarketing. Hoje em dia, a continuada pressão por resultados nos negócios reduzem dramaticamente a duração dos seus ciclos e acabam valorizando iniciativas de marketing cada vez mais velozes. A necessidade de velocidade, que não dispensava no marketing direto tradicional o teste das ações de comunicação, antes de lançar uma campanha plena, criava uma situação contraditória que permanecia quase sem solução, até o advento do marketing por e-mail. A mensagem agora pode ser testada pela segmentação dos textos, das ofertas, dos preços e dos conceitos. O profissional de marketing direto on-line pode literalmente ficar observando os resultados à medida que eles chegam, o que, em geral, acontece cerca de uma hora após o lançamento da campanha. Vale ressaltar que uma campanha por e-mail típica gera 80% das suas respostas em 36 horas.

O e-mail ainda inverte o paradigma de tentar puxar as pessoas para os sites de venda on-line. Na verdade, ele leva suas mensagens e ofertas de vendas para os indivíduos que já estão plugados, podendo funcionar também como um lembrete personalizado sobre um site específico. A mensagem do e-mail, ao mesmo tempo pessoal e de certa forma invasiva, facilita que as campanhas obtenham taxas de retorno maiores do que as normais, em curtos períodos de tempo.

b) *Flexibilidade do e-mail.* Como as campanhas pelo correio eletrônico são relativamente fáceis de criar e lançar, o profissional de marketing direto on-line dispõe de uma considerável flexibilidade no seu uso. As malas podem ser desenvolvidas imediatamente, em resposta a mudanças que ocorrem minuto a minuto nas condições de mercado e com foco em iniciativas proativas e segmentadas, como no exemplo de Brady (1998: 5): "Um hotel que está esperando baixa ocupação no próximo final de semana pode fazer uma campanha de e-mail oferecendo descontos especiais para seus melhores clientes (os mais freqüentes), ainda a tempo de preencher os quartos vazios".

c) *Maximização do retorno da empresa sobre os seus clientes.* O e-mail fornece mais e melhor informação sobre a resposta de cada indivíduo e permite expandir o poder do database de clientes. A inclusão de vários links em seu conteúdo para que o consumidor consulte produtos adicionais, obtenha informações sobre serviços ou faça uma compra pode fornecer dados adicionais que permitem identificar quem exatamente os acessou. Os códigos em cada link permitem saber quais indivíduos se interessaram por uma oferta a ponto de responder a ela e qual aspecto da oferta estimulou a resposta de cada um.

Por exemplo, através do e-mail, uma empresa de catálogos pode lançar uma campanha de marketing direto com três objetivos distintos:

1) promover seus novos produtos e direcionar os destinatários interessados a uma espécie de área de seu website que contém informações adicionais sobre esses produtos; 2) promover seus itens de saldo ou liquidação e direcionar os interessados à página de liquidação do site; 3) promover seu novo catálogo impresso e direcionar cada destinatário interessado a um cupom de pedido que está preenchido com seu nome e endereço.
Integrando essa mensagem com uma estratégia de database, a empresa pode adquirir e arquivar informações de marketing importantes sobre cada indivíduo que recebeu o e-mail. O database resultante vai identificar quais clientes foram mais motivados por um preço baixo (a liquidação), quais ficaram mais interessados em conhecer os novos produtos e quais sentiram-se mais à vontade em usar um formato mais tradicional para suas compras (o catálogo). Finalmente, identificará quais clientes não responderam de forma alguma à mensagem e provavelmente necessitam de uma abordagem diferenciada. (Brady, 1998: 5)

Assim, em suas futuras ações, a empresa pode usar esse database para criar e enviar mensagens individualizadas para os clientes, destacando o tipo específico de oferta na qual eles estão mais interessados. As ofertas de sintonia fina vão, então, melhorar a qualidade da comunicação com os consumidores e, conseqüentemente, maximizar o retorno de respostas das campanhas de marketing direto on-line, ampliando, em última análise, o relacionamento da empresa com seus clientes.

d) *Maior retorno sobre os investimentos de marketing.* Entre os diversos instrumentos e ferramentas da comunicação de marketing, o e-mail destaca-se por ampliar o retorno dos investimentos em marketing direto. Mensagens podem ser segmentadas, sem os altos custos de impressão; mailings podem ser programados no tempo, sem tarifas postais mais altas; novas idéias e conceitos podem ser experimentados, sem comprometimentos e custos proibitivos.

A campanha de e-mail pode ser direcionada a apenas centenas ou milhares de nomes, sem a preocupação com custos unitários mais altos na impressão e na postagem ou com as economias de escala que são possíveis somente nas malas tradicionais de maior porte. A perfomance do mailing da empresa pode também ser testada, em tempo real, permitindo saber imediatamente quais mensagens foram recebidas pelos destinatários e quais não foram, e por que razão.

Essa informação é de grande importância, pois calcula-se que cerca de 40% de todos os endereços de e-mail mudam a cada ano, em virtude de mudanças de provedor ou de emprego, podendo serem eliminados dos arquivos ou contatadas as pessoas para atualizarem seu e-mail. Assim, o resultado é um mailing mais eficiente e, em conseqüência, maior será o retorno sobre o investimento em marketing.

e) *Interatividade entre a empresa e o consumidor.* Com a proliferação da Internet nos lares brasileiros e nas companhias, o e-mail passa a ser utilizado como uma extraordinária ferramenta de marketing para estreitar o relacionamento da empresa com os seus consumidores e clientes e aprimorar seus produtos a um custo baixíssimo. A circulação de informações via correio eletrônico não significa apenas a mudança de suporte do papel[1] ou telefone para os bits, mas traz no seu bojo uma mudança qualitativa na natureza destas informações.

O diretor da Dainet, Antônio Rosa Neto (cit. em Gonçalves, 1998a: 60), destaca a importância do correio eletrônico em relação aos meios convencionais de relacionamento, como a carta e o telefone, por se constituir numa nova ferramenta de produtividade que a empresa pode contar no contexto da comunicação com seu público. Por permitir um relacionamento mais direto com clientes e consumidores, o e-mail é, na verdade, uma evolução do antigo e formal contato de serviço.

Os veículos de comunicação têm adotado o e-mail, um canal fácil e confortável, para estimular o leitor a participar, a dar sugestões e a marcar sua presença em um envolvimento direto. Embora o telefone seja ainda o meio preferido pelos leitores, muitas revistas e jornais exploram o endereço eletrônico para criar uma relação diferenciada no recebimento de sugestões, críticas e comentários de seus leitores ou na divulgação de uma promoção exclusiva, de um projeto especial e mesmo de um briefing sobre o que o assinante encontrará no dia seguinte no seu jornal. Também os jornalistas dos grandes jornais e revistas já divulgam seus e-mails nas suas colunas e rompem, assim, a barreira da distância, do inatingível, pois o próprio profissional dialoga com o seu leitor, que muitas vezes se transforma em fonte para pesquisas e reportagens.

Regras para o uso eficiente do e-mail

Apesar de ser uma mídia nova e diferente, o e-mail funciona observando os princípios básicos e comprovados do marketing direto tradicional. Assim, uma campanha bem-sucedida de correio eletrônico deve realizar testes prévios e proceder a uma análise cuidadosa dos resultados, para então enviar a oferta certa para a lista certa, com a abordagem criativa correta.

Entretanto, Brady (1998: 6) enumera algumas regras especiais para usar o correio eletrônico com eficácia, que constituem a única forma de transformar o potencial dos e-mails em verdadeiras vantagens de marketing.

- Faça o link do e-mail com outros conteúdos da Web. Inclua esses links na mensagem, de modo a tornar fácil ao leitor visitar o seu site ou, melhor ainda, a área do site que traz informações adicionais sobre a oferta específica à qual o leitor respondeu.
- Faça com que as mensagens iniciais sejam curtas (uma ou duas telas) porque as pessoas estão lendo essas mensagens numa tela de computador e a dinâmica é diferente daquela de uma carta tradicional de mala-direta.
- Use a possibilidade de fazer um marketing pessoa-a-pessoa que esta mídia oferece, a fim de estabelecer uma verdadeira comunicação pessoal de duas vias com os consumidores.
- Meça o resultado de cada chamada à ação ou de cada link no mailing, de tal forma que seja possível saber o que funciona e o que não funciona, e arquive esse conhecimento no database para uso futuro.
- Não desgaste a sua mensagem. Faça testes cuidadosos para determinar com que freqüência você pode dirigir-se aos endereços de forma responsável.

Todas as vantagens oferecidas pelo e-mail dependem de seu uso responsável e funcionam melhor com listas pré-qualificadas de clientes ou listas de pessoas que concordaram previamente em recebê-los. Mesmo assim deve ser dada na mensagem a opção clara de a pessoa ser eliminada da lista e de futuros e-mails, se desejar.

As mensagens de correio eletrônico enviadas de forma massificada para endereços desconhecidos constituem a prática conhecida como spam pelos internautas, e podem provocar uma resposta imediata e muito hostil. A cultura da Internet considera essas comunicações uma invasão da privacidade e não as tolera.

Normas para a redação de mensagens de e-mail

As regras gerais de redação e os elementos principais de uma mensagem de correio eletrônico já foram apresentados e podem ser revisados no Capítulo 2. Agora é importante examinar alguns aspectos formais, de conteúdo e de redação próprios do e-mail quando utilizado como ferramenta de marketing direto.

Respeito à privacidade do consumidor

Uma das maneiras para evidenciar que as campanhas de marketing digital via e-mail respeitam a privacidade dos usuários da Internet consiste em incluir, em cada mensagem, uma nota explicando as práticas da empresa em relação à natureza da informação que é captada de cada consumidor, a forma pela qual essa informação é capturada, a eventual política de cessão de listas para outras empresas e o mecanismo pelo qual o internauta pode limitar ou impedir a cessão dessas informações, se desejar.

Assunto da mensagem

A linha de assunto da mensagem (*subject*) é outro elemento de vital importância, pois ela vai ser vista logo quando o destinatário olha sua janela de caixa postal. Uma pequena frase deve enfatizar o valor da mensagem para o destinatário, despertando o interesse e a curiosidade, evitando o perigo de o e-mail não ser aberto.

Uso de gráficos

A mensagem deve ser enviada como texto e não incluir gráficos, pois, até agora, apenas cerca de 50% dos usuários de e-mail conseguem ler gráficos ou mensagens compostas na linguagem HTML, usada na Web — e obviamente o objetivo é atingir o mais amplo grupo possível de pessoas com a mensagem. O site da empresa pode ser usado para complementar a mensagem com conteúdos que contenham o apelo visual oferecido pela linguagem HTML.

Foco da mensagem

Um erro comum no marketing digital é acreditar que o produto ou serviço a ser promovido tem como prospects todos aqueles milhares ou milhões de internautas que estão conectados na rede mundial. Na realidade, quanto mais preciso for o foco da mensagem, melhores serão os resultados das campanhas de e-mail. Daí a Unique Selling Proposition (USP) ser indicada por Vitale (1997: 36) como uma ferramenta útil para ajudar o redator de uma mensagem de e-mail a encontrar o seu nicho de mercado.

Desenvolvida na década de 1940 por Rosser Reeves, a USP é uma frase (proposição) que enuncia o que existe de diferente (único) no produto que está sendo oferecido (vendido). Por exemplo, "Uma loja 24 horas na sua casa", no site de vendas do Ponto Frio; "Fazendo seu caminho melhor", no site da montadora Ford; "A voz do campo na

Internet", no canal rural do mecanismo de busca Zeek!; e "O sabor do inverno", no hot site da cerveja Kaiser Bock.

A finalidade principal de uma USP é diferenciar um determinado produto, serviço ou marca dos seus muitos concorrentes, de maneira simples e fácil de ser lembrada pelo prospect. A criação da USP pode ser facilitada se o redator tomar como balizas três perguntas básicas:

1. *O que estamos vendendo?* Escreva o que você pensa que seja o seu produto ou serviço. Pode ser tão óbvio como "Nós vendemos tapetes", ou você pode acrescentar algo que seu serviço proporciona ao comprador: "Nós vendemos tapetes que fazem você sentir-se melhor e a sua casa parecer mais acolhedora".

2. *O que é único naquilo que você vende... e como você vende isso?* Você tem concorrentes. O que separa você deles? O que você oferece que eles não fazem? O que existe de único no seu produto ou o que pode tornar único o seu negócio? Escreva as suas respostas.

3. *Como você descreveria as duas respostas anteriores em uma frase única, precisa e persuasiva?* Isso pode dar algum trabalho. Escreva tantas frases quanto você puder. Quanto mais, melhor. Depois, misture, combine e veja se você pode fazer surgir uma frase, de uma linha apenas, que enuncie a unicidade do seu produto, serviço ou marca. Este será o começo da sua USP (Vitale, 1997: 37-8).

Figura 31 O e-mail da RealNetworks para os usuários do seu produto RealPlayer observa os aspectos formais e de conteúdo próprios do marketing digital, como o respeito à privacidade, a ênfase no valor da mensagem, o foco correto, o convite à ação, a informação e o testemunho favorável ao produto

```
Date: Sun, 27 Jun 1999 22:53:20 -0700
To: jbpinho@mail.ufv.br
Subject: Acelere a sua Conexão Internet !
From: RealNetworks News <announce@admaill.real-net.net>
+++++++++++++++++++++++++++++++++++++++++++++++ +++++++
SOBRE ESTE E-MAIL

Você está recebendo este e-mail porque baixou nosso
RealPlayer e indicou sua preferência em receber notícias de
produtos, atualizações e ofertas especiais da RealNetworks.

Para remover seu nome de futuras comunicações de e-mail,
basta apenas visitar a URL abaixo e clicar no botão Remover:
```

```
http://ml.real.com/ml/ml.html?email=jbpinho@mail.ufv.br

+++++++++++++++++++++++++++++++++++++++++++++++++++++++++

Prezado Usuário do RealPlayer,
Nós estamos ansiosos para lhe contar sobre uma maneira
de acelerar sua conexão Internet.

O modem Wizard, da Kissco, otimiza as suas configurações
da Rede Dial-Up do Windows e permite que você conecte-se
diretamente a Web sites sem passar por servidores extras
que podem estar ocupados devido ao tráfego da Internet.
Ele também mostra a exata velocidade de sua conexão e
automaticamente o reconecta caso você perca a sua conexão.

"O modem Wizard é um utilitário notável que pode
selecionar cada um dos pontos de velocidade disponíveis
no seu modem e no provedor de serviços Internet."
Stan Miastkowski, PC World
Você pode baixar este programa na RealStore, com
garantia, por apenas US$14.95 (o preço normal é
US$34,95), uma economia de US$20. Totalmente garantido
para acelerar sua conexão discada ou seu dinheiro
de volta.
(A devolução deve ser feita em 30 dias da data da compra
para reembolso.)
==> http:www.realstore.com/specials/extraspecial.html
Nós estamos satisfeitos por estender estas ofertas especiais
aos usuários do nosso RealPlayer. Obrigado pelo seu
apoio permanente.
Maria Cantwell, Vice-Presidente Senior
RealNetworks, Inc.
Seattle, WA USA
```

Durante o processo, o redator deve tomar cuidado com palavras vazias em significado, como "qualidade" e "melhor". O que quer dizer exatamente "qualidade superior"? Se essa qualidade, por exemplo, for resultado do uso de um tipo especial de algodão, é melhor então dizer isso. O mesmo raciocínio vale para "melhor": caso o produto seja assim considerado, declare exatamente no que ele é melhor do que os seus concorrentes.

Habilidades na escrita

A habilidade de escrever é a mais importante arma para a redação do texto da mensagem do e-mail. As palavras escritas são a melhor e, freqüentemente, a única oportunidade de criar uma impressão positiva e favorável no consumidor. Antes mesmo de se ter uma chance de impressionar o cliente pela qualidade do produto ou do serviço que está sendo oferecido, muitos prospects podem decidir fazer ou não o negócio com a empresa pela qualidade da comunicação escrita. Portanto, o texto do e-mail deve ser profissional, o que significa escrever a mensagem observando os princípios da correção, clareza, economia e personalidade.

Correção. Uma mensagem correta não pode em hipótese alguma conter erros de ortografia ou de concordância, além de evitar os problemas de formatação do texto, como a quebra de linhas na tela da pessoa que receber o correio eletrônico. As sentenças não devem ser excessivamente longas nem excessivamente curtas, com linhas que não ultrapassem o máximo de 65 caracteres de extensão.

Clareza. As palavras do texto devem expressar exatamente o que o redator quer dizer. Mensagens vagas ou ambíguas confundem o leitor e em nada contribuem para o início de um promissor relacionamento de negócios com o prospect. Muitas vezes o redator é obrigado a perder tempo (dele e do leitor) para mandar novas mensagens tentando dizer melhor o que poderia ser dito logo na primeira vez.

Economia. O tempo do prospect ou cliente é precioso e não pode ser desperdiçado. A regra para o redator é simples: diga o que você tem a dizer no menor espaço possível. Portanto, mensagens curtas e que levem o leitor direto ao ponto.

Personalidade. Uma mensagem com personalidade, explica Charles Rubin (cit. em Vitale, 1997: xii), é a que mescla um pouco da identidade do negócio no texto e fala de maneira direta e individualizada ao leitor. Qualquer um que leia o e-mail deve sentir que a mensagem foi escrita especificamente para ele (ou ela). A linguagem deve ser pessoal, empregando as mesmas palavras das conversas do dia-a-dia.

Chamadas para a ação

O redator deve incluir várias chamadas à ação na mensagem de e-mail, oferecendo a cada destinatário várias escolhas de links baseadas em seu interesse ou nas suas necessidades específicas. O e-mail não é uma mídia passiva: incluindo um certo número de ofertas tentadoras e de exemplos vivos, a empresa irá estimular o consumidor a interagir com a mensagem. Esse envolvimento, por sua vez, ao mesmo tempo aumentará a probabilidade de uma venda e gerará novas e importantes informações, que poderão ser acrescentadas ao database de marketing, para uso futuro.

Informação e evidência dos fatos

A informação é a matéria-prima da Internet e deve ser oferecida também na sua mensagem de marketing digital. Quem procura um produto ou serviço na rede mundial está basicamente procurando informações, que serão determinantes para orientar a sua decisão de compra (ou mesmo a decisão de não comprar).

Como muitas pessoas são céticas, não se pode esperar que aceitem cada afirmação como verdadeira. Portanto, a mensagem deve conter fatos, opiniões e estatísticas que comprovem as suas informações. O testemunho de clientes satisfeitos é outro fator que contribui para dar credibilidade aos dados e informações contidos no e-mail dirigido aos prospects.

Evite emoticons, sem esquecer a emoção

Como vimos, os emoticons servem muito bem para expressar sentimentos e emoções nas mensagens de correio eletrônico e nas conversas on-line das salas de bate-papo, onde são ainda mais comuns. Mas o redator deve evitar o uso desse recurso nas campanhas de e-mail, pois sempre existe o risco de o seu prospect ou consumidor não compreender o significado dos emoticons.

Entretanto, as emoções movem as pessoas. O exemplo clássico é o do pobre cego esmolando em uma esquina, com um papel sobre o seu peito em que estava escrito: "Sou cego". As poucas moedas jogadas na caneca que tinha em suas mãos para pedir a ajuda dos transeuntes aumentaram consideravelmente depois que uma pessoa mudou o texto do cartaz, escrevendo nele: "É primavera e eu não posso ver".

Da mesma forma, muitas pessoas compram influenciadas mais por razões emocionais do que racionais, estas usadas muitas vezes apenas para racionalizar suas decisões. O redator pode então empregar a dramatização dos benefícios do produto ou serviço como eficiente recurso para transmitir emoção em uma mensagem e envolver o prospect. "O computador vem com um cabo de extensão de 20 metros" é uma informação fria e sem maiores atrativos. A frase fica mais emocionante, garante Vitale (1997: 118-9), se for enfatizado um benefício concreto para o prospect: "O computador vem com um cabo de extensão de 20 metros para você usar o micro em qualquer lugar — mesmo ao lado da piscina de sua casa!".

Notas

1. Paulo Puterman (1998: 82) acredita que a correspondência eletrônica não deve substituir totalmente a postal, mas traz para os correios e courriers uma nova oportunidade, pelo aumento da quantidade de entregas nas próximas décadas, para o que eles apresentam uma estrutura logística mais bem preparada. "Existem possibilidades e ameaças", conclui o consultor, mas "cabe às empresas lidar com as duas, de forma a tirar o melhor proveito da situação".

Considerações finais

Como vimos, a Internet foi um espaço dominado inicialmente por aplicações como Telnet, File Transfer Protocol (FTP), Usenet (newsgroup), listas de discussão e Internet Relay Chat, passando nos dias atuais a ter os seus principais atrativos na Wide World Web e no correio eletrônico. Esses dois serviços são também promissores instrumentos de marketing e de promoção na rede mundial, à medida que permitem tanto a difusão e o recebimento maciço de informação, por meio dos milhares de sites Web, como a comunicação entre pessoas, por e-mail.

Apesar das estimativas do número de usuários da Internet serem conflitantes e não definitivas — pois o crescimento da rede é um fenômeno mundial, que ocorre em taxas diferentes nos mais diversos países —, os indicadores evidenciam, no período de 1995 a 1998, uma verdadeira explosão de crescimento no Brasil. O ritmo do desenvolvimento da Internet brasileira pode se acelerar ainda mais, caso seja realmente beneficiada pela maior oferta de telefones em conseqüência da privatização do setor de telecomunicações, pelo constante barateamento dos computadores e, principalmente, pela difusão da sua presença entre outras camadas sociais, já que a rede ainda está fortemente restrita às classes A e B da população.

Na Internet, a indústria da publicidade apresenta-se dividida em três categorias: os vendedores, os compradores e uma infra-estrutura de suporte. Os vendedores são representados pelos sites veiculadores de propaganda, como os portais, os mecanismos de busca e os provedores de acesso e de conteúdo. Os compradores são os anunciantes que têm produtos, serviços, marcas e sites para promover e vender on-line. A infra-estrutura é formada pelas agências especializadas na criação de sites, no desenvolvimento de campanhas publicitárias e na compra de espaço para inserção de propaganda, além dos órgãos de aferição da audiência.

Novo e emergente veículo de comunicação publicitária, a Web tanto pode atingir enormes mercados nacionais e internacionais, condição para uma divulgação ampla e maciça de produtos e serviços, como pode ser dirigida, com maior precisão, para alcançar segmentos de mercado específicos.

Por sua natureza, a publicidade on-line oferece aos anunciantes cinco vantagens exclusivas: a dirigibilidade, com a possibilidade de direcionar o foco da campanha a uma ampla variedade de públicos-alvo; o rastreamento, que permite determinar o modo como os usuários interagem com suas marcas e localizar qual é o interesse dos consumidores e prospects; a acessibilidade, por sua total disponibilidade; a flexibilidade, pois a campanha pode ser lançada, atualizada e mesmo cancelada em curto espaço de tempo; e a interatividade, podendo o consumidor interagir com o produto, testá-lo e, caso seja do seu agrado, comprá-lo imediatamente.

Para o consumidor, a publicidade digital oferece a vantagem do acesso, de maneira dinâmica, a uma grande quantidade de informação; a facilidade do levantamento, da análise e do controle de dados sobre produtos e serviços, que permitem a compra por comparação e a experimentação do produto on-line pelo usuário; e o benefício da redução de preços, causada pela concorrência entre os vários fornecedores presentes na rede, o que resulta ainda em melhor qualidade e maior variedade de itens.

Em sua primeira forma, a publicidade manifestou-se pelos próprios sites de empresas, na sua maioria relacionadas com Internet e informática, que tinham o propósito de marcar sua presença na rede e divulgar informações úteis sobre seus produtos, serviços e marcas. Hoje, as principais razões para uma companhia criar seu Web site próprio são: oferecer informações detalhadas e atualizadas da empresa, criar o conhecimento dos seus produtos e serviços, gerar mailing lists dos prospects da empresa, distribuir os produtos e serviços de modo mais rápido e flexível, prestar serviços ao consumidor e encontrar novos parceiros em todo o mundo.

Antes do início do desenvolvimento do site, a empresa deve preparar um pré-projeto que estabeleça e consolide os seguintes pontos: ambiente da empresa e objetivos pretendidos; audiência, conteúdo e funcionalidade do site; e estudo de campo para verificar seus pontos comuns com sites de companhias concorrentes. Em seguida, na implantação do site, o processo será orientado pelas decisões relativas ao propósito e aos objetivos do site, home page e organização do site, nome de domínio e endereço Web, gráficos para realçar as páginas, cores e texturas de fundo, elementos básicos da página, elementos de acabamento, fotos e gráficos, formulários de resposta, carga e teste das páginas, registro e divulgação e manutenção do site.

A própria necessidade de uma ferramenta para conduzir os internautas aos sites resultou no surgimento dos banners, inspirados nos pequenos anúncios retangulares com bordas claramente definidas, de tradicional presença na mídia impressa. Favorecidos pelo desenvolvimento da tecnologia, os banners evoluíram das primeiras formas estáticas para anúncios animados, multimídia e interativos, que oferecem ao usuário alguma espécie de funcionalidade.

A publicidade on-line exige a verificação imparcial dos números de exposição dos banners. Portanto, a auditagem dos institutos e organismos independentes de pesquisa torna-se fundamental para estabelecer entre os anunciantes brasileiros a confiança na Web como um veículo de propaganda plenamente legitimado.

Como em qualquer outra atividade de comunicação e de marketing, a publicidade de banners exige também um planejamento meticuloso para o desenvolvimento estratégico de suas ações, que devem ser realizadas obedecendo a uma seqüência de quatro passos: a definição do target da campanha, a fixação dos objetivos da campanha, a compra de espaço para os banners e a mensuração dos resultados da campanha.

O advento do comércio eletrônico coloca as empresas diante de uma nova e atraente alternativa de negócios. Como foi dito, montar uma loja virtual é muito mais complexo do que fazer um site na Internet. Mas as empresas e os comerciantes brasileiros não podem desprezar a perspectiva de crescimento exponencial do e-commerce, em que pesem as dificuldades causadas pela pequena base de PCs domésticos, o congestionamento e a morosidade na superestrada da informação e a conhecida aversão do internauta brasileiro ao uso do cartão de crédito para fazer compras na Internet.

O desenvolvimento de uma loja virtual na Web deve atender a algumas especificidades e apresentar determinadas características que lhe são próprias. Estas dizem respeito principalmente à estratégia de ação a ser adotada, à estrutura do site, ao feedback dos usuários, à fidelização dos clientes, à promoção do site e à inevitável segurança nas transações.

Por sua vez, a notável expansão da Internet beneficia grandemente o marketing direto, já que a rede mundial é, ao mesmo tempo, um meio de comunicação e um canal de resposta. A afinidade entre a Internet e o marketing direto é dada pelas amplas e numerosas facilidades e possibilidades que a rede proporciona para o marketing digital: o potencial para a individualização, as inovações para o branding on-line, o potencial para a fidelidade de marca, a pré-segmentação dos sites, o fator custo, a transformação de prospects em consumidores permanentes, a diminuição da distância entre branding e marketing direto, a facilidade de interação, os mecanismos próprios de resposta e a mensuração dos resultados.

O correio eletrônico, nova e potente arma para fazer comunicação em duas vias, abre um canal praticamente ilimitado para o profissional de marketing digital dirigir sua mensagem e atingir consumidores individuais, empresas e prospects. Quando usado de forma equilibrada e integrada com outros métodos de marketing direto, o e-mail é capaz de criar importantes vantagens em relação aos demais canais. Entre elas, a maior velocidade; o impacto e a flexibilidade no envio de comunicações de marketing; a maximização do retorno de uma empresa sobre os seus clientes; o maior retorno dos investimentos de marketing; e a interatividade entre a empresa e seus clientes ou consumidores.

Bibliografia

AGUIAR, SONIA. "Toque de mulher". *Internet Business*, Rio de Janeiro, ano 1, nº 7 mar. 1998, pp. 16-20.

AISENBERG, DANIEL. "Cuidado, frágil!". *Internet Business*, Rio de Janeiro, ano 2, nº 17 jan. 1999, pp. 24-6.

ALBERTIN, ALBERTO LUIZ. *Comércio eletrônico: modelo, aspectos e contribuições de sua aplicação.* São Paulo, Atlas, 1999.

ALCÂNTARA, EURÍPEDES. (red.-chefe). "Sai o átomo, entra o bit". *Veja*, São Paulo, ano 32, nº 27, 7 jul. 1999, p. 140.

ALPHEN, FERNAND. "Primo pobre promete". *About*, São Paulo, 21 out. 1997, p. 16.

ARANHA, EDUARDO SOUZA. "O que você deve saber sobre marketing direto". *Propaganda*, São Paulo, ano 25, nº 295, fev. 1981, pp. 47-52.

_____. "O vendedor invisível". *Marketing*, São Paulo, nº 64, fev. 1979, pp. 23-24.

AREAL, AUGUSTO CESAR B. *Dicas para fazer ou melhorar sua home-page.* 28 fev. 1999. (http://www.persocom.com.br/brasma/own_page.htm)

ARTNET. *História da Internet.* 17 jan. 1998. (http://www.artnet.com.br/~lopes/historia. htm)

AUGUSTO, REGINA. "Rede envolve consumidores". *Meio & Mensagem*, São Paulo, 12 jan. 1998, p. 31.

BACON, MARK S. *Faça você mesmo marketing direto: segredos para pequenas empresas.* Trad. Ailton Bonfim Brandão. São Paulo, Atlas, 1994.

BAIENSE, CARLA. "Os donos do dinheiro". *Internet Business*, Rio de Janeiro, ano 1, nº 6, fev. 1998, pp. 38-9.

_____. "Os números da verdade". *Internet Business*, Rio de Janeiro, ano 1, nº 9, maio 1998b, pp. 45-7.

_____. "Quem tem medo do comércio eletrônico?" *Internet Business*, Rio de Janeiro, ano 1, nº 9, maio 1998a, pp. 38-44.

BARRETO, ALEXANDRE. *Sites de 3ª geração.* 23 jul. 1999. (http://tutorial.virtualave.net/ Detalhes/79.html)

BARRETT, NEIL. *Advertising on the Internet: how to get your message across on the World Wide Web.* Londres, Kogan Page, 1997.

BATES, MUTTLEY. "O e-commerce ainda está devagar no Brasil". *Info Exame*, São Paulo, ano 14, nº 156, mar. 1999a, p. 94.

_____. "Site complicado não está com nada". *Info Exame*, São Paulo, ano 13, nº 151, out. 1998, p. 36.

_____. "Talvez você vire webmilionário". *Info Exame*, São Paulo, ano 13, nº 155, fev. 1999, p. 40.

BAUER, MARCELO. (redator-chefe). "Uma revolução chamada AOL". *Info Exame*, São Paulo, ano 13, nº 154, jan. 1999a, p. 22.

BAUER, MARCELO. "Deixa que eu faço!" *Info Exame*, São Paulo, ano 13, nº 152, nov. 1998, pp. pp. 84-5.

_____. "O cliente é meu! Ninguém leva!" *Info Exame*, São Paulo, ano 13, nº 150, set. 1998, pp. 76-7.

_____. "Os pontos mais quentes da Web". *Info Exame*, São Paulo, ano 13, nº 154, jan. 1999, pp. 72-3.

BEAUMONT, MICHAEL. *Tipo & color: manual sobre el uso de la tipografía en el diseño gráfico*. Madrid, Hermann Blume, 1988.

BLUE BUS. *Motor Internet*. 24 fev. 1999. (http://www.bluebus.com.br/motor.htm)

BRADY, REGINA. "E-mail: a mídia do futuro para o marketing interativo". *Direct Business*, São Paulo, ano I, nº 4, set./out. 1998, pp. 4-6.

BREITINGER, JACQUELINE. "O desafio do Cadê?", *Exame*, São Paulo, ano 32, nº 22, 21 out. 1998, pp. 48-52.

BRITO, GEANE & ROSA, ANDRÉA. "Será o fim dos intermediários?", *Internet Business*, Rio de Janeiro, ano 2, nº 17, jan. 1999, pp. 18-21.

BRITO, GEANE. "O best seller da Web", *Internet Business*, Rio de Janeiro, ano 1, nº 2, out. 1997, pp. 33-5.

CASEIRO, LUCÉLIA. "Endereços Internet com .TV já estão à venda", *Meio & Mensagem*, São Paulo, 22 fev. 1999b, p. 22.

_____. "Formatos tradicionais de banners evoluem", *Meio & Mensagem*, São Paulo, 8 fev. 1999a, p. 24.

_____. "Net Estado galga espaço na Internet", *Meio & Mensagem*, São Paulo, 22 mar. 1999c, p. 22.

_____. "Ping Pong", *Meio & Mensagem*, São Paulo, 18 jan. 1999, p. 42.

_____. "StarMedia compra 100% do Cadê?", *Meio & Mensagem*, São Paulo, 19 abr. 1999d, p. 8.

CASSANO, ROBERTO. "Muito barulho por... muito", *Guia da Internet.br*, Rio de Janeiro, ano 3, nº 32, jan. 1999, pp. 46-54.

_____. "Temperatura máxima", *Internet Business*, Rio de Janeiro, ano 1, nº 12, ago. 1998, pp. 27-9.

CASTRO, ALVARO LUÍS DE. *Marketing na Internet: e-commerce*. Rio de Janeiro, Brasport, 1998.

CAVALCANTI, LUIZ ANTÔNIO. "Marketing direto ao natural", *Internet Business*, Rio de Janeiro, ano 1, nº 9, maio 1998, pp. 80-1.

CLARK, BRUCE H. "Negócios on-line", *HSM Management*, São Paulo, ano 2, nº 8, maio/jun. 1998, pp. 110-8.

COLLINGER, TOM. "A evolução dos canais de venda", *Meio & Mensagem*, São Paulo, 25 maio 1998, p. 26.

COMITÊ GESTOR Internet do Brasil. *Comitê Gestor Internet/Brasil*. 4 jun. 1998 (http:// www.cg.org.br/docsoficiais/missao.html).

_____. *Domínios de primeiro nível (Dpns)*, 4 jun. 1998a (http://www.cg. org.br/docsoficiais/anexo%202.htm).

_____. *Fapesp não restringe registro de novos domínios*, 20 jan. 1999a. (http://www. cg.org.br/Reportagens/repOut/Nov.htm).

_____. *Posição do Brasil no mundo*, 7 jan. 1999 (http://www.cg.org.br/ PosicBRMundohtm.htm).

_____. *Resolução nº 002/98, de 15 de abril de 1998*, 4 jun. 1998, (http://www.cg.org. br/docsoficiais/resolucao002.htm).

COSMOSLINK INTERNET SERVICES. *Internet history*, 19 nov. 1998. (http://www.cosmoslink. net/cosmos/tutorial_1.htm).

CRESPO, ROSE. "Ainda o catálogo eletrônico?", *Info Exame*, São Paulo, ano 13, nº 155, fev. 1999, p. 19.

_____. "Um ponto na Web é fria?", *Info Exame*, São Paulo, ano 13, nº 151, out. 1998, p. 32.

CRUMLISH, CHRISTIAN. *O dicionário da Internet*: um guia indispensável *para os internautas*. Trad. Carlos Alberto Teixeira, Astrid Heilmann. Rio de Janeiro, Campus, 1997.

DARRIGRANDI, ISABEL. "Sua marca é minha", *América Economia*, São Paulo, nº 128, fev. 1998, pp. 54-6.

DEIVISSON, DANIEL. (ed.) "Clique aqui", *Internet Business*, Rio de Janeiro, ano 1, nº 5, jan. 1998, pp. 16-9.

_____. (ed) "Data mining: o mapa da mina", *Internet Business*, Rio de Janeiro, ano 1, nº 7, mar. 1998a, pp. 64-7.

_____. (ed.) "Servidores de correio eletrônico de baixo custo", *Internet Business*, Rio de Janeiro, ano 1, nº 6, fev. 1998b, p. 72-77.

_____. (ed.) "Descobrindo a Europa", *Internet.br*, Rio de Janeiro, ano 4, nº 41, out. 1999c, pp. 38-43.

_____. "Muito além do banner", *Internet Business*, Rio de Janeiro, ano 2, nº 17, jan. 1999, pp. 48-50.

_____. "Pausa para os comerciais", *Internet Business*, Rio de Janeiro, ano 1, nº 1, set. 1997, pp. 14-6.

DIRECT MARKETING ASSOCIATION. "Legislações restritivas ameaçam o marketing direto em escala mundial". *Direct Business*, São Paulo, ano II, nº 6, jan./fev. 1999, pp. 9-10.

DOWLING JR. & PAUL J. et. al. *Web advertising and marketing*. 2ª ed., Rocklin, Prima, 1998.

DOYLE, BILL et. al. *What advertising works?*, 13 dez. 1998 (http:// www.iab.net/advertise/content/wayscontent.html).

EDDINGS, JOSHUA. *Como funciona a Internet*. Trad. Tulio Camargo da Silva. 2º ed., São Paulo, Quark, 1998.

ELLSWORTH, JILL H. & ELLSWORTH, MATTHEW V. *Marketing on the Internet*. 2º ed., Nova York, John Wiley & Sons, 1997.

ERCILIA, MARIA. "Saraiva reestréia na rede com megasite", *Folha de S.Paulo*, São Paulo, 22 ago. 1998, Caderno Ilustrada, p. 4.

FABRIANI, MARIA. "Quem quer dinheiro?", *Internet.br*, Rio de Janeiro, ano 3, nº 36, maio 1999, pp. 60-3.

FAPESP. *Em operação o novo sistema de gerenciamento da Fapesp*, 17 fev. 1998 (http://www.registro/fapesp.br)

FARIA, LUCIA & AUGUSTO, REGINA (eds.) "Caminhões na rede", *Meio & Mensagem*, São Paulo, 5 out. 1998, p. 41.

FARIAS, PRISCILA L. *Tipografia digital: o impacto das novas tecnologias*. Rio de Janeiro, 2AB, 1998. (Série design).

FARINA, MODESTO. *Psicodinâmica das cores em publicidade*. São Paulo, Edgard Blücher, Ed. da Universidade de São Paulo, 1975.

FILL, CHRIS. *Marketing communications: frameworks, theories and applications*. Londres: Prentice Hall, 1995.

FRANÇA, FÁTIMA. "Posso ajudar?", *Internet Business*, Rio de Janeiro, ano 1, nº 10, jun. 1998, pp. 30-3.

GATES, BILL. "Dominiomania comanda a World Wide Web", *Folha de S.Paulo*, São Paulo, 11 mar. 1998, Caderno Informática, p. 5.

GIOVANNINI, GIOVANNI (coord.) *Evolução na comunicação: do sílex ao silício*. Trad. Wilma Freitas Ronald de Carvalho. Rio de Janeiro, Nova Fronteira, 1987.

GODIN, SETH. "O poder da permissão — a ferramenta vital para o marketing do século XXI", *Direct Business*, São Paulo, ano II, nº 6, jan./fev. 1999, pp. 14-6.

GONÇALVES, JOANA. "Cautela no comércio virtual", *Meio & Mensagem*, São Paulo, 14 set. 1998, p. 45.

_____. "Interatividade provocativa", *Meio & Mensagem*, São Paulo, 17 ago. 1998a, pp. 60-1.

GORDON, IAN. *Marketing de relacionamento: estratégias, técnicas e tecnologias para conquistar clientes e mantê-los para sempre*. Trad. Mauro Pinheiro. São Paulo, Futura, 1999.

GRAIEB, CARLOS. "O peixão da rede", *Veja*, São Paulo, ano 32, nº 15, 14 abr. 1999, pp. 130-1.

GROMOV, GREGORY R. *The roads and crossroads of Internet history*, 19 nov. 1998, (http:// www.internetvalley.com/intval.htm).

GUIA DA INTERNET. São Paulo: *Folha de S.Paulo*, 18 nov. 1998.

GUROVITZ, HELIO & LOPES, MIKHAIL. "Como caçar clientes no ciberespaço", *Exame*, São Paulo, ano 30, nº 11, 21 maio 1997. (Versão 97 atualizada e ampliada. CD-ROM).

GUROVITZ, HELIO. "Planeta e", *Exame*, São Paulo, ano 32, nº 12, 16 jun. 1999, pp. 148-59.

_____. "Gestão digital", *Exame*, São Paulo, ano 33, nº 16, 11 ago. 1999a, pp. 126-38.

GUZZO, JOSÉ ROBERTO. (dir.) "Os conceitos utilizados", *Exame Melhores e Maiores*, São Paulo, jul. 1998, pp. 42-4.

HAFNER, KATIE & LYON, MATTHEW. *Where wizards stay up late: the origins of the Internet*. Nova York, Touchstone, 1998.

HARDY, HENY EDWARD. *The history of the Net*, 20 nov. 1998, (http://www.ocean.ic.net/ ftp/doc/nethist.html).

HAUBEN, MICHAEL & HAUBEN, RONDA. *Netizens: on the history and impact of Usenet and the Internet*. Los Alamitos: IEEE Computer Society Press, 1997.

HOKAMA, MARÇAL DE LIMA. *Sites que promovem concursos ou indicam outros sites*, 25 ago. 1999 (http://members.tripod.com/ marcalhokama/ div_concursos.htm).

HURLBURT, ALLEN. *Layout: o design da página impressa*, São Paulo, Mosaico, 1980.

IBEST COMPANY. *Histórico*, 30 mar. 1999, (http://www.ibest.com.br/sobre/ i_historico. htm).

_____. *Regulamento*, 30 mar, 1999a (http://www.ibest.com.br/sobre/i_ regulamento.htm).

IBOPE. *Hábitos*, 07 jan. 1999b (http://www.ibope.com.br/digital/cade98/ adpkd6.htm).

_____. *Panorama*, 07 jan. 1999 (http://www.ibope.com.br/digital/cade98/ adpkd1.htm).

_____. *Perfil*, 07 jan. 1999a (http://www.ibope.com.br/digital/cade98/ adpkd4.htm).

INTERNET ADVERTISING BUREAU. *IAB advertising effectiveness study executive summary*, 22 fev. 1999 (http://www.iab.net/iab_banner_standards/bannersource. html).

JEANNET, JEAN-PIERRE. "O marketing virou rua de duas mãos", *Exame*, São Paulo, ano 29, n$^{\circ}$ 12, 05 jun. 1996. (Versão 97 atualizada e ampliada. CD-ROM).

KANNAN, NARI. *The reasons why direct marketing on-line will rule*, 16 abr. 1999 (http://www.directmarketing-online.com/features/archives/articles/ 09301998.htm).

KINCAID JR. & WILLIAM M. *Promoção: produtos, serviços e idéias*. Trad. Jorge Nunes. Rio de Janeiro, Zahar, 1985.

KOTLER, PHILIPP. *Administração de marketing*. 5. ed. Trad. Ailton Bomfim Brandão. São Paulo, Atlas, 1998.

KRISTULA, DAVE. *The history of the Internet*, 20 nov. 1998 (http://www. davesite.com/ webstation/net-history.shtml).

LAHÓZ, ANDRÉ. "Nova economia", *Exame*, São Paulo, ano 33, n$^{\circ}$ 17, 25 ago. 1999, pp. 122-30.

LANIADO, CLAUDIO. "10 dicas de anunciante para anunciante", *About*, São Paulo, 3 nov. 1998, p. 6.

LEFÈVRE, SILVIO. "Qual será o papel da mala direta e do telemarketing, com a Internet a todo vapor?", *Direct Business*, São Paulo, ano 1, n$^{\circ}$ 3, jul./ago. 1998, pp. 17-8.

LEIRIA, LUIS & PORTELLA, CRISTINA. *Enciclopédia da rede*. Rio de Janeiro, Ediouro, 1999, 3 vol.

LEMOS, ALEXANDRE. (ed.) "Marketplace: uma opção para pequenos anunciantes na Web", *About Net Marketing*, São Paulo, ano 1, nº 5, nov. 1998a, p. 7.

_____. (ed.) "Provedores: de olho num horizonte promissor", *About*, São Paulo, 15 dez. 1998b, pp. 4-7.

_____. "A proliferação dos banners na Web", *About Net Marketing*, São Paulo, ano 1, nº 5, nov. 1998, pp. 4-6.

"AdverSiting parte para a conquista de novos clientes", *About Net Marketing*, São Paulo, ano 1, nº 8, mar. 1999, pp. 8-10.

_____. "Web brasileira coleciona seus primeiros cases de publicidade diferenciada", *About Net Marketing*, São Paulo, ano 1, nº 9, abr. 1999a, pp. 4-5.

LEWIS, HERSCHELL GORDON & LEWIS, ROBERT D. *Selling on the net: the complete guide*. Lincolnwood, Illinois, NTC, 1997.

LIMA, BEATRIZ. "Um novo tempo na educação", *Estado de Minas*, Belo Horizonte, 4 maio 1999, Caderno Campus, pp. 4-5.

LNDENBERG, CARLOS. (dir.). "A prática que entulha o correio eletrônico e tira o sono dos internautas". *Hoje em Dia*, Belo Horizonte, 12 out. 1998, Caderno Informática, pp. 8-9.

_____. (dir.). "Boa notícia para os internautas", *Hoje em Dia*, Belo Horizonte, 11 jan. 1999, Caderno Informática, p. 16.

LISKAUSKAS, SUZANA. "A voz latina na Web", *Internet Business*, Rio de Janeiro, ano 2, nº 22, jun. 1999, pp. 22-3.

LOPES, MIKHAIL. "Quer ser a mosca ou a aranha?", *Exame*, São Paulo, ano 32, nº 17, 12 ago. 1998, pp. 90-4.

LUCCHESI, CRISTIANE PERINI. "Internetmania levanta ações nos EUA", *Folha de S.Paulo*, 10 jan. 1999, Caderno Dinheiro, p. 7.

LUCENA, RODOLFO. (ed.) "A saga da Internet", *Folha de S.Paulo*, 19 fev. 1998a, Caderno World Media Netwok, pp. 6-7.

_____. (ed.) "Internet gera US$ 300 bilhões em 98", *Folha de S.Paulo*, 16 jun. 1999, Caderno Informática, p. 3.

_____. (ed.) "Web deve ser um espaço universal, diz seu inventor", *Folha de S. Paulo*, 19 fev. 1998, Caderno World Media Netwok, p. 4.

MACHADO, CARLOS. "Monte sua loja na Internet". *Info Exame*, São Paulo, ano 14, nº 161, ago. 1999, pp. 136-40.

MARCHESINI, LUIZ. "O capital de risco chega ao Brasil", *Internet Business*, Rio de Janeiro, ano 2, nº 20, abr. 1999, pp. 44-6.

MARTINS, IVAN. "A migração das aranhas", *Exame*, São Paulo, ano 30, nº 13, 18 jun. 1997 (Versão 97 atualizada e ampliada. CD-ROM).

_____. "O império da rede", *Exame*, São Paulo, ano 29, nº 2, 17 jan. 1996 (Versão 97 atualizada e ampliada. CD-ROM).

MATHIESEN, MICHAEL. *Marketing on the Internet*. 2ª ed. Gulf Breeze, Maximum Press, 1997.

MCCANN-ERICKSON BRASIL. *Media Brazil by McCann 1995-1996*. São Paulo, McCann-Erickson Brasil, 1997.

MEIO & MENSAGEM. *Banners na Internet têm o mesmo impacto dos comerciais de TV*, 22 fev. 1999 (http://www.meioemensagem.com.br/ site/noticia.asp?id_noticia-733)

MENDES, MARIA LUISA. "O explorador", *Exame*, São Paulo, ano 32, n⁰ 7, 7 abr. 1999, pp. 88-98.

MESQUITA, IRACEMA & FARIA, LUCIA. (eds.) "Digiweb lança serviço de troca de banners", *Meio & Mensagem*, São Paulo, 26 abr. 1999, p. 28.

MOURA, ALEX. "Eu quero a minha empresa na Internet!", *Revista da Criação*, São Paulo, ano 2, n⁰ 33, dez. 1997, pp. 30-3.

NASH, EDWARD L. *Direct marketing: strategy, planning, execution.* 2ª ed. Nova York, McGraw-Hill, 1986.

NELSON, ROY PAUL. *The design of advertising.* 4ª ed. Dubuque, Iowa, Wm. C. Brown, 1981.

NELSON, STEPHEN L. *Explorando a Internet.* Trad. Geni R. da Costa Hirata. São Paulo, Makron Books, 1996.

NETDS NETWORK. *Glossário Internet.* 15 jan. 1998. (http://www.netds.com.br/ portug/ glossario.htm)

NICÁCIO, JOMAR. "Quem dá mais?", *Internet Business*, Rio de Janeiro, ano 2, n⁰ 22, jun. 1999, pp. 56-9.

_____. "Os bastidores do e-commerce", *Internet Business*, Rio de Janeiro, ano 2, n⁰ 23, jul. 1999a, pp. 42-4.

NOGUEIRA, PAULO. (dir.). "Clique final", *Info Exame*, São Paulo, ano 13, n⁰ 154, jan. 1999, Caderno I, p. 40.

NORTON, BOB & SMITH, CATHY. *Understanding business on the Internet.* Nova York, Barron's, 1997.

NUA LIMITED. *How many online*, 11 jan. 1999. (http://www.nua.ie/surveys/how_many_ online/index.html).

NUNOMURA, EDUARDO & FERNANDES, MANOEL. "Economia digital", *Veja*, São Paulo, ano 32, n⁰ 19, 12 maio 1999a, p. 89.

NUNOMURA, EDUARDO & FERNANDES, MANOEL. "Marcas x domínios na internet", *Veja*, São Paulo, ano 32, n⁰ 3, 20 jan. 1999, p. 74.

NUNOMURA, EDUARDO. "O sucesso da rede", *Veja*, São Paulo, ano 31, n⁰ 41, 14 out. 1998, pp. 76-7.

O'KEEFE, STEVE. *Publicity on the Internet: creating successful publicity campaigns on the Internet and the commercial online services.* Nova York, John Wiley & Sons, 1997.

PAVANI, LUANA. "Mas... você é você mesmo?", *Info Exame*, São Paulo, ano 13, n⁰ 146, maio 1998, pp. 76-8.

PEDROSA, MONICA MIGLIO. "Bate-papo lucrativo", *Internet Business*, Rio de Janeiro, ano 1, n⁰ 5, jan. 1998, pp. 32-5.

_____. "Compre, venda e alugue", *Internet Business*, Rio de Janeiro, ano 1, n⁰ 10, jun. 1998a, pp. 60-3.

PERCY, LARRY. *Strategies for implementing integrated marketing communications.* Lincolnwood, Illinois, NTC, 1997.

PERRONE, ROBERTO. (ed.) "Armadilhas ameaçam sossego do consumidor", *M&M Direct*, São Paulo, 24 maio 1999, pp. 4-5.

_____. (ed.) "Setor quer lei para proteger privacidade", *M&M Direct*, São Paulo, 24 maio 1999a, p. 1.

PINHO, J. B. (org.) *Trajetória e questões contemporâneas da publicidade brasileira*. 2. ed. São Paulo, Sociedade Brasileira de Estudos Interdisciplinares da Comunicação, 1998b. (Coleção GT's Intercom, 3)

_____. *Comunicação em marketing*: princípios da comunicação mercadológica. 3ª ed., Campinas, Papirus, 1998a.

_____. *O poder das marcas*. São Paulo, Summus, 1996 (Coleção Novas buscas em comunicação, 53).

_____. *Propaganda institucional*: usos e funções da propaganda em relações públicas. 2ª ed., São Paulo, Summus, 1998. (Coleção Novas buscas em comunicação, 35).

PRADO JÚNIOR, DERLY. "Por quem eu chamo?", *Internet World*, Rio de Janeiro, n.º 39, nov. 1998, pp. 44-6.

PUTERMAN, PAULO. "A Internet e a construção de relacionamentos", *Meio & Mensagem*, São Paulo, 31 ago. 1998d, p. 25.

PUTERMAN, PAULO. "Comércio eletrônico expande na Europa", *Meio & Mensagem*, São Paulo, 9 nov. 1998c, p. 27.

_____. "Estudo demonstra amadurecimento de sites de comércio eletrônico", *Meio & Mensagem*, São Paulo, 4 maio 1998, p. 36.

_____. "Internet incentiva correios eletrônico e convencional", *Internet Business*, Rio de Janeiro, ano 1, nº 5, jan. 1998e, p. 82.

_____. "Os portais da Internet e os grandes grupos de comunicação", *Meio & Mensagem*, São Paulo, 13 jul. 1998a, p. 23.

_____. "Qual é o público da Internet no Brasil?", *Meio & Mensagem*, São Paulo, 21 set. 1998b, p. 31.

RADFAHRER, LULI. *Design/web/design*. São Paulo, Market Press, 1999.

RAMOS, TAGIL OLIVEIRA. "E o meu dinheiro?", *Info Exame*, São Paulo, ano 13, nº 155, fev. 1999a, pp. 70-1.

_____. "Ibope digital?", *Info Exame*, São Paulo, ano 13, nº 154, jan. 1999, pp. 74-6.

_____. "HTML? Esqueça", *Info Exame*, São Paulo, ano 14, nº 161, ago. 1999b, pp. 68-70.

RANGEL, RICARDO. "História da Internet (I)", *Internet World*, São Paulo, vol. 2, nº 14, out. 1996, pp. 90-3.

_____. "História da Internet (II)", *Internet World*, São Paulo, vol. 2, nº 15, nov. 1996a, pp. 70-4.

REDE NACIONAL DE PESQUISA. *A RNP: histórico*, 07 jan. 1999a (http://www.rnpp. br/rnp/ rnp-historico.html).

_____. *Gigapop: especificações técnicas, perguntas e respostas*, 07 jan. 1999c. (http:// www.rnpp. br/i2/giga.html).

_____. *Iniciativas nacionais rumo à Internet, 2*. 07 jan. 1999. (http://www. rnpp.br/i2/ rumo.html).

_____. *Introdução*, 07 jan. 1999b (http://www.rnpp. br/i2/index.html).

RESENDE, MARCOS CABRAL. "Divulgando seu website". *Internet.br*, Rio de Janeiro, ano 4, nº 37, jun. 1999, pp. 82-6.

RIBEIRO, GISELE. "1.800.000.000.000 de dólares", *Byte*, São Paulo, ano 7, nº 78, mar. 1998, pp. 64-8.

_____. "Como iniciar o seu negócio", *Byte*, São Paulo, ano 7, nº 78, mar. 1998a, pp. 69-71.

_____. "Transações seguras com cartão de crédito", *Byte*, São Paulo, ano 7, nº 78, mar. 1998b, p. 67.

ROSSITER, JOHN R. & PERCY, LARRY. *Advertising communications and promotion management*. 2ª ed., Nova York, McGraw-Hill, 1997. (McGraw-Hill series in marketing).

SABBATINI, RENATO. *Leiloando pela Internet*, 13 jul. 1999 (http://www.epub.org.br/ correio/cp990522.htm).

SAMPAIO, RAFAEL. *Propaganda de A a Z; como usar a propaganda para construir marcas e empresas de sucesso*. 5ª ed., Rio de Janeiro, Campus, ABP, 1997.

_____. "Liderança brasileira é absoluta na América Latina", *About*, São Paulo, ano XI, nº 541, 2 ago. 1999, pp. 4-5.

SANCHES, FABÍOLA. "Velocidades podem decepcionar", *Estado de Minas*, Belo Horizonte, 5 abr. 1999. Caderno de Informática, p. 1.

SANNA, PAULO. "Como melhorar a perfomance de uma marca de consumo na Web", *About*, São Paulo, ano X, nº 504, 27 out. 1998, p. 10.

SANT'ANNA, JOSÉ PAULO. "Agências cresceram 44% no ano passado". *Meio & Mensagem*, São Paulo, 17 maio 1999, pp. 28-9.

_____. "Avanço do marketing tem endereço certo", *Meio & Mensagem*, São Paulo, 24 maio 1999a, p. 6-8.

_____. "Internet é comum entre maiores anunciantes", *Meio & Mensagem*, São Paulo, 23 ago. 1999b, p. 62.

SANTOS, JÚLIO. "Fidelidade acima de tudo", *Internet Business*, Rio de Janeiro, ano 2, nº 16, dez. 1998a, p. 24-7.

_____. "Nada como uma boa vitrine", *Internet Business*, Rio de Janeiro, ano 2, nº 14, out. 1998, pp. 28-30.

SCOFIELD JÚNIOR, GILBERTO. *O banner cresce e aparece*, 26 jun. 1999. (http://www. ibusiness.com.br/secoes/colunistas/login/principal/index.aps).

SELLERS, DON. *Getting hits: the definitive guide to promoting your website*. Berkeley, Peachpit Press, 1997.

SHIVA, V. A. *The Internet publicity guide: how to maximize your marketing and promotion in cyberspace*. Nova York, Allworth Press, 1997.

SIEGEL, DAVID. *Creating killer web sites; the art of third generation site design*. 2ª ed., Indianápolis, Hayden, 1997.

_____. *Secrets of successful web sites; project management on the world wide web*. Indianápolis, Hayden, 1997a.

SIMÕES, ROBERTO (ed.). "Marketing direto: como vender sem loja e sem vendedor", *Marketing*, São Paulo, ano 12, nº 64, fev. 1979, pp. 8-12.

SMITH, JEANETTE. *Entrepeneur Magazine: guide to integrated marketing.* Nova York, John Wiley & Sons, 1996 (Entrepeneur magazine small business series).

STELLING, ROBERTO. "O ano do coelho", *Internet Business*, Rio de Janeiro, ano 2, nº 17, jan. 1999, p. 71.

_____. "Transações eletrônicas seguras", *Internet Business*, Rio de Janeiro, ano 2, nº 14, out. 1998, p. 16.

STEPHENS, MITCHELL. *Uma história das comunicações: dos tantãs ao satélite.* Trad. Elena Gaidano. Rio de Janeiro, Civilização Brasileira, 1993.

STERNE, JIM. *Customer service on the Internet: building relationships, increasing loyalty, and staying competitive.* Nova York, John Wiley & Sons, 1996.

_____. *What makes people click: advertising on the Web.* Indianápolis: Que, 1997.

_____. *World Wide Web marketing: integrating the Internet into your marketing strategy.* Nova York, John Wiley & Sons, 1995.

STONE, BOB & WYMAN, JOHN. *Successful telemarketing.* Lincolnwood, Illinois, NTC, 1986.

SUCESU — Sociedade dos Usuários de Computadores e Equipamentos Subsidiários. *Dicionário de informática inglês-português.* 4ª ed. Rio de Janeiro, Livros Técnicos e Científicos, 1985.

THE INTERNET ECONOMY INDICATORS. *The Internet Ecosystem: the business model for the Internet economy*, 28 jun. 1999a (http://www.internetindicators.com/ecosystem. html).

_____. *What are the Internet Economy Indicators?*, 19 jun. 1999 (http://www.internetindicators.com/indicators.html).

TOLEDO, JOSÉ ROBERTO DE & ERCILIA, MARIA. "Internet movimenta R$ 2 bilhões", *Folha de S.Paulo*, 3 ago. 1998, Caderno Negócios, p. 1.

UNIVERSITY CORPORATION for Advanced Internet Development. *About Internet2*, 07 jan. 1997 (http://www.internet2.edu/html/about-i2.html).

_____. *Advanced networking glossary*, 07 jan. 1997 (http://www.internet2.edu/html/ glossary.html).

UNIVERSO ONLINE. "Negócios da rede devem crescer mais em 99", *Folha de S.Paulo*, 3 ago. 1998, Caderno Negócios, p. 3.

_____. "País já tem mais conexões", *Folha de S.Paulo*, 3 ago. 1998a, Caderno Negócios, p. 3.

VASCONCELOS, NELSON & VENEU, AROALDO. *Tutoriais internet.br*, v. 1., Rio de Janeiro, Ediouro, 1999.

VASSOS, TOM. *Marketing estratégico na Internet: estratégias comprovadas para você ter sucesso com o marketing de seus produtos e serviços.* Trad. Arão Sapiro. São Paulo, Makron Books, 1997.

VILLELA, FERNANDO. *E o IBest vai para...*, 30 mar. 1999 (http://aqui.cade.com.br/ entrevista/19990311/entrevista.htm).

VITALE, JOE. *Cyber writing: how to promote your product or service online (whithout being flamed)*. Nova York, American Management Association, 1997.

VOSTOUPAL, OTTO & PAULON, CRISTINA. (orgs.) *Manual de artes gráficas*. São Paulo, Abril, 1982.

WILLIS, CLINT. "Em busca do lucro no mundo digital", *Exame*, São Paulo, ano 31, nº 18, 6 maio 1998, pp. 58-62.

WILLS, F. H. *Fundamentals of layout for newspaper and magazine advertising, for page design of publications and brochures*. Nova York, Dover, 1971.

WINSTON, BRIAN. *Media technology and society — a history: from the telegraph to the Internet*. Nova York, Routledge, Londres, Routledge, 1998.

WITEK, JOHN. *Marketing direto na televisão*. Trad. Maria do Nascimento Paro. São Paulo, Makron Books, 1994.

ZAKON, ROBERT HOBBES. *Hobbes' Internet timeline v3.3*, 19 nov. 1998. (http://www.isoc. org/zakon/Internet/History/HIT.html).

ZEFF, ROBBIN & ARONSON, BRAD. *Advertising on the Internet*. Nova York, John Wiley & Sons, 1997.

Glossário de termos técnicos

.aiff tipo de formato de arquivos de som para Macintosh.

.arj formato de arquivo compactado bastante conhecido, mas hoje muito pouco usado.

.asc tipo de formato de arquivo de texto.

.au tipo de formato de arquivos de som do sistema operacional Unix.

.avi tipo de formato de arquivo de vídeo.

.bmp tipo de formato de arquivo de imagem.

.br código ISO atribuído para identificação do Brasil.

.com sufixo dos endereços eletrônicos pertencentes a entidades comerciais.

.doc tipo de formato de arquivo de texto.

.edu sufixo presente em variados endereços na Internet e que designa instituições de ensino e de educação (edu = educacional).

.eps tipo de formato de arquivo de imagem.

.exe tipo de formato de arquivo de programa.

.gif tipo de formato de arquivo gráfico. Ver *Graphic Interchange Format.*

.gov sufixo dos endereços eletrônicos pertencentes aos governos e às organizações governamentais.

.gz tipo de formato de arquivo compactado do sistema operacional Unix.

.htm tipo de formato de arquivo de hipertexto.

.html tipo de formato de arquivo de hipertexto. Ver *Hypertext Markup Language.*

.jpeg formato de arquivo gráfico. Ver *Joint Photographic Experts Group.*

.jpg tipo de formato de arquivo gráfico.

.mil sufixo dos endereços eletrônicos pertencentes às Forças Armadas e demais organizações militares.

.moov tipo de formato de arquivo de vídeo para Macintosh.

.mov tipo de formato de arquivo de vídeo para Macintosh.

.movie tipo de formato de arquivo de vídeo para Macintosh.

.mpeg tipo de formato de arquivo de vídeo.

.mpg tipo de formato de arquivo de vídeo.

.mp3 novo tipo de formato de arquivo de som.

.msg tipo de formato de arquivo de texto.

.net sufixo dos endereços eletrônicos que pertencem às redes que compõem a Internet.

.pdf tipo de formato de arquivo do Adobe Acrobat.

.pict tipo de formato de arquivo de imagem.

.png tipo de formato de arquivo de imagem.

.qt tipo de formato de arquivo de vídeo para Macintosh.

.ra tipo de formato de arquivo de som.

.ram tipo de formato de arquivo de som.

.snd tipo de formato de arquivo de som.

.tif tipo de formato de arquivo de imagem.

.tiff tipo de formato de arquivo de imagem.

.txt tipo de formato de arquivo de texto.

.wav tipo de formato dos arquivos de som do sistema operacional Windows.

.wpd tipo de formato de arquivo de texto.

.zip terminação de nome de arquivo de um software, texto ou imagem que foi comprimido para ser transferido ou copiado com maior rapidez.

@ sinal que significa arroba, adotado para denotar "em" (ou *at*, em inglês). No correio eletrônico, o endereço silva@abc.com.br indica que o usuário Silva está no provedor ABC.

acceptable use policy (AUP) regras de boa conduta para a utilização correta da Internet e seus serviços. Pode também ser um documento distribuído ao novo usuário de um determinado sistema.

acesso dedicado forma de acesso à Internet no qual um computador fica conectado permanentemente à rede. Em geral, o acesso dedicado é utilizado por empresas que vendem acesso e serviços aos usuários finais.

acesso discado método de acesso a uma rede ou computador remoto via rede telefônica, discando o número em que está a rede ou o computador.

acesso remoto indica o processo de acessar os recursos de outro computador, tais como arquivos ou impressora.

Acrobat programa que usa o formato de arquivo PDF. Ver *Portable Document File*.

Active Server Pages (ASP) padrão para páginas Web criadas dinamicamente com base em código JScript ou Visual Basic. Quando o browser solicita uma página ASP, o servidor monta-a na hora e apresenta-a ao browser. Nesse aspecto, ASP e CGI são similares.

ActiveX tecnologia Microsoft que facilita o compartilhamento de informações entre aplicativos. Utilizada principalmente no desenvolvimento de aplicativos interativos e conteúdo da Web. A ActiveX é baseada na tecnologia OLE já existente há algum tempo, mas expande o campo de ação do compartilhamento de objetos da área de trabalho para a Internet inteira. Visto que a tecnologia ActiveX tem uma estrutura modular, os programas podem ser gravados para que funcionem como aplicativos independentes, como objetos "inteligentes" incorporados em programas Visual Basic ou páginas da Web ou como objetos OLE tradicionais nod documentos.

ad clicks número de vezes que os usuários clicam em um banner; o mesmo que click through.

ad hoc trabalho feito sob encomenda, especialmente para um cliente. O termo é geralmente utilizado na área de pesquisa.

ad views número de vezes que um anúncio numa página Web é visto, em um determinado intervalo de tempo.

Advanced Research Projects Agency (ARPA) organismo de pesquisa norte-americano que desenvolveu, com propósitos militares, uma rede de longa distância, a Arpanet, em conjunto com universidades e centros de pesquisa dos EUA.

Advanced Research Projects Agency Network (Arpanet) rede de longa distância criada em 1969 pela Advanced Research Projects Agency (atualmente Defense Advanced Projects Research Agency, ou Darpa) em consórcio com as principais universidades e centros de pesquisa dos EUA, com o objetivo específico de investigar a utilidade da comunicação de dados em alta velocidade para fins militares. É conhecida como a rede-mãe da Internet de hoje e foi colocada fora de operação em 1990.

agent programa de computador ou processo que opera sobre uma aplicação cliente ou servidor e realiza uma função específica, como uma troca de informações. Ver também *aplicação*.

alias significa segundo nome, ou apelido. Pode referenciar um endereço eletrônico alternativo de uma pessoa ou grupo de pessoas, ou um segundo nome de uma máquina. É também um dos comandos básicos do Unix.

American National Standards Institute (ANSI) organização norte-americana filiada à International Organization for Standardization (ISO) e voltada para a definição e para o estabelecimento de normas e padrões técnicos básicos como o ASCII.

American Standard Code for Information Interchange (ASCII) código de números binários usado para representar caracteres de arquivos texto em computadores e dispositivos de armazenamento eletrônico de dados. A codificação dos caracteres é definida pela ASCII com códigos de 0 a 127.

AMI Ver *Associação de Mídia Interativa*.

anonymous nome normalmente utilizado para o login num servidor FTP, para indicar que se trata de um usuário anônimo, não registrado na máquina em questão. A senha (*password*) que é pedida em seguida deve ser o endereço eletrônico ou *guest*; o sistema permite apenas o acesso aos arquivos públicos.

anonymous FTP Ver FTP *anônimo*.

ANSI 1. Conjunto de normas para a transferência de caracteres de controle. Utilizado para tratamento de atributos, cores, movimento do cursor etc., em terminais ou emuladores de terminais. 2. Ver *American National Standards Institute*.

anúncio intersticial página com uma mensagem comercial que aparece temporariamente após um clique, sem que o usuário tenha controle sobre ela.

aplicação programa que faz uso de serviços de rede, como transferência de arquivos, login remoto e correio eletrônico.

aplicações Internet também conhecidas como aplicações TCP/IP, são os programas de aplicações que utilizam os protocolos da rede conhecidos como: FTP (File Transfer Protocol) para transmissão de arquivos; SMTP (Simple Mail Transfer Protocol) e POP (Post Office Protocol) para correio eletrônico (e-mail); HTTP e HTML em navegadores (browsers); IRC (Internet Relay Chat) para bate papo; e outros.

aplicações Java são programas de aplicação desenvolvidos utilizando-se a linguagem Java, porém com comportamento similar ao de outras aplicações.

aplicações TCP/IP Ver *aplicações Internet.*

applets programa de computador gravado em Java. Os applets são semelhantes a aplicativos, mas não são executados de maneira independente. Em vez disso, os applets seguem um conjunto de convenções que permitem a sua execução em um navegador compatível com Java.

applets Java Ver *applets.*

Archie ferramenta que permite a procura de arquivos e informações em servidores FTP. Indica-se ao Archie o nome do arquivo (ou parte dele) que se deseja encontrar e ele dá o nome (endereço) dos servidores onde pode ser encontrado. Um serviço de busca de arquivos armazenados em FTP anônimo, pouco disseminado no Brasil, que pode ser usado para procurar determinado arquivo por assunto, título ou palavra-chave.

ARJ compactador de arquivos bastante conhecido, mas que hoje perdeu espaço para os programas baseados no sistema ZIP, que adotaram primeiro a interface gráfica.

ARPA Ver *Advanced Research Projects Agency.*

ARPANET Ver *Advanced Research Projects Agency Network.*

arquitetura cliente/servidor é toda arquitetura de rede em que estações (microcomputadores) executam aplicações clientes que se utilizam de programas servidores para transferência de dados do próprio servidor ou comunicação com outras estações e suas aplicações clientes.

arquitetura de rede conjuntos hierárquicos de protocolos de comunicação. É a coleção de regras lógicas que estabelece a comunicação entre os computadores interligados fisicamente em uma rede.

arquivo nos computadores trabalha-se fundamentalmente com arquivos. Os dados são armazenados em arquivos e todos os aplicativos ou programas utilizados são armazenados em arquivos. A Internet, por sua vez, tem como uma de suas principais tarefas transportar arquivos de um lugar para outro.

arquivo atachado envio de um arquivo associado a uma mensagem. Alguns programas de correio eletrônico permitem que qualquer arquivo seja enviado junto a uma mensagem. Ao chegar ao destinatário, o arquivo associado pode ser copiado para o computador.

arquivo binário arquivo com imagens e programas. A conversão do arquivo binário para arquivo de texto é denominada codificação ou uuencoding.

arquivo de auto-extração arquivos compactados no formato .exe que, para serem descompactados, basta apenas executá-los. Na verdade, os arquivos de auto-extração trazem em si, além de outros arquivos, os princípios básicos de seu programa de descompressão.

arquivo de log os servidores Web mantêm arquivos com o registro (log) de todas as solicitações que recebem. Esse documento permite analisar itens como a procedência dos usuários, a freqüência com que retornam ao site e seus hábitos de navegação no site.

arquivo de texto arquivo com textos de qualquer natureza. Pode ser transformado em arquivo binário pelo processo de conversão denominado decodificação ou unencoding.

arrab palavra utilizada para representar, quando estiver sendo ditado, o caracter barra invertida (\).

article Ver *artigo*.

artigo texto existente nos serviços de grupos de discussão, como a Usenet.

ASCII Ver *American Standard Code for Information Interchange*.

ASP Ver *Active Server Pages*.

assinatura 1. arquivo, geralmente com três ou quatro linhas, que as pessoas colocam no fim de suas mensagens, para indicar quem a enviou ou a sua origem; 2. Ato de subscrever uma lista de discussão ou um newsgroup; 3. Informação que autentica uma mensagem.

310

assistente ajuda baseada em computador que fornece orientação durante as etapas necessárias para concluir uma tarefa.

Associação de Mídia Interativa (AMI) criada em julho de 1995, a Associação de Mídia Interativa refere-se à mídia interativa como aquela baseada na veiculação de propaganda pela Internet. Entre os seus objetivos, destacam-se promover a evolução da mídia interativa no Brasil, estabelecer normas de veiculação na Internet em conjunto com os associados, e promover o intercâmbio nacional e internacional de experiências e conhecimentos técnicos, realizando cursos, seminários, congressos e afins.

Asynchronous Transfer Mode (ATM) protocolo de comunicação de alta velocidade, criado para o tráfego de dados e aplicações multimídia. Traduzido por Modo de Transferência Assíncrono, o ATM divide a informação em pacotes, que são enviados sem uma seqüência. Esses pacotes se reorganizam quando chegam ao destino.

ATM Ver *Asynchronous Transfer Mode.*

attachment Ver *arquivo atachado.*

audiência 1. O percentual de usuários que visualizou uma página ou um banner em determinado período. 2. Pessoas atingidas pelos veículos de comunicação.

áudio seqüenciado arquivos de som capturados em tempo real em um arquivo de áudio ou transmitidos pela Internet em tempo real. Um plug-in de um navegador da Web descompacta e executa os dados à medida que eles são transferidos para o seu computador pela Web. O áudio e vídeo seqüenciados eliminam a demora resultante da transferência de um arquivo inteiro e da sua execução posterior em um aplicativo auxiliar.

AUP Ver *Acceptable Use Policy.*

autenticação uma assinatura eletrônica; uma tecnologia que garante uma transmissão eletrônica originada em sua origem definida.

authoring tools ferramenta para criação, constituindo-se de um software de aplicação para criar conteúdo não limitado, inclusive editores de texto, processadores de palavras, gravação de áudio, de vídeo e de cinema, processando e aplicando imagens.

auto-estrada da informação ligação ou conjunto de ligações entre computadores, formando uma rede de redes, de preferência com meios de comunicação extremamente rápidos. Um nome abusivamente usado por vezes (sobretudo nos media tradicionais) para designar a(s) rede(s) atualmente existente(s), e em particular a Internet, pois uma grande parte delas ainda tem muitas interligações bastante lentas.

auto-estrada eletrônica Ver *auto-estrada da informação.*

backbone espinha dorsal de uma rede; uma estrutura composta de linhas de conexão de alta velocidade, que, por sua vez, se conecta a linhas de menor velocidade em várias sub-redes.

background fundo de páginas.

backup Ver *cópia de segurança*.

baixar Ação de transferir um arquivo da Internet para o computador do usuário. Ver *download*.

bandwidth largura de banda, termo que na linguagem comum designa a quantidade de informação passível de ser transmitida por unidade de tempo, em um determinado meio de comunicação (fio, onda de rádio, fibra óptica etc.). Normalmente é medida em bits por segundo, kilobits por segundo, megabits por segundo, kilobytes por segundo, megabytes por segundo etc. Em canais analógicos, a largura de banda é medida em hertz e está relacionada com o débito efetivo de informação, mas é comum se falar sempre em Kbps, Mbps ou outra.

banner anúncio em forma de imagem gráfica, geralmente em formato GIF (animado ou não).

Bate-papo programa de software interligado em rede que permite que diversos usuários realizem "conversações" em tempo real entre eles digitando mensagens em seus respectivos computadores e enviando-as por meio de uma rede local ou da Internet. Alguns programas avançados de Bate-papo, como o PowWow, suportam conversação em voz e a troca de arquivos em meios diferentes (por exemplo, arquivos de fotografias ou elementos gráficos).

baud a velocidade em que um modem ou outro dispositivo transmite dados, medida tecnicamente em número de eventos ou alterações de sinais, por segundo. (A velocidade de transmissão é comumente, porém de maneira incorreta, considerada o número de bits por segundo, o que não é a mesma medida.)

baud rate número de mudanças de fase do sinal transmitido por um modem, constituindo-se em medida de taxa de transmissão elétrica de dados em uma linha de comunicação. Não deve ser confundido com a medida bits por segundo (bps), cujos valores podem ser aproximados em modems lentos, mas, nos modems mais rápidos, a cada baud podem corresponder vários bps.

BBS Ver *Bulletin Board System*.

Because It's Time Network (Bitnet) rede educacional internacional, criada em 1981, que liga computadores em aproximadamente 2.500 universidades e institutos de pesquisa nos EUA, na Europa e no Japão. A Bitnet não usa protocolo da família TCP/IP, mas pode trocar mensagens eletrônicas com a Internet. O protocolo empregado é o RSCS (Remote Spooling Communication System).

beta qualquer programa que ainda não está finalizado ou ainda em fase de testes, mas que já possui uma versão de testes para ser usada.

Biometria tecnologia de segurança que permite identificar o usuário pela impressão digital, geometria da mão, retina, íris, voz ou perfil da face. Estão em fase de estudo outras formas de reconhecimento pela impressão vascular da mão, odores do corpo e ressonância acústica do crânio.

bit dígitos binários, do inglês "binary digits", um bit é a menor unidade de informação. Cada bit representa um 1 ou um 0.

bitmap padrão de pontos coloridos que na tela do computador são criados como um pixel de luz formando as imagens.

Bitnet Ver *Because It's Time Network*.

bits por pixel indica quantas cores tem um arquivo de imagem ou quantas cores um dispositivo de vídeo pode exibir: 8 bits = 256 cores, 16 bits = 65.536 cores e 24 bits = 16,7 milhões de cores.

bits por segundo (bps) medida da taxa de transferência real de dados de uma linha de comunicação, como um modem, dada em bits por segundo. Variantes ou derivativos importantes incluem Kbps (igual a 1.000 bps) e Mbps (igual a 1.000.000 bps).

bps Ver *bits por segundo*.

branding processo que, por meio da comunicação, utiliza estratégias e técnicas para incorporar ou associar valores positivos, sejam objetivos ou subjetivos, a uma determinada marca.

BRB abreviação de "Be right back", o equivalente a "Volto logo".

bridge um dispositivo ("ponte") que conecta duas ou mais redes de computadores, transferindo, seletivamente, dados entre ambas.

browser cliente para extração de informação em um servidor Web ou gopher. Termo normalmente aplicado para os programas que permitem navegar na Web, como o Mosaic, Internet Explorer e Netscape. Basicamente, um browser é o programa em um computador pessoal que acessa, por uma linha telefônica, um servidor (isto é, um programa que atende à demanda de clientes remotos) contendo informações de interesse amplo, nele permitindo visualizar e procurar texto, imagens, gráficos e sons, de maneira aleatória ou sistemática.

BTW do inglês "By the way", é usado em textos de correio eletrônico e artigos de news, entre outros. Significa "A propósito", "Por falar nisso".

Bulletin Board System (BBS) sistema que disponibiliza aos seus usuários arquivos de todo o tipo (programas, dados ou imagens), softwares de domínio público e conversas on-line (chat). Muitos BBS oferecem acesso ao correio eletrônico da Internet. Os assinantes têm acesso aos serviços por meio de linhas telefônicas (isto é, de voz), utilizadas via computador pessoal e modem.

bytes conjunto ou grupo de oito bits que representam uma informação real, como letras e os dígitos de 0 a 9.

cable modem modem especial que utiliza a rede de televisão a cabo para transmitir e receber dados, em vez da tradicional linha telefônica, alcançando maiores velocidades: chega a 10 Mbps no upstream e 43 Mbps no downstream.

cache Ver *cache de documento*.

cache de documento recurso oferecido pelos browsers para o armazenamento de cópias de páginas da Web no disco rígido do computador do usuário ou no próprio servidor, para que não seja necessário acessálos novamente de algum servidor distante.

caixa de correio um arquivo, diretório ou uma área de espaço em disco rígido usado para armazenar mensagens de correio eletrônico.

carregar o processo de transferência de um arquivo de um computador local para um computador remoto via modem ou rede.

carta de fundação o documento de fundação de um grupo de discussão da Usenet, definindo que assuntos são aceitos (ou não) para discussão e estabelecendo se o newsgroup é moderado ou não.

CCITT Ver *Comité Consultatif Internationale de Telegraphie et Telephonie*.

Cello um programa browser para navegar na WWW.

CERN trata-se do European Laboratory for Particle Physics, um dos mais importantes centros para pesquisas avançadas em física nuclear e de partículas, localizado em Genebra, Suíça. A sigla CERN relaciona-se ao seu nome anterior, Conseil Européene pour la Recherche Nucléaire. Dispõe de um grande círculo de aceleração de partículas, com 27 km de diâmetro; mas, para os usuários da Internet, o CERN é conhecido como o local onde foi desenvolvida a tecnologia da World Wide Web, por uma equipe de engenheiros sob a liderança de Thimothy Berners-Lee.

CERT Ver *Computer Emergency Response Team*.

CG Ver *Comitê Gestor Internet do Brasil*.

CGI Ver *Common Gateway Interface*.

chain letter Ver *chain mail*.

chain mail uma carta que é recebida por alguém e enviada para várias pessoas e assim sucessivamente, tornando-se rapidamente difundida via e-mail. Em geral o seu texto incita a sua difusão por outras pessoas.

charter Ver *carta de fundação*.

chat Ver *bate-papo*.

chatear 1. perturbar a paciência de alguém. 2. entrar em bate-papo (chat) com uma ou mais pessoas na Internet.

ciber prefixo de qualquer elemento relacionado a computadores ou à Internet. Por exemplo, um cibercafé é o estabelecimento para os apreciadores de café que disponibiliza um computador para uso dos seus freqüentadores.

ciberespaço 1. O conjunto de computadores, serviços e atividades que constituem a rede mundial Internet. 2. Mundo virtual, onde transitam as mais diferentes formas de informação e as pessoas (sociedade da informação) se relacionam virtualmente, por meios eletrônicos. 3. Termo cunhado em analogia com o espaço sideral explorado pelos astronautas, sendo sua invenção atribuída ao escritor de ficção científica William Gibson no romance *Neuromance.*

click rate percentagem de ad views que resulta em click throughs.

click stream caminho percorrido pelo internauta ao clicar nos links de um ou mais sites. Ajuda a descobrir os hábitos de navegação.

click through número de cliques dados no banner de um anunciante, os quais conduzem o internauta para o site próprio do anunciante.

client Ver *cliente.*

client side literalmente, "no lado do cliente". Refere-se a programas que rodam no micro do usuário, e não num servidor Web. Esses programas podem ser applets Java, scripts Java ou controles ActiveX. Contrapõem-se aos programas CGI, que são do tipo server side (executados no servidor).

cliente no contexto cliente/servidor, um cliente é um programa que pede um determinado serviço (como a transferência de um arquivo) a um servidor, outro programa ou computador. O cliente e o servidor podem estar em duas máquinas diferentes, sendo esta a realidade para a maior parte das aplicações que usam esse tipo de interação. É um processo ou programa que requisita serviços a um servidor.

CMYK sistema de quatro cores básicas (cyan, magenta, yellow e black) que, combinadas, geram outras cores e tonalidades.

cobertura espectro geográfico ou de segmento da população coberto por um veículo de comunicação; a porcentagem dos consumidores potenciais de um produto atingida pelo menos uma vez por um veículo ou combinação de veículos.

Comité Consultatif Internationale de Telegraphie et Telephonie (CCITT) é um órgão da International Telecommunications Union (ITU) das Nações Unidas que define padrões de telecomunicações. Extinto em 1993, suas atribuições passaram para o Telecommunications Standards Section (TSS) da ITU.

Comitê Gestor Internet do Brasil (CG) órgão criado pelo governo brasileiro com o objetivo de acompanhar a disponibilização de serviços

Internet no país, estabelecer recomendações relativas à estratégia de implantação e interconexão de redes, análise e seleção de opções tecnológicas, e coordenar a atribuição de endereços IP (Internet Protocol) e o registro de nomes de domínio.

Commom Gateway Interface (CGI) aplicação servidora utilizada geralmente para processar solicitações do navegador (browser) por meio de formulários HTML, enviando o resultado em páginas dinâmicas HTML. O software facilita a comunicação entre um servidor da Web e programas que operam fora do servidor, como os programas que processam formulários interativos ou procuram nos bancos de dados informações solicitadas por um usuário. Pode ser usado para conexão (gateway) com outras aplicações e bancos de dados do servidor.

comp. hierarquia da Usenet dedicada a computadores.

compressão de dados processo para a compactação de dados, envolvendo a eliminação dos espaços em branco e a substituição de padrões repetidos por símbolos menores, que poupam espaço. A compactação de dados é especialmente útil nas comunicações porque permite a transmissão da mesma quantidade de informação em menor volume e, em conseqüência, menor tempo.

Computer Emergency Response Team (CERT) organismo pioneiro criado em 1988 pela agência norte-americana Defense Advanced Projects Research Agency (DARPA), visando tratar questões de segurança em redes, em particular na Internet.

conexão ligação de um dado computador a outro computador remoto.

Consórcio W3 um consórcio da indústria liderado pelo Laboratory for Computer Science do Massachusetts Institute of Technology, em Cambridge, Massachusetts. (W3 refere-se à World Wide Web.) O consórcio promove padrões e incentiva a interoperabilidade entre produtos da World Wide Web. Baseado originalmente no European Laboratory for Particle Physics (CERN), localizado em Genebra, Suíça, onde a tecnologia da World Wide Web foi desenvolvida, o Consórcio conseguiu apenas um modesto sucesso em conseguir a cooperação de diversas empresas privadas no desenvolvimento de tecnologias da Web, pois essas empresas normalmente relutam em compartilhar seus segredos.

conteúdo soma de texto, figuras, dados ou outras informações apresentadas por um site da Web.

cookie arquivo armazenado no disco rígido e utilizado para identificar o computador ou as preferências do seu usuário para um computador remoto. Os cookies são usados com freqüência para identificar visitantes em sites da Web e ainda para exibir páginas personalizadas. Para isso, o usuário precisa ter fornecido informações pessoais numa visita anterior ao site.

cópia de segurança arquivo que contém uma reprodução ou duplicação da informação do arquivo ou do conjunto de dados que se está utilizando, como reserva em caso de destruição ou inutilização do arquivo original.

corpo dimensão pela qual medimos e especificamos um tipo.

correio caracol referência irônica ao correio tradicional, que é muito mais lento que o correio eletrônico, daí o nome.

correio eletrônico 1. Correio transmitido e recebido diretamente pelo computador, por meio um endereço Internet. Uma carta eletrônica (como qualquer outra) contém texto e eventualmente pode ter um ou mais arquivos anexados. 2. Meio de comunicação baseado no envio e recepção de textos, chamados de mensagens, por meio de uma rede de computadores.

Cost Per Target Thousand Impressions (CPTM) custo por mil relacionado ao público-alvo do banner.

CPM Ver *Custo por Mil.*

CPTM Ver *Cost Per Target Thousand Impressions.*

cracker indivíduo que faz todo o possível e o impossível para entrar num sistema informático alheio, quebrando sistemas de segurança, para poder espionar ou causar danos.

criptografar criptografar um arquivo significa convertê-lo num código secreto, com propósitos de segurança, para que as informações nele contidas não possam ser utilizadas ou lidas até serem decodificadas.

criptografia técnica de converter (cifrar) uma mensagem ou mesmo um arquivo utilizando um código secreto. Com o propósito de segurança, as informações nele contidas não podem ser utilizadas ou lidas até serem decodificadas. A criptografia está disponível em duas formas: criptografia de software, amplamente usada apenas para instalar, e a criptografia de microchip, mais difícil de instalar, mas também mais rápida e mais difícil de decodificar.

crosspost fazer o crosspost de um arquivo é o ato de enviar para um grupo de news um artigo (ou parte dele) já publicado ou a publicar em outro grupo.

Custo por Mil (CPM) sistema de preços da publicidade on-line cujo valor é fixado e cobrado do anunciante em cada mil vezes que um determinado banner é visto pelos internautas. É o quanto se paga cada vez que um banner é exposto mil vezes.

cyberspace Ver *ciberespaço.*

daemon programa em execução num computador servidor que está sempre pronto para receber solicitações de outros programas, executar determinada ação e retornar a resposta adequada.

DAT Ver *Digital Audio Tape.*

datagram Ver *datagrama.*

datagrama é um pacote de informação que contém os dados do usuário, permitindo sua transferência numa rede de pacotes.

DDN Ver *Defense Data Network.*

debate moderado uma lista de distribuição ou um newsgroup on-line que é monitorado e editado por uma pessoa para filtrar remessas não relacionadas ou fora de questão.

débito quantidade de informação por unidade de tempo.

Defense Data Network uma parte da Internet que conecta bases militares norte-americanas e seus fornecedores, sendo usada para comunicações não-confidenciais.

DHTML Ver *Dynamic Hypertext Markup Language.*

dial-IN designa um tipo de ligação ou de um ato de ligação à Internet, neste caso pelo estabelecimento de uma chamada telefônica (dial) para um computador, por meio de um modem.

dial-UP Ver *acesso discado.*

Digital Audio Tape (DAT) fita de áudio digital nome que vem do fato de a tecnologia ter sido criada originalmente para a gravação de sons. Menor que um cartucho de audiocassete, o cartucho de fita DAT de 4 milímetros armazena até 24 GB (cerca de 40 CD-ROMs) e transfere dados à velocidade de até 2 Mbps.

DirecPC sistema de conexão de alta velocidade que combina as tecnologias de satélite geoestacionário e antena parabólica, permitindo uma transferência de dados da rede para o micro de até 400 Kbps, quase 14 vezes mais do que a de um modem de 28,8 Kbps.

Direct Marketing Association (DMA) fundada em 1917 e sediada em New York, a DMA é a maior associação mundial de marketing direto, com mais de 3.600 empresas filiadas, nos EUA e em outros 49 países.

DMA Ver *Direct Marketing Association.*

DNS Ver *Domain Name System e Domain Name Server.*

domain Ver *domínio.*

domain name Ver *nome de domínio.*

Domain Name Server (DNS) designa o conjunto de regras e/ou programas que constituem um Servidor de Nomes da Internet. Um servidor de nomes faz a tradução de um nome alfanumérico (p. ex., microbyte.com) para um número IP (p. ex., 192.190.100.57). No caso do DNS brasileiro, geram-se todos os nomes terminados em br. Qualquer outro nome será também traduzido pelo mesmo DNS, mas a partir de informação proveniente de outro DNS (isso se essa informação não tiver sido previamente obtida). Além das conversões nomeIP e IPnome, um DNS pode também conter informações sobre como encaminhar correio eletrônico até que ele chegue à máquina final.

Domain Name System (DNS) serviço e protocolo da família TCP/IP para o armazenamento e consulta a informações sobre recursos da rede. A implementação é distribuída entre diferentes servidores e trata principalmente da conversão de nomes Internet em seus números correspondentes.

domínio Ver *nome de domínio*.

domínio público algo que está no domínio público é algo que se pode copiar, utilizar e distribuir sem qualquer pagamento. Normalmente se pede que seja dado o devido crédito aos seus autores.

Doom um dos mais famosos jogos distribuídos em shareware na Internet. Os seus criadores, três jovens, ficaram rapidamente milionários com um verdadeiro clássico no gênero (tiros e explosões). O Doom tem vários níveis, efeitos sonoros, 3D e permite que vários jogadores participam simultaneamente, cada um no seu computador.

dots per inch medida em pontos por polegada da resolução da imagem de uma impressora ou do monitor.

download fazer o download de um arquivo é o ato de transferir o arquivo de um computador remoto para o seu próprio computador (o arquivo recebido é gravado em disco no computador local), usando qualquer protocolo de comunicação. O computador de onde os dados são copiados é subentendido como "maior" ou "superior" segundo algum critério hierárquico, enquanto o computador para o qual os dados são copiados é subentendido "menor" ou "inferior" na hierarquia. O sentido literal é, portanto, "puxar para baixo".

dpi Ver *dots per inch*.

dpl-dpc antigo sistema para transferência de arquivos entre computadores, muito utilizado em empresas não conectadas em rede. É o conhecido "disquete-pra-lá, disquete-pra-cá".

Dynamic Hypertext Markup Language (DHTML) HTML dinâmico, referindo-se a páginas Web cujo conteúdo é modificado, dependendo de diferentes fatores, como a localização geográfica do leitor (em conseqüência, a data e a hora locais), as páginas já visitadas durante a sessão e o perfil do usuário. Várias tecnologias são usadas para produzir HTML dinâmico: scripts CGI, server side includes (SSI), cookies, Java, JavaScript e ActiveX.

EDI Ver *Electronic Data Interchange*.

Electronic Data Interchange (EDI) tecnologia de intercâmbio eletrônico de dados que depende de redes privadas caras e complicadas para ser montado, mas tem a vantagem de estar livre da falta de padrões do comércio pela Internet. Os programas integrados de gestão utilizados na Web (como os da SAP, da Oracle ou da PeopleSoft) não conversam muito bem entre eles e tornam difícil para as empresas que usam softwares diferentes trocar dados pela Internet.

Elm programa/leitor de correio eletrônico para ambientes Unix, do qual também se pode encontrar versões para outros sistemas operativos, que tem base de menus com escolha de opções por letras e teclas de cursor.

e-mail address Ver *endereço eletrônico*.

e-mail Ver *correio eletrônico*.

emoticon Ver *smiley*.

Encapsulated PostScript (EPS) formato de arquivos gráficos usado pela linguagem Postscript.

endereço eletrônico 1. No caso do e-mail, o formato do endereço eletrônico é usuário@domínio, que identifica um determinado usuário na Internet e, em particular, a sua caixa de correio eletrônica. Por exemplo: silva@express.com.br. 2. Para acesso às páginas de um site da Web, o formato é protocolo://www.domínio. Por exemplo, o endereço eletrônico da Universidade Federal de Viçosa na Web é http://www.ufv.br.

endereço Internet Ver *endereço eletrônico*.

endereço IP o endereço de protocolo da Internet de um computador conectado à rede, geralmente representado em notação decimal/ponto, como em 128.121.4.5 Cada um dos quatro números do endereço IP pode assumir valores entre 0 e 255.

EPS Ver *Encapsulated PostScript*.

Ethernet padrão muito usado para a conexão física de redes locais em alta velocidade, a 10 Mpbs, originalmente desenvolvido pelo Palo Alto Research Center (PARC) da Xerox nos EUA. Descreve protocolo, cabeamento, topologia e mecanismos de transmissão. As redes Ethernet usam normalmente cabos coaxiais (podem também usar outros meios, como um cabo de fios torcidos tipo linha telefônica, ondas de rádio etc.) que interligam vários computadores. A informação pode ser transmitida em modo *broadcast*, ou seja, para todos os outros computadores da rede e não apenas para um só.

Eudora programa/leitor de correio eletrônico muito completo, existente em várias plataformas, entre elas, os Macintosh e PC (Windows). Muito recomendado pelos seus usuários e especialistas.

extensão de arquivo extensão com três letras colocadas no final do nome de arquivo para identificar o tipo de arquivo. As mais comuns são exe (para arquivo de programa ou executável), txt (para arquivo de texto), zip (para arquivo compactado com o utilitário PKZIP) e gif (para arquivo bitmap que usa o formato Graphics Imagem Format — GIF).

família de tipos conjunto de caracteres de um mesmo desenho em todos os seus tamanhos (corpos) e estilos (redondo, itálico ou grifo, negrito ou bold etc.).

FAQ Ver *Frequently Asked Questions.*

favorito usado para descrever uma página ou um endereço ao qual um usuário deseja retornar regularmente. O Microsoft Internet Explorer contém um recurso denominado Localizar Favoritos para organizar e salvar sites da Web acessados com freqüência.

FDDI Ver *Fiber Distributed Data Interface.*

Fiber Distributed Data Interface (FDDI) padrão para o uso de cabos de fibras ópticas em redes locais (LANs) e metropolitanas (MANs). A FDDI fornece especificações para a velocidade de transmissão de dados (alta, 100 Mbps), em redes em anel, podendo, por exemplo, conectar mil estações de trabalho a distâncias de até 200 km.

FidoNet rede mundial de BBS, baseada no uso do protocolo Fido, interligando computadores pessoais via linhas telefônicas. Transfere também um tipo próprio de correio eletrônico (existindo normalmente a possibilidade de enviar uma carta para alguém na Internet) e grupos de discussão (conferências é o termo exato) próprios. Pode-se dizer que é uma espécie de Internet bastante limitada em termos de interação, difusão, rapidez e heterogeneidade, quando comparada com a verdadeira Internet, mas possui uma identidade própria.

File Transfer Protocol (FTP) designa o principal protocolo de transferência de arquivos usado na Internet, ou, então, um programa que usa esse protocolo. Trata-se de um protocolo padrão da Internet que é usado para transferência de arquivos entre computadores, obtidos nos hosts chamados sites FTP.

Finger programa para obter informações sobre uma determinada pessoa que tenha um endereço eletrônico na Internet. É indicado o endereço eletrônico dessa pessoa e ele procura e devolve informação relativa a ela, após ter inquirido o computador onde ela tem a sua caixa de correio. Um serviço Internet que permite obter informações sobre usuários de uma máquina.

firewall traduzida literalmente como parede corta-fogo, é um sistema de segurança que pode ser implementado para limitar o acesso de terceiros a uma determinada rede ligada à Internet ou para evitar que dados de um sistema caiam na Internet, sem prévia autorização. No grau máximo de segurança, a única coisa que uma firewall pode deixar passar de um

321

lado (rede local) para o outro (resto da Internet) é o correio eletrônico, mesmo assim podendo filtrar correio de/para determinado sítio.

flame mensagem de correio eletrônico que viola as regras de etiqueta e boas maneiras da Internet por ser insolente e malcriada. Uma troca de flames e contra-flames é chamada uma "flame war".

flame war Ver *flame*.

follow-up resposta a um artigo de news com outro artigo de news, mantendo o mesmo tema de discussão.

fonte em artes gráficas, o nome e o formato de uma família de tipos.

fonte bitmap conjunto de caracteres representados por mapas de bits, ou seja, linhas e colunas de pontos que formam a imagem de cada letra ou sinal gráfico. As fontes desse tipo são oferecidas para tamanhos prédefinidos. Em tamanhos maiores produzem letras de perfil irregular, denteado.

fonte dimensionável conjunto de caracteres cujos perfis são definidos por cálculos matemáticos, garantindo que cada sinal mantenha o mesmo formato, independentemente do tamanho (sem distorções, portanto).

fonte vetorial Ver *fonte dimensionável*.

foo palavra comumente usada para exemplificar qualquer coisa em literatura técnica na área de informática. Por exemplo: aparece freqüentemente em exemplos de nomes de domínios como ana@foo.bar.com (a utilização de foo com bar significa o acrônimo FUBAR – Fucked Up Beyond All Recognition —, comumente usado por militares norteamericanos).

For Your Information (FYI) documento semelhante aos Request For Comments RFC, contendo informação geral sobre temas relativos aos protocolos TCP/IP ou à Internet. O conteúdo FYI é consideravelmente menos técnico.

fórum de discussão Ver *grupo de discussão*.

FQDN Ver *Fully Qualified Domain Name*.

frame maneira de incrementar o HTML, de modo a permitir que a janela do browser possa ser dividida em várias áreas de navegação.

freenet máquina na Internet que é dedicada ao acesso pela comunidade sem cobrança de nenhuma taxa. O acesso é fornecido por bibliotecas públicas ou acesso dial-up. Oferece serviços de BBSs, correio eletrônico e acesso (restrito, em geral) à Internet.

freeware Ver *software de domínio público*.

Frequently Asked Questions (FAQ) documento com perguntas e respostas sobre determinado assunto, em geral voltado para leigos ou neófitos. Pretende responder, sobre um assunto, a dúvidas e perguntas mais freqüentes dos novos usuários. As respostas a essas perguntas são fornecidas por usuários mais antigos ou experientes ou pelo responsável por determinado serviço. Contrapõe-se a RFC's.

FTP Ver *File Transfer Protocol.*

FTP anônimo serviço que possibilita o acesso a repositórios públicos de arquivos via FTP.

FTP server Ver *servidor de FTP.*

Full-IP ligação total à Internet, por uma linha dedicada ou outro meio de comunicação permanente. Assim, todos os serviços da Internet estão disponíveis no computador que possua esse tipo de ligação.

Fully Qualified Domain Name nome de domínio completo. Tudo aquilo que está à direita do símbolo @ num endereço eletrônico, sem que se omita qualquer parte (inclui geralmente a designação do país, da instituição e de um computador, pelo menos).

FYI Ver *For Your Information.*

gateway computador ou material dedicado que serve para interligar duas ou mais redes que usem protocolos de comunicação internos diferentes, ou computador que interliga uma rede local à Internet (é portanto o nó de saída para a Internet). 1. Sistema que possibilita o intercâmbio de serviços entre redes com tecnologias completamente distintas, como BITNET e INTERNET; 2. Sistema e convenções de interconexão entre duas redes de mesmo nível e idêntica tecnologia, mas sob administrações distintas. 3. Roteador (na terminologia TCP/IP).

GIF Ver *Graphic Interchange Format.*

gigabyte medida de tamanho de arquivo eletrônico equivalente a aproximadamente um bilhão de bytes.

GigaPoP formado pela abreviação do inglês "gigabit point of presence", é o nome atribuído pelo consórcio Internet 2 à estrutura responsável pela comutação e pelo gerenciamento de tráfego entre as redes de uma mesma região, participantes do projeto Internet 2, oferecendo pontos de conexão de alta velocidade.

gopher 1. Servidor que abriga uma ferramenta de procura de texto por toda a Internet. Mais antigo do que a WWW, permite a procura de informação em bases de dados existentes em todo o mundo, utilizando-se ou não algumas ferramentas próprias de pesquisa por palavras-chave. 2. Um sistema distribuído para busca e recuperação de documentos, que combina recursos de navegação mediante coleções de documentos e bases de dados indexadas, por meio de menus hierárquicos. O protocolo de comunicação e o software seguem o modelo cliente-servidor, permitindo que usuários em sistemas heterogêneos naveguem, pesquisem e recuperem documentos armazenados em diferentes sistemas, de maneira simples e intuitiva.

gráficos vetoriais desenhos que usam fórmulas geométricas para representar as imagens, como as fontes vetoriais ou dimensionáveis. Em geral, os programas que têm no nome a palavra *draw* trabalham com gráficos vetoriais. Já os programas com o termo *paint* produzem desenhos no formato bitmap.

Graphic Interchange Format (GIF) formato para arquivos de imagem muito utilizado na Internet por sua capacidade de compressão.

Graphic User Interface (GUI) interfaces gráficas que estão nas home pages, nos sistemas operacionais, CD-ROMs multimídias etc.

grupo de discussão em um grupo de discussão (ou newsgroup) escreve-se publicamente sobre o tema indicado pelo nome do grupo, estimando-se a existência de mais de 10 mil grupos ativos abrangendo praticamente todos os assuntos imagináveis.

grupo de discussão da Usenet um grupo de discussão em uma das sete hierarquias tradicionais de grupos de discussão: comp., misc., news., rec., sci., soc. e talk.

GUI Ver *Graphic User Interface.*

hacker identificava, no final da década de 1950, os universitários que desenvolviam programas e montavam seus próprios computadores. Um hacker é, por definição, um "problem solver", aquele que resolve ou apresenta soluções para problemas técnicos relativos à Internet. Nos anos 70, alguns deles passaram a invadir computadores alheios em busca de programas ou documentos, passando o termo hacker a ter nova conotação; a de um jovem aficionado por tecnologia que utiliza seus conhecimentos para uma atividade ilegal.

hierarquia de diretórios é o conjunto dos diretórios de um determinado sistema de arquivos, que engloba a raiz e todos os subdiretórios. Os newsgroups também estão divididos numa hierarquia, começando nos níveis de topo (início do nome do grupo: soc, comp, sci, rec, misc etc.) e subdivididos em vários temas, em cada designação de topo.

hiperlink conexão, ou seja, elementos físicos e lógicos que interligam os computadores da rede. São endereços de páginas, ponteiros (vínculo ou link) de hipertexto ou palavras-chave destacadas em um texto, que, quando "clicadas", nos levam para o assunto desejado, mesmo que esteja em outro arquivo ou servidor. No WWW, uma palavra destacada indica a existência de um link, que é uma espécie de apontador para outra fonte de informação. Escolhendo esse link, obtém-se a página de informação que ele designava que pode, por sua vez, ter também vários links.

hipermedia links para imagens, sons e filmes em outros documentos, permitindo que o usuário se desloque para o outro local nomeado.

hipertexto texto eletrônico em um formato que fornece acesso instantâneo, por meio de links, a outro hipertexto em um documento ou em outro documento.

hit pedido de um único arquivo ao conectar um servidor Web. Uma página com cinco imagens gera seis hits: um pelo arquivo HTML e outros cinco pelas figuras.

home page página principal de um site da Web. As home pages contêm geralmente links a locais adicionais no site ou a sites externos. Dependendo do tamanho do site da Web, podem existir várias home pages no mesmo site. A home page é uma espécie de ponto de partida para a procura de informação relativa a essa pessoa ou instituição, escrita em Hypertext Markup Language HTML.

host 1. Computador ligado à Internet, às vezes também chamado de servidor ou nó. 2. Computador principal num ambiente de processamento distribuído.

hot site Ver *microsite*.

howto documentos em formato eletrônico que acompanham o Linux, versão de domínio público do Unix, e constituem uma espécie de manual, no qual se pode procurar informação sobre quase toda a tarefa de instalação, administração e atualização do Linux.

HTML Ver *Hypertext Markup Language*.

HTTP Ver *Hypertext Transport Protocol*.

hub dispositivo central de conexão em redes organizadas em topologia de estrela, o qual permite que as redes adicionem estações de trabalho por meio da extensão do sinal de transmissão.

hyperlink Ver *hiperlink*.

Hypermedia Ver *hipermedia*.

hypertext Ver *hipertexto*.

Hypertext Markup Language (HTML) linguagem padrão para escrever páginas de documentos Web, que contenham informação nos mais variados formatos: texto, som, imagens e animação. É uma variante da Standard Generalized Markup Language (SGML), bem mais fácil de aprender e usar, que possibilita preparar documentos com gráficos e links para outros documentos para visualização em sistemas que utilizam Web.

Hypertext Transport Protocol (HTTP) protocolo que define como dois programas/servidores devem interagir, de maneira a transferirem entre eles comandos ou informação relativos ao WWW. O protocolo HTTP (Hyper-Text Transfer Protocol) possibilita que os autores de hipertextos incluam comandos que permitem saltos para recursos e outros documentos disponíveis em sistemas remotos, de forma transparente para o usuário.

IAB Ver *Internet Arquiteture Board*.

IETF Ver *Internet Engeneering Task Force.*

image map imagem mapeada com áreas que, ao serem clicadas, enviam ao visitante alguma informação, seja transferindo-o para uma outra home page ou enviando-lhe um arquivo, por exemplo.

IMAP Ver *Internet Message Access Protocol.*

IMHO Ver *In My Humble Opinion.*

IMO Ver *In My Opinion.*

impressão exposição de um banner em uma página Web. Cada banner visto é contado como uma impressão. O mesmo que page view.

In My Humble Opinion (IMHO) significa "Na minha modesta opinião". A sigla é usada quando alguém deseja exprimir uma opinião e quer se manter (ou parecer) modesto.

In My Opinion (IMO) sigla empregada somente em linguagem escrita, significa "Na minha opinião".

indicador procedimento de computador que permite a um usuário salvar um site de rede para facilitar o retorno. O acesso a um indicador vincula o usuário diretamente ao site desejado, sem que sejam necessários os caminhos de conexão normais. Uma coleção de indicadores é denominada uma booklist.

information super-highway Ver *auto-estrada da informação.*

Integrated Service Digital Network (ISDN) a Rede Digital Integradora de Serviços é uma evolução das linhas telefônicas atuais, baseada em linhas digitais (e não analógicas), agora capaz de débitos muito mais elevados (a partir de 64 Kbps) e com melhor qualidade. Portanto, é um sistema telefônico digital que, mediante o uso de equipamentos especiais, permite enviar e receber voz e dados simultaneamente por uma linha telefônica. Essa rede digital, que integra serviços de diversas naturezas como voz, dados, imagens etc., deve substituir gradualmente a infra-estrutura física atual de comunicações, em que cada serviço tende a trafegar por segmentos independentes. É com esse tipo de linhas que se pode pensar em ter em casa, no futuro próximo, os videotelefones, até agora somente vistos em filmes ou exposições tecnológicas.

International Organization for Standardization (ISO) organização internacional para a definição de normas. A International Organization for Standardization é uma organização internacional formada por órgãos de diversos países, tais como o ANSI (americano), o BSI (inglês), o AFNOR (francês) e a ABNT (brasileira), que estabelece padrões industriais de aceitação mundial.

International Telecomunication Union (ITU) órgão da Organização das Nações Unidas (ONU) responsável pelo estabelecimento de normas e padrões em telecomunicações.

Internauta 1. um "viajante" na Internet, aquele que navega na Internet. 2. Internetiano.

Internet 1. Com inicial maiúscula, significa a "rede das redes", originalmente criada nos EUA, que se tornou uma associação mundial de redes interligadas em mais de 70 países, que utilizam protocolos da família TCP/IP. A Internet provê transferência de arquivos, login remoto, correio eletrônico, news e outros serviços. Os meios de ligação dos computadores desta rede são variados: rádio, linhas telefônicas, ISDN, linhas digitais, satélite, fibras ópticas etc.; 2. Com inicial minúscula significa genericamente uma coleção de redes locais e/ou de longa distância, interligadas por pontes, roteadores e/ou gateways.

Internet 2 projeto em execução nos EUA, com a participação de universidades, centros de pesquisa, agências do governo e indústria, para o desenvolvimento de uma nova família de aplicações avançadas, como tele-imersão, monitoração remota de pacientes, laboratórios virtuais e educação a distância, que exigem redes eletrônicas de alta velocidade e desempenho.

Internet Arquiteture Board (IAB) grupo que supervisiona a manutenção dos protocolos TCP/IP e promulga outros padrões Internet.

Internet Engeneering Task Force (IETF) comitê aberto de desenvolvedores de recursos para a Internet.

Internet Message Access Protocol (IMAP) protocolo Internet bastante complexo e ainda pouco usado por clientes de e-mail para acessar mensagens armazenadas no servidor. Apesar de aplicativos baseados nesse protocolo poderem funcionar no modo desconectado, eles normalmente trabalham no modo conectado (on-line) ou desconectado/sincronizado.

Internet Network Information Center (InterNIC) organização norte-americana que atribui números IP únicos a quem pedir e é também o gestor da raiz (topo da hierarquia) do Domain Name System (DNS) mundial. A InterNIC ainda armazena informações sobre a Internet, como dados sobre os diversos padrões da rede mundial. Seu endereço é ftp://internic.net.

Internet Protocol (IP) um dos protocolos mais importantes do conjunto de protocolos da Internet, correspondendo ao nível 3 do modelo OSI. Responsável pela identificação das máquinas e redes e pelo encaminhamento correto das mensagens entre elas. O Internet Protocol é o protocolo responsável pelo roteamento de pacotes entre dois sistemas que utilizam a família de protocolos TCP/IP desenvolvida e usada na Internet.

Internet Relay Chat (IRC) 1. Serviço que possibilita a comunicação escrita on-line entre vários usuários pela Internet. É a forma mais próxima do que seria uma "conversa escrita" na rede. 2. Um sistema que permite a interação de vários usuários ao mesmo tempo, divididos por grupos de discussão. Ao contrário das news, essa discussão é feita em diálogo direto textual. Os usuários desse sistema podem entrar num grupo já existente ou criar o seu próprio grupo de discussão. 3. Área da Internet na qual é possível conversar, em tempo real, com uma ou mais pessoas.

Internet Server Aplication Program Interface (ISAPI) aplicações, similares às Commom Gateway Interface (CGI), que rodam do lado servidor e estendem as características do Microsoft IIS (Internet Information Server) em máquinas com sistema operacional Window NT. Estas aplicações são geralmente escritas em C ou C++.

Internet Service Provider (ISP) empresas que fornecem serviços para os usuários da rede Internet. Algumas oferecem serviços de acesso discado por meio de ligação telefônica, outras oferecem serviços de projetos de Web Sites (home pages) e projetos especiais envolvendo sistemas e programação, integração de redes etc.

Internet Society organização internacional que coordena a Internet, suas tecnologias e seus aplicativos. Maiores informações sobre a Internet Society podem ser obtidas no site http://www.isoc.org.

InterNIC Ver *Internet Network Information Center.*

Interpage Ver *anúncio intersticial.*

Intranet rede particular em uma organização. As intranets utilizam com freqüência protocolos da Internet para entregar conteúdo e são normalmente protegidas da Internet por servidores de segurança.

IP Ver *Internet Protocol.*

IP address Ver **endereço IP.**

IRC Ver *Internet Relay Chat.*

Ircle software cliente Macintosh para acesso a servidores Internet Relay Chat (IRC).

ISAPI Ver *Internet Server Aplication Program Interface.*

ISDN Ver *Integrated Service Digital Network.*

ISO Ver *International Organization for Standardization.*

ISP Ver *Internet Service Provider.*

ITU Ver *International Telecomunication Union.*

Java linguagem orientada a objeto de programação muito similar ao C++ ou C, destinada à criação de desenhos, textos e pinturas animadas e/ou interativas. Gera código intermediário (byte codes) que são interpretados em tempo de execução, o que, juntamente com a sua biblioteca, torna a linguagem multi-plataforma. Assim, seu código é executado nas mais diversas máquinas e nos diferentes sistemas operacionais (do computador aos eletrodomésticos), sem a necessidade de adaptação. A Sun Microsystems, que inventou a linguagem Java, desenvolveu um browser para leitura dos applets e classes, e também um console para adaptação em outros navegadores. O Netscape Navigator e o Microsoft Internet Explorer já possibilitam a execução de applets Java. Quando o usuário utiliza um navegador compatível com Java para exibir uma página que contém um applet Java, o código do applet é transferido para o seu sistema e executado pelo navegador.

Joint Photographic Experts Group (JPEG) algoritmo para comprimir imagens, criado pela associação que lhe dá nome. Existe também o Motion JPEG (MPEG), usado para comprimir imagens animadas.

JPEG Ver *Joint Photographic Experts Group.*

kermit um programa/protocolo de comunicação bastante popular que permite, entre outros recursos, a transferência de arquivos entre duas máquinas e emulação de terminal. Não é usado na Internet, cujo programa mais utilizado para transferência de arquivos é o File Transfer Protocol – FTP.

keyword palavra-chave, usada em ferramentas de busca ou base de dados, que traz em si o significado de um assunto; por meio dela é possível localizar esse assunto.

LAN Ver *Local Area Network.*

largura de banda termo que na linguagem comum designa a quantidade de informação passível de ser transmitida por unidade de tempo, em um determinado meio de comunicação (fio, onda de rádio, fibra óptica etc.). Normalmente é medida em bits por segundo, kilobits por segundo, megabits por segundo, kilobytes por segundo, megabytes por segundo etc. Em canais analógicos, a largura de banda é medida em hertz e está relacionada com o débito efetivo de informação, mas é comum falar-se sempre em Kbps, Mbps ou outra.

latência tempo que uma unidade de informação leva para percorrer um dado meio de comunicação. Pode-se, por exemplo, dizer que o tempo de latência de um satélite VSAT é de 300 ms, o que significa que um caracter enviado a partir de um ponto leva 300 ms a chegar a outro, passando pelo satélite.

leased line Ver *linha dedicada.*

linguagem de script atalho de programação que fornece ao usuário não técnico uma maneira de criar um conteúdo mais rico em seu respectivo computador e fornece aos programadores uma maneira rápida de criarem aplicativos simples.

linguagem Script linguagens de programação cujo código fonte é interpretado pelo programa em tempo de execução. Por exemplo: o browser interpreta HTML, Javascript e Vbscript.

linha dedicada a maior parte das linhas que ligam as várias máquinas da Internet é linha alugada disponível em base permanente. Com uma linha dedicada, um computador encontra-se em conexão permanente com outro, com um provedor de serviços ou com um rede remota.

link Ver *hiperlink*.

Linux nome derivado do nome do autor do núcleo desse sistema operacional; o finlandês Linus Torvalds. O Linux é, hoje em dia, um sistema operacional com todas as características do Unix, com invejável disseminação, em constante evolução e de domínio público, estando disponibilizado na Internet. Normalmente é distribuído em diferentes "releases", que nada mais são do que um núcleo (recompilável) acompanhado de programas, utilitários, ferramentas, documentação etc.

lista de distribuição lista de assinantes que se correspondem por correio eletrônico. Quando um dos assinantes escreve uma carta para um determinado endereço eletrônico (de gestão da lista) todos os outros a recebem, o que permite que se constituam grupos (privados) de discussão por meio do correio eletrônico.

Listserv software servidor que mantém os grupos de discussão, também conhecidos como newsgroups. É um dos mais populares programas de gerenciamento de listas de distribuição, ao lado do LISTPROC e do Marjodomo, permitindo acrescentar e remover os usuários de uma determinada lista de distribuição.

LMDS Ver *Local Multipoint Distribution Service.*

Local Area Network (LAN) rede local com dois ou algumas dezenas de computadores, a qual não se estende além dos limites físicos de um edifício ou de um conjunto de prédios de uma mesma instituição, estando limitada a distâncias de até 10 km. Normalmente, é utilizada nas empresas para interligação local dos seus computadores. Existem várias tecnologias que permitem a realização de uma rede local, sendo as mais importantes a Ethernet e o token ring de uma instituição.

Local Multipoint Distribution Service (LMDS) sistema de comunicação bidirecional multiponto, ou seja, sistema pelo qual os dados são transmitidos da estação rádio-base (ERB) para múltiplos usuários, como acontece na distribuição dos sinais de TV. Tanto na transmissão do assinante para a ERB (upstream) quanto da estação para o assinante (downstream), a velocidade pode chegar a 1,2 Gbps.

login 1. Identificação de um usuário perante um computador. Fazer o login é o ato de dar a sua identificação de usuário ao computador. 2. No endereço eletrônico, o login é o nome que o usuário usa para acessar a rede (exemplo: Silva, em silva@express.com.br). Quando o usuário entra na rede, precisa digitar seu login, seguido de uma senha (password).

login remoto acesso a um computador via rede para execução de comandos. Para todos os efeitos, o computador local que "loga" em um computador remoto passa a operar como se fosse um terminal deste último.

logout ato de desconectar uma ligação a um determinado sistema ou computador.

Lycos site de pesquisa de banco de dados com milhões de endereços da Internet. O Lycos contém uma ferramenta de procura que pode ser configurada de acordo com as necessidades do usuário.

Lynx programa (browser) para ver e navegar no WWW. O Lynx foi pensado para ser usado em terminais texto; portanto, só se pode visualizar a informação textual, ficando a restante (imagens, sons etc.) disponível para gravação no disco do seu computador do usuário, que em outra ocasião poderá vê-la ou ouví-la.

mail carta eletrônica.

mail box Ver *caixa de correio*.

mail server programa de computador que responde automaticamente (enviando informações, arquivos etc.) a mensagens de correio eletrônico com determinado conteúdo.

Mail Transfer Agent (MTA) programa que é executado no servidor de mail. Ele mantém e entrega as mensagens enviadas.

Mail User Agent (MUA) programa utilizado para a leitura, armazenamento, envio e processamento das mensagens. Programa normalmente executado no microcomputador pessoal para receber e enviar mensagens, o cliente de mail. Como exemplo temos o Eudora, o Outlook Express e outros.

mailing list Ver *lista de distribuição*.

Majordomo tipo de software para listas de debate automatizadas, similar ao Listserv.

MAN Ver *Metropolitan Area Network*.

Mbps Ver *megabits por segundo*.

mecanismo de pesquisa serviço ou aplicativo de software utilizado para localizar arquivos em uma intranet ou na Web. Acessados normalmente com navegadores como o Microsoft Internet Explorer, alguns dos mecanismos de pesquisa da Web mais comuns incluem Excite, Yahoo!, WebCrawler, Infoseek e Lycos, mas novos mecanismos de pesquisa surgem constantemente.

media Ver *mídia*.

megabits por segundo (Mbps) velocidade de tráfego de dados, equivalente a 10 milhões de bits por segundo.

megabyte uma medida de tamanho de arquivo eletrônico equivalente a um milhão de bytes.

mensagens indiscriminadas lixo eletrônico ou remessas indiscriminadas, normalmente de natureza comercial, enviados em geral para diversos destinatários não interessados.

Metropolitan Area Network (MAN) rede metropolitana de computadores com abrangência de até algumas dezenas de quilômetros, interligando normalmente algumas centenas de computadores numa dada região.

microsite 1. Página publicada entre o banner e a entrada oficial do site, funcionando como um anúncio digital. 2. Sites de menor tamanho que podem ser hospedados em provedores de conteúdo ou redes, geralmente com foco em um determinado produto ou serviço.

MIDI Ver *Musical Instrument Digital Interface.*

mídia 1. Forma adaptada de media, que significa meio de comunicação, em latim e em inglês. 2. Termo usado para designar os veículos de comunicação de massa, no seu conjunto ou em particular. 3. Técnica publicitária que estuda e indica os melhores meios, veículos, volumes, formatos e posições para veicular as mensagens publicitárias. 4. Área especializada em mídia nas agências de propaganda. 5. Profissional especializado nas técnicas de mídia.

MIME Ver *Multipurpose Internet Mail Extensions.*

mini-site Ver *microsite.*

mIRC software cliente Windows para acesso a servidores Internet Relay Chat (IRC).

mirror computador (ou espaço em disco) onde se guarda uma cópia de informação proveniente de outro recurso na Internet. Os usuários não precisam se ligar ao local original e podem obter a informação desejada num dos locais (escolhendo o mais próximo) onde exista uma cópia.

misc. hierarquia da Usenet dedicada a qualquer assunto que não seja apropriado a outras hierarquias.

modelo OSI modelo conceitual de protocolo com sete camadas definido pela International Organization for Standardization (ISO), para a compreensão e o projeto de redes de computadores. Trata-se de uma padronização internacional para facilitar a comunicação entre computadores de diferentes fabricantes. O modelo OSI de referência para redes é constituído dos seguintes níveis (da mais baixa para a mais alta):

Número ou nível da camada	Nome da camada	Define protocolos para
1	Camada física	Hardware de interface, cabeamento, meio de comunicação.
2	Camada de enlace dos dados	Transmissão de frames de dados de nó para nó.
3	Camada de rede	Roteamento de dados, endereçamento e verificação.
4	Camada de transporte	Estrutura de mensagens, entrega, verificação de erros parcial.
5	Camada de sessão	Conexão, manutenção de comunicação, segurança, registro de eventos, rastreamento.
6	Camada de apresentação	Codificação, conversão, formato de arquivo, apresentação de dados.
7	Camada de aplicativo	Interação entre a rede e as aplicações.

modem pequeno aparelho, sob a forma de uma placa interna de expansão ou uma caixa instalada no painel posterior, que permite ligar um computador à linha telefônica, para assim estar apto a comunicar com outros. Ele converte os pulsos digitais do computador para freqüências de áudio (analógicas) do sistema telefônico, e converte as freqüências de volta para pulsos no lado receptor, daí o seu nome formado a partir de MOdulador DEModulador. O modem também disca a linha, responde à chamada e controla a velocidade de transmissão, em bits por segundo (bps). Muitos dos modems também são capazes de realizar funções de fax. A sua aplicação mais importante consiste na ligação à BBS ou à Internet, por meio de um fornecedor de acesso.

moderador pessoa que decide quais artigos serão postados em um grupo de notícias ou quais mensagens de correio eletrônico serão enviadas ao membros de uma lista de distribuição. O grupo de notícias ou lista de distribuição que possui um moderador é chamado de grupo de notícias moderado ou lista de distribuição moderada.

Mosaic primeiro browser gráfico para o WWW, concebido nos EUA pelo National Center for Supercomputing Applications (NCSA). Com ele a Web tomou um grande impulso, pois foi a primeira ferramenta a permitir a visualização do WWW de forma gráfica e atraente. É hoje um programa cliente com capacidade multimídia, de fácil utilização para a busca de informações na Web e distribuído como freeware.

Motion Pictures Experts Group (MPEG) 1. Grupo de trabalho criado para desenvolver padrões de compressão, descompressão, processamento e codificação de vídeos, áudio e sua combinação. 2. Algoritmo de compressão de arquivos de áudio e vídeo.

MP3 Ver *Mpeg Layer-3*.

MPEG Ver *Motion Pictures Experts Group*.

Mpeg Layer-3 novo padrão que comprime música em arquivos pequenos, sem muita perda de qualidade, muito utilizado para a distribuição de música na Internet.

MTA Ver *Mail Transfer Agent*.

MUA Ver *Mail User Agent*.

MUD Ver *Multi User Dungeon*.

Multi User Dungeon (MUD) jogos de Role-Playing Games (RPG) usados atualmente como ferramentas de conferência ou ajuda educacional. Este nome provém do pai dos RPGs, o jogo Dungeons and Dragons.

multicast endereço para uma coleção específica de nós numa rede, ou uma mensagem enviada a uma coleção específica de nós. É útil para aplicações como teleconferência.

multifreqüência designação para uma linha telefônica capaz de transportar sinais elétricos em freqüências diferentes. São aquelas linhas que permitem ter um telefone em que a marcação é feita por tonalidades e não por impulsos.

multimídia termo para qualquer conteúdo que combina texto, som, elementos gráficos e/ou vídeo.

Multipurpose Internet Mail Extensions (MIME) 1. Conjunto de regras definidas para permitirem o envio de correio eletrônico (texto) com outros documentos (gráficos, sons etc.) anexos. 2. Extensão que permite o envio de arquivos que não sejam texto, via e-mail, como imagens, áudio e vídeo.

Musical Instrument Digital Interface (MIDI) essa tecnologia consiste numa forma de representar sons produzidos por sintetizadores. Os arquivos MID contêm apenas informações sobre as notas musicais, motivo pelo qual são arquivos muito pequenos e não servem para a gravação de quaisquer sons, como a voz humana.

National Center for Supercomputing Applications (NCSA) centro de pesquisa norte-americano responsável, entre outras criações, pelo Mosaic, primeiro browser com recursos para exibir elementos gráficos para a www. O National Center for Supercomputing Applications da Universidade de Illinois, em Urbana-Champaigm, é um instituto de pesquisa avançada cujos cientistas e engenheiros desenvolveram grande parte da tecnologia em que está baseada a World Wide Web.

National Science Foundation (NSF) órgão do governo norte-americano que promove a ciência e a pesquisa; fundador da NSFnet, rede para ligação das universidades à Internet.

navegação ato de conectar-se a diferentes computadores da rede distribuídos pelo mundo, usando as facilidades providas por ferramentas como browsers Web. O navegante da rede realiza uma "viagem" virtual explorando o ciberespaço, da mesma forma que o astronauta explora o espaço sideral. Cunhado por analogia ao termo usado em astronáutica.

navegador programa de software cliente para pesquisar redes e recuperar e exibir cópias de arquivos em um formato de leitura fácil. Os navegadores padrão atuais também podem basear-se em programas associados para a execução de arquivos de áudio e vídeo. O Microsoft Internet Explorer é um exemplo de um navegador amplamente utilizado.

navegar na Internet significa vaguear, passear, procurar informação, sobretudo na Web. Entre os mais radicais também se diz surfar.

NCSA Ver *National Center for Supercomputing Applications.*

net 1. Rede de computadores. 2. Com a inicial em maiúscula, é a abreviação de Internet.

netiqueta combinação de net e etiqueta. Um conjunto de regras e conselhos para uma boa utilização da rede Internet, de modo a se evitarem erros próprios de novatos quando da interação com outros usuários, mais experientes. A netiqueta baseia-se no simples e elementar bom senso, ditando um conjunto de regras de etiqueta para o uso socialmente responsável da Internet, ou seja, o modo como os usuários devem proceder na rede para evitar irritar os outros, especialmente na utilização de correio eletrônico. Por exemplo: escrever com letras maiúsculas é equivalente a gritar numa conversa.

netiquette Ver *netiqueta.*

netnews serviço de discussão eletrônica sobre vasta gama de assuntos, cada um deles ancorado por um grupo de discussão. Ainda conhecido como Usenet News, Usenet ou News.

Netscape um programa browser para o WWW. Sucessor do Mosaic e desenvolvido pela mesma equipe de programadores, o Netscape evoluiu mais rapidamente e tornou-se em um dos browsers mais usados, por suas características de rapidez, cache, visualização interna de vários formatos de arquivos, suporte para uma linguagem de descrição de página mais evoluída etc.

network rede de computadores.

Network File System (NFS) protocolo de compartilhamento de arquivos remotos desenvolvido pela Sun Microsystems. Faz parte da família de protocolos TCP/IP.

Network Information System (NIS) serviço usado por administradores Unix para gerenciar bases de dados distribuídas por meiode uma rede.

Network Informations Center (NIC) centro de informação e assistência ao usuário da Internet, disponibilizando documentos, como Request for Comments (RFC), Frequently Asked Questions (FAQ) e For Your Information (FYI), realizando treinamentos etc.

Network News Reading Protocol (NNRP) protocolo que permite que um programa leitor de news obtenha a informação (artigos, grupos etc.) a partir de um servidor de news.

Network News Transport Protocol (NNTP) protocolo para a transferência dos grupos de news da Usenet e mensagens de controle.

Network Operations Center (NOC) centro administrativo e técnico responsável por gerenciar os aspectos operacionais da rede, como o controle de acesso o, "roteamento" de comunicação etc.

newbie designação depreciativa dada pelos veteranos da Internet àqueles que a descobriram recentemente; um novato.

news notícias, em português, mas melhor traduzido por fóruns ou grupos de discussão. Abreviatura de Usenet News, as news são grupos de discussão, organizados por temas, a maior parte deles com distribuição internacional, podendo haver alguns distribuídos num só país ou numa instituição apenas. Nesses grupos, que são públicos, qualquer pessoa pode ler artigos e escrever os seus próprios. Alguns grupos têm um moderador, que lê os artigos antes de serem publicados, para constatar da sua conformidade para com o tema do grupo. No entanto, a grande maioria dos grupos não são moderados.

news. hierarquia da Usenet dedicada à política, às diretrizes e às questões administrativas da Usenet.

newsgroup Ver *grupos de discussão*.

Next Generation Internet (NGI) iniciativa do governo norte-americano para o desenvolvimento de aplicações e redes revolucionárias necessárias para o desempenho das atividades das agências governamentais, tais como a National Science Foundation, NASA e Departamento de Defesa. A Internet 2 é o principal projeto em execução neste programa, que pretende criar e experimentar as tecnologias de comunicação a serem implantadas para o próximo milênio.

NFS Ver *Network File System.*

NGI Ver *Next Generation Internet.*

NIC Ver *Network Informations Center.*

nick Ver *nickname.*

nickname apelido, pseudônimo ou nome alternativo (alias).

NIS Ver *Network Information System.*

NIS+ versão atualizada do Network Information System (NIS), é um sistema distribuído de bases de dados que troca cópias de arquivos de configuração, unindo a conveniência da replicação à facilidade de gerência centralizada. Servidores NIS gerenciam as cópias de arquivos de bases de dados, e clientes NIS requerem informação dos servidores ao invés de usar suas cópias locais destes arquivos.

NNRP Ver *Network News Reading Protocol.*

NNTP Ver *Network News Transport Protocol.*

nó 1. Qualquer dispositivo, inclusive servidores e estações de trabalho, ligado a uma rede. 2. Qualquer computador na Internet; um host.

NOC Ver *Network Operations Center.*

nome de domínio Na Internet, o nome de um computador ou grupo de computadores utilizado para identificar o local eletrônico (e, às vezes, geográfico) do computador para transmissão de dados. É uma parte da hierarquia de nomes de grupos ou hosts da Internet, que permite identificar as instituições ou conjunto de instituições na rede. O nome de domínio contém freqüentemente o nome de uma organização e inclui sempre um sufixo de duas ou três letras que designa o tipo de organização ou o país do domínio. Por exemplo, no nome do domínio `microsoft.com`, `microsoft` é o nome da organização e `com`, a abreviação de comercial, indicando uma organização comercial. Outros sufixos utilizados nos EUA incluem `gov` (governo), `edu` (instituição educacional), `org` (organização, geralmente uma instituição sem fins lucrativos) e `net` (para as redes pertencentes à Internet). Fora dos EUA, sufixos de duas letras denotam o país do domínio, por exemplo, `uk` (Reino Unido), `de` (Alemanha) e `jp` (Japão).

novato termo condescendente para um usuário inexperiente ou uma pessoa para a qual a Internet seja uma novidade.

NSF Ver *National Science Foundation.*

offline 1. Literalmente, "fora da linha". Significa que nenhuma ligação, seja por linha telefônica ou outra, está no momento ativa. Por exemplo, a leitura de e-mail offline implica que se possa ler mail no seu próprio computador sem que ele esteja ligado ao servidor, desde que, naturalmente, as mensagens tenham sido transferidas previamente para esse computador. As ligações offline não permitem a navegação interativa na Internet, pois o computador não pode enviar comandos e receber dados em tempo real. 2. Não conectado à Internet.

on-line por oposição a offline, on-line significa "estar em linha", estar ligado em determinado momento à rede ou a um outro computador.

337

Para uma pessoa, na Internet, "estar online", é necessário que nesse momento esteja usando a Internet e ela tenha, portanto, efetuado o login num determinado computador da rede.

Open Systems Interconnection (OSI) uma organização comercial internacional patrocinada pela International Organization for Standardization (ISO) com a missão de criar padrões de comunicação internacionais por computadores, tais como o modelo OSI, facilitando conexões entre redes dotadas de sistemas incompatíveis.

Opera browser que permite a navegação simultânea na Internet em várias janelas e é acompanhado de programa de correio eletrônico. A sua versão 3.5 tem um novo sistema de segurança e mais ferramentas para entender a linguagem Java, além de funcionar cm os principais plugins. Disponível no site `http://www.operasoftware.com`, o programa pode ser utilizado gratuitamente por 30 dias e depois precisa ser licenciado.

Outernet expressão cunhada para designar serviços on-line como America OnLine, CompuServe, Prodigy e The Microsoft Network, que realmente não fazem parte da Internet, embora possam estar conectados a ela via gateways.

OSI Ver *Open Systems Interconnection.*

OSI model Ver *modelo OSI.*

Packet Internet Group (PING) é um programa TCP/IP usado para testar o alcance de uma rede e verificar qual o tempo que a mensagem leva para ir de um ponto a outro da ligação, enviando a nós remotos uma requisição e esperando por uma resposta. O utilitário envia pacotes (geralmente 64 bytes) para um ponto, que responde enviando um outro pacote equivalente.

pacote dado encapsulado para transmissão na rede. Um conjunto de bits compreendendo informação de controle, endereço, fonte e destino dos nós envolvidos na transmissão. Tudo circula pela Internet como um pacote. Ao enviar uma informação, por exemplo, ela é desmembrada em pacotes pelo computador emissor e depois recomposta pelo computador receptor. Na verdade, essa divisão e posterior remontagem de pacotes é feita pelo protocolo TCP/IP.

page view 1. Número de páginas HTML de um site vistas em um determinado tempo. 2. Número de vezes que um banner exposto em uma página foi visto em um determinado tempo. O mesmo que impressão.

página Uma estrutura individual de conteúdo na World Wide Web, definida por um único arquivo HTML e referenciada por um único URL.

página intercalada Ver *anúncio interstical.*

palavra-chave Ver *keyword.*

password senha usada para identificação do usuário, que deve ser secreta, passada em conjunto com o login, que não é secreto.

PDF Ver *Portable Document Format.*

peer-to-peer uma arquitetura de rede não hierárquica, na qual cada computador da rede pode se comunicar diretamente com outros nós e funcionar como cliente e servidor.

penetração em mídia, termo utilizado para definir o índice de atingimento de um determinado veículo sobre o total de consumidores de um meio, um segmento de mercado ou uma região geográfica.

Personal Home Page (PHP) linguagem de scripts usada para criar páginas Web dinâmicas. Assim como os scripts em Perl, os programas PHP são embutidos em tags HTML e executados no servidor. A força do PHP está em sua compatibilidade com muitos bancos de dados.

PGP Ver *Pretty Good Privacy.*

PHP Ver *Personal Home Page.*

Pine programa/leitor de correio eletrônico para ambientes Unix, ainda que se possam encontrar versões para outros sistemas operacionais, tendo como base menus com escolha de opções por letras e teclas de cursor. Considerado mais simples do que o Elm, suporta também o formato de mensagens com extensão MIME, permitindo o envio de mensagens de texto com outro tipo de arquivos anexos (gráficos, sons etc.).

ping Ver *Packet Internet Group.*

PIR Ver *Ponto de Interconexão de Redes.*

PIRCH software cliente Windows para acesso a servidores Internet Relay Chat (IRC).

pixel único ponto em um monitor ou em uma imagem de bitmap. Originou-se da expressão em inglês *picture element*, ou seja, elemento da imagem.

plataforma O hardware e o software do sistema que constituem a fundação básica de um sistema de computador.

plug-in módulo, componente ou acessório de software que estende a capacidade de um aplicativo, geralmente para permitir que ele leia ou exiba arquivos de um tipo específico. No caso de navegadores da Web, os plug-ins permitem a exibição de conteúdo em rich text, áudio, vídeo e animação.

point base de dados com endereços populares, abrangendo diversas áreas de interesse.

Point to Point Protocol (PPP) o Point to Point Protocol implementa o protocolo TCP/IP — que são os principais protocolos da Internet — em uma linha telefônica, para que, por meio dela, um computador pessoal possa se ligar à Internet e usufruir de todos os serviços e aplicações existentes. O Point-to-Point Protocol estabelece um método de acesso à Internet em que um computador, ligado a um host Internet via telefone e um modem de alta velocidade, aparece para o host como se fosse uma porta Ethernet no sistema de rede local do host. O PPP situa-se no nível 2 do modelo OSI (chamado "Data Link Layer"), sendo considerado o sucessor do Serial Line Internet Protocol (SLIP) por ser confiável e mais eficiente.

Point to Point Tunneling Protocol (PPTP) protocolo específico das Virtual Private Network (ou redes privadas virtuais), desenvolvido pelo Fórum PPTP, formado por Microsoft, U. S. Robotics e outras empresas menores.

Ponto de Interconexão de Redes (PIR) locais previstos para a interconexão de redes de mesmo nível (peer networks), visando assegurar que o roteamento entre redes seja eficiente e organizado. No Brasil, os três principais PIR's estão em Brasília, no Rio de Janeiro e em São Paulo.

Ponto de Presença (PP) local na espinha dorsal de rede em que uma rede permite acesso a sub-redes e provedores de serviços. Uma rede madura cobre sua região de atuação por meio de pontos de presença nas principais cidades/distritos dessa região, interligados por um conjunto de linhas dedicadas, compondo um backbone.

POP Ver *Post Office Protocol.*

port Ver *porta.*

porta 1. Uma abstração usada pela Internet para distinguir entre conexões simultâneas múltiplas para um único host destino. 2. O termo também é usado para denominar um canal físico de entrada e saída de um dispositivo.

Portable Document Format (PDF) formato de arquivo criado pela Adobe que permite o envio de documentos formatados para que sejam vistos ou impressos em outro lugar, sem a presença do programa que os gerou. Os arquivos PDF são criados pelo programa Adobe Acrobat, que se compõe de duas partes: um gerador e um leitor de arquivos. O primeiro (Acrobat) é vendido pela Adobe; o segundo (Acrobat Reader) pode ser baixado gratuitamente no endereço Web www.adobe.com.

portal site que funciona como porta de entrada à Internet, oferecendo desde serviços como e-mail e bate-papo até links para sites de conteúdos diversos.

post designa um artigo de news, por vezes. Fazer um post significa escrever e enviar um artigo para um grupo de news.

Post Office Protocol (POP) protocolo usado por clientes de correio eletrônico para manipulação de arquivos de mensagens em servidores de correio eletrônico.

postmaster designa um endereço de e-mail do servidor de POP-Mail, para onde são enviadas e transmitidas automaticamente todas as mensagens de erro e mensagens do sistema. Também é o login do operador do site para configurar o Servidor.

PostScript linguagem de descrição de páginas criado pela Adobe, que é um padrão para a editoração eletrônica, e suportada pela maioria das impressoras de alta resolução e pelas empresas que prestam serviços de impressão. As fontes PostScript usam essa linguagem.

PP Ver *Ponto de Presença.*

PPP Ver *Point to Point Protocol.*

PPTP Ver *Point to Point Tunneling Protocol.*

Pretty Good Privacy (PGP) programa utilitário para a codificação de mensagens de texto, inventado por Philip Zimmerman. Uma mensagem assim enviada é inquebrável e só o seu destinatário pode descodificá-la, dando para isso uma chave que só ele conhece.

produção 1. Tarefa de dar forma física às mensagens publicitárias imaginadas pela criação. 2. Área da agência de propaganda responsável pela produção e relacionamento com as produtoras e fornecedores gráficos.

Programas CGI scripts que obedecem a uma especificação (a Common Gateway Interface, CGI) para troca de dados com servidores Web. Podem ser escritos em diferentes linguagens de programação, entre elas C, Perl, Java e Visual Basic. Por exemplo, usam programas CGI para processar as informações quando o usuário clica no botão Enviar. Outra forma de dar retorno dinâmico à ação do internauta é rodar scripts ou programas na máquina dele (Ver *client side*).

prospect pessoa não-consumidora de um produto ou serviço que tem potencial para vir a se tornar um consumidor, se devidamente motivado.

protocolo um acordo sobre um conjunto de regras que permite que os computadores ou programas se comuniquem e ainda controla numerosos aspectos da comunicação, como a ordem na qual os bits são transmitidos, as regras para a abertura e manutenção de uma conexão, o formato de uma mensagem eletrônica. Constituindo-se uma descrição formal de formatos de mensagem e das regras que dois computadores devem obedecer ao trocar mensagens, o protocolo é para os computadores o que uma linguagem (língua) é para os humanos. O protocolo básico utilizado na Internet é o TCP/IP.

provedor de acesso instituição que se liga à Internet, via um Ponto de Presença ou outro provedor, para obter conectividade IP e repassá-la a outros indivíduos e a outras instituições, em caráter comercial ou não. O provedor de acesso torna possível ao usuário final a conexão à Internet por meio de uma ligação telefônica local.

provedor de informação instituição cuja finalidade principal é coletar, manter e/ou organizar informações on-line para acesso pela Internet por parte de assinantes da rede. Essas informações podem ser de acesso público incondicional, caracterizando assim um provedor não-comercial ou, no outro extremo, constituir um serviço comercial em que existem tarifas ou assinaturas cobradas pelo provedor.

provedor de serviço tanto o provedor de acesso quanto o provedor de informação.

proxy traduzido como procuração, um servidor (programa) proxy (ou com capacidades de proxy) recebe pedidos de computadores ligados à sua rede e, caso necessário, efetua esses mesmos pedidos (de HTTP, Finger etc.) ao exterior dessa rede (nomeadamente, ao restante da Internet), usando como identificação o seu próprio número IP e não o número IP do computador que requisitou o serviço. Útil quando não se dispõem de números IP registados numa rede interna ou por questões de segurança.

public domain Ver *domínio público.*

público-alvo grupo (segmento) de consumidores ou prospects para os quais é dirigida, prioritariamente, uma peça ou campanha de propaganda, bem como quaisquer outras ações de comunicação ou marketing.

pulse impulso. Uma linha telefônica por impulsos é aquela em que os sinais de digitação são enviados por uma série de pequenos impulsos, separados por espaços. A digitação (e estabelecimento de chamada) nesse tipo de linha é mais lenta.

Push advertising recurso que permite o envio de anúncio diretamente ao usuário, muitas vezes sem o seu pedido, baseado na tecnologia push media.

Push media tecnologia que traz qualquer tipo de conteúdo da Internet para o computador, mesmo quando o usuário não está navegando, o que deve ser feito de comum acordo.

RDIS Ver *Rede Digital Integradora de Serviços.*

Read The Fucking Manual (RTFM) "Leia o maldito manual". Termo utilizado para indicar a alguém que deve ler o manual, pois provavelmente fez uma pergunta que nele está claramente respondida. Em uma versão mais light pode significar "Read The Fine Manual".

Read the Manual (RTM) "Leia o manual". Uma forma mais polida do que RTFM — Read The Fucking Manual ("Leia o maldito manual").

readme um arquivo de texto ("leia-me") que deve ser lido antes de se iniciar a utilização ou instalação de um determinado programa, sistema, computador etc. Contém geralmente informações que podem poupar tempo ao usuário.

realidade virtual espaço em 3D gerado por computador que simula um ambiente físico orgânico.

rec. hierarquia da Usenet dedicada à recreação.

Rede de longa distância interliga computadores distribuídos em áreas geograficamente separadas, ou seja, a rede de longa distância é formada por um conjunto de redes locais interligadas por meios de comunicação remotos (modems, linhas dedicadas, rádios).

Rede Digital Integradora de Serviços (RDIS) evolução das linhas telefônicas atuais baseadas em linhas digitais (e não analógicas), agora capaz de débitos muito mais elevados (a partir de 64 Kbps) e com melhor qualidade. Portanto, é um sistema telefônico digital que, mediante o uso de equipamentos especiais, permite enviar e receber voz e dados simultaneamente por uma linha telefônica. Essa rede digital, que integra serviços de diversas naturezas como voz, dados, imagens etc., deve substituir gradualmente a infra-estrutura física atual de comunicações, em que cada serviço tende a trafegar por segmentos independentes. É com esse tipo de linhas que se pode pensar ter em casa, em futuro próximo, os videotelefones até agora somente vistos em filmes ou exposições tecnológicas.

Rede Local uma rede com dois ou algumas dezenas de computadores que não se estende além dos limites físicos de um edifício ou de um conjunto de prédios de uma mesma instituição, estando limitada a distâncias de até 10 km. Normalmente utilizada nas empresas para interligação local dos seus computadores. Existem várias tecnologias que permitem a realização de uma rede local, sendo as mais importantes a Ethernet e o Token-Ring.dios de uma instituição.

remoto termo que designa um host ou outro recurso da rede localizado em um computador ou rede, em oposição ao host ou recurso local.

repetidor um dispositivo que propaga (regenera e amplifica) sinais elétricos em uma conexão de dados, para estender o alcance da transmissão, sem fazer decisões de roteamento ou de seleção de pacotes.

reply 1. Comando de correio eletrônico utilizado para responder automaticamente um e-mail, tornando o seu endereço o destinatário de uma nova mensagem. 2. Mensagem enviada em resposta a uma mensagem de correio eletrônico ou a um artigo da Usenet anteriores.

Requests for Comment (RFC) constituem uma série de documentos editados desde 1969 e que descrevem aspectos relacionados com a Internet, como padrões, protocolos, serviços, recomendações operacionais etc. Uma RFC é em geral muito densa do ponto de vista técnico.

RFC Ver *Requests for Comment.*

RGB método de geração de cores, pela combinação dessas três cores: vermelho (Red), verde (Green) e azul (Blue). É utilizado como padrão nos monitores de vídeo.

Rich Media Advertising (RMA) designa toda publicidade na Internet que é enriquecida com recursos de multimídia, como som, cor, movimento e terceira dimensão, em oposição aos banners do tipo outdoor.

RMA Ver *Rich Media Advertising.*

rota o caminho que um pacote percorre desde o remetente até o destinatário.

roteador dispositivo responsável pelo encaminhamento de pacotes de comunicação em uma rede ou entre redes. Tipicamente, uma instituição, ao se conectar à Internet, deverá adquirir um roteador para conectar sua Rede Local (LAN) ao Ponto de Presença mais próximo. Roteadores vivem se falando aos pares, como modems.

router Ver *roteador.*

RTFM Ver *Read The Fucking Manual.*

RTM Ver *Read the Manual.*

sci. uma hierarquia da Usenet dedicada à ciência.

script Ver *linguagem de script.*

scroll mecanismo na página que permite acessar o conteúdo sem precisar mudar de tela.

Secure Socket Layer (SSL) padrão de comunicação utilizado para permitir a transferência segura de informações pela Internet.

segmentação técnica de dividir o mercado em unidades geográficas ou — principalmente — em grupos de consumidores com interesses e comportamentos semelhantes.

segmento 1. Grupo de consumidores com perfil e comportamento de compra idêntico. 2. Pedaço do mercado total.

sem fio qualquer classe de comunicação remota que não utiliza fios; incluindo infravermelho, celular e transmissão via satélite.

seqüência conjunto de caracteres alfanuméricos utilizados como entrada em cálculos ou pesquisas.

Serial Line Internet Protocol (SLIP) implementa o protocolo TCP/IP (protocolos da Internet) numa linha telefônica, para que por meio dela um computador pessoal possa se ligar à Internet e usufruir de todos os serviços e aplicações existentes. O SLIP foi o primeiro protocolo definido para a utilização de TCP/IP em linhas telefônicas.

Serial Line IP Ver *Serial Line Internet Protocol.*

server Ver *servidor.*

Server Side Include (SSI) comandos extensivos à linguagem Hypertext Markup Language (HTML) que são processados pelo servidor Web antes da página HTML ser enviada. No lugar do comando é enviado apenas o resultado do comando no formato normal de texto HTML. As páginas que contém SSI recebem extensões SHL, STM, SHTM ou SHTML.

serviço on-line assinatura paga por um serviço que oferece acesso aos arquivos armazenados na rede, informação, jogos, programas e conexão à Internet via gateways. Os recursos de um serviço on-line podem ser relatórios de notícias ou informações financeiras, apresentadas em um formato organizado. Três serviços on-line conhecidos são America Online (AOL), CompuServe e MSN (The Microsoft Network).

servidor computador na Internet que oferece determinados serviços. 1. No modelo cliente-servidor, é o programa responsável pelo atendimento a determinado serviço solicitado por um cliente. Serviços como Archie, Gopher, WAIS e WWW são providos por servidores; 2. Referindo-se a equipamento, o servidor é um sistema que provê recursos, tais como armazenamento de dados, impressão e acesso dial-up para usuários de uma rede de computadores.

servidor de FTP computador que tem arquivos de software acessíveis por meio de programas que usem o protocolo de transferência de arquivos File Transfer Protocol FTP.

servidor de segurança software cuja finalidade é evitar acesso não autorizado a uma rede de computadores.

Servlet applet que roda num servidor. Em geral, o termo se refere a um applet Java que é executado num servidor Web. Esse tipo de programa tem-se tornado comum como substituição aos programas CGI.

SGML Ver *Standard General Markup Language.*

shareware 1. Software distribuído livremente, desde que seja mantido o seu formato original, sem modificações, e seja dado o devido crédito ao seu autor. Normalmente, foi feito para ser testado durante um curto período de tempo (período de teste/avaliação) e, caso seja utilizado, o utilizador tem a obrigação moral de enviar o pagamento ao seu autor (na ordem de algumas poucas dezenas de dólares). Quando é feito o registo, é normal receber um manual impresso do programa, assim como uma versão melhorada, possibilidade de assistência técnica e informações acerca de novas versões. 2. Programa disponível publicamente para avaliação e uso experimental, mas cujo emprego em regime pressupõe que o usuário pagará uma licença ao autor. Note-se que shareware é distinto de freeware, no sentido de que um software em shareware é comercial, embora em termos e preços diferenciados em relação a um produto comercial "ortodoxo".

shouting na Internet, DIGITAR TUDO EM MAIÚSCULAS. Freqüentemente interpretado como alguém gritando, um dos sinais que pode identificar um novato na rede.

345

signature geralmente é a porção de texto incluída como assinatura no fim de uma carta eletrônica ou de um artigo de news (neste caso, pelas normas, deve ser inferior a 4 linhas, de 80 caracteres no máximo cada uma, sem tabulação e códigos, apenas os caracteres ASCII normais). Por vezes chamada ".sig" ou ".signature", pois são esses os nomes dos arquivos que contêm a assinatura propriamente dita.

Simple Mail Transfer Protocol (SMTP) protocolo utilizado entre os programas que transferem correio eletrônico de um computador para outro.

Simple Network Management Protocol (SNMP) é um protocolo usado para monitorar e controlar serviços e dispositivos de uma rede TCP/IP (Transmission Control Protocol/Internet Protocol). É o padrão adotado pela RNP para a gerência de sua rede.

Simple Offline Usenet Protocol (SOUP) norma (ou programa) que define como deve ser um pacote compactado de cartas eletrônicas e artigos de news, para serem lidos offline, por qualquer programa leitor que compreenda esse formato.

site 1. No mundo virtual, é um endereço cuja porta de entrada é sempre sua home page. 2. Um site da Internet é um dos nós/computadores existentes. Por exemplo, um site FTP é um computador que em algum lugar oferece o serviço de FTP (idêntico a FTP server). 3. Uma instituição onde computadores são instalados e operados; 4. Um nó Internet.

SLIP Ver *Serial Line Internet Protocol.*

smart card literalmente, cartão inteligente. 1. Cartão com um microprocessador por dentro (tanto pode ser uma CPU como um simples circuito de memória) que roda um sistema operacional, simples e poderoso, capaz de executar numerosas aplicações. Quando utilizado para autenticar o acesso de usuários a um determinado sistema é dotado de um recurso que muda a senha a cada minuto, de forma aleatória. 2. Cartão cujo chip de memória armazena dados pessoais do usuário e dinheiro digital. O cliente vai até um caixa eletrônico ou agência bancária e abastece o seu cartão com a quantia de dinheiro desejada. Depois, ao efetuar uma compra, insere o cartão em uma máquina do comerciante, autoriza o débito e o dinheiro é imediatamente transferido do smart card para o lojista.

smiley são pequenos conjuntos de caracteres ASCII que pretendem transmitir uma emoção ou estado de espírito. Uma "carinha" construída com caracteres ASCII pode ajudar a contextualizar uma mensagem eletrônica. Por exemplo, a mais comum é :—), que significa humor e ironia. Para entendê-la deve-se girar o smiley 90 graus para a direita.

SMTP Ver *Simple Mail Transfer Protocol.*

snail mail Ver *correio caracol.*

346

SNMP Ver *Simple Network Management Protocol.*

soc. hierarquia da Usenet dedicada à sociedade.

sockets o nome da interface em Unix (originalmente agora existente também em outras plataformas) que implementa os protocolos Transmission Control Protocol/Internet Protocol (TCP/IP). Uma interface é um conjunto de chamadas possíveis a bibliotecas que contêm rotinas implementando determinados objetivos, neste caso, comunicação em TCP/IP.

software 3D programa gráfico capaz de representar objetos em 3D, como os softwares de CAD/CAM, games e pacotes de animação.

software de domínio público programa disponível publicamente, segundo condições estabelecidas pelos autores, sem custo de licenciamento para uso. Em geral, o software é utilizável sem custos para fins estritamente educacionais, e não tem garantia de manutenção ou atualização. Um dos grandes trunfos da Internet é a quantidade praticamente inesgotável de software de domínio público, com excelente qualidade, que circula pela rede.

SONET Ver *Synchronous Optical NETwork.*

SOUP Ver *Simple Offline Usenet Protocol.*

spam Ver *spamming.*

spamming 1. Publicação do mesmo artigo de news em vários grupos de discussão, geralmente resultando em desperdício de espaço em disco e largura de banda nos meios de transmissão. 2. Enviar uma quantidade muito grande de material para a Usenet.

SSI Ver *Server Side Include.*

SS Ver *Secure Socket Layer.*

Standard General Markup Language (SGML) uma linguagem de descrição de páginas em hipertexto mais geral que o Hypertext Markup Language HTML.

streaming dados e arquivos distribuídos dinamicamente, ou seja, não é necessário aguardar que um arquivo seja baixado pelo browser para ser exibido, pois isso acontece durante o download e, em alguns casos, conforme a navegação do usuário.

surfar gíria para "navegar na Internet". Pode se referir a navegar sem destino em vez de procurar um conteúdo específico.

Synchronous Optical NETwork (SONET) 1. Este padrão define um conjunto de taxas de transmissão por fibra óptica. O sinal básico gerado para uma interface SONET é de 51,840 Mbit/s, podendo crescer até taxas da ordem de Gigabits por segundo (Gbps) por múltiplos deste sinal básico. 2. É também um padrão proposto pela BellCore para um protocolo de transmissão óptica síncrono.

sysadmin Ver *system administrator.*

sysop Ver *system operator.*

system administrator (sysadmin) responsável por um sistema.

system operator (sysop) pessoa que opera e mantém um Bulletin Board System (BBS) ou provedor de acesso à Internet.

System V uma versão (comercial) do sistema operativo Unix.

3D área da computação gráfica que cuida da geração de objetos em três dimensões exibidos em espaços bidimensionais, como a tela do micro. O pixel de duas dimensões tem três propriedades: posição, cor e brilho. O pixel 3D agrega um quarto atributo, a profundidade, que indica a localização do ponto em um eixo Z, imaginário. Quando combinados, os pontos 3D formam uma superfície de três dimensões, chamada textura. Esta, além de dar a idéia de volume, mostra também o grau de transparência do objeto.

talk bate-papo síncrono pela Internet.

talk. hierarquia da Usenet dedicada à discussão, argumentação e debate.

talker programa servidor que pode manter vários usuários ligados ao mesmo tempo, permitindo-lhes a interação pela comunicação escrita on-line.

target alvo, em inglês. A expressão é utilizada para definir o público-alvo de um plano de marketing, campanha ou peça de comunicação. Trata-se, portanto, do grupo (segmento) de consumidores ou prospects para os quais é dirigida, prioritariamente, uma peça ou campanha de propagana, bem como quaisquer outras ações de comunicação ou marketing.

TCP Ver *Transmission Control Protocol.*

TCP/IP Ver *Transmission Control Protocol/Internet Protocol.*

Telnet protocolo/programa que permite a ligação de um computador a um outro, funcionando o primeiro como se fosse um terminal remoto do segundo. O computador que "trabalha" é o segundo enquanto o primeiro apenas visualiza no monitor os resultados e envia os caracteres digitados (comandos) no seu teclado.

tempo real o tempo real que leva para realizar alguma atividade. A interação em tempo real ocorre sem retardos ou demoras em razão do processamento.

thread normalmente existem vários threads em um grupo de discussão. Um thread representa um assunto especifico nele debatido e é composto por um ou mais artigos.

threaded news (trn) um leitor de news, em que os artigos são apresentados por threads.

Three-Letter Acronyms (TLAs) termos ou acrônimos, em geral de poucas letras, usados para descrever todo tipo de coisas ligadas à Internet.

Tin um leitor de *news*, com uma estrutura de menus semelhante ao Elm, um leitor de correio eletrônico.

tipo os caracteres (letras, números e sinais de pontuação) de uma letra impressa.

TLAs Ver *Three-Letter Acronyms*.

token ring um tipo de arquitetura de rede (padrão típico da IBM) na qual os nós são conectados em um círculo fechado. A denominação vem do fato de que os nós passam continuamente um token, que é uma mensagem especial, de um para o outro ao longo do círculo. Para transmitir dados, um nó tem de esperar até que ele seja o nó "da vez", ou seja, o detentor do token. Só então os dados navegam juntamente com o token ao longo da rede até "saltar" na parada correta.

tone tonalidade. Uma linha telefônica por tonalidade (multifreqüência) é aquela em que a marcação de um número se traduz no envio de sinais em diferentes freqüências (sons diferentes). A marcação de um número (estabelecimento de chamada) neste tipo de linha é mais rápida que numa linha por impulsos.

transceiver dispositivo para conexão física de um nó de uma rede local.

transferência o processo de solicitar e transferir um arquivo de um computador remoto para um computador local e salvar o arquivo no computador local, geralmente via modem ou rede.

transferência de arquivos cópia de arquivos entre duas máquinas via rede. Na Internet, implantada e conhecida por FTP — File Transfer Protocol.

Transmission Control Protocol (TCP) um dos protocolos Internet do conjunto TCP/IP, que implementa o nível 4 do modelo OSI, pelo transporte de mensagens com ligação lógica.

Transmission Control Protocol/Internet Protocol (TCP/IP) conjunto de protocolos da Internet, definindo como se processam as comunicações entre os vários computadores. É a linguagem universal da Internet e pode ser implementada em virtualmente qualquer tipo de computador, pois é independente do hardware. Em geral, além dos protocolos TCP e IP (talvez os dois mais importantes), o nome TCP/IP designa também o conjunto dos restantes protocolos Internet: UDP, ICMP etc.

trn Ver *threaded news*.

TrueType um padrão de fontes dimensionáveis desenvolvido em conjunto pela Apple e pela Microsoft, que vem ganhando espaço por ser suportado pelo Windows e pelo Mac OS, os mais populares sistemas operacionais para micros.

Trumpet nome dado aos programas que implementam e usam o TCP/IP (Transmission Control Protocol/Internet Protocol) em ambiente Windows, feitos por Peter Tattam. O mais importante é o Trumpet Winsock, que leva o nome do fabricante.

UART Ver *Universal Asynchronous Receiver Transmiter.*

UDP Ver *User Datagram Protocol.*

Uniform Resource Locator (URL) localizador que permite identificar e acessar um serviço na Web. A URL pretende uniformizar o maneira de designar a localização de um determinado tipo de informação na Internet, seja ele obtido por HTTP, FTP, Gopher etc. Um URL consiste geralmente em quatro partes: protocolo, servidor (ou domínio), caminho e nome do arquivo, embora às vezes não haja um caminho ou nome de arquivo.

unique visitor pessoa com um único endereço IP que entra no site. Se ele voltar a acessar o site no mesmo dia, essa nova visita não é contada. O problema técnico deste índice de audiência é quando diversas pessoas acessam o site por meio de um servidor proxy, bastante comum em empresas, apenas um visitante é computado. Ver ainda *user session.*

Universal Asynchronous Receiver Transmiter (UART) circuito integrado responsável pelas comunicações através de uma porta serial de um computador.

UNIX sistema operacional avançado, muito usado na Internet, que permite que vários usuários compartilhem os recursos de um computador simultaneamente.

Unix to Unix CoPy (UUCP) é uma coleção de programas para intercomunicação de sistemas Unix. Possibilita transferência de arquivos, execução de comandos e correio eletrônico.

Unix to Unix Encode (UUEE) ferramenta para transferência de arquivos via e-mail.

upload Fazer o upload de um arquivo é o ato de transferir o arquivo do seu computador para um computador remoto, usando qualquer protocolo de comunicação. É o contrário de download.

URL Ver *Uniform Resource Locator.*

Usenet sigla de "User Network", ou seja, "rede de usuários". 1. O conjunto de computadores e redes que compartilha artigos da Usenet. 2. Os grupos de discussão na hierarquia tradicional de grupos. 3. Um sistema de BBS eletrônico em que os leitores podem compartilhar informações, idéias, dicas e opiniões.

Usenet News o tráfego de artigos enviados aos grupos de discussão da Usenet.

Usenet newsgroup Ver *grupo de discussão da Usenet.*

user Ver *usuário.*

User Datagram Protocol (UDP) um dos protocolos do conjunto de protocolos da Internet (habitualmente designado por TCP/IP). Corresponde ao nível 4 do modelo OSI, pois é um protocolo de transporte, sem ligação.

350

Em UDP, uma mensagem é enviada para o destino, sem que haja uma ligação lógica efetuada entre a origem e o destino (semelhante a uma ligação telefônica entre dois pontos). Os pacotes de mensagens podem então passar por vários nós da Internet até chegar ao destino. Menos confiável que o TCP (outro protocolo de transporte, mas com ligação), mas bastante útil quando a perda de um ou outro pacote não seja importante e se pretende velocidade na transmissão e evitar a sobrecarga de várias ligações lógicas estabelecidas.

user session pessoa com um único endereço IP que entra uma ou mais vezes no site, durante um certo período. Se o visitante passar pelo endereço de manhã e à tarde, por exemplo, serão computados duas user sessions. Mas se ele voltar ao mesmo site em menos de 20 minutos (ou intervalo similar), apenas uma sessão é contada. Ver ainda *unique visitor*.

usuário aquele que utiliza os serviços de um computador, normalmente registrado através de um login e uma password.

UUCP Ver *Unix to Unix CoPy*.

uudecode programa para descodificar um arquivo de texto e transformá-lo no binário correspondente. Juntamente com o uuencode, permite que se transfiram binários (portanto, qualquer software) por meio de um simples arquivo de texto.

UUEE Ver *Unix to Unix Encode*.

VBNS Ver *very high perfomance Backbone Network Service*.

veículo 1. Nome genérico de qualquer empresa de comunicação, como editoras, emissoras, exibidoras de outdoor etc. 2. Empresa individual de cada meio de comunicação, como o canal ou a rede de TV ou rádio, a editora de jornais e revistas etc. 3. Título de jornal ou revista, emissora de rádio ou TV, site exibidor de publicidade e qualquer outro instrumento de comunicação física, que leva as mensagens dos anunciantes aos consumidores.

Veronica Ver *Very Easy Rodent-Oriented Net-wide Index to Computerized Archives*.

Very Easy Rodent-Oriented Net-wide Index to Computerized Archives (Veronica) ferramenta para pesquisa no GopherSpace, o conjunto de servidores Gopher disponíveis na Internet. Procura informações por palavras-chave ou assuntos.

very high perfomance Backbone Network Service (VBNS) rede que irá conectar cerca de 100 instituições de pesquisa norte-americanas (e ainda ligar cinco centros de supercomputação da National Science Foundation) a uma velocidade de 2,4 Gigabits por segundo no ano 2000.

Very Small Aperture Terminal (VSAT) uma antena VSAT permite a transmissão de dados (envio e recepção) para outra antena VSAT, usando uma parte da banda disponível nos satélites VSAT.

viewer programa que permite ver um arquivo gravado num determinado formato. Portanto, existem viewers de GIF, de WAV (diz-se também player, quando se trata de sons), de JPEG, Postscript etc.

Virtual Private Network (VPN) solução baseada na tecnologia de tunelamento, a Virtual Private Network permite criar uma espécie de canal virtual entre dois pontos, usando a Internet ou mesmo uma rede privada de comunicação. Os softwares de VPN empregam recursos como criptografia, autenticação e controle de acesso para garantir a integridade dos dados, evitando qualquer contato com o mundo externo.

Virtual Reality Modeling Language (VRML) padrão emergente que permite a modelagem e a navegação em ambiente 3D em browsers que a suportam.

vírus com referência a computadores, um programa nocivo criado pelo homem que procura e "contamina" outros programas incorporando nestes uma cópia de si mesmo. Quando um programa contaminado é executado, o vírus é ativado. Um vírus pode residir passivamente durante algum tempo em um computador, sem o conhecimento do usuário, às vezes espalhando-se para outros locais; às vezes pode ser executado imediatamente. Ao ser executado, o vírus pode causar diversos efeitos, desde o aparecimento de mensagens irritantes, porém inofensivas, até a destruição de arquivos existentes no disco rígido do computador. Os vírus são disseminados pela introdução de arquivos de um computador em outro, por meio de disquete ou de uma rede (incluindo a Internet). Um usuário de computador inteligente irá utilizar um programa antivírus atualizado, disponível comercialmente em diversos sites da Internet.

VPN Ver *Virtual Private Network.*

VRML Ver *Virtual Reality Modeling Language.*

VSAT Ver *Very Small Aperture Terminal.*

VT100 tipo de emulação de terminal muito freqüente na Internet.

W3 Ver *World Wide Web.*

Waffle programa que possibilita a um BBS tornar-se um site Usenet.

WAIS Ver *Wide Area Information Server.*

WAN Ver *Wide Area Network.*

WAV diferentemente do padrão MIDI, o WAV (de *wave*, onda) é uma gravação dos sons originais. Por isso ocupa espaço muitíssimo maior que o MIDI.

Web Ver *World Wide Web.*

webmaster profissional encarregado de desenvolver as páginas Web de um site e, muitas vezes, também responsável pela operação do servidor.

What You See Is What You Get (WYSIWYG) sigla atribuída a softwares que mostram na tela do micro os arquivos como eles realmente são e como serão impressos.

whois recurso que permite acesso a um banco de dados de informações sobre domínios, redes, hosts e pessoas, fornecendo um serviço de diretório de usuários da Internet.

Wide Area Information Server (WAIS) serviço que permite a procura de informações em bases de dados distribuídas, cliente/servidor, por meio de uma interface bastante simples. Sua principal peculiaridade é a conversão automática de formatos para visualização remota de documentos e dados.

Wide Area Network (WAN) toda rede de longa distância que interliga computadores distribuídos em áreas geograficamente separadas, ou seja, um conjunto de redes locais interligadas por meios de comunicação remotos (modems, linhas dedicadas, rádios).

winsock implementação da interface de sockets para o Windows. Com uma winsock (programa/livraria para o Windows) é possível a utilização dos protocolos SLIP e/ou PPP no Windows (estes são os dois mais comuns, mas podem ser utilizados outros protocolos), ou seja, é possível falar a mesma "língua" que os outros computadores da Internet.

World Wide Web literalmente, teia de alcance mundial. Serviço que oferece acesso, por meio de hiperlinks, a um espaço multimídia da Internet. Responsável pela popularização da rede, que agora pode ser acessada por meio de interfaces gráficas de uso intuitivo, como o Netscape ou Mosaic, a World Wide Web possibilita uma navegação mais fácil pela Internet.

Worm Ver *Write Once Read Many.*

Write Once Read Many (Worm) 1. Ferramenta de busca na rede Web; 2. Verme, programa que, explorando deficiências de segurança de hosts, logrou propagar-se de forma autônoma na Internet na década de 1980.

WWW Ver *World Wide Web.*

WWW server um computador que fornece serviços no WWW, que possui informação acessível no WWW.

WYSIWYG Ver *What You See Is What You Get.*

X.25 um protocolo de transferência de pacotes, sem ligação lógica, definido pelos operadores públicos de telecomunicações, na Europa.

X.400 um protocolo que especifica serviços do tipo store-and-forward, sendo o serviço de correio eletrônico Message Handle System (MHS) o mais conhecido deles, como parte das recomendações OSI/ISO.

X.500 é um padrão ITU-TSS/ISO para serviços de diretório eletrônico.

Xmodem um protocolo de transferência de dados por modem, relativamente lento.

Yahoo conhecido site para busca e pesquisa de assuntos variados na Internet.

Ymodem um protocolo de transferência de dados por modem, com alguns melhoramentos em relação ao Xmodem.

ZIP o mais conhecido compactador de arquivos, popularizado com os programas PKZip e PKUnzip, da PKWare.

Zip Drive disco flexível de alta capacidade criado pela Iomega. Ligeiramente maior que os disquetes de 3,5 polegadas, tem versões de 100 e 250 MB. O Zip Drive é hoje o meio mais popular para backup ou transporte de dados.

Zmodem um protocolo de transferência de dados por modem, com alguns melhoramentos em relação ao Xmodem e ao Ymodem, em particular o fato de ser mais rápido.

J. B. Pinho

É mestre e doutor em Ciências da Comunicação pela Escola de Comunicação e Artes da Universidade de São Paulo. Lecionou diversas disciplinas da área de Comunicação Social e de Publicidade e Propaganda na PUCCamp, na Universidade Metodista de Piracicaba (Unimep), na Universidade Estadual Paulista Júlio de Mesquita Filho (Unesp — *campus* de Bauru, São Paulo) e, desde 1996, atua como professor-adjunto no Departamento de Economia Rural, área de Comunicação e Marketing Rural, do Centro de Ciências Agrárias da Universidade Federal de Viçosa (UFV). Foi membro da Comissão de Especialistas de Ensino da Comunicação Social da Secretaria de Educação superior do Ministério da Educação e do Desporto (1995-98).

Autor de *Comunicação em marketing: princípios da comunicação mercadológica* (Papirus, 1998); *Propaganda institucional: usos e funções da propaganda em relações públicas* (Summus, 1998) e *O poder das marcas* (Summus, 1996). Colaborou com artigos nas coletâneas *Comunicação e educação: caminhos cruzados*; *Comunicação, memória & resistência*; *O ensino de comunicação: análise, tendências e perspectivas*; *Publicidade: análise da produção publicitária e da formação profissional*. Organizou vários títulos da Intercom, bem como foi co-organizador da Revista Brasileira de Ciências da Comunicação, no biênio 1997-99.

NOVAS BUSCAS EM COMUNICAÇÃO
VOLUMES PUBLICADOS

1. *Comunicação: teoria e política* — José Marques de Meio.
2. *Releasemania — uma contribuição para o estudo do release no Brasil* — Gerson Moreira Lima.
3. *A informação no rádio — os grupos de poder e a determinação dos conteúdos* — Gisela Swetlana Ortriwano.
4. *Política e imaginário nos meios de comunicação para massas no Brasil* — Ciro Marcondes (organizador).
5. *Marketing político governamental — um roteiro para campanhas políticas e estratégias de comunicação* — Francisco Gaudêncio Torquato do Rego.
6. *Muito além do jardim botânico* — Carlos Eduardo Lins da Silva.
7. *Diagramação — o planejamento visual gráfico na comunicação impressa* — Rafael Souza Silva.
8. *Mídia: o segundo Deus* — Tony Schwartz.
9. *Relações públicas no modo de produção capitalista* — Cicilia Krohling Peruzzo.
10. *Comunicação de massa sem massa* — Sérgio Caparelli.
11. *Comunicação empresarial/comunicação institucional* — Francisco Gaudêmio Torquato do Rego.
12. *O processo de relações públicas* — Hebe Wey.
13. *Subsídios para uma teoria da comunicação de massa* — Luiz Beltrão e Newton de Oliveira Quirino.
14. *Técnica de reportagem — notas sobre a narrativa jornalística* — Muniz Sodré e Maria Helena Ferrari.
15. *O papel do jornal — uma releitura* — Alberto Dines.
16. *Novas tecnologias de comunicação — impactos políticos, culturais e socioeconômicos* — Anamaria Fadul (coordenadora).
17. *Planejamento de relações públicas na comunicação integrada* — Margarida Maria Krohling Kunsch.
18. *Propaganda para quem paga a conta — do outro lado do muro, o anunciante* — Plinio Cabral.
19. *Do jornalismo político à indústria cultural* — Gisela Taschner Goldenstein.
20. *Projeto gráfico — teoria e prática da diagramação* — Antonio Celso Collaro.
21. *A retórica das multinacionais — a legitimação das organizações pela palavra* — Tereza Lúcia Halliday.
22. *Jornalismo empresarial — teoria e prática* — Francisco Gaudêncio Torquato do Rego.
23. *O jornalismo na nova república* — Cremilda Medina (organizadora).
24. *Notícia: um produto à venda — jornalismo na sociedade urbana e industrial* — Cremilda Medina.
25. *Estratégias eleitorais — marketing político* — Carlos Augusto Manhanelli.
26. *Imprensa e liberdade — os princípios constitucionais e a nova legislação* — Freitas Nobre.
27. *Atos retóricos — mensagens estratégicas de políticos e igrejas* — Tereza Lúcia Halliday.

28. *As telenovelas da Globo — produção e exportação* — José Marques de Melo.
29. *Atrás das câmeras — relações entre cultura, Estado e televisão* — Laurindo Lalo Leal Filho.
30. *Uma nova ordem audiovisual — novas tecnologias de comunicação* — Cândido José Mendes de Almeida.
31. *Estrutura da informação radiofônica* — Emilio Prado.
32. *Jornal-laboratório — do exercício escolar ao compromisso com o público leitor* — Dirceu Fernandes Lopes.
33. *A imagem nas mãos — o vídeo popular no Brasil* — Luiz Fernando Santoro.
34. *Espanha: sociedade e comunicação de massa* — José Marques de Melo.
35. *Propaganda institucional — usos e funções da propaganda em relações públicas* — J. B. Pinho.
36. *On camera — o curso de produção de filme e vídeo da BBC* — Harris Watts.
37. *Mais do que palavras — uma introdução à teoria da comunicação* — Richard Dimbleby e Graeme Burton.
38. *A aventura da reportagem* — Gilberto Dimenstein e Ricardo Kotscho.
39. *O adiantado da hora — a influência americana sobre o jornalismo brasileiro* — Carlos Eduardo Lins da Silva.
40. *Consumidor* versus *propaganda* — Gino Giacomini Filho.
41. *Complexo de Clark Kent — são super-homens os jornalistas?* — Geraldinho Vieira.
42. *Propaganda subliminar multimídia* — Flávio Calazans.
43. *O mundo dos jornalistas* — Isabel Siqueira Travancas.
44. *Pragmática do jornalismo — buscas práticas para uma teoria da ação jornalística* — Manuel Carlos Chaparro.
45. *A bola no ar — o rádio esportivo em São Paulo* — Edileuza Soares.
46. *Relações públicas: função política* — Roberto Porto Simões.
47. *Espreme que sai sangue — um estudo do sensacionalismo na imprensa* — Danilo Angrimani.
48. *O século dourado — a comunicação eletrônica nos EUA* — S. Squirra.
49. *Comunicação dirigida escrita na empresa — teoria e prática* — Cleuza G. Gimenes Cesca.
50. *Informação eletrônica e novas tecnologias* — María-José Recoder, Ernest Abadal, Lluís Codina e Etevaldo Siqueira.
51. *É pagar para ver — a TV por assinatura em foco* — Luiz Guilherme Duarte.
52. *O estilo magazine — o texto em revista* — Sergio Vilas Boas.
53. *O poder das marcas* — J. B. Pinho.
54. *Jornalismo, ética e liberdade* — Francisco José Karam.
55. *A melhor TV do mundo — o modelo britânico de televisão* — Laurindo Lalo Leal Filho.
56. *Relações públicas e modernidade — novos paradigmas em comunicação organizacional* — Margarida Maria Krohling Kunsch.
57. *Radiojornalismo* — Paul Chantler e Sim Harris.
58. *Jornalismo diante das câmeras* — Ivor Yorke.
59. *A rede — como nossas vidas serão transformadas pelos novos meios de comunicação* — Juan Luis Cebrián.
60. *Transmarketing — estratégias avançadas de relações públicas no campo do marketing* — Waldir Gutierrez Fortes.
61. *Publicidade e vendas na Internet — técnicas e estratégias* — J. B. Pinho.
62. *Produção de rádio — um guia abrangente da produção radiofônica* — Robert McLeish.
63. *Manual do telespectador insatisfeito* — Wagner Bezerra.
64. *Relações públicas e micropolítica* — Roberto Porto Simões.
65. *Desafios contemporâneos em comunicação — perspectivas de relações públicas* — Ricardo Ferreira Freitas, Luciane Lucas (organizadores).
66. *Vivendo com a telenovela — mediações, recepção, teleficcionalidade* — Maria Immacolata Vassallo de Lopes, Silvia Helena Simões Borelli e Vera da Rocha Resende.
67. *Biografias e biógrafos — jornalismo sobre personagens* — Sergio Vilas Boas.
68. *Relações públicas na internet — Técnicas e estratégias para informar e influenciar públicos de interesse* — J. B. Pinho.
69. *Perfis — e como escrevê-los* — Sergio Vilas Boas.
70. *O jornalismo na era da publicidade* — Leandro Marshall.
71. *Jornalismo na internet* – J. B. Pinho.